Etrusker	**Östl. Mittelmeer**	**Kleinasien**	**Rom**
5. bis 2. Jh. v. Chr.	4. bis 3. Jh. v. Chr.	3. bis 1. Jh. v. Chr.	1. Jh. v. bis 3. Jh n. Chr.
Leicht- und Schwerbewaffneter	Diadochen-Seesoldat	Kilikier-Pirat	Marine Decurio

Europa	**Barbaresken**	**England**
15. Jh.	16. Jh.	2. Hälfte 16. Jh.
Armbruster	Arkebusier/Kapitän	Maat (Unteroffizier)/Arkebusier

WOLFRAM ZU MONDFELD/
BARBARA ZU WERTHEIM

PIRATEN
Schrecken der Weltmeere

Bibliografische Information Der Deutschen Bibliothek
Die Deutsche Bibliothek verzeichnet diese Publikation in der
Deutschen Nationalbibliografie; detaillierte bibliografische
Daten sind im Internet über http://dnb.ddb.de abrufbar.

Umschlaggestaltung: Stefan Schmid, Stuttgart

© 2007 Konrad Theiss Verlag GmbH, Stuttgart
Alle Rechte vorbehalten
Lektorat: Ursula Kohaupt, München
Satz und Gestaltung: ew-print & medien service gmbh, Würzburg
Druck und Bindung: Himmer, Augsburg
ISBN: 978-3-8062-2070-4

Besuchen Sie uns im Internet: www.theiss.de

Inhalt

Nationalhelden oder Verbrecher?

Seeräuber, Piraten, Freibeuter, Boucaniers, Kaperfahrer, Korsaren, Staatspiraten

Kapitän Charles Johnson über Edward Thatch, genannt Blackbeard, in »A General History of the Robbers« (1724):
»Der Bart war schwarz und reichte bis zu den Augen. Er ließ ihn außergewöhnlich lang wachsen und teilte ihn mit Bändern in kleine Teile ab und wand sie um die Ohren. Er trug eine Pelzkappe und steckte eine angezündete Lunte unter jede Seite, die dann rechts und links vom Gesicht sichtbar waren. Seine Augen waren von Natur wild und schrecklich. Im Gefecht trug er ein Schulterbandelier mit drei Paar Pistolen. Das alles machte ihn zu einer so furchtbaren Erscheinung, dass die Vorstellung der Hölle nicht schrecklicher sein konnte.«

Abbé de Brantôme über Azor Chair-Ad-Din Barbarossa in seinem Buch über die Malteserritter (1822):
»Nicht einmal unter den großen Welteroberern der Griechen und Römer gab es je seinesgleichen. Jedes Land wäre stolz gewesen, ihn als seinen Sohn beanspruchen zu dürfen.«

Zeitungsbericht aus der New York Gazette (1823):
»Unter Singen und Lachen ergriffen sie den unmenschlich gefesselten Kapitän Hilton bei den Haaren, drückten ihm Kopf und Schultern über die Bootskante, und ich konnte genau hören, wie sie ihm den Halswirbel durchhackten. Dann trennten sie mit einem leichten Schlag der Machete seinen Kopf vom Rumpf und ließen ihn ins Wasser fallen. Unser Schiffsjunge, Mr. Merry, wimmerte noch an der Schwelle des Todes um Erbarmen. Mit langen Messern durchstachen sie dann unter Gelächter seinen Körper und schnitten ihm die Kehle durch von Ohr zu Ohr.«

Marquis Maurice de Kérazan über Robert Surcouf, aus seinem Tagebuch (1800):
»Schon beim Anblick der CONFIANCE strich der Engländer die Flagge. Als er dann gefangen an Bord unseres Schiffes gebracht wurde, rief er wütend: ›Hätte ich gewusst, was die CONFIANCE für eine Nussschale ist, so hätte ich nicht die Flagge gestrichen, sondern gekämpft!‹ Robert Surcouf verneigte sich höflich: ›Monsieur, bitte kehren Sie auf Ihr Schiff zurück und lassen Sie uns den Kampf beginnen.‹ Der Brite ergab sich endgültig.«

Philipp Gosse »The History of Piracy« (1934):
»Sie waren ein Haufen blutrünstiger Wilder, die sich nur die Schwachen anzugreifen getrauten und auf das Leben unschuldiger Menschen nicht mehr Rücksicht nahmen als ein Schlächter auf seine Opfer. Das Ergebnis ist eine eintönige Liste ewigen Abschlachtens und Beraubens, aus der nur selten eine einzelne Persönlichkeit oder ein Ereignis hervorragt. «

Miguel de Cervantes Saavedra über Ali el-Uluji in »Don Quichote« (1605 – 1615):
»Er war der menschlichste und vornehmste aller Kommandanten, die je das Meer befahren haben.«

DICHTUNG UND WIRKLICHKEIT

Diese authentischen Aussagen zuverlässiger Chronisten sind nur ein winziger Ausschnitt aus all jenen, sich oft heftig widersprechenden, Meinungen über jene Männer und Frauen, die unter dem Sammelbegriff »Piraten« rund drei Jahrtausende die Weltmeere unsicher gemacht haben.

Phantasie-Pirat in großer Aufmachung – wie er sie real kaum an Land, geschweige an Bord oder auch im Kampf trug.

Eine Flut von Literatur hat sich seit mehr als drei Jahrhunderten dieses Themas bemächtigt. Eine Reihe wissenschaftlich fundierter Bücher oder Neuausgaben von Originaldokumenten hat sich bemüht, der Freibeuterei in all ihren Spielarten auf den Grund zu gehen.

Das Bild der Piraten im allgemeinen Bewusstsein haben freilich andere geformt: Abenteuerbücher, Comics, Groschenheftchen, einschlägige Filme und Fernsehserien. Säbel und Pistolen schwingend, mit Augenbinde, Stelzfuß und Hakenprothese am Armstumpf ausgerüstet, wimmeln da die Bilderbuchhalunken über die Decks eroberter Schiffe, wühlen in Goldkisten oder verbuddeln auf einsamen Inseln ihre Schätze und enden schließlich zur allgemeinen Befriedigung des Gerechtigkeitsbedürfnisses am Galgen.

Oder aber der Pirat erscheint als der romantische, oftmals verkannte Held und Kämpfer für Gerechtigkeit und wahre Ordnung gegen schurkische Inselgouverneure und deren Helfershelfer vom Typ »Robin Water« – auch diesen Freibeuter gab es tatsächlich da und dort, in der Regel jedoch war er ein krasser Außenseiter seiner Zunft.

Gewiss, es gibt ein paar Charakterzüge, die allen Freibeutern, den kleinsten und schäbigsten bis zu den größten und berühmtesten, gemeinsam waren: ein guter Schuss Verwegenheit und Abenteuerlust sowie ein gefährlicher Beruf, aus dem sie das Schlechteste, aber auch das Beste machen konnten.

Doch damit hören die charakterlichen Gemeinsamkeiten auch schon auf. Der Reigen der Piraten reicht vom plumpen Rohling bis zum eleganten Weltmann und blasierten Aristokraten, vom kleinen Banditen bis zum Admiral und Schöpfer einer Flotte, vom Besitzer einer winzigen Schaluppe bis zum Kommandanten eines 70-Kanonenschiffes, vom haltlosen Spieler bis zum rechtschaffenen Bürger und verschrobenen Heiligen, vom Analphabeten bis zum Forscher, Wissenschaftler und Universitätsdozenten, vom zerlumpten Dieb bis zum Advokaten und Richter, vom jämmerlichen Habenichts bis zum millionenschweren Reeder, vom Sozialreformer und gefeierten Freiheitskämpfer bis zum bluttriefenden Verbrecher und blindwütig fanatisierten Terroristen.

Drei Jahrtausende haben sie das Bild unserer Welt und unserer Geschichte oft entscheidend mitbestimmt. Die Seeräuber waren zunächst einmal eine unbestrittene militärische Macht. Zum anderen waren die Piraten ein ebenso unbestrittener wirtschaftlicher Faktor: Immense Summen gingen durch ihre Hände und gelangten in Kanäle, für die sie niemals bestimmt waren. Könige, Bankiers, Reeder waren an diesem Geschäft beteiligt und Gewinnspannen bis zu 500% waren keine Seltenheit. Die Umsätze moderner Piraten berechnen sich jährlich weltweit in mehrstelligen Milliardenbeträgen.

Dass diese militärische und wirtschaftliche Macht der Piraten schnell auch zu einer politischen Größe wurde, ist fast selbstverständlich: Fürsten, König, Kaiser und Sultane umwarben und umschmeichelten die Seeräuber, legten ihnen immense Geschenke, Adelstitel und höchste Ehrungen zu Füßen, um sie sich gewogen zu machen. Byzanz, die Türkei, Frankreich und England kauften sich erfolgreiche Piratenkapitäne und betrauten sie mit dem Oberkommando ihrer Flotten, und sogar Spanien – das einzige europäische Land, in dem die Freibeuterei niemals recht Fuß fassen konnte – verhandelte mit Azor Chair-Ad-Din und Sir Henry Mainwaring im gleichen Sinne.

Freilich, dem Glanz und der Macht der Seeräuberei stand immer auf der anderen Seite das eindeutige Wort des Gesetzes gegenüber, das solches Treiben als schändlich und verbrecherisch brandmarkte. Doch welches Gesetz hat Gültigkeit? Das des Schädigers oder des Geschädigten? Fühlten sich Odysseus, Roger de Flor, Francis Drake, Jean Bart oder Robert Surcouf als Verbrecher, auch wenn sie lauthals von der anderen Seite so genannt wurden? – Wohl kaum! Und doch bleibt die Frage: waren sie es, aller nationaler Glorie zum Trotz, eben doch?

Man hat nicht selten versucht die Freibeuterei früherer Jahrhunderte, in romantisches Licht getaucht, zu verharmlosen, gar zu idealisieren. Das ist zweifellos unberechtigt. Man hat sie aus, oft guten, Propagandagründen verdammt, verteufelt und schwarzgemalt. Das ist ebenso ungerecht. Ihre Existenz im Zwielicht des

Ebenfalls ein, von der Obrigkeit »idealisiertes«, Bild eines Piraten, denn die allerwenigsten von ihnen starben am Galgen.

Gesetzes, an seinem Rand oder auch schon jenseits der erlaubten Grenze, will niemand bestreiten. Ihre geschichtliche, manchmal weltgeschichtliche Bedeutung kann niemand leugnen. Man hat Piraten gehängt. Man hat Piraten Denkmäler errichtet – beides mit Recht!

Dieses Buch ist die Geschichte von Männern und Frauen im Zwielicht des Gesetzes, mit ihrer Schäbigkeit und Größe, ihren Verbrechen und ihrem Glanz, Männern und Frauen, denen man den Namen gegeben hat: »Die Wölfe des Meeres«.

BEGRIFFE

Sie taten in der Praxis alle mehr oder minder das gleiche: Sie überfielen Schiffe und gelegentlich auch Küstenorte und raubten sie aus. Es gibt für diese Leute jedoch eine ganze Reihe von Bezeichnungen, die kurz erläutert werden müssen:

Boucanier (französisch)/ **Buccaneer** (englisch): spezielle Bezeichnung für die Freibeuter der Karibik im 17. Jahrhundert.
Flibustier: siehe Boucanier.
Freibeuter: Gummibegriff, der ohne zu werten, sowohl Piraten wie Kaperfahrer umfasst.
Kaperfahrer: war mit einer staatlichen Konzession (»Kaperbrief«) ausgerüstet, die ihm nur erlaubte, Schiffe des staatlichen Kriegsgegners aufzubringen, ihm dafür jedoch auch staatlichen Schutz gewährte.
Korsar: vom lateinischen *cursus* (Wettlauf, Zielstreben) abgeleitet; vor allem in Frankreich Bezeichnung für Kaperfahrer *(corsaire)*, die vielfach Offizier der königlichen Kriegsmarine waren.
Likendeeler (Gleichteiler): Bezeichnung für deutsche Piraten im späten 15. Jahrhundert.
Pirat: vom griechischen *pairates* (Abenteurer) abgeleitet; kaperte ohne Unterschiede zu machen und ohne staatliche Bindung oder Konzession alles, was ihm vor den Bug segelte.
Privateer (Privatunternehmer): amerikanische Bezeichnung für Kaperfahrer während des Unabhängigkeits- und Sezessionskriegs.
Seeräuber: der Begriff spricht für sich; in der Regel Synonym für Pirat.
Staatspirat: eigentlich ein widersinniger Begriff; verwendet teilweise für Piraten »in eigenem Recht« (z.B. häufig Wikinger oder antike Fürsten), oder Kaperfahrer ohne Kaperbrief (z.B. Francis Drake).
Vitalier oder Vitalienbrüder: Bezeichnung für deutsche Kaperfahrer im späten 15. Jahrhundert.

Mit Iason fing das Elend an

Die Piraten der Antike im Mittelmeer von 1800 v. Chr. bis 550 n. Chr.

»Stracks von hinnen brachte der Wind uns zur Stadt der Kikonen, Ismaros. Dort entging uns kein Haus. Wir erschlugen alle die Männer, aber die jungen Weiber, die teilten wir uns und die Beute. Keiner ging leer aus, so groß und saftig waren die Schätze. Los nun, beeilt euch! So mahnte ich, besorgt den Ort zu verlassen. Aber sie schwelgten und sangen und wollten nichts anderes hören, schlachteten Hammel und Rinder, berauschten sich wacker am Weine, besorgten es tüchtig den Frauen, vor allem aber den Jungfrauen, die wir erbeutet«, so nachzulesen in der *Odyssee* des griechischen Dichters Homer.

MYTHOLOGIE UND REALITÄT

Ehe um 2000 v. Chr. erste Schiffe der einwandernden Griechen auftauchten, herrschte im Mittelmeer Frieden und Ordnung, denn weder Ägypter noch Kreter waren jemals Piraten. Sie kannten nicht einmal ein Wort für diese Leute, sondern übernahmen später den griechischen Begriff *peirates*. Der ursprüngliche Wortsinn von *peirates* war zwar »Abenteurer«, doch nur zu bald wandelte er sich in ein Synonym für »Seeräuber« – und so wird er heute noch verwendet.

Die schriftlichen Quellen über die griechische Frühzeit sind zwar zahlreich und immer wieder geht es auch um Piraterie, doch sind sie noch in der Form von Sagen und Mythen übermittelt – die *Argonauten*-Sage etwa oder die gewaltigen Epen *Ilias* und *Odyssee* Homers. Wollte man freilich diese Sagen als reine Phantasmagorien irgendwelcher Dichter abtun, so würde man sich zweifellos die Sache allzu leicht machen. Entblättert man diese Sagen von Kyklopen, Sirenen und unmittelbar in das Leben der Helden eingreifenden Göttern, so bleibt ein Rest, der durchaus real und historisch zu nennen ist. Mitte des 2. vorchristlichen Jahrtausends bauten die Griechen tatsächlich die erste Pentekontore (50-Ruderer) und fuhren mit zweifellos solch einem »modernen« Schiff zu einem Raubzug ins Schwarze Meer – ob das Schiff wirklich ARGO und sein Kapitän Iason hieß, wie die Sage überliefert, spielt dabei letztlich eine untergeordnete Rolle. Denn was da, entblößt von dichterischem Rankenwerk, an Fakten, zumal piratischen Fakten, berichtet wurde, spiegelt, so zumindest die Meinung des Autors und zahlreicher anderer Historiker, durchaus geschichtliche Realität wider.

ERSTE ÜBERFÄLLE

Das dickbauchige Frachtschiff steuerte bei achterlichem Wind auf Südkurs an der Insel Syros vorbei. Der Schiffseigner lehnte neben den Steuerleuten an der Reling und strich sich bedächtig den kunstvoll gelockten, nach Salböl duftenden Bart. Der Frachtraum seines Schiffes war vollgestopft mit gesuchten Rohstoffen, die er von den thrakischen Stämmen an der Nordküste der Ägäis um lächerlichen Gegenwert eingekauft hatte. In ein paar Tagen würde er Kreta anlaufen, wo derlei immer hochwillkommen war. Der Kaufmann warf einen Blick zur Insel Syros hinüber, wo vor einer Weile ein schmales Schiff aus einer Bucht hervorgeschossen war und nun, von 22 Ruderern vorangetrieben, in scharfem Tempo auf sie zuhielt. Der Kaufmann lächelte. Alle Männer auf dem kleinen Schiff waren bis an die Zähne bewaffnet – wie misstrauisch doch diese Barbaren waren! Er gab den Matrosen einen Wink, das Segel zu reffen. Eigentlich war der Handel mit diesen kleinen Inseln unrentabel, aber ein Kaufmann sollte sich nie die Gelegenheit zu einem Geschäft entgehen lassen ...

Seile flogen hinüber, und die Handelsmatrosen zogen das schmale Schiff längsseits. Die Inselbewohner trampelten an Deck. Mit ausgebreiteten Armen ging der Kaufmann auf den Anführer der Barbaren zu und wollte soeben zu einem langen Sermon über die herrlichen, ach so preiswerten Waren seines Schiffes anheben, als ihm das Wort im Hals stecken blieb. Die Kerle hielten seinen Männern ihre Schwerter, Dolche und Lanzen unter die Nase, und wenn er auch von dem harten, mit »os« und »eus« durchsetzten Inseldialekt kein Wort verstand, die Gesten waren eindeutig. Der Schiffseigner griff nach dem Schwert, das er unter seinem bunten Mantel trug. Da traf ihn der Speer in die Brust.

Zwar gibt es keinen authentischen Bericht über diesen Piratenüberfall aus der ersten Hälfte des 2. vorchristlichen Jahrtausends, doch mit ein wenig Phantasie kann man sich durchaus vorstellen, dass er so abgelaufen sein mag. Ägypter, Kreter und Zyprioten, die damals das östliche Mittelmeer beherrschten, vermuteten zunächst wohl gewöhnliche Schiffsunfälle, wenn ein Händler nicht wieder in seinen Heimathafen zurückkehrte. Erst als sich diese »Unfälle« seit der Mitte des 2. Jahrtausends im Inselgewirr der inzwischen von den Seefahrern der Achaier und Dorier besiedelten Kykladen überproportional häuften, wurde man hellhörig und wachsam, stockte die Mannschaft der Handelsschiffe mit Kriegern auf, und zumal Kreta, die bedeutendste Seemacht der Region, begann Strafexpeditionen gegen allzu dreiste Piratennester zu organisieren.

DIE RAUBFAHRT DER *ARGO* – IASON
(um 1650 v. Chr.)

Wenn auch noch in mythisches Halbdunkel getaucht, gilt die Raubfahrt der ARGO als das erste großangelegte Piratenunternehmen.

Um das Goldene Vlies, den Schatz des Königs Aietes von Kolchis zu holen, trommelte Iason in ganz Griechenland die 55 verwegensten Abenteurer zusammen, während im Hafen von Jolkos das Schiff, die ARGO, auf Kiel gelegt und unter »Anleitung der Athena« fertiggestellt wurde. Die Fische des Meeres hätten erstaunt nach oben geblickt, als sie den Schatten der ARGO über sich hinweggleiten sahen, ist bei hellenischen Dichter zu lesen und manche behaupteten sogar, die ARGO sei überhaupt das erste hochseetüchtige Schiff der Menschheit gewesen. Wenn dies auch gelinde übertrieben ist, ein Meisterwerk der Schiffsbaukunst war sie ohne jeden Zweifel, und für Jahrhunderte blieb sie der Prototyp griechischer Kriegsschiffe.

Dass König Aietes das kostbare Goldene Vlies gutwillig herausrücken würde, kann Iason unmöglich angenommen haben. Die Dichter haben ein paar schöne Heldentaten Iasons erfunden, um der Geschichte einen dünnen Firnis von Rechtmäßigkeit zu geben. In Wahrheit klaute Held Iason das kostbare Stück eines Nachts in aller Stille und verschwand vor Morgengrauen mit der ARGO aus dem Hafen samt zwei Passagieren, der Königstochter Medeia, die er sich durch ein Eheversprechen gefügig gemacht hatte, und deren kleinen Bruder Absyrthos. König Aietes muss Unrat gewittert haben, denn kaum war die ARGO in See, als sich schon die gesamte kolchische Flotte an seine Fersen heftete. Medeia, völlig gebannt vom Piratencharme des Griechen, löste das Problem höchst dras-

Auf diesem Bruchstück einer rotfigurigen Vase des 5. Jahrhunderts v. Chr. geht Iason an Bord seiner ARGO.

tisch: Sie brachte ihren kleinen Bruder um, warf ihn stückweise ins Meer, und während die Kolcher jammernd die Leichenteile aus dem Wasser fischten, entschwand die ARGO am Horizont. Als Iason sich nach seiner Heimkehr von Medeia lossagte, kannte ihr Zorn keine Grenzen.

Euripides hat in seiner Tragödie *Medeia* das schreckliche Rachewerk der verschmähten Liebe geschildert. Der kalte, habgierige Egoist, als den Euripides Iason schilderte, dürfte der Wahrheit wohl erheblich näher kommen als der herrliche Jüngling, den Pindar beschrieb. Unbestritten bleibt Iason der Ruhm des großen Seefahrers. Sein Ende war würdiger als manche seiner Taten: Während er im Schatten der ARGO schlief, wurde er von den Trümmern des zerfallenden Schiffes erschlagen.

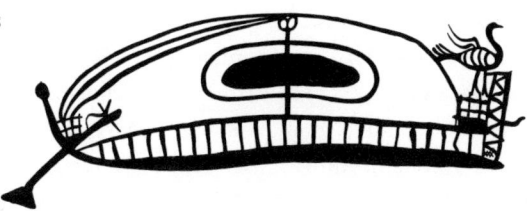

Die ARGO auf einer spätmykenischen Vase aus Pylos um 1200 v. Chr.

FÜR DIE FREIHEIT DES MEERES – THESEUS
(um 1625 v. Chr.)

Athen stand zu dieser Zeit in schmachvoller Abhängigkeit des Minos, dem Herrscher von Knossos auf Kreta. Von Athen verlangte Minos einen grausamen Tribut: Alle neun Jahre mussten sieben Jünglinge und sieben Jungfrauen nach Kreta geschickt werden. Dort wurden sie dem Minotaurus, einem Mischwesen aus Mensch und Stier, das in dem Irrgarten des Labyrinths zu Knossos eingeschlossen war, zum Fraß vorgeworfen. Theseus, Sohn des Aigeus, Königs von Athen, zog nach Knossos und rang dem Minos das Versprechen ab, wenn er das Ungeheuer erlege, so solle Athen von dem schrecklichen Tribut entbunden sein. Ariadne, die Tochter des Minos, entbrannte in Liebe zu Theseus und gab ihm ein Fadenknäuel, das ihn sicher durch die verworrenen Gänge des Labyrinths zur Zelle des Minotaurus und zurückführte. Theseus erschlug das Ungeheuer (Abb. S. 16) und floh mit Ariadne, ließ sie aber, während sie schlief, auf der Insel Naxos treulos zurück. Theseus wurde – zurückgekehrt in Athen – als Befreier vom kretischen Joch, als Befreier des Meeres gefeiert.

Soweit in kurzen Worten die Sage. Und wie fast alle Sagen hat auch diese einen harten historischen Kern: Der Minos – mehr wohl als Herrschertitel denn als Name zu verstehen – beherrschte weite Teile der Ägäis und der Kykladen. Der Weg seiner Handelsflotten spannte sich von Ägypten bis Kleinasien und Griechenland. Der griechische Geschichtsschreiber Thukydides berichtete, dass die Kriegsschiffe des Minos gnadenlos und erfolgreich alle Piraten jagten, die »wie Hornissen« über Küstenorte und Schiffe hergefallen waren. Er bestimmte, dass nicht-kretische Schiffe allenfalls fünf Mann Besatzung haben durften und erlaubte Konvois allenfalls eine einzige Pentekontore als Geleitschutz. Zum Ruhm der Kreter jener Tage muss gesagt werden, dass sie, obwohl hervorragende Soldaten und Seeleute, im Grund höchst friedliebend waren. Der Minotaurus war niemand anderer als der Minos selbst, den die Sage mit dem kretischen Stierkult zu einem Mensch-Stier-Ungeheuer vermengte. Die 14 »Opfer« wurden freilich von ihm tatsächlich in gewisser Weise »gefressen«, anders gesagt, kretisch »umerzogen«.

Folgt man der Sage, so muss Theseus ein höchst integrer Charakter gewesen sein, der selbst nie etwas mit Piraterie zu tun gehabt hat. Und doch wurde er, aufgestachelt durch den Ruf nach der »Freiheit des Meeres«, zu ihrem wohl wichtigsten Vorkämpfer in der gesamten Antike. Man mag Theseus vorwerfen, dass er mit der »Freiheit des Meeres« der Seeräuberei im östlichen Mittelmeer Tür und Tor öffnete. Eines muss man ihm auf jeden Fall zugestehen: Er hat nach seinem bestem Wissen und Gewissen gehandelt. Ob es nun tatsächlich ein einzelner Mann – Theseus – war, oder ob in diesem Namen nur eine ganze Entwicklung zusammengefasst wurde, ist historisch nicht feststellbar. Tatsache ist jedenfalls Folgendes: Der furchtbare Ausbruch des Inselvulkans Thera (Santorin um 1628 v. Chr.) hatte binnen Stunden mit Erd- und Seebeben die minoische Kultur zerschmettert und große Teile der Flotte des Minos auf den Grund der Ägäis geschleudert.

Wann genau »Theseus ausfuhr, den Minotaurus zu töten«, ist unbekannt, doch ist die Vermutung wohl nicht allzu weit hergeholt, dass die »Befreiung Athens vom kretischen Joch« unmittelbar danach erfolgt sein dürfte. Denn die Achaier und Dorier, angeführt von Athen, verstanden es historisch nachweisbar die Gunst der Katastrophe zu nutzen, um dem Reich des Minos den Rest zu geben, und die Ordnungsmacht der kretischen Flotte endgültig zu zerschlagen. Nun gab es niemand mehr, der die Griechen daran hätte hindern können, mit ihren Schiffen zu fahren, wohin es ihnen beliebte, zu handeln und – zu rauben. Weit über zwei Jahrtausende vermochte kein Mensch mehr dem Piratenunwesen in der Ägäis entgegenzusteuern, wie es der Minos getan hatte. Die »Freiheit des Meeres« aber sollte sich sehr schnell – auch und gerade für Athen – als höchst zweischneidiges Schwert erweisen.

DER FRAUENKENNER – PARIS
(um 1250 v. Chr.)

Paris, der jüngste Sohn des Königs von Troja, Priamos, war ein Bruder Leichtfuß und vor allem ein ausgewiesener Frauenkenner. Kein Wunder, dass er zum Schiedsrichter in einem Schönheitswettbewerb erkoren wurde: Imponierende Erscheinungen waren alle drei, aber die dritte war mit ihrer perfekten Figur und ihren blauen Augen zweifellos die Schönste. Den Siegespreis, einen goldenen Apfel, hatte sie in der Hand ehe sich Paris ganz darüber klar war, was er tat.

Vielleicht hätte er es sich wirklich besser überlegen sollen, denn so machte er sich Hera, die Gemahlin des Göttervaters Zeus, und Athena, die kluge Beschützerin Athens, zu erbitterten Feindinnen. Aphrodite, die Siegerin, schenkte ihm dafür zum Lohn die schönste Frau der Welt: Helena. Nur – die war eigentlich schon mit dem Spartanerkönig Menelaos verheiratet.

Was also tun? Paris, der Frauenkenner, wusste, dass neueste Modekreationen einen fast unwiderstehlichen Reiz auf Frauen auszuüben pflegen. Also erstand er im phönizischen Sidon ein paar Ballen kostbarster Stoffe und holte einige kunstfertige Weberinnen dazu. Doch wozu sie bezahlen? Die Phönizier selbst hatten es oft genug vorgemacht: Man lief einen Hafen an und lud die neugierigen Städter ein, sich die Ware an Bord anzusehen. Verständlicherweise folgten hauptsächlich Frauen diesem Ruf, und wenn sich genügend davon an Bord befanden, holten die Seeleute die Laufstege ein, die Segel wurden gehisst und die Ruderer legten sich in die Riemen. Menschenraub und Sklavenhandel waren immer schon groß geschrieben rund um das Mittelmeer – ganz aufgehört haben sie auch heute noch keineswegs.

Derart wohlausgerüstet steuerte Paris Sparta an, und auch hier lief die Sache – Aphrodite sei Dank! – erfreulich glatt. Helena selbst brauchte er gar nicht erst zu »rauben«. Die junge Dame, von ihrem eher langweiligen Gatten Menelaos ohnehin nicht allzu begeistert, ging durchaus freiwillig mit. Dass Paris aber nebenbei auch noch die Schätze des Menelaos, der ihn doch gastfreundlich aufgenommen hatte, mitgehen ließ, das war eine andere, durchaus piratische Sache.

DIE PIRATEN-HELDEN VOR TROJA –
ACHILLEUS, ODYSSEUS & CO.
(um 1250 v. Chr.)

Aphrodite, die Göttin der Liebe, hatte ihrem Günstling Paris einen schlechten Dienst erwiesen: Menelaos, der um Frau und Schatz Geprellte, sein Bruder Agamemnon, der mächtige König von Mykenä, Achilleus, Griechenlands Held Nummer Eins, der gewaltige Aias, Patroklos, der Freund des Achilleus, der weise Nestor aus Pylos und der schlaue Odysseus, sie alle schworen Rache für den unverschämten Piratenstreich und versprachen Menelaos zu helfen, um Frau und Gold – exakter: Gold und Frau – zurückzugewinnen. Es hätte nicht des Beistand-Schwurs bedurft, den viele der griechischen Kleinkönige einst Menelaos geleistet hatten, denn, historisch besehen, war der »Raub der schönen Helena« für die Griechen allenfalls ein trefflicher Vorwand, um das zu tun, was man schon längst tun wollte – der Krieg mit Troja war vorprogrammiert und unvermeidlich!

Strategisch ideal an den Dardanellen gelegen, hatte sich Troja nicht nur das Monopol bei der Durchfahrt durch diese Meerenge, also praktisch den gesamten Schwarzmeer-Handel gesichert und war damit steinreich geworden, seine Schiffe begannen auch zunehmend die gesamte Ägäis zu kontrollieren. Wie einst Kreta war auch diese Großmacht zur See den Griechen ein Dorn im Auge, hatten sie ihrerseits doch längst begehrliche Blicke auf die Inseln der Sporaden, Kykladen und die Westküste Kleinasiens geworfen. Der Piratenstreich des Paris lieferte somit kaum mehr als die moralische Klärung der »Kriegsschuldfrage« als die »Helmbuschumflatterten« und »schön umschienten Achaier«, wie Homer sie nennt, »auszogen gen Troja«.

Zehn lange Jahre lagen sie der Sage nach vor der Stadt, freilich nicht alle. Der gewaltige telamonische und der lokrische Aias, Patroklos, Diomedes, der Kreter Idomeneus und viele andere, nutzen die Zeit, um die Ägäis auf und ab zu rauben und zu plündern, teils um den Nachschub des Heeres sicherzustellen, teils wohl auch aus schierer Langeweile. Wie nicht anders zu erwarten, war der Sohn des angeblich schon am Raubzug der ARGO beteiligten Peleus, Achilleus, der edelste, tapferste und schönste der Griechen, auch in diesem Geschäft der Tüchtigste. Er eroberte und plünderte nicht weniger als zwölf Städte von See aus und elf zu Land – die zwölfte sollte wohl Troja selbst werden.

Die Beute wurde brüderlich geteilt, ganz so wie es bei Seeräubern zu allen Zeiten Brauch und Sitte war. Das Gemetzel unter den Großen des Trojanischen Krieges, kurz vor der endgültigen Eroberung der Stadt, raffte zwar die Elite der griechischen Helden-Piraten dahin, doch es blieben immer noch genug übrig, um die edle Tradition fortzusetzen, und deren Söhne und Enkel erwiesen sich ebenfalls als gelehrige Schüler.

Der griechische Dichter Homer schuf mit der *Ilias* und der *Odyssee* zwei der gewaltigsten Epen der Weltkultur. Neben Sagenhaftem und Mythischem spiegelte er dabei aber auch sehr real die Zustände im östlichen Mittelmeer der Epoche zwischen 1200, der Zeit des Trojanischen Krieges und 750 v. Chr., der Zeit, in der er selbst lebte. Die Geschichten, die Odysseus erzählte, die Erklärungen und Entschuldigungen, die er abgab, waren schlicht genial, als er schließlich nach zwanzig Jahren Abwesenheit zu seiner Angetrauten, Penelope, an den heimischen Herd in Itaka zurückgekrochen kam – ergraut und auch sonst wohl nicht mehr so ganz auf der Höhe. Von Sirenen und

Kyklopen und tausend anderen phantastischen Abenteuern wusste er zu berichten. Ob Penelope ihm tatsächlich glaubte? Ob sie jenes Jahr bei der schönen Zauberin Kirke und die gar sieben Jahre als Bettgenosse der Nymphe Kalypo als »höhere Gewalt« klaglos hinnahm? Wir wissen es nicht. Oder amüsierten sie ganz einfach die Flunkereien, die ihr zurückgekehrter Ehegemahl Abend für Abend erfinden musste, so sehr, dass sie ihn nicht an die Luft setzen mochte, wie er es eigentlich verdient hätte?

In den Erzählungen der *Odyssee* finden sich auch die frühesten konkreten Überlieferungen für piratische Überfälle: Natürlich pflegte er vehement abzustreiten, dass er je etwas mit Piraterie zu tun gehabt habe. Zu den Lotophagen, die sich allein von Blüten ernährten, habe er sogar Herolde geschickt, um ihnen klar zu machen, dass er kein Seeräuber, freilich auch kein unbedeutender Mann sei; und dem Kyklopen Polyphemos habe er erklärt, dass er weder Pirat noch Krämer sei, sondern Mitglied eines hochberühmten Heeres. Aber dann und wann rutschte ihm eben doch die Wahrheit heraus wie am Anfang des Kapitels zitiert.

SEEVÖLKERSCHLACHT – DIE PHILISTER

Um 1190 v. Chr. kam es zur Schlacht gegen eine Piratenflotte – es ist überhaupt die erste Seeschlacht, von der die Geschichte zu berichten weiß.

Die »Seevölker«, in Palästina auch »Philister« genannt, waren ein indogermanischer Volksstamm, der raubend und plündernd durch die Adria zog. Woher sie genau kamen, weiß man nicht. Ihre Schiffe erinnern an die späteren *Drachen* der Wikinger, nur hochbordiger und ausschließlich als Segelschiffe ohne Hilfsriemen gebaut. In die Ägäis vorzustoßen war nicht ratsam, denn die griechischen Seefahrer waren eine allzu harte Konkurrenz. Die Philister segelten also weiter nach Südosten, überfielen Kreta und richteten dann den Bug ihrer Schiffe nach Palästina und Ägypten.

Pharao Râ-mose (Ramses) III., der letzte der großen und tatkräftigen Könige Ägyptens, hatte schon in seinen ersten Regierungsjahren eine schlagkräftige Kriegsflotte aufgebaut. Als die Seevölkerschiffe über die Kimmung heraufkamen und sich mit geblähten Segeln der ägyptischen Küste näherten, erkannte Râ-mose seine Chance: Die ägyptische Flotte zog sich ins Delta des Nils zurück. Die Philister stürmten hinterdrein. Der Pharao kannte die Eigenheiten seines Landes, die Philister kannten sie nicht. Kaum waren sie tief genug in das Gewirr von Flussarmen, Wasserläufen, Verästelungen, Kanälen und Papyrusdickichten des Nildeltas eingedrungen, flaute der Wind, wie von dem Ägypter vorhergesehen, ab, die Segelschiffe der Philister blieben reglos liegen, die Ägypter mit ihren schnellen, wendigen Ruderschiffen griffen an. Pfeilhagel der gefürchteten ägyptischen Bogenschützen prasselten auf die fast wehrlosen Angreifer herunter, so lange, bis die Decks der Feinde vom Blut der Toten und Verwundeten schwammen und die schwerbewaffneten »Scherden-Söldner« des Pharaos die Philisterschiffe stürmten. Die berühmte Rammstoßtaktik der späteren griechischen und römischen Epoche war zu dieser Zeit noch kaum entwickelt, doch scheint man auch diese Kampftechnik verschiedentlich bereits mit Erfolg erprobt zu haben, wie die gekenterten Schiffe der Angreifer auf dem großen Tempelrelief Râ-moses in Medînet Hâbu beweisen. Das wird, entgegen bisherigen Annahmen, umso glaubhafter, als Plinius in seiner *Naturalis historia* nach griechischen Quellen berichtete, Etrusker hätten den Rammsporn erfunden. Jene Etrusker also, die als »Scherden-Söldner« damals in großer Zahl in Heer und Flotte Pharao Râ-moses dienten.

Die Niederlage der Seevölker war vernichtend. Ihre Seemacht hatte aufgehört, ehe sie recht entstanden war. Nur an Land, in Palästina, bedeuteten sie noch eine Weile eine ernsthafte Gefahr für den jungen Staat der Kinder Israels.

DER ALLZU GLÜCKHAFTE – POLYKRATES
(gest. 522 v. Chr.)

> »Er stand auf seines Daches Zinnen,
> Er schaute mit vergnügten Sinnen
> Auf das beherrschte Samos hin.
> ›Dies alles ist mir untertänig‹,
> Begann er zu Ägyptens König,
> ›Gestehe, daß ich glücklich bin.‹«

Wer kennt sie nicht, die Ballade von Polykrates und seinem Ring? Was Schiller freilich verschweigt, ist die Tatsache, dass Polykrates von Samos einer der großen Piraten seiner Zeit war. Mit Kühnheit, List, Grausamkeit und seinem bald sprichwörtlichen Glück hatte er sich aus dem Nichts zum Tyrannen von Samos aufgeschwungen und Lesbos und Delos, die uralte, heilige Kultinsel des Apollon, überfallen. Hier erfuhr Polykrates von jenem Kultbild des Apollon Delphinos zu Didyma bei Milet, dessen Priesterschaft einen kostbaren Ring hüte, der dem irdischen Beherrscher der Meere gebühren sollte. Polykrates, nicht eben von übertriebener Bescheidenheit geplagt, forderte den Ring für sich. Die Priesterschaft des Apollon Delphinos versuchte die Sache zu verschleppen. Ihre Lage war auch nicht eben beneidenswert: Polykrates beherrschte mittlerweile die ganze südöstliche Ägäis. Doch im Osten hatten die Perser ein gewaltiges Großreich aufgebaut, Kleinasien erobert und rückten Milet näher und näher. Wem sollte man also den Ring geben? Dem Piratenfürsten von Samos oder dem Großkönig der Perser? Polykrates dauerte die Sache zu lange. Mit einer Flotte brauste er nach Didyma, brachte Götterstatue und Ring in seine Gewalt und die Stadt Milet gleich mit dazu.

Mit dem Ring des Apollon an der Hand war Polykrates nun überhaupt nicht mehr zu bändigen. Er schaltete und waltete auf dem Meer nach freiem Ermessen, griff unterschiedslos Feind und Freund an und schleppte ihre Schiffe ab. Dumm war der Tyrann von Samos freilich nicht, also gab er hin und wieder reiche Prisen unbeschädigt mit großzü-

Die »Triere« (römisch »Trireme«), so genannt, weil die Riemen in Dreiergruppen angeordnet waren. Mit bis zu 150 Riemen bzw. Ruderern pro Seite entwickelte sie sich im 4. Jahrhundert v. Chr. zum wichtigsten »Schlachtschiff« der Antike wie sie dieses Graffito am »Haus des Dionysos« in Delos zeigt.

giger Geste an ihre Besitzer zurück. So verschaffte er sich auch die Freundschaft des Königs von Ägypten. Pharao Amasis, der selbst voll Besorgnis nach Osten auf das wachsende Reich der Perser blickte und berechtigt für die Sicherheit Ägyptens fürchtete, war das Bündnisangebot des Polykrates durchaus willkommen.

Und dann passierte die berühmte Geschichte mit dem Apollon-Ring: Aus Furcht vor dem Neid der Götter, überredete der Gesandte des Pharao – im Gegensatz zu Schillers Darstellung war Amasis nie selbst auf Samos – den Piratenfürsten, das kostbare Schmuckstück den Göttern zu opfern und ins Meer zu werfen. Doch am nächsten Tag war der Ring wieder da:

»›Herr, diesen Fisch hab ich gefangen,
Wie keiner noch ins Netz gegangen,
Dir zum Geschenke bring ich ihn.‹
Und als der Koch den Fisch zerteilet,
Kommt er bestürzt herbeigeeilet
Und ruft mit hocherstauntem Blick:
›Sieh, Herr, den Ring den du getragen,
Ihn fand ich in des Fisches Magen –
O, ohne Grenzen ist dein Glück!«

Vielleicht veranlasste wirklich die Furcht vor dem Neid der Götter den Gesandten zur schleunigsten Abreise:

Die Götter wollen dein Verderben –
Fort eil ich, nicht mit dir zu sterben.«‹

Vielleicht hatte er weit dringendere Gründe, sich von dem so offensichtlich vom Glück Begünstigten abzusetzen, etwa, dass ihm der Charakter des Tyrannen von Samos langsam allzu unheimlich wurde: Zu Hause gab sich Polykrates als jovialer Lebemann, der Essen, Trinken und Flötenspiel schätzte, den Bildhauern und Baumeistern großzügige Aufträge erteilte, den Dichter Anakreon finanzierte und den Wissenschaftlern – nicht nur den Erfindern von Kriegsgerät – reichliche Stipendien zahlte. Andererseits hatte er seinen Bruder umbringen lassen und der Ruf seiner Raubschiffe war alles andere als gut. Polykrates ließ sich zwar allerorten als »Vertilger der Piratenpest« in der Ägäis feiern, doch war dies mehr eine Beseitigung lästiger Konkurrenz; bei entsprechender Nachfrage auf seinen Sklavenmärkten, überfiel er höchst ungeniert auch die Dörfer und Städte an den Küsten befreundeter und verbündeter Staaten. Die Freundschaft mit Pharao Amasis kühlte merklich ab, und auch wenn Herodot das etwas anders schilderte, gibt es gute Hinweise, dass Polykrates umschwenkte und dem persischen Großkönig ein paar ägyptische Militärgeheimnisse zukommen ließ, die er erfahren hatte. Eigentlich hätte Polykrates wissen müssen, dass Verräter zwar nützlich, niemals aber beliebt sind, und dass man sich ihrer entledigt, wenn sich die Gelegenheit bietet. So ließ sich der Tyrann von Samos von den Persern nach Magnesia locken, obwohl ihn seine jüngste Tochter angefleht hatte: »Reise nicht! Ich hatte einen Traum, da sah ich dich unbekleidet und arm, gewaschen vom Regen, gefleckt von der Sonne.« Doch der meinte: »Da hast von meinem Anfang, nicht von meinem Ende geträumt! Mich schützt mein Ring!« Im Vertrauen auf sein Glück reiste Polykrates zusammen mit seinem Sohn und seinen drei Töchtern nach Magnesia, wurde sofort verhaftet und starb »unbekleidet und arm, gewaschen vom Regen und gefleckt von der Sonne«, samt seinen Kindern als Pirat am Kreuz. Der verhängnisvolle Ring des Apollo gelangte in den Besitz der persischen Großkönige, doch auch ihnen sollte er wenig Glück bringen.

VAGANTEN DES MEERES – DIE ETRUSKER

»In jener Zeit haben die Tyrrhener das Mittelmeer am meisten geplündert«, schrieb Strabon aus Amaseia um die Zeitenwende. Thukydides nannte sie die »Vaganten des Meeres« und über ein Jahrhundert war der Name »Tyrrhener« ein Synonym für Seeräuber.

Es ist immer noch nicht mit letzter Sicherheit geklärt, woher die Tyrrhener, Tyrsener, Turser oder Etrusker, wie sie genannt wurden, kamen, doch selbst die strengsten Etruskologen neigen immer mehr zu der Ansicht, dass sie tatsächlich die Nachkommen der aus dem brennenden Ilion geflohenen Trojaner waren. So wurde eine etruskische Grabstele auf der griechischen Insel Lemnos gefunden. Ihre immer noch

Eine etruskische Monere (Schiff mit nur einer Reihe Ruderer), links, greift ein plumpes phönizisch-karthagisches Handelsschiff an. Der »Aristonothos-Krateiron« im Palazzo dei Conservatori in Rom zeigt die erste eindeutig bildlich belegte Darstellung eines Piratenüberfalls.

nicht ganz entzifferte Sprache enthält grammatikalische Eigenheiten, wie man sie aus den Dialekten des westlichen Kleinasiens kennt; ihre Kultur ist eindeutig vom Vorderen Orient geprägt und Seneca sagte: »Asien beansprucht die Etrusker als die Seinen«.

Der Sage nach flohen die letzten Trojaner unter ihrem Anführer Aineias zunächst nach Lykien, und es ist durchaus anzunehmen, dass sie von den Lykiern, den berüchtigtsten und frechsten Piraten des östlichen Mittelmeeres, den letzten Schliff in dem Gewerbe erhielten, das sie dann für Jahrhunderte so vortrefflich auszuüben verstanden. Von Lykien aus verdingten sich viele Etrusker als »Scherden-Söldner« nach Ägypten, und zogen, historisch nachweislich, schließlich weiter nach Mittelitalien. Dort gründeten die Etrusker mit der heutigen Toskana als Zentrum einen lockeren Bund von Stadtstaaten, der im 6. Jh. v. Chr. auf dem Höhepunkt seiner Macht stand.

Dem Meer, das am Anfang ihrer Geschichte stand, blieben sie bis zu ihrem Untergang treu. Als kühne und gefürchtete Seefahrer und Seeräuber erschienen die Etrusker immer wieder in der Schriften der antiken Autoren: »Die Macht der Etrusker war so groß«, schrieb Livius, »dass der Ruhm ihres Namens nicht nur das Land, sondern auch das Meer in seiner ganzen Ausdehnung Italiens, von den Alpen bis zur Meerenge von Messina erfüllte.« Und der Geschichtsschreiber Diodorus Siculus notierte in seiner *Bibliotheca historica*: »Auch als Seemacht waren sie stark und beherrschten lange das Meer, so dass die Gewässer vor Italien von ihnen den Namen Tyrrhenisches Meer erhielten«, und die Adria hat ihren Namen von der Etruskerstadt Atria erhalten. Ein ganzer Kranz von Legenden und Episoden rankt sich um die Fahrten dieser verwegenen Seeräuber: Die homerische Hymne auf Dionysos berichtet, wie eines Tages der Gott von tyrrhenischen Piraten geraubt worden sei. Nur durch die

Verwandlung seiner Entführer in eine Schar Delphine sei es Dionysos gelungen, sich wieder zu befreien.

Wer Seefahrt betreibt, der denkt in großen Räumen. Der Geograph Strabon bekundet in seiner *Geographia* Niederlassungen der Etrusker auf Sardinien, auf den Balearen und an der spanischen Küste. Diodorus Siculus erwähnt die Besetzung Korsikas und berichtet von einem Streit zwischen Etruskern und Karthagern, der mit Waffengewalt um eine ferne Insel im Atlantik ausgetragen wurde, wobei es sich vermutlich um Madeira gehandelt haben dürfte. Manche Bewunderer der Etrusker haben ihre verwegenen Raubzüge als Handelsunternehmen darzustellen versucht. Was sie dabei vergessen, ist, dass die Schifffahrt jener Epoche fast immer auch Kaperfahrt war; sie machen zudem den Fehler, heutige Rechtsauffassungen auf frühere Zeiten transponieren zu wollen: Piraterie – zumindest in der amtlich sanktionierten Form der »Staatspiraterie« – war von den frühesten Anfängen in der Antike bis ins 20. Jahrhundert eine durchaus löbliche Beschäftigung!

Die Etrusker haben uns auch das erste authentische Bild eines Piratenüberfalls hinterlassen. Auf dem Aristonothos-Krateiron, der heute im Palazzo dei Conservatori in Rom steht, sehen wir den Angriff eines tyrrhenischen Piratenschiffs auf einen dickbäuchigen phönizisch-karthagischen Kauffahrer, die bevorzugte Beute etruskischer Seeräuber. Freilich beschränkten sich die etruskischen Piraten nicht nur auf karthagische Schiffe, sondern sie dehnten ihre Kaperfahrten bis weit ins östliche Mittelmeer aus. Während sie sich den süditalienischen Griechen gegenüber aus gutem Grund einer gewissen Zurückhaltung befleißigten, machten sie beispielsweise Alexander dem Großen ziemlich zu schaffen. Einmal zwangen sie Volk und Rat von Delos eine Anleihe von 5000 Drachmen, seinerzeit eine höchst beachtliche Summe, aufzunehmen und an sie auszuzahlen, damit sie die Insel vor weiteren Überfällen verschonten. Rhodos, die zur Zeit der Diadochenkriege beherrschende Handelsmetropole im östlichen Mittelmeer, gelang es schließlich unter schwersten Verlusten, die etruskischen Piraten in ihre heimischen Gewässer zurückzudrängen, und der Dichter Menender schildert höchst anschaulich die »Räubertrompeten«, die ihm aus wohl noch recht naher Erinnerung in den Ohren gellten.

Prophetien hatten den Etruskern Jahrhunderte der Macht vorausgesagt, an deren Ende ihr Volk untergehen würde. Solange sie in der Überzeugung, das Schicksal auf ihrer Seite zu haben, kämpften, waren sie unüberwindlich. Als aber das vorhergesagte Ende ihrer Zeit sichtbar wurde, zerbrach ihr Glaube an den Sieg. In einem stolzen und hoffnungslosen Kampf unterlagen sie Rom, das selbst einst eine etruskische Gründung gewesen war.

MIT PIRATEN ZUR MACHT –
PHILHIPPOS II. UND ALEXANDROS DER GROSSE
(382 bis 336 v. Chr. und 356 bis 323 v. Chr.)

Nach den Perserkriegen erhob sich Athen wie der Phönix aus der Asche, größer, schöner, mächtiger und reicher als je zuvor. Lange dauerte diese Herrlichkeit freilich nicht. Die ewig zerstrittenen Griechenstaaten fielen mit Waffengewalt übereinander her; es kam zum Krieg zwischen Sparta und Athen, dann zum Krieg zwischen Athen und seinen ehemaligen Bundesgenossen. Die von Themistokles und dem großen Staatsmann und Kunstmäzen Perikles aufgebaute Flottenmacht wurde in jahrelangen Kämpfen verschlissen, zum Nachbau fehlte das Geld. »Damals«, klagte Andokides, »da waren es vor allem die Seeräuber, von denen viele Menschen ergriffen wurden, die dann ihre Habe verloren und als Sklaven ihr Leben hinbringen mussten.« Sicherheit zur See gab es überhaupt nur noch, wenn man sich selbst an Bord eines Piratenschiffes befand. Als beispielsweise der spartanische Strategos Lysandros eine Nachricht an seine Heimatstadt schicken wollte, bediente er sich des Piraten Theopompos aus Milet, weil dieser nicht nur das bei weitem beste und schnellste Schiff hatte, sondern weil man ihm auch als Einzigem zutraute, unbehelligt durchzukommen. Einen Fortschritt gab es allerdings auch: Bei Piratenüberfällen von Griechen auf Griechen wurde der hässliche Ausdruck »Seeraub« durch den geschmeidigeren Begriff *Syle* ersetzt, was man in etwa mit »Kaperei« übersetzen kann – groß war der Unterschied in der Praxis nicht.

Obwohl es schließlich 371 v. Chr. zum Friedensschluss kam, war Griechenland ein politischer Trümmerhaufen, gerade recht für den neuen starken Mann, König Philhippos II. von Makedonien, und seine verbündeten Seeräuberführer Alexandros von Pherai, Charidemos und Sostratos. Über Alexandros von Pherai urteilte Xenophon recht hart: »Er war ein ungerechter Räuber zu Lande und zur See«. Immerhin unterstützte Alexandros von Pherai nicht nur großzügig die Piraten von Aigina, sondern plünderte persönlich sogar einmal Piräus, den Hafen von Athen. Objektivere Männer als Xenophon lobten ihn freilich als einen bedeutenden und tatkräftigen Mann, der Thessalien zu hoher Blüte und Reichtum gebracht hatte. Charidemos, Söldner- und Piratenführer in einem, kommandierte höchst selbstherrlich an der Küste Thrakiens, wo er vor allem auf Getreideschiffe aus dem Schwarzen Meer und andere reiche Prisen lauerte. Den Makedoniern war er ein nützlicher Verbündeter. Der dritte, Sostratos, muss eine Berühmtheit in seinem Fach gewesen sein, denn in den *Totengesprächen* des Lukianos von Samosata führt er einen Dialog mit dem Minos über die Vorzüge der Räuberei. Vom Athener Demosthenes wurde er in seinen scharfzüngigen Reden gegen den Makedonen-König, den berühmten *Philhippika*, mit den größten Bösewichtern sprichwörtlich genannt.

Philhippos II. kam dieses Durcheinander zur See höchst gelegen. Während Seeräuber in seinem Sold attische Schiffe jagten und aufbrachten, erhob Philhippos selbst ein großes Geschrei ob der unhaltbaren Zustände und bot Athen an, gemeinsam den Schutz gegen die Seeräuber zu übernehmen. Ein geschickter Schachzug! Wenn Athen ablehnte, so konnten die Banden des Makedonen in Zukunft ohne jede Hemmung gegen attische Fahrzeuge operieren. Sagte Athen zu, musste es dem makedonischen König alle Inseln und Buchten öffnen, sogar unter Umständen makedonische Offiziere auf seinen Schiffen dulden. Athen wählte einen Mittelweg und fuhr damit am schlechtesten. Man begrüßte zwar das Bündnis, zögerte jedoch, seine Inseln und Häfen den Makedonen zu öffnen. Philhippos behauptete nun, Athen habe sein Angebot nur deshalb nicht voll akzeptiert, da es selbst Seeräuberei betreibe. Es sei also nur recht und billig, wenn makedonische Trieren attischen Kaufleuten Gleiches mit Gleichem vergelten würden. Indessen besetzten Charidemos und Sostratos zu Athen gehörende Inseln unter dem Vorwand, sie von Seeräubern zu reinigen – und vergaßen nur, ihrerseits wieder abzusegeln. Als 338 v. Chr. bei Chaironea die makedonische Reiterei unter dem jungen Alexandros, dem Sohn des Philhippos, den man später »den Großen« nennen würde, das griechische Heer überrannte und Griechenland in die Hände des makedonischen Königs fiel, änderte sich die Lage schlagartig: Die eben noch von Philhippos gehätschelten Piraten und Kaperfahrer waren jetzt eine Gefahr für die eigene Macht. Philhippos, und nach seiner Ermordung sein Sohn Alexandros, räumten schnell und gründlich auf. Wer sich nicht der offiziellen Flotte unterstellte, wie Charidemos und Sostratos, wurde erschlagen oder gefangen und hingerichtet.

Der letzte bedeutende Pirat jener Epoche war Aristonikos, der als Tyrann auf Chios herrschte. Lange Jahre machte er die Ägäis unsicher. Man schrieb das Jahr 332 v. Chr., als ihm das Missgeschick passierte, vollbeladen wieder einmal in den Hafen von Chios einzulaufen, ohne zu ahnen, dass die Insel unterdessen von dem makedonischen Admiral Hegelochos erobert worden war. Was an Piraten nicht im Kampf fiel, wurde hingerichtet, Aristonikos in Ketten nach Ägypten gebracht, wo sich Alexandros auf seinem Eroberungszug gerade als den Sohn des Zeus-Amon feiern ließ. Der Welteroberer fragte Aristonikos, weshalb dieser seine Räubereien begangen habe, woraufhin der Gefangene antwortete: »Ich tat im Kleinen nichts anderes als du im Großen – mich aber nennt man deshalb abfällig einen Räuber.« Das weitere Schicksal des Aristonikos ist unbekannt. Ob ihn Alexandros begnadigt hat, weiß man nicht, doch vieles im Charakter des jungen makedonischen Königs spricht dafür.

DER TRAUM VOM WELTREICH – DEMETRIOS POLIORKETES
(um 336 bis 283 v. Chr.)

Man schrieb das Jahr 323 v. Chr. Alexandros der Große war, erst 33 Jahre alt, am Fieber verstorben. Unmittelbar darauf begann der Kampf um seine Nachfolge. Der unmündige Sohn des Eroberers wurde beiseite geschoben, später zusammen mit seiner Mutter Roxane ermordet. In der nordöstlichen Provinz Baktrien brach ein Söldneraufstand los. Und die Generäle teilten sich als Diadochen (Nachfolger) die Welt: Antipater nahm sich Griechenland und Makedonien, Ptolemaios Ägypten, Antigonos Phrygien und Pamphylien, Seleukos Persien, Eumenes Medien, Lysimachos Thrakien. Doch wo wäre jemand, der so schnell zu Macht und Besitz gekommen ist, mit dem Erreichten zufrieden gewesen? Über 40 Jahre tobten die Kämpfe rund um das östliche Mittelmeer.

Mit seinen ihm blind ergebenen Piraten versuchte Demetrios Poliorketes das einheitliche Alexander-Reich zu retten.

Mitten in diesen Kämpfen und Wirren stand einer der bedeutendsten Piratenführer der Antike: Demetrios Poliorketes. Demetrios war der Sohn des Antigonos Monophthalmos, des »Einäugigen«. Gemeinsam war ihnen die Idee des großen, umfassenden Reiches, wie Alexandros es geschaffen hatte, und so nahmen sie den Kampf auf gegen dessen Zerbrechen und die kleinliche Habgier der ehemaligen Alexandros-Generäle: Antigonos sollte den Osten mit Kleinasien, Syrien, Persien und Ägypten, Demetrios den Westen mit Griechenland, Makedonien und der Ägäis wieder vereinen. Ein erster Schlag gelang Antigonos gegen Eumenes, dem er Kappadokien und Medien entriss, ihn bei Isfahan schlug, gefangen nahm und hinrichten ließ. Ptolemaios und Seleukos, die zunehmend beiden mächtigsten Diadochen, erkannten daraufhin Antigonos Monophthalmos 311 v. Chr. als Reichsregenten an. Der erste Schritt war geglückt.

Inzwischen war auch Demetrios nicht untätig geblieben. Unter dem großen Alexandros waren es für Piraten schlechte Zeiten gewesen, denn der König hatte es verstanden, auch auf dem Meer für Ordnung zu sorgen. Jetzt witterten sie Morgenluft und strömten in hellen Scharen unter ihren Kapitänen Timokles, Andron, Melatas und Ameinias dem Demetrios zu. Die Bewährungsprobe für Demetrios Poliorketes und seine verwegene Flotte kam 309 v. Chr.: Ptolemaios hatte sich nach Ägypten unterdessen auch Kyrene und Zypern einverleibt, und streckte nun seine Finger nach der Peloponnes aus. Demetrios fuhr wie der leibhaftige Satan dazwischen, fegte die ptolemäischen Truppen ins Meer und marschierte in Athen ein. Dort ließ er die Stadtbefestigungen ausbauen, die Werften in Piräus restaurieren, und unter dem Schutz der Piratenschiffe blühten Handel und Verkehr.

Drei Jahre später kam es zur Entscheidungsschlacht vor der Küste Zyperns. Dem Ansturm der Seeräuber hatte die Flotte des Ptolemaios nichts entgegenzusetzen, ihre zerschlagenen Reste flohen nach Ägypten, und nur die Inselfestung Rhodos, nach dem Tod des Alexandros kometenhaft zur wichtigsten Handels- und Seefahrtsmetropole des östlichen Mittelmeers aufgestiegen, hielt dem Angriff stand. Antigonos Monophthalmos und Demetrios Poliorketes standen auf dem Höhepunkt ihrer Macht. Ptolemaios hatte sich nach Ägypten zurückgezogen und Seleukos schien sich mit Persien und Babylon begnügen zu wollen. Wenn auch nicht mehr das Großreich des Alexandros, so schien doch ein hellenischer Staatenbund in greifbare Nähe gerückt. Doch während Seleukos noch sein Siegel auf den Friedens- und Freundschaftsvertrag drückte, trampelten von Osten bereits seine und des Lysimachos Truppen heran. Bei Ipsos in Phrygien starb 301 v. Chr. unter dem Stampfen der Kriegselefanten mit Antigonos Monophthalmos endgültig der Traum vom Weltreich des Alexandros.

Demetrios floh nach Athen zurück. Hätten seine Seeräuber tatsächlich den Charakter gehabt, den man ihnen allgemein nachsagte, sie hätten nun geschlossen zu den Siegern überlaufen müssen. Doch nur ein einziger, Andron, konnte dem Gold des Lysimachos nicht widerstehen und öffnete die Tore von Ephesos. Lysimachos zahlte die Belohnung zwar aus, schob dann aber Andron samt seinen Leuten schleunigst ab, da er ihm nach dieser Probe der Treulosigkeit ebenfalls nicht vertrauen mochte. Andron ging mit seinen Schiffen in See und blieb spurlos verschwunden.

Die übrigen Piraten, die Demetrios Poliorketes treu geblieben waren, stiegen teilweise zu hohen Ehren und Ämtern auf: Der phokische Archipirat Ameinias wurde General, der aiolische Seeräuber Melatas kommandierte die Flotte. Vierzehn Jahre beherrschte Demetrios Poliorketes, gestützt auf seine ihm blind ergebenen Piraten, Griechenland und Makedonien, ehe er 286 v. Chr. Seleukos in die Hände fiel. Es war eine leichte, ehrenvolle Haft, in der ihn Seleukos hielt, doch Demetrios war müde, sein Traum in alle Winde zerstoben. Drei Jahre später starb er einsam und verbittert.

PRIVATE ANGELEGENHEITEN – TEUTA
(um 230 v. Chr.)

Wir kennen die Geschichte nur aus der Feder des Siegers – und dergleichen Berichte sind bekanntlich immer etwas mit Vorsicht zu genießen.

Um 230 v. Chr. hatte sich die kleine Etruskersiedlung am Tiber namens Rom zu einer beachtlichen Mittelmacht emporgearbeitet, hatte kürzlich sogar in einem über 20-jährigen Ringen das mächtige Karthago zwar nicht wirklich besiegt, ihm jedoch immerhin das fruchtbare Sizilien abgenommen, und hielt nun Ausschau nach weiteren Ländern, die es vielleicht erobern konnte. Illyrien, nur durch etwa 200 Kilometer Wasser der Adria von Italien getrennt, schien sich da geradezu anzubieten.

Allerdings war Rom noch nicht mächtig genug, um völlig auf ein moralisches Feigenblatt verzichten zu können. Also schickte man eine Gesandtschaft über die Adria zu Königin Teuta, die nach dem Tod ihres Mannes Agron 231 dort die Macht übernommen hatte, und forderte lautstark, dass die Überfälle auf griechische Schiffe unverzüglich zu unterbleiben hätten! Königin Teuta blieb gelassen: »Den Männern meines Volkes kann ich nicht verwehren, ihren Unterhalt auf See zu suchen.« Aber es handle sich eindeutig um Piraterie, und zwar im großen Stil, insistierten die Römer, schließlich sei bekannt, dass beträchtliche Teile des illyrischen Volkes nahezu ausschließlich von dieser Räuberei lebten. Die Königin zuckte mit den Schultern und erklärte, dass sie sich grundsätzlich niemals in die privaten Angelegenheiten ihrer Untertanen einmische.

Die Verhandlungen steckten fest bis ein Mann aus der römischen Delegation erschlagen wurde. Hatte er die Illyrer mit seiner nassforschen Art allzu sehr gereizt, oder war er ganz einfach in eine Wirtshausschlägerei geraten? Rom stilisierte die Sache zum politischen Mord hoch und hatte seinen »gerechten Kriegsgrund«. 229 v. Chr. rauschte eine imponierende römische Flotte nach Illyrien, und bald meldeten die Admiräle vollmundig, man habe die Seeräubernester ausgeräuchert, alle Schiffe versenkt und Königin Teuta samt ihren Kapitänen ans Kreuz genagelt. Zwar ist das weitere Schicksal der Piratenkönigin nach dem römischen Feldzug nicht überliefert, doch ihr Tod am Kreuz nebst den sonstigen großen Erfolgsmeldungen waren so offensichtlich reine Propaganda, dass sie nicht einmal römische Geschichtsschreiber später zu übernehmen wagten. Illyrien wurde keineswegs römische Provinz, sondern lediglich »Protektorat«, und Teuta scheint sich allenfalls dazu bereitgefunden zu haben, ihre Untertanen anzuweisen, hinfort *römische* Frachter in Ruhe zu lassen.

PURPURNE SEGEL UND SILBERNE RIEMEN – DIE KILIKIER

Kilikien an der Südküste Kleinasiens war in den letzten zwei vorchristlichen Jahrhunderten die unbestrittene Hochburg der Piraterie. »Das hohe Strandgebirge tritt dicht an das Meer heran, und jeder freiliegende Gipfel dieses Gebirgszuges bot den Seeräubern weitblickende und zugleich vorzügliche Warten, von wo sie die Beute erspähen und Gefahren erkennen konnten, um die versteckten Häfen der zerrissenen Küste als Ausfalls- und Rückzugstore zu benutzen«, berichtete der Geograph Strabon. Und natürlich waren es nicht nur einheimische Kilikier, die das Meer unsicher machten, sondern ein buntes Völkergemisch aus Syrern, Zyprioten, Kretern, Lykiern,

Kariern, Griechen, Ägyptern und Juden, die sich selbst als »Meeressoldaten« bezeichneten. »Sie überfallen unbefestigte Städte, untergraben aber auch bei Festungen die Stadtmauern oder stürzen sie ein. Sie rauben Gefangene und schleppen die, die etwas besitzen, fort zu ihrem Hafen auf Lösegeld. Die Einnahmen, die sie dabei erzielen, nennen sie, da sie nicht mehr ›Seeräuber‹ heißen wollen, ›Soldatensold‹«, schilderte Appian. Dio Cassius berichtete: »Die besondere Stärke der Kilikier beruht darin, dass alle diese Seeräuber Freundschaft miteinander halten und einander mit Geld und Hilfe unterstützen, auch wenn sie sich gar nicht kennen.«

Und diese Brüderlichkeit ging noch weiter. Die Beute war Eigentum der Gemeinschaft und wurde nach strengsten Regeln aufgeteilt. »Ihre Anführer waren wie Feldherren«, bemerkte Appian, doch sie waren von den Mitgliedern der Bande frei gewählt, hatten nur im Kampf Befehlsgewalt und konnten jederzeit abgesetzt werden. Die Kilikier waren echte Vertreter ihres Gewerbes: Sie liebten den Luxus, den Prunk, feierten prachtvolle Feste und so manch ein ursprünglich geraubtes weibliches Wesen blieb freiwillig und begeistert bei ihnen. Sie waren gläubige Anhänger der Geheimkulte des Mithras, der nach der Zeitenwende noch lange schärfster Rivale des Christentums blieb. Ihre schnellen, wendigen Schiffe erregten den Neid aller, die über sie berichtet haben: Viele hatten einen vergoldeten Bug und ihre Rahen mit massivem Goldblech, die Riemenblätter mit Silber beschlagen. Die Segel waren gar mit Purpur gefärbt, wobei ein Lot (ca. 17 Gramm) umgerechnet auf einen Wert von etwa 500 Euro kam – römische Senatoren konnten sich lange Zeit gerade einmal zwei schmale Streifen Purpur auf ihrer Toga leisten, und ein ganzer Purpurmantel wurde Sinnbild königlichen Glanzes.

Schließlich waren die Kilikier die Erfinder der »Piratenflagge« schlechthin: »An den Rahen wehten mannigfach verzierte Flaggen. Manchmal zeigten diese Flaggen schreckliche Sinnbilder des Todes, wie etwa einen Totenkopf und Gebein, um den Feind zu erschrecken.«

IN DER GEWALT VON PIRATEN – CAIUS IULIUS CAESAR (um 100 bis 44 v. Chr.)

Im Lauf der Jahre verlegten sich die kilikischen Piraten zunehmend auf ein einträgliches Lösegeldgeschäft: Man fing wohlhabende Kaufleute und Bürger ein, und erpresste mitunter beträchtliche Summen.

Der römische Chronist Caius Velleius Paterculus gab einen höchst anschaulichen Bericht von solch einem Unternehmen – dass es am Ende schief ging, muss man freilich als seltene Ausnahme betrachten: »In diesem Jahr [75 v. Chr.] reiste ein junger Römer aus vornehmem Geschlecht nach Rhodos. Er war wegen seiner Anhängerschaft zu Marius, dem Konkurrenten des Diktators Sulla, von Letzterem aus Rom verbannt worden. Da er ohne Beschäftigung und voll Ehrgeiz war, hatte er beschlossen, sich der Rhetorik zu widmen. Er wollte deshalb in die Schule des berühmten Meisters der Redekunst, Apollonius Molo, eintreten. Während das Schiff die Insel Phamacusa an der felsigen Küste von Karien umrundete, wurde plötzlich ein Langschiff auf Jagdkurs gesichtet. Der Kauffahrer war ein langsamer Segler, und angesichts des schwachen Windes war jede Hoffnung ausgeschlossen, dem Piratenschiff mit seinen langen Riemenschlägen zu entgehen. Mit gestrichenen Segeln wartete das Handelsschiff, bis das scharfbugige Seeräuberschiff längsseits gekommen war. Bald waren die Decks von fremden Strolchen überschwemmt.

Als der Piratenkapitän die erschreckten Passagiere musterte, fiel sein Blick auf den jungen Adeligen, der, nach neuester Mode gekleidet, von seinem Gefolge und seinen Sklaven umgeben, sitzen geblieben war und las. Der Seeräuber eilte auf ihn zu und fragte ihn, wer er sei. Der junge Mann jedoch setzte nach einem verachtungs-vollen Blick auf den Piraten seine Lektüre fort. Der erzürnte Kapitän wandte sich an einen Gefolgsmann des Jünglings, den Arzt Cinna. Dieser nannte ihm den Namen des Lesenden: Caius Iulius Caesar. Sodann wurde die Frage nach dem Lösegeld gestellt. Der Pirat wollte wissen, wie viel Caesar zu zahlen gewillt sei, um sich und seinen Leuten die Freiheit zurückzukaufen. Als sich der Römer nicht einmal die Mühe machte, zu antworten, wandte sich der Kapitän an einen seiner Unterführer, um zu erfahren, wie hoch dieser den Wert der Beute einschätzte. Der Piratenleutnant be-trachtete den Römer eingehend und meinte, dass 10 Talente (1 Talent entsprachen etwa 12.000 Euro) wohl eine vernünftige Summe seien. Der Kapitän, den die hoch-mütige Art des jungen Aristokraten verärgert hatte, rief aus: ›Dann will ich sie ver-doppeln! 20 Talente sind es, was ich verlange!‹ Da ergriff Caesar zum ersten Mal das Wort. Mit hochgezogenen Brauen bemerkte er: ›20 Talente? Wenn du dein Geschäft verstündest, wüsstest du, dass ich mindestens 50 wert bin.‹ Der Pirat war sprachlos. Er nahm jedoch den Jüngling beim Wort und trieb ihn mit den anderen Gefangenen in die Boote, damit er in seinem Piratennest auf die Rückkehr der Schiffe warten konnte, die um das Lösegeld ausgeschickt worden waren.

Caesar und seine Leute wurden in einigen Häusern des Seeräuberdorfes unterge-bracht. Der junge Römer beschäftigte sich hauptsächlich mit täglichen körperlichen Übungen; er sprang und warf Steine, oft auch im Wettbewerb mit seinen Wächtern. In weniger anstrengenden Stunden verfasste er Gedichte oder kunstvolle Reden. Und be-sonders freute es ihn, jenen ausführlich und wortreich zu schildern, was geschehen würde, wenn er die ganze Bande einmal in die Hände bekäme, wobei er ihnen ver-sprach, dass er sie alle kreuzigen lassen würde. Schließlich kehrten die Sendboten nach 38 Tagen zurück und brachten die Nachricht, dass das Lösegeld beim Legaten

Valerius Torquatus hinterlegt sei. Also wurden Caesar und seine Leute zu Schiff nach Milet gebracht. Bei seiner Ankunft in Milet wurde Caesars Lösegeld den Piraten ausgezahlt, und diese machten sich schleunigst auf den Heimweg.

Caesar ging an Land, um seinen Plan in die Tat umzusetzen. Von Valerius erbat er sich vier Galeeren und 500 Soldaten und segelte sofort nach Phamacusa. Er kam noch am gleichen Abend dort an, und fand die ganze Räuberbande, wie er erwartet hatte, zur Feier ihres Glücks um die Lagerfeuer versammelt. Da sie völlig überrascht waren, konnten sie sich nicht wehren und gaben sich, nachdem nur wenige entkommen waren, gefangen. Caesar ergriff 350 Seeräuber und hatte außerdem noch die Genugtuung, seine 50 Talente voll zurückzubekommen. Er brachte seine Gefangenen auf die Schiffe, versenkte die Piratenflotte im tiefen Wasser und ging auf Kurs nach Pergamon, wo der Praetor Junius sein Hauptquartier hatte, doch der Praetor war auf Dienstreise auswärts. Ohne viel Aufsehen ordnete Caesar daher aus eigener Machtvollkommenheit an, dass die Piraten im Gefängnis hinzurichten seien, wobei er sich die 30 Rädelsführer für das Schicksal ausbedang, das er ihnen zugedacht hatte. Als ihm die Räuber in Ketten vorgeführt wurden, erinnerte er sie an sein Versprechen, fügte aber hinzu, dass er ihnen in Anbetracht der Freundlichkeit, die sie ihm während seiner Gefangenschaft erwiesen hätten, eine letzte Gunst zuteil werden lasse: Vor der Kreuzigung sollte jedem von ihnen die Kehle durchschnitten werden.

Daraufhin setzte Caesar seine Reise nach Rhodos fort und begab sich in die berühmte Rhetorikschule des Apollonius Molo.«

PAX MARITIMA ROMANA – SEXTUS POMPEIUS (um 70 bis 35 v. Chr.)

Es konnte so nicht weitergehen! Die aufsteigende Weltmacht Rom durfte sich die Frechheiten der kilikischen Piraten nicht mehr bieten lassen, ohne in ihrem Anspruch als Ordnungsmacht und Beherrscherin des Mittelmeeres unglaubwürdig zu werden. Die beiden ersten Anläufe unter den Generälen Publius Servilius und Marcus Antonius scheiterten kläglich, und das Mittelmeer hallte wider vom Hohngelächter der Kilikier.

Dann im Jahr 67 v. Chr. wurde Gnaeus Pompeius, dem großen Verbündeten und späteren Rivalen und Feind Caesars, der Befehl übertragen, mit dem Piratenunwesen Schluss zu machen. Pompeius setzte für sich das *imperium maior* durch, d.h. für drei Jahre den uneingeschränkten Oberbefehl über das gesamte Mittelmeer und die Küstenstreifen bis 75 km landeinwärts mit 120.000 Soldaten, 500 Kriegsschiffen und 24 Generälen unter seinem Kommando. Die kombinierten römischen Land- und Seestreitkräfte begannen an den Säulen des Herkules, dem heutigen Gibraltar, und rückten von

Rund dreihundert Jahre lang sorgte die römische Flotte, wie hier auf der Marc Aurel-Säule dargestellt, für Ruhe und Ordnung im Mittelmeer.

dort aus nach Osten. Jedes Dorf, jede Burg, jede Stadt wurden kontrolliert. Wie ein eiserner Rechen zog die Flotte des Pompeius durch das Mittelmeer und schob die Piraten vor sich her nach Osten. Die Entscheidungsschlacht vor Korakesion an der Küste Kilikiens wurde zu einem glänzenden Sieg für den Römer. Das war durchaus kein Zufall. Pompeius, nicht nur ein großer Feldherr und Admiral, sondern auch ein kluger Mensch, hatte längst für die besten Chancen seines Sieges gesorgt: Milde und Schonung den Besiegten gegenüber. Pompeius ging es nicht darum Leute umzubringen, sondern Ordnung zu schaffen. Die Piraten waren eine verwegene Bande, Meister blitzschneller Überfälle und Enterkämpfe, doch sie hatten keine straffe Führung und die Männer waren keine Soldaten, die sich auf Befehl bis zum letzten Mann totschlagen ließen. Dass Pompeius nur ihre Schiffe beschlagnahmte, ihnen ansonsten aber Straffreiheit gewährte, ihnen ihre Beute beließ und sogar Land anbot, zerbrach ihre Moral. – Binnen drei Monaten war das Mittelmeer praktisch frei von Piraten.

Es ist eine Ironie der Geschichte, dass ausgerechnet Sextus Pompeius, der Sohn des Piratenvertilgers Gnaeus Pompeius, zum letzten bedeutenden Piraten der Antike wurde: Nach der Ermordung Caesars 44 v. Chr. wurde er römischer Flottenbefehlshaber (wie seinerzeit sein nunmehr rehabilitierter Vater, den Caesars Agenten ermordet hatten). Aber anstatt den indessen wieder etwas zu Atem gekommenen Piraten Einhalt zu gebieten, setzte er sich an ihre Spitze, eroberte Sizilien und Sardinien und plünderte nach allen Regeln der Kunst die nach Rom segelnden Kornschiffe, wie Cornelius Nepos um die Zeitenwende in seinem Buch *De viris illustribus* berichtete.

Der Senat musste sich schließlich zu Verhandlungen herbeilassen. Die beiden Inseln und Teile der Peloponnes blieben in der Hand des Piratenführers, dazu 70 Millionen Sesterzen als Entschädigung für die durch Caesar beschlagnahmten Güter seines Vaters.

Doch Sextus Pompeius dachte gar nicht daran, die Seeräuberei aufzugeben, und eine Weile lief auch alles prächtig. Was kümmerte es ihn, dass es in Rom einen neuen starken Mann gab? Es war der Großneffe und Adoptivsohn Caesars, ein kluger, kalter Rechner mit Namen Octavianus, dem man später den Ehrentitel »Augustus« (der Erhabene) geben würde. Dessen Admiral, Marcus Vipsanius Agrippa, obwohl von einfacher Herkunft und ohne große militärische Erfahrung, ein Mann von größter Umsicht und vom Glück begünstigt, gelang es bei Mylai und Naulochos die Flotte des Sextus Pompeius vernichtend zu schlagen. Sextus rettete sich zu Marcus Antonius. Einst hatte dieser zusammen mit Octavianus gegen die Caesar-Mörder gewütet, doch inzwischen war deren Verhältnis reichlich angespannt. Marcus Antonius mag es vielleicht als Friedensangebot an seinen Rivalen Octavianus verstanden haben, als er ihm den abgeschlagenen Kopf des Sextus Pompeius nach Rom schickte.

Mit dem Tod des Sextus Pompeius endet die Geschichte der antiken Piraterie. Die straff organisierten römischen Wachflotten, ausgerüstet mit *Liburna* genannten, leichten, schnellen Kriegsschiffen, bei denen eindeutig die Piratenschiffe der Kilikier Pate gestanden hatten, unterdrückten jede Regung neu aufkeimender Seeräuberei fast augenblicklich. Gewiss, an den Küsten Istriens, im Schwarzen Meer, an der Südküste Kleinasiens, in dem unübersichtlichen Inselgewirr der Ägäis und an der Küste Nordafrikas gab es immer wieder einmal Fälle von Piraterie, doch im Ganzen gesehen waren die nächsten 150 Jahre eine Zeit des Friedens im Mittelmeer: die goldene Zeit der römischen *Pax Maritima Romana*.

DAS ENDE DES FRIEDENS

Marcus Aurelius, der von 169 bis 180 n. Chr. als Kaiser über »Rom und den Weltkreis« herrschte, war ohne jeden Zweifel ein wahrhaft bedeutender Philosoph. Er bescherte allerdings dem Imperium mit Lucius Verus und Commodus zwei hoffnungslos unfähige Nachfolger. »Wenn die Katze aus dem Haus ist, tanzen die Mäuse auf dem Tisch« – und die Piraten auf dem Meer. So musste bereits Heliodorus aus Emesa in seiner *Aithiopica* schildern: »Wir segelten Tag und Nacht, und der Steuermann hielt direkt auf Libyen zu, denn er sagte, bei so günstigem Wind sei es möglich, die See auf geradem Wege zu durchschneiden. Auch sei nötig, bald Land und Hafen zu gewinnen, da sich im Rücken ein Schiff zeige, das er für einen Freibeuter halte. Seitdem wir das kretische Vorgebirge verlassen hatten, folgte es unserem Kielwasser und segelte genau denselben Kurs, als ob wir es an der Leine hätten. Während nun die Zeit herankam, wo der Ackermann den Stier vom Pflug spannt, ließ die Stärke des Windes nach, als stehe er im Dienste unserer Verfolger, denn als die Riemen zur Geltung kamen, da war das leichtere Fahrzeug im Vorteil und näherte sich unaufhaltsam. Und einer der Passagiere rief: ›Da haben wir es! Wir sind verloren! Es ist ein Raubschiff!‹ Daraufhin geriet an Bord alles in Bewegung mit Lärm, Wehklagen, Geschrei und Hin- und Widerlaufen. Die einen verbargen sich im Schiffsraum, andere ermahnten sich gegenseitig zum Kampf an Deck, und einige wollten ins Beiboot springen und entfliehen. Die Räuber rückten nun schräg von der Seite heran und gedachten sichtlich, unser Schiff ohne Blutvergießen in ihre Gewalt zu bekommen. Sie riefen zu uns herüber: ›Ihr Unglücklichen, warum seid ihr so töricht gegen eine so überlegene Macht die Hände erheben zu wollen und euch dem offenkundigen Tod auszusetzen? Noch behandeln wir euch mild und freundlich – wir gestatten euch, das Beiboot zu besteigen und euch zu retten.‹ Da sich die Sache bis dahin ziemlich gefahrlos und unblutig anließ, verlor unsere Besatzung den Mut nicht und weigerte sich, dem Vorschlag nach, das Schiff zu verlassen, denn seine Ladung bestand aus Gold, edlen Steinen, kostbaren Stoffen und tyrrhenischem Wein. Als nun aber einer der kühnsten Räuber auf unser Schiff sprang und jeden niederhieb, der sich im in den Weg stellte, ihm auch alsbald seine Genossen folgten, da gereute die Kauffahrer ihr Widerstand. Sie warfen sich nieder und baten um Schonung, versprachen auch, alles zu tun, was man ihnen abverlange. Obgleich nun bei den Piraten die Mordlust schon geweckt war, hielten sie doch auf Befehl ihres Hauptmannes inne. Den Besiegten wurde nahegelegt, das Schiff zu verlassen, und zwar mit nichts anderem als nur einem kleinen Lendenschurz. Die Kaufleute jedoch beeilten sich sogleich, ganz so, als hätten sie nichts zu verlieren sondern alles zu gewinnen, in das Boot zu steigen.«

DER ZUSAMMENBRUCH – GEISERICH
(um 390 bis 477)

Während man in Rom mit List, Bestechung, Gift und Dolch um den Lorbeerkranz des römischen Imperators kämpfte und die Legionen ihre Anführer mit Brutalität und Gewalt auf den Thron der unumschränkten Macht hoben, um sich selbst bis zur – gewöhnlich raschen – Ermordung ihres Caesars als Prätorianer-Garde die Taschen zu füllen, durchbrachen Barbarenstämme die einst wohlbehüteten Grenzen des Imperiums. Zahllose Schiffe steuerten auf See hinaus, nicht zum friedlichen Handel, sondern zu Raub, Mord und Plünderung. Als Flavius Valerius Constantinus »der Große«, 330 Rom verließ und seine Residenz nach Konstantinopolis – dem alten Byzanz –, verlegte, öffnete er im Westen des Reiches dem Chaos Tür und Tor, woran das

Christentum, das er zur Staatsreligion erklärte, nicht das Mindeste ändern konnte. Eigentlich war es ein Wunder, dass es noch fast 150 Jahre dauerte, bis der germanische Söldnerführer Odowakar den letzten weströmischen Kaiser, Romulus Augustulus, absetzte, um endgültig die neuen Machtverhältnisse zu besiegeln.

Die ersten, die den Seeraub im Mittelmeer wieder im großen Stil betrieben, waren die Vandalen, ein germanischer Stamm, den die anstürmenden Hunnen aus ihrer polnisch-schlesischen Heimat vertrieben hatten. Von Provinz zu Provinz abgeschoben, erschienen sie schließlich in Spanien, erlernten den Schiffbau und waren unter ihrem König Geiserich bald gefürchtete Seeräuber. »Sie überfielen Karthago«, schrieb Hans Leip in seinem *Bordbuch des Satans*, »setzen sich dort fest, fühlten sich in den gesegneten Landstrichen bald wie zu Hause, indes die Verlockung die Schiffe weiter zu benutzen, ihre Kühnsten zu gefährlichen Freibeutern machte. Sie brandschatzten, wo man ihnen nicht gutwillig gab; sie tummelten sich wie Kinder in einem fremden Garten. Zweimal schlugen sie die römischen Flotten, die ihnen Einhalt gebieten sollten.« 455 gingen sie zum Angriff auf Rom selbst über und plünderten die Ewige Stadt – ganz so wie vor ihnen die Wisigoten unter Alarich und nach ihnen Ostogoten, Byzantiner, Sarazenen, Normannen und deutsche Landsknechte. Sie plünderten gründlich, doch ohne Kunstwerke zu zerstören – dass ausgerechnet ihr Volksname für den Begriff »Vandalismus« verwendet wurde, ist ungerecht, andere hätten diese Namenspartnerschaft weit eher verdient!

Im Jahr 533 zog Belisarius, der große Feldherr Kaiser Justinians, mit Heer und Flotte aus nach Nordafrika, und knapp ein Jahr später war das Vandalenreich zerschlagen. Als Gelimer, der letzte König der Vandalen, in Ketten vor Belisarius geführt wurde, soll er in schallendes Gelächter ausgebrochen sein. Ahnte er, dass sein Überwinder nur zu bald selbst den Hofintrigen zu Byzanz, an deren Spitze die ehemalige Zirkustänzerin und nunmehrige Kaiserin Theodora stand, zum Opfer fallen würde? Oder ahnte er, dass anstelle der Vandalen in Kürze noch weit gefährlichere Piraten von Nordafrika aus ihre Schiffe in See schicken würden? Ob so oder so, der unglückliche Gelimer sollte nur zu Recht behalten!

Drachen aus dem Nebelmeer

Die Nordlandpiraten bis zum 11. Jahrhundert

Am Mittag des 8. Juni 793 tauchen in der Kimmung zwischen Himmel und See Schiffe mit großen Quersegeln und grauenerregenden Drachenköpfen auf den Steven auf. Schnell nähern sie sich der Insel Lindisfarne vor der englischen Ostküste mit dem berühmten, 635 von St. Aiden gegründeten, Kloster. Von hier aus hatte sich das Christentum über weite Teile Englands verbreitet. Die Ernte des Frühsommers 793 ist gut, und die Mönche sind dabei, das Heu für den Winter einzufahren. Die Segel draußen beunruhigen die frommen Männer nicht. Vielleicht brauchen die fremden Seefahrer Hilfe, vielleicht Wasser und Proviant oder bedürfen der Ruhe an einem gastlichen Strand? Die Brüder des Klosters fahren ruhig fort, das Heu zu ernten.

Dann knirschen die Kiele der fremden Schiffe auf das Ufer – und die Hölle bricht über die ahnungslosen Mönche herein: Mit wüstem Gebrüll springen Männer in engen Hosen und klirrenden Kettenhemden mit hochgeschwungenen Äxten und Schwertern aus den Schiffen und fallen über die Wehrlosen her, »töteten sie, schleppten einige in Fesseln mit sich fort, trieben viele von dannen, ihrer Kleider entblößt, und überschütteten sie mit schmählichem Spott, und manchen ertränkten sie im Meer. Ja, selbst die Klosterknechte und deren Frauen wurden erschlagen oder davongeführt«, berichtet die berühmte *Angelsächsische Chronik* den ersten, urkundlich belegten Überfall skandinavischer Wikinger-Piraten. Die fremden Krieger plündern den Kirchenschatz, stürzen Altäre um, zertrampeln die heiligen Stätten, vernichten die Klosterbibliothek, schlachten das Vieh auf den Weiden, räumen Keller und Vorratsräume aus und lassen die Gebäude schließlich in Flammen aufgehen. Mit ungeheurer Beute und einigen Hundert Sklaven kehren sie auf ihre Drachenschiffe zurück und verschwinden in den Weiten des Meeres, ehe noch die Sonne unter den Horizont gesunken ist. Zurück bleibt ein menschenleeres Eiland mit rauchenden Trümmern und einem blutgetränkten Strand.

DAS MOOROPFER VON HJORTSPRING
(ca. 300 v. Chr.)

Lindisfarne gilt als der erste Überfall der Wikinger – das stimmt freilich nur insoweit, als damals für jene seefahrenden Raubbanden der nördlichen Meere eben die Bezeichnung »Wikinger« aufkam. Doch der Fund von Hjortspring belegt bereits für die Zeit um 300 v. Chr. unmissverständlich die Seeräuberei in jenen Gebieten.

War dem Anführer der Piraten ein Fehler unterlaufen? Hatte er die Schlagkraft seiner Truppe sträflich überschätzt? Oder hatte das kleine Fischerdorf auf der dänischen Insel Alsen nahe dem heutigen Gut Hjortspring unter dem besonderen Schutz der Götter gestanden? Die Bewohner des Dorfes müssen von Letzterem überzeugt gewesen sein, denn diesmal begnügten sie sich nicht damit die überlebenden Seeräuber zu opfern, sondern sie versenkten zu Ehren ihrer Schutzpatrone zudem 50 Schilde, 170 Speere, 8 kostbare Stahlschwerter, etliche Kettenhemden und sogar eines der Boote der Angreifer im nahegelegenen Moor.

Dieses Boot, das 1921 zusammen mit den geopferten Waffen aus dem Moor geborgen werden konnte, stellt eine Spitzenleistung der damaligen Handwerkstechnik dar: Extrem scharf gebaut, 15,5 m lang, 2,1 m breit, 0,8 m hoch und mit einem Tiefgang von 0,3 m, erbaut aus Lindenholzplanken, die bis zu 5 mm (!) Stärke heruntergearbeitet waren, wog dieses Schiff nicht mehr als 530 kg. Es war einerseits in der Lage eine Besatzung von 25 Mann samt Rüstungen, Waffen und Vorräten zu befördern, andererseits so leicht, dass es von seiner Besatzung mühelos über Landengen getragen werden konnte. Die Fachleute waren sich sehr schnell einig: Es ist das älteste erhaltene Piratenschiff der Welt. Denn zu nichts, aber auch gar nichts anderem als zu blitzschnellen Vorstößen und Überfällen war dieses Fahrzeug zu verwenden.

Das erste originale, 1921 in Hjortspring/Dänemark aufgefundene Piratenschiff der Welt von ca. 300 v. Chr.; Modell im Bergens Sjøfartsmuseum.

ZWISCHEN GLETSCHER UND MEER – DIE NORDGERMANEN

»Die Wikinger kommen!« Jahrhundertelang war das der Entsetzensschrei, der Europa in lähmenden Schrecken versetzte. Zwischen dem 5. und 2. Jh. v. Chr. erlebte Europa eine dramatische Klimaverschlechterung, von der naturgemäß der Norden am schlimmsten betroffen wurde. Die nur noch kärglichen Ernten vermochten die Menschen nicht mehr zu ernähren, erbitterte Kämpfe um das fruchtbare Land waren die Folge, Familienfehden und Blutrache zogen sich über Generationen hin. Zahlreiche Volksgruppen, die berühmtesten unter ihnen die Cimbern, Teutonen, Gepiden und Langobarden, brachen damals nach Süden auf, andere, etwa Angeln und Sachsen, zogen wenig später nach Westen. Im ursprünglich eher dünn besiedelten Skandinavien dauerte es bis ins 8. Jahrhundert, ehe auch dort der Druck der ständig wachsenden Bevölkerung unerträglich wurde, und es gab nur eine Richtung diesem Problem auszuweichen: das Meer und seine fernen, reichen Küsten.

Von Uranfängen an besaßen die Nordgermanen eine fast unheimliche Vertrautheit mit dem Meer. Wer freilich, wie in Norwegen, in einem von Fjorden zerrissenen, wie in Schweden, in einem von Seen durchsetzten Land, wie in Dänemark, auf einer Halbinsel und zahllosen Inseln lebt, wo das Wasser oft die einzige Verbindung von Ort zu Ort war, der musste, ob er nun wollte oder nicht, sich dieses Element untertan machen. Die hünenhaften Seeräuber aus dem Nebelmeer waren sich nie lange genug einig, um zu einer wirklichen politischen Macht zu werden – was sie trotzdem erreichten und aufbauten, ist daher um so erstaunlicher. Für den Wikinger waren Kampf, Raub, Totschlag und Plünderung zu Land und zu Wasser »Gut Ding«, im Kampf zu fallen der einzig würdige Abschluss des Lebens, auf »Wiking-Fahrt« zu gehen schlicht gesellschaftliches Muss.

Aus der Schelde geborgener Drachenkopf eines Wikingerschiffs.

DIE WIKINGER KOMMEN – KÖNIG HETTEL UND ANDERE (8. bis 10. Jahrhundert)

Die große Zeit der Nordlandpiraten war das 8. bis 10. Jahrhundert. Vor allem zwei Geschichtsschreiber haben jene stürmische, blutige Zeit überliefert: Der isländische Politiker Snorri Sturluson in seinen *Heimskringla* und der dänische Mönch Saxo Grammaticus. In ihren Berichten, wie auch bei anderen früh- und hochmittelalterlichen Chronisten, verweben sich freilich nicht selten historische Wirklichkeit und legendäre Überlieferung – und umso mehr, je größer der Abstand zwischen Geschehen und Niederschrift war. Doch mag vieles von Sängern und Erzählern ausgeschmückt worden sein, am historischen Kern von Personen und Ereignissen ist in der Regel nicht zu zweifeln, denn allzu genau sind die Angaben zu Orten, Personen und Umständen, als dass sie allein der Phantasie entsprungen sein könnten.

Da waren Herzog Horwendill von Jütland und König Kolles von Norwegen samt seiner Schwester Sela: Mit ihren Drachenschiffen machten sie weit und breit Meere und Küsten unsicher und, eifersüchtig auf den Ruhm des anderen, stellten sie sich gegenseitig besonders gründlich nach. Auf einer kleinen Insel vor der Küste Norwegens spielte der letzte Akt dieses Eifersuchtsdramas. Das norwegische Geschwister-

Gedenkstein an einen Piraten um 800 aus Gotland.

paar überfiel den Herzog von Jütland, doch Horwendill war der bessere Kämpfer und schickte erst König Kolles nach Walhall, und als Sela daraufhin mit blankem Eisen auf ihn losging, die Schwester gleich hinterher.

Da war die Norwegerin Rusla, Tochter des Königs Rieg und Schwester des Königs Tesondus, der seine Krone an den Dänen Omund verlor: Während sich Tesondus mit seinem Schicksal abfand, sammelte Rusla eine Flotte, mordete und plünderte was ihr an Dänen vor den Bug kam, schickte sogar das Schiff des »Dänenknechtes« Tesondus auf den Grund des Meeres und höhnte ihrem Bruder nach, als der sich mit einiger Mühe auf ein anderes Schiff Omunds rettete, dem dann die Flucht gelang.

Tesondus, sonst wohl kein Mann der Tat, schwor Rache, zog ein schlagkräftiges Geschwader zusammen und fiel nun seinerseits über die Schiffe seiner Schwester her. Und diesmal war es Rusla, die nach langem Kampf den Kürzeren zog und schwimmend aus ihrem sinkenden Drachen zu fliehen versuchte. Doch Tesondus setzte ihr nach, hielt sie fest und ließ sie von seinen Leuten mit den Riemen totschlagen.

Da war der dänische König Hettel (oder Hedel): Der Wikingerfürst Hartamuth hatten seine Burg erstürmt und seine Tochter Gudrun (oder Gudraun) geraubt, als sich Hettel gerade mit einem anderen Nachbarkönig einen Kampf lieferte. Die eben noch verfeindeten Könige schlossen flugs ein Bündnis und jagten den Räubern mit Schiffen nach, welche sie frommen Jerusalempilgern abgenommen hatten, wurden aber auf dem Wülpensand vernichtend geschlagen und König Hettel fiel. Sich auf diese Weise Hand und Land einer Königstochter anzueignen war damals keineswegs unüblich. Doch obwohl Gerlind, die Mutter Hartamuths, Gudrun zu niedrigsten Mägdediensten zwang, um ihren Stolz zu brechen, weigerte sich Gudrun beharrlich Hartamuth zu heiraten. Endlich gelang es dann Ortwin, dem Bruder Gudruns, nach gründlichem Gemetzel und Rachetaten, die Schwester zu befreien. Nordische Barden gestalteten aus dem Stoff das *Gudrun-Lied*, das schon im 11. Jahrhundert auch in Süddeutschland bekannt war, wo es dann Anfang des 16. Jahrhunderts Kaiser Maximilian I. aufschreiben ließ.

Da war Rötho aus Ladoga in Nordrussland: Er plünderte und verwüstete nicht nur weite Landstriche an den Ostseeküsten, sondern »quälte und marterte die Gefangenen mit äußerster Grausamkeit, so nur zu erdenken war und man sich zu beschreiben schämt«, schrieb der wackere Mönch Saxo Grammaticus. Weiter beschrieb er dann getreulich, dass Rötho etwa einige seiner Opfer mit einem Fuß am Boden, mit dem anderen an einem heruntergebogenen Baum festgebunden habe, der dann losgelassen wurde »und sie so voneinander reißen ließ«.

Der norwegische Fürst Borchat erledigte diesen Menschenfreund schließlich, kam aber in dem Zweikampf selbst ebenfalls um. »Und als sie die schwere Arbeit hinter sich hatten, warfen sie die Toten ins Meer, setzen sich nieder, ruhten sich aus, lachten, sangen und waren fröhlich.«

Man kennt nur seinen Runenstein aus dem südschwedischen Växjö mit der Inschrift »Toki – Toki der Wikinger – errichtete diesen Stein für Gunnar, den Sohn Grims«. Die anderen Nordgermanen jener Epoche waren gewiss auch keine Kinder von Traurigkeit, aber wenn einer sich den Beinamen »der Wikinger« verdient hatte, dann muss er zweifelsfrei schon ein ganz besonders übler Pirat gewesen sein.

EXOTIK – EIN BUDDHISTISCHER WIKINGER
(um 1000)

Die Wikinger litten an zwei Grundkrankheiten: Am Fernweh, wenn sie zu Hause waren, und am Heimweh in der Fremde. Bei Ausgrabungen im schwedischen Helgö machte man den vielleicht verblüffendsten Fund der Wikingerzeit – eine nordindische Buddha-Statuette, die auf das 6. Jh. n. Chr. datiert wird. Höchst intensive Verbindungen mit der arabisch-islamischen Welt belegen viele Kilogramm arabischer Münzen, die bei nahezu allen Ausgrabungen in Skandinavien zutage gefördert werden. Eine bronzene Buddha-Statuette kann freilich nicht aus dieser Quelle stammen, denn die Araber waren einerseits Moslems, andererseits war der materielle Wert der Statuette viel zu gering, als dass man sie aus diesem Grund über viele tausend Kilometer nach Helgö gebracht hätte.

Vermutlich war dieser Mann mit Robert dem Teufel, Herzog der Normandie und Vater Willems des Eroberers, auf dessen Raubfahrt bis an den Indus gekommen. War er ausgestiegen und weiter nach Osten gereist bis er, Wochen oder Monate später, am

Der Helgö-Buddha. Kultbild eines reiselustigen Wikingers, der zum Schüler des Erleuchteten wurde.

Ganges stand? War er dort einem Schüler des großen Gautama-Buddha begegnet? Hatte er gehört, gelernt, war selbst zum Gläubigen des Erleuchteten geworden? Doch auch diesen Abenteurer zog es eines Tages ins heimatliche Helgö zurück, wo das kleine »Götterbild« einen Ehrenplatz in seinem Haus erhielt. Eine allzu phantastische Geschichte? Nun, da die Buddha-Statuette eindeutig keinen materiellen Wert darstellte, muss sie einen umso höheren ideellen Wert für denjenigen gehabt haben, der sie von Nordindien bis Helgö schleppte. Dass Robert der Teufel in seinen jungen Jahren bis Indien kam, ist historische Tatsache – die englischen Historiker Neil S. Prince und James Graham-Campbell halten es sogar für durchaus denkbar, dass Wikinger bis an den chinesischen Kaiserhof gelangt sind.

LIEBESGESCHICHTEN – ALF UND ALTILDA (8. bis 10. Jahrhundert)

Was wäre die Welt ohne Liebesgeschichten? Selbst wenn die der Wikinger, zugegebenermaßen, manchmal eine recht eigenwillige Prägung haben.

Das berühmteste Wikinger-Liebespaar waren zweifellos die gotische Prinzessin Altilda und der Dänenprinz Alf, Sohn des Königs Sigaris. Weil ihre Mutter von diesem Schwiegersohn nichts wissen wollte, kaperte Altilda zusammen mit ihren Hofdamen und Mägden ein Schiff und fuhr auf Seeraub aus. Die Damen müssen dabei beachtliches geleistet haben! Prinz Alf tat es unterdessen der Angebeteten gleich, raubte, wo sie raubte, plünderte, wo sie plünderte, allerdings ohne sich dabei zu erkennen zu geben, bis Altilda den lästigen Konkurrenten zum Kampf herausforderte. Jetzt endlich, eben bevor man mit Speer und Schwert aufeinander losging, gab sich Prinz Alf zu erkennen und man feierte jubelnde Hochzeit. Ihr Sohn Hilderand wurde später König von Dänemark. Er begann mit fünfzehn Jahren zu regieren und soll 150 Jahre alt geworden sein. Nur durch geschickte Verhandlungen und ohne jede Gewalt breitete er seinen Machtbereich bis nach England aus.

Manchmal freilich weht tiefste Tragik durch die Zeilen eines Runensteines. Bei Romeo und Julia endet die Blutrache mit dem Tod der Liebenden, hier setzte sie sich wohl fort über weitere Generationen.

»Asbjörn setzte den Stein für Gerda, seine Tochter.
Mutig griff sie an das Langschiff des Rothfos,
Erschlug ihn um der Rache für Toki, ihren Bruder.
Tötete sich selber über der Leiche des Geliebten.«

KEINE LIEBESGESCHICHTE – ÅSA
(ca. 800 bis 850)

Fühlten sie sich in ihrer Ehre angegriffen oder gar verletzt, dann konnten Wikinger-frauen ausgesprochen harsch reagieren. Selbst wenn sie nicht selbst zum Schwert griffen, so fanden sie oft andere Formen, um sich an dem Beleidiger zu rächen.

Weltberühmt wurde die Geschichte der Norwegerin Åsa: König Harald Rotbart, der über Vestfold, westlich des Oslo-Fjords herrschte, hatte ein Problem: Sein einziges Kind war eine Tochter, eben jene, um 800 geborene, Åsa. Was half es, dass diese Toch-ter zu einer außerordentlich hübschen, feingliedrigen, dunkelhaarigen – mit einem Wort, in Wikingerlanden höchst ungewöhnlichen – jungen Frau heranwuchs, und dass in ihrem zierlichen Köpfchen ein eisenharter Wille steckte? Eine Tochter war eben nur eine Tochter. Und so hatte König Harald Rotbart bald ein zweites Problem: Seinen Nachbarkönig Gudröd, der unbedingt die schöne Åsa heiraten wollte, während diese jedem anderen den Vorzug gegeben hätte, nur nicht diesem schon einigermaßen ält-lichen und zudem recht ungehobelten Klotz.

Es passierte, was dazumal in solchen Fällen zu passieren pflegte: König Gudröd fiel mit der Waffengewalt seiner Raubschiffe in Vestfold ein, schlug Vater Harald Rot-bart tot, zerrte die Tochter mit Gewalt ins Brautbett, und neun Monate später gebar Åsa einen Sohn, den die Geschichte Halvdan »den Schwarzen« nennen sollte, da er of-fenbar die ungewöhnlich dunklen Haare von seiner Mutter geerbt hatte.

König Gudröd war höchst zufrieden, und so veranstaltete er eine jener Fress- und Sauforgien, welche den Wikingern zwischen ihren Kriegs- und Beutezügen der liebste Zeitvertreib waren. Nun erzeugen überreicher Fraß und Suff auch auf königliche Innereien einen gewissen Druck. Und gerade als König Gudröd sich in einem stil-len Winkel Erleichterung verschaffte, tauchte einer von Åsas Gefolgsleuten aus dem Dunkel auf und rammte ihm einen Speer in den Wanst. Blutrache! Vom Nordkap bis Kap Passero auf Sizilien geheiligtes Rechtsprinzip und gar für die Nordlandrecken ein wundervoller Anlass, die nächste Runde von Skalden besungenem Gemetzel ein-zuläuten. Doch diesmal wurde nichts daraus: Königin Åsa bekannte sich ganz offen dazu, die Anstifterin des Mordes gewesen zu sein – und Gudröds Mannen brüllten vor Begeisterung über ihre Entschlusskraft und vor allem über die pikante Form ihrer Rache! Einen unfreiwilligen Gemahl abstechen zu lassen, das hatte eine gewisse Tradition. Aber ihn mit heruntergelassener Hose auf dem Donnerbalken zu erwischen, das war neu und hatte Stil! Königin Åsa übernahm die Herrschaft über Gudröds Reich. Seither gilt sie als Stammmutter des norwegischen Königshauses.

1904 begann Professor Gustafson den Grabhügel auf dem Oseberg-Hof zu öffnen, und was da zutage kam, machte den Oseberg-Fund zum berühmtesten und prachtvollsten, was aus jenen Tagen auf uns gekommen ist: Wagen und Schlitten der Königin, wunderbarste Schnitzereien, wertvolle Stoffe und ein Schiff, das in seiner Leichtigkeit und Eleganz seinesgleichen sucht. Nach den Stilanalysen der Schnitzereien war das Oseberg-Schiff um 800 erbaut worden, war also genauso alt wie seine Königin. Vielleicht hatte es ursprünglich ihrer Mutter gehört und war Åsa zur Geburt ihres Sohnes geschenkt worden, vielleicht aber war es auch ein Präsent der Bewunderung von Gudröds Mannen für den prächtigen Mord an dem alten König.

DAS BEGRÄBNIS ZU LUNA – HERZOG HASTING
(um 1000)

Der sonnige Süden hatte auf die Nordländer schon seit der Antike einen ganz besonderen Reiz ausgeübt, und die Wikinger machten da keine Ausnahme. Zunächst waren es nur Piratenfahrten, doch seit 1030 setzten sie sich dann unter ihren Anführern Robert Guiscard (Schlaukopf) und seinem Bruder Roger in Aversa und Salerno fest, arrangierten sich mit den Sarazenen, holten sich mit einer gründlichen Plünderung Roms den nicht ganz freiwilligen päpstlichen Segen für ihr Treiben und hatten dreißig Jahre später ein Königreich aufgezogen, das ganz Süditalien und Sizilien umfasste.

Einer der ersten, der die frohe Kunde von den paradiesischen Zuständen in Italien in seine nordische Heimat brachte, war ein gewisser Hasting. Er nannte sich gelegentlich großspurig »Herzog der Dänen«, häufiger jedoch »Herzog des Meeres« – ein beliebter Titel bei Männern, die de facto zwar kein Stück trockenen Landes ihr Eigen nannten, dafür solide Eichenplanken unter ihren Füßen. Zunächst einmal hatte der Herzog in Spanien, in Marokko und auf Mallorca geplündert, war rhôneaufwärts bis Valence vorgestoßen, hatte Pisa und Fiesole erobert und ausgeräumt. Dann erschien er vor der Stadt Luna, südlich von La Spezia, die er für nichts Geringeres als Rom hielt.

Dudo, der Dekan von St. Quentin in Frankreich, lieferte einen höchst anschaulichen Bericht des weiteren Geschehens: »Die Häupter der Stadt Luna, ob des unvermuteten, fürchterlich drohenden Angriffs erschreckt, bewaffneten schnell die Bürger, und Hasting sieht ein, dass die Stadt nicht mit Waffengewalt zu nehmen ist. So verfällt er auf eine List: Er schickt einen Boten zum Burggrafen und zum Bischof der Stadt, der folgendes erklärt: ›Hasting, der Herzog der Dänen, entbietet Euch seinen Gruß. Euch ist nicht unbekannt, dass wir, über das stürmische Meer irrend, ins Frankenreich gelangt sind. Danach wollten wir in das Land unserer Geburt zurückkehren. Da blies uns aber der Wind entgegen und mit knapper Not sind wir an Eurer Küste gelandet. Wir bitten, gewährt uns Frieden, um Lebensmittel zu kaufen. Unser Herzog ist krank. Von Schmerzen gepeinigt, wünscht er von Euch die Taufe zu erhalten, und sollte er von seiner Leibesschwäche dahingerafft werden, so erfleht er von Euch Barmherzigkeit und Frömmigkeit und ein Begräbnis in Eurer Stadt.‹ Darauf der Bischof und der Graf: ›Wir schließen mit Euch Frieden und werden Euren Herzog zum Christen taufen. Wir erlauben Euch zu kaufen, was Ihr wollt.‹ Der Bischof rüstet das Taufbad,

Aus Elchhorn geschnitzter Wikingerkopf mit elegantem Schnurrbart und dem seit dem 10. Jahrhundert typischen konischen Helm mit Naseneisen.

weiht das Wasser, lässt die Kerzen anzünden. Hasting wird herbeigeführt, steigt ins Wasser, empfängt die Taufe und wird als Schwerkranker zum Schiff zurückgetragen.«

Wie nicht anders zu erwarten erhielten Bischof und Graf noch in der Nacht von einem Boten die Meldung, Herzog Hasting sei verstorben. Am nächsten Morgen setzte sich unter lautem Gejammer der Trauerzug in Bewegung, die Bahre mit dem toten Herzog in der Mitte, dem man nach alter Sitte sein Schwert auf die Brust gelegt hatte. »Das Klagegeschrei hallt weithin«, schilderte Dekan Dudo weiter, »während das Läuten der Glocken in der Stadt das Volk zur Kirche ruft. Von Christen und Nordmännern wird Hasting zum Kloster getragen, wo das Grab bereitet ist. Nun beginnt der Bischof feierlich die Messe zu zelebrieren, und andächtig lauscht das Volk den Gesängen des Chores. Auf einmal springt Hasting von der Bahre, reißt das Schwert aus der Scheide und stößt den unglücklichen Bischof nieder, ebenso den Grafen.« Der Rest verlief mit Mord, Brand, Vergewaltigung und Plünderung nach bewährtem Muster, und wer von den Christen überlebte, wurde als Sklave verschleppt.

Luna hat sich von diesem Schlag nie wieder erholt, andere Städte nur mit Mühe, denn da war keine Küste, die nicht wieder und wieder von Überfällen heimgesucht worden wäre, kein Meer, kein Fluss bis tief ins Binnenland hinein, die nicht von den Drachenschiffen unsicher gemacht wurden. Paris, Xanten und Worms wurden geplündert; Aachen, Mainz und Lissabon erobert und niedergebrannt; Neapel, Palermo und Bari erstürmt und besetzt. Nantes, London und Metz mussten sich für hohes Lösegeld freikaufen. Dublin und Hamburg wurden dem Erdboden gleichgemacht; Bremen verwüstet; Bonn und Köln gebrandschatzt; Rom gestürmt und geplündert. Und die Anführer dieser Horden verwegener Seefahrer führten Namen, die allein schon genügten, um ihnen – außer etwas Gutem – so ziemlich alles zuzutrauen: Harald Blauzahn, Erek der Rote, Robert der Teufel, Ivar der Knochenlose, Björn Eisenseite, Harald der Harte oder Olav Krähenbein, Gunnlaug Schlangenzunge, Throd Pferdekopf, Ketil Plattnase und Erik Blutaxt. Ihr Wahlspruch war: »Ich vertraue meiner Kraft – sonst nichts!«

DER EROBERER – WILLEM DER BASTARD
(1027 bis 1087)

1035 kam einer der tüchtigsten Männer seiner Epoche auf den Herzogsthron in der Normandie, Willem mit dem Beinamen »der Bastard« – den »Eroberer« würde man ihn erst sehr viel später nennen. Obwohl nur Sohn einer Wäscherin, hatte Herzog Robert der Teufel die Genialität seines Unehelichen klar erkannt und ihn seinen beiden ehelichen Halbbrüdern, Odo, Bischof von Bayeux, und Robert, Graf von Mortain, als Nachfolger vorgezogen. Der »Bastard« rechtfertigte die schönsten Erwartungen seines Vaters. Es würde viel zu weit führen, all die diplomatischen, juristischen und privaten Intrigen und Winkelzüge zwischen König Edward dem Bekenner von England, Earl Harald von Wessex, dessen Bruder Tostig von Northumbria, Herzogin Mathilde und etlichen anderen nachzuzeichnen. Als Resultat betrachtete Willem auf jeden Fall den Thron von England als sein rechtmäßiges Erbe, und Earl Harald als seinen ebenso rechtmäßigen Vasallen. So war es kein Wunder, dass Herzog Willem wutschnaubend zusammenrief »was die Erde an Nordmännern trägt«, als sich Earl Harald nach dem Tod des Bekenners flugs auf den englischen Thron setzte. Und sie kamen! Kamen aus Skandinavien, Russland und Sizilien, all die Wikinger, die das Beutemachen zu Land und zur See noch längst nicht verlernt hatten. Am 28. September 1066 landete Willem mit 2000 Reitern, 2500 Pferden, 6500 Schwerbewaffneten zu Fuß und 1500 Bogenschützen in der Pevensey Bucht, prügelte am 14. Oktober bei Hastings die englischen Truppen samt ihrem König Harald in Grund und Boden, und wenige Tage später war Willem der neue englische König.

Mit dem 14. Oktober 1066 endete aber auch die Epoche der Wikingerpiraten, denn von Skandinavien bis Sizilien, von Island über Nordfrankreich und England bis Russland waren sie sesshafte und mächtige Herren geworden. Vielleicht waren sie die klügsten Eroberer der Weltgeschichte, denn äußerlich glichen sie sich sehr schnell den besiegten Völkern an, übernahmen deren Kultur, Trachten, Sitten, Religion und Sprache, änderten gar ihre Namen, so dass aus Thorstein und Harold französisch Turstin und Hérault, aus Ingwar russisch Igor wurde. Genau damit aber vernichteten sie die Grundlage ihrer piratischen Existenz, denn nun mussten sie selbst die Seeräuber fürchten. Davon, dass sie, zumal in Südengland und Nordfrankreich, ihre piratischen Ursprünge nicht vergessen hatten, wird noch zu berichten sein.

Räuber und vornehme Herren

Die Piraten im Mittelalter bis 1500

»Ich ertrage die langsame, berechnende Weise nicht, wie Ihr klug und schlau, ja mit List Euren Reichtum zusammenscharrt, von dem niemand einen Nutzen hat als Ihr selber, auch wenn Ihr in Eurem Wohlleben noch so ernst und ehrbar dreinschaut. Dies erinnert mich an ein Bild, das ich an der Kirchenwand in Marienhafe abkonterfeit sah: Der Fuchs steht auf der Kanzel und predigt den Leuten Moral, Gehorsam und Frömmigkeit. Ich aber griff kühn hinein und nahm rasch, während Ihr spekulierend zu Werke geht. Eure Weise lobt die Welt, weil sie nicht hinter Eure Schliche zu sehen vermag; meine Weise zu nehmen verurteilt sie, und doch bleibt sich die Sache auf ein Haar gleich.«

Das war angeblich die Abschiedsrede des berühmten Claus Störtebeker am 11. Juni 1400 (?) auf dem Grasbrook, dem Richtplatz zu Hamburg. Dann waltete Meister Rosenfeldt, der Scharfrichter, »in grawem Mantel vndt Hut mit dem roten Bande« seines Amtes an den Piraten, und »ihr Todt sei also von Frawen vndt Jungfrawen sehr beklaget worden«.

VOM HUND ZUM WOLF – MARCUS AURELIUS CARAUSIUS (um 300)

Die Römer waren jämmerliche Seefahrer, aber ausgezeichnete Landsoldaten. Solange Britannia und ihre Provinzen zwischen Rheinmündung und dem Atlantik von den gedrillten Legionen bewacht wurden, hatten die unruhigen Nordlandpiraten kaum eine Chance Schaden anzurichten. Im Gebälk des mächtigen und prächtigen Imperium Romanum freilich knirschte es längst verdächtig, und die gepriesene *Pax Maritima Romana* lag ebenfalls, auch wenn das niemand so recht wahrhaben wollte, in den letzten Zügen.

Marcus Aurelius Carausius war ein Sohn jenes keltisch-germanisch-römischen Völkergemischs von der heute belgisch-holländischen Küste, die zwei Jahrtausende die Nordsee mit hervorragenden Seeleuten versorgt hat. Der junge Mann hatte den Römern zunächst als Lotse gedient und rasch Karriere gemacht. Seinen Geburtsnamen kennt man nicht, er scheint aber mit *carrus* (Wagen), und *ausus* (Verwegenheit) zu tun gehabt zu haben, denn aus diesen Ingredienzien war sein latinisierter Name zusammengesetzt. Um das Jahr 290 n. Chr. wurde er als Kapitän einer Liburna mit

50 Ruderern und 100 Bogenschützen ausgeschickt, um den herumstreifenden Piraten das Handwerk zu legen. Der junge Mann war augenscheinlich tüchtig und erwarb sich das Vertrauen der römischen Prokuratoren und Prokonsuln, und niemand wurde misstrauisch, als er seine Schiffsmannschaften nach eigenem Ermessen aus Einheimischen ergänzte, die doch von Jugend an mit den dortigen Gewässern so viel besser vertraut, die gestellte ehrenvolle Aufgabe so viel besser als die römischen Marinelegionäre zu erfüllen vermochten. Als die Provinzverwaltung in Gesoriacum, dem heutigen Boulogne, die Sache schließlich doch etwas merkwürdig fand und Nachforschungen anstellte, kam ans Tageslicht, dass sich die Schiffsbesatzungen des Marcus Aurelius Carausius aus eben jenen Piraten rekrutierten, die er eigentlich fangen sollte; mehr noch, dass er nun, seiner Leute sicher, gegen entsprechende Beuteanteile die Seeräuber nicht nur vor militärischen Aktionen anderer Kommandanten der Wachflotte warnte, sondern ihnen auch ertragreiche Winke über die Bewegungen römischer Frachter zukommen ließ. In Gesoriacum war man empört, und nach kurzer Gerichtsverhandlung wurde Marcus Aurelius Carausius zum Tode verurteilt – allerdings in Abwesenheit, denn der Angeklagte hatte rechtzeitig Wind bekommen und sich nach Britannien abgesetzt.

Es war längst zur Gewohnheit geworden, dass die römischen Kaiser von ihren Legionen »gemacht« wurden, und so darf es nicht verwundern, dass zumindest erhebliche Teile der in Britannien stationierten Legionen zu dem verwegenen Piratenführer überliefen. Sieben Jahre lang regierte Marcus Aurelius Carausius Britannien und baute eine Flotte, mit der er die römische schlug, die ihn fangen sollte. Doch als er sich daraufhin allzu sehr in der Pose eines Imperators gefiel – ohne aber wirklich nach dem kaiserlichen Purpur zu greifen – erstach ihn, ebenfalls nach römischem Vorbild, der Anführer seiner Leibwache.

PIRATEN-TAUFE – DIE FREIEN HEIDEN VON RÜGEN (bis 1168)

Reste der Seeräuberburg Arkona auf Rügen sind heute noch zu besichtigen. Nach drei Seiten fällt der Fels steil, tief und unangreifbar zum Meer ab. An der vierten Seite, nach dem Land zu, schützte die Burg ein hoher Wall, der heute noch, bald 900 Jahre nach der Eroberung, noch bis 13 Meter Höhe misst. Auf der äußersten Klippe erhob sich der Tempel mit einer 9 Meter hohen Statue des Gottes Swantewit, des »Schwarzweißen«.

Von hier aus betrieben lange Zeit slawische Seeräuber ihre Kaperfahrten gegen den erstarkenden Handel der deutschen, dänischen und russischen Kaufleute. Einst waren diese Ostseeslawen enge Partner der Wikinger gewesen und hatten an deren weltumspannenden Handel teilgenommen. Dann waren die Deutschen gekommen, hatten sich in Lübeck, Vineta, Kolberg, Danzig und Truso breitgemacht und die Slawen in die Vorstädte abgedrängt. Tüchtig waren diese Deutschen, doch die Ostseeslawen waren zu eigensinnig und zu stolz, um sich kurzerhand taufen zu lassen und ihre Dienstboten zu werden. Aus den ehemaligen Händlern wurden Piraten.

Rund zwei Jahrhunderte lang belästigten die Ranen, wie sie genannt wurden, von Rügen und der kurischen Küste aus die Handelswege durch die Ostsee. Wohlgeschützt durch Sümpfe, Wälder und ihre uneinnehmbare Burg Arkona blieben sie bis weit ins Mittelalter hinein das letzte freie Bollwerk des Heidentums in Europa.

Als endlich 1168 die Dänen mit Heer und Flotte vor Arkona erschienen, machten sie den Piraten so verlockende Angebote, dass die auf Beute erpichten eigenen Krieger murrten. Die Männer von Arkona sollten nur die christlichen Gefangenen herausgeben, sich taufen lassen und ihren Gott Swantewit opfern; selbst die Abgaben an die Kirche sollten ihnen erlassen werden. Angesichts der feindlichen Übermacht ließen sich die Ranen auch zur Übergabe und Taufe bewegen, und nach dem Bericht des wackeren Saxo Grammaticus »erhielten am folgenden Tag zwei vornehme Dänen, Esbernus und Suno, vom König den Befehl, das Götterbild zu stürzen. Sie hießen ihre Gesellen, die Beile zu gebrauchen. Das ganze Burgvolk umdrängte den Tempel und erwartete, dass Swantewit das frevle Unterfangen furchtbar strafen werde. Aber, im untersten Teil der Schienbeine durchgehauen, fiel der Holzriese krachend zu Boden. Der böse Geist entwich aus seinem Inneren in Gestalt eines dunklen Tieres und entzog sich rasch den Augen der Umstehenden. Die Figur wurde ins Lager geschleift und von den zusammengelaufenen Soldaten angestaunt. Gegen Abend machte sich dann die Schar der Köche daran, das abgesetzte Götterbild in kleine Scheite zu zerhauen, wie sie sie für ihre Herde brauchten.« So also wurden die heidnischen Piraten getauft und waren – von Stund an – christliche Piraten.

VOM PIRATEN ZUM CAESAR – ROGER DE FLOR
(1265 (?) bis 1305)

Sein Vater hatte Blum geheißen und war Falkner des großen Stauferkaisers Friedrich II. gewesen. Mit König Konradin war er noch einmal über die Alpen gezogen und in der Schlacht gegen den vom Papst als König eingesetzten Charles d'Anjou gefallen. Sein Sohn Rüdiger, der sich später französisch Roger de Flor nannte, wuchs in Armut auf, trieb sich am Hafen von Palermo herum, wurde mit zehn Schiffsjunge auf einem Frachtschiff der Tempelritter, mit fünfzehn Matrose und mit zwanzig Ritter des Ordens.

1291 war er als Kapitän der Templer-Galeere FALCONE bei der Erstürmung der letzten christlichen Festung in Palästina, Akkon, durch die Mamelucken dabei. Der

Auftrag seines Großmeisters hieß: Rettung der Zivilbevölkerung und Evakuierung nach Marseille. Vielleicht war es nur Zufall, dass sich vor allem Damen der besseren Gesellschaft samt ihren Wertsachen auf das Schiff des eleganten de Flor retteten. Auf jeden Fall hätte seine Galeere besser ELSTER geheißen, denn dem Funkeln der Edelsteine und des Goldes konnte de Flor nicht widerstehen. Wenn er die Damen auch wohlbehalten in Marseille absetzte, die in Eisentruhen verwahrten Pretiosen rückte er nicht mehr heraus. Er entschwand nach Genua, wo es einen guten Markt für Wertsachen zweifelhafter Herkunft gab. Sei-

Roger de Flor, der erfolgreichste Pirat deutscher Abstammung.

ne Galeere taufte er um in OLIVETTA (Glückspfennig) und tat sich mit ein paar Gleichgesinnten zusammen, so Fernando Ximenes, Berengar D'Etenca und einem Signor de la Rocaforte. Das christliche Gewissen beruhigten die Herren vorläufig damit, dass sie zunächst nur sarazenische Schiffe angriffen, doch bald fiel die kleine Flotte auch über christliche Küstenstädte her, die sie nach eigenem Ermessen als »feindlich« deklariert hatten.

Am 30. März 1282 hatten sich die Sizilianer gegen den Königsmörder Charles d'Anjou erhoben und in der *Sizilianischen Vesper* – so genannt, weil der Aufstand am Abend des Ostermontags ausbrach – die Franzosen und Päpstlichen erst aus Palermo, dann aus ganz Sizilien vertrieben. Dann war König Pedro III. von Aragón mit einem Heer auf der Insel gelandet und hatte Sizilien seinem Reich einverleibt. Sein Nachfolger, Federico III., holte sich nun den zwar anrüchigen, jedoch tüchtigen Roger de Flor nach Sizilien, machte ihn zum Admiral und Kronrat, und ließ ihn auf Franzosen, Päpstliche und deren Verbündete los. Unermüdlich und unverwüstlich schlug sich de Flor unter dem rot-goldenen Banner von Aragón in den nächsten Jahren mit französi-

Galeere der Tempel-Ritter um 1300. Modell des Verfassers im Deutschen Technikmuseum, Berlin.

schen, genuesischen, maurischen, sarazenischen und päpstlichen Schiffen herum. Er tauchte in Südspanien, in Neapel, in Pisa, in der Provence und Nordafrika auf, und füllte die Kassen seines Königs – und mehr noch seine eigenen.

Doch dann, es war wohl 1302, meldete sich der Großmeister der Tempelritter, man möge ihm den abtrünnigen »Bruder Roger« zur Aburteilung übergeben und Roger de Flor musste sich dringend nach einem neuen Mäzen umsehen, der einerseits mächtig genug war, ihn vor den Tempelherren zu schützen, andererseits schwach genug, um seiner Hilfe dringend zu bedürfen. Dieser Mann war der byzantinische Kaiser Andronikos II. Die griechischen und slawischen Soldaten des Kaisers, ja selbst die hochgeschätzten Söldner aus dem Norden, die »Skandinavi«, hatten gegen die von Osten und Süden anstürmenden Türken, Mamelucken und Sarazenen versagt. Hilfe war weit und breit nirgends in Sicht, und so musste ein Söldnerführer mit einer wohl-organisierten Flotte und einer schlagkräftigen Truppe dem oströmischen Kaiser wie ein Geschenk des Himmels vorkommen. Roger de Flor wusste das, und er stellte ent-sprechende Bedingungen: Fürstentitel, die Hand einer Prinzessin, den Sold für seine Truppen immer vier Monate im Voraus, eine Goldunze pro Soldat und Seemann, zwei für die leichten Reiter, vier für die schweren. Byzanz sagte ohne Abstrich zu. In Goldener Bulle wurde im Hafen von Licata Roger de Flor der unterzeichnete Vertrag nebst Kommandostab und Hut eines Megaduca (Großherzogs) überreicht.

Die Flotte ging unter Segel und »Gott gab ihnen gutes Wetter, und nachdem sie so nebenbei Korfu ein wenig geplündert hatten, langten sie in dem Hafen von Malvasia an und wurden prächtig empfangen, erhielten auch gleich die Hälfte des vereinbarten Soldes«, berichtete der Chronist Ramon Muntaner. Der Empfang in Byzanz und die Heirat mit der 16-jährigen Prinzessin Maria wurden mit oströmischer Pracht gefeiert. Dann marschierte de Flor nach Osten, den Türken entgegen. Bei Arta, dem antiken Ambrakia, kam es zur Schlacht. Was an Muselmanen bei dem Gemetzel nicht umkam und über zehn Jahre alt war, wurde anschließend erschlagen. Die »Katalanische Kompanie« wurde für die Türken zum Schreckgespenst, für die Byzantiner eine Quelle der Missgunst. Ihre katalanisch-aragónesisch-sizilianische Kerntruppe, laufend ergänzt durch Abenteurer aus aller Herren Länder, war und blieb samt ihrem ehrgeizigen Megaduca ein Fremdkörper im byzantinischen Reich – und doch war diese Kompanie bei aller gelegentlichen Zügellosigkeit und Plünderung auch griechischer Ortschaften das letzte christliche Bollwerk gegen die vordringenden Türken, die von Roger de Flor mehrfach vernichtend geschlagen wurden.

Eines unschönen Tages schloss die lydische Stadt Magnesia, in deren Mauern de Flor einen Teil seiner Beute aufbewahrte, die Tore vor den Truppen des Megaduca, als dieser eben von einem weiteren siegreichen Zug gegen die Moslems zurückkehrte. Doch ehe die Katalanen zum Sturm antraten, erreichte sie der dringende Hilferuf des Kaisers, unverzüglich nach Adrianopel zu kommen, wo die Grenze von den Bulgaren ernsthaft bedroht wurde. Warum Roger de Flor Magnesia nicht angriff, um seine Reichtümer wiederzubekommen, wurde nie geklärt. Stattdessen zog er ab, dachte aber gar nicht daran, dem bedrängten Kaiser in Adrianopel zu Hilfe zu eilen, sondern setzte sich mit seinen Truppen auf Gallipoli, der wichtigsten Schlüsselstellung am Bosporus fest. Seiner Unentbehrlichkeit sicher und von dem Zwischenfall in Magnesia gereizt, verlangte – und erhielt – er vom Kaiser einen neuen, höheren Titel, den eines »römischen Caesars«, eine Würde, die seit 200 Jahren nicht mehr vergeben worden war und dem Mitregenten des Kaisers zukam. Der Weg für Roger de Flor schien nun vorgezeichnet, denn vom römischen Caesar und Mitregenten war es nur noch ein winziger Schritt zum *Autokrator ton Romaion, Kyrios ton panton* – Alleinherrscher der Römer, Herr aller Dinge. Mit einer siebentägigen prunkvollen Feier wurde Roger de Flor samt seiner 1300 Mann starken Leibgarde am kaiserlichen Hof empfangen und gefeiert, bis die Soldaten des Kronprinzen Michael am Abend des 5. April 1305 das Fest zur Schlachtbank verwandelten und de Flor samt seinen Getreuen niedermetzelten.

DIE RACHE – MADAME DE CLISSON
(verschollen 1316/17)

Man schrieb das Jahr 1315, als der Baron Olivier de Clisson zu Nantes einige Male allzu laut die Ansicht vertrat, dass jenseits des Kanals in England nicht ausschließlich Heiden und Mordbrenner hausten, sondern ebenso anständige und christliche Mitmenschen. Dem Hof in Paris gefielen solche Bemerkungen gar nicht und man witterte Hochverrat. Der Baron wurde nach Paris zitiert, vor Gericht gestellt, verurteilt und geköpft. Seinen Kopf schickte man zurück nach Nantes, wo er über dem Stadttor aufgehängt wurde, zur Warnung für alle, die etwa fürderhin mit dem englischen »Erbfeind« zu sympathisieren gedachten.

Jeanne, die Witwe des Barons, schwor, sich für den Tod ihres Gatten an Frankreich zu rächen. Die Baronin verkaufte alles – Landgüter, Schloss, Juwelen –, rüstete drei Schiffe aus und heuerte eine Mannschaft unerschrockener Haudegen an, denen es nichts ausmachte von einer Frau befehligt zu werden samt ihren beiden Söhnen, die zwar noch reichlich jung, bald jedoch grimmig in ihre Aufgabe hineinwuchsen. Unbehelligt segelte die Baronin die Loire hinaus, doch schon wenig später überschlugen sich bald aus diesem, bald aus jenem französischen Hafen die Schreckensmeldungen über mörderische Überfälle, niedergebrannte Lagerhäuser, blutige Gemetzel und gnadenloses Versenken harmloser Schiffe: »Rache für den Baron de Clisson!«

Wie eine Furie brauste die schöne Jeanne mit ihren Söhnen, das Schwert in der Hand, die französische Küste auf und ab und mordete, was ihr vor die Klinge kam. Ganze Küstendörfer wurden ausgeplündert, in Asche gelegt und die Bewohner abgeschlachtet.

Für einige Monate kam nahezu der gesamte Seehandel zwischen Loire und Seine zum Erliegen. Kriegsschiffe, die ausgeschickt wurden, ihrer habhaft zu werden, kamen nie zurück. Küstendörfer wurden von ihren Einwohnern verlassen, Hafenstädte verödeten, Werften wurden stillgelegt, die Wirtschaft Frankreichs entlang der Küste drohte zusammenzubrechen. »Rache für den Baron de Clisson!« Und dann, eines Tages, war sie verschwunden und blieb für immer verschollen.

DIE HANSE UND DIE SEERÄUBER

Das Wort »Hanse« wird zwar erst 1343 erstmalig urkundlich erwähnt, doch bereits 1241 hatte Lübeck einen Vertrag mit Hamburg geschlossen – andere Städte folgten wenig später –, der den Mitgliedern monopolartige Privilegien gewährte. Bald schon erstreckte sich der Bund von Brügge, dem Knotenpunkt des Handels zwischen Italien, Frankreich und England, über Köln, dem rheinischen Wirtschaftszentrum, und Lübeck, dem Hauptort des Bundes, nach Wismar, Rostock, Danzig und weiter nach Riga, Reval und Narwa, und im Binnenland bis Halle, Magdeburg und Frankfurt an der Oder. Hamburg und Bremen erlangten erst relativ spät größere Bedeutung in diesem Städtebund, dem in seiner Glanzzeit nicht weniger als 170 Häfen und Binnenstädte angehörten, und dessen wichtigste ausländische Kontore der Stahlhof in London, die Tyske Brücke in Bergen und der Peterhof in Nowgorod waren. Ursprünglich war die Hanse eine völlig unpolitische Vereinigung von Kaufleuten,

Kogge um 1390, das Standardschiff jener Epoche, mit der Flagge der Hansestadt Elbing im Topp.

doch wer wie die Hanse gut 250 Jahre so ausschließlich Seefahrt und Meere beherrscht, wird – ob er will oder nicht – in politische Auseinandersetzungen hineingezogen, und er erregt auch den Neid derer, die an diesen Monopolen nicht teilhaben dürfen.

Dicht befahrene Handelswege locken Piraten an wie Blut die Haie. Zunächst waren es nur einzelne Zwischenfälle, nicht selten von holsteinischen, pommerschen und mecklenburgischen Kleinadeligen inszeniert. Doch was dem Adel recht war, erschien davongelaufenen Klosterbrüdern, unzufriedenen Bürgersöhnen, verkrachten Handwerkern, rebellischen Studenten und verarmten Bauern nur billig, und so wimmelte es besonders in der Ostsee bald von fragwürdigen Gestalten, die zu Schiff auf Raub und Plünderung auszogen. »Wehret den Anfängen!«, heißt ein altes Sprichwort, doch welcher Kaufmann trennt sich schon gern von seinem Geld, falls es nicht unbedingt erforderlich scheint?

Wenn man die eigenen Schiffe zu starken Konvois zusammenschloss, sie zusätzlich von *Vredekoggen* – also »Friedensschiffe«, wie die Hanseaten ihre Kriegsschiffe zu bezeichnen pflegten – beschützen ließ, so schien die Gefahr gebannt. Der mächtigen Hanse wäre es zweifellos binnen kürzester Zeit gelungen, dem aufblühenden Piratenunwesen einen Riegel vorzuschieben, wenn sie untereinander nur einig genug gewesen wären. Doch die vollbepackten Piratenschiffe zogen auch immer wieder einige »hochehrenwerte« Handelsherren in den Hafen, die einen Teil der so preisgünstigen Waren für sich ergattern wollten.

Der reichen Beute und des sicheren Absatzmarktes gewiss, vermehrten sich im 14. Jahrhundert die Piraten in der Ostsee wie die Kaninchen. Sie schlossen sich zu Großbanden und Flotten zusammen, wobei die Männer teils frei räuberten was ihnen vor den Bug segelte, sich teils aber auch von den Potentaten der Anliegerstaaten in Sold nehmen und mit Kaperbriefen ausrüsten ließen.

DER KAPERBRIEF

Der Kaperbrief kam um 1390 erstmalig in größerem Umfang auf und erlangte in den folgenden Jahrhunderten der Seeräuberei eine immer größere Bedeutung. Er war eine staatliche Konzession, alle Schiffe – mit Ausnahme derer des Landes, von dem der Kaperbrief stammte und seiner Verbündeten – zu erobern, zu plündern und zu versenken; desgleichen, nach Wunsch, Häfen und Küstenorte verfeindeter oder auch neutraler Länder zu überfallen und mit ihnen nach Gutdünken zu verfahren.

Damit war zwar eine gewisse Einschränkung im Aktionsradius des einzelnen Piraten verbunden, doch die Vorteile wogen dies leicht wieder auf: Mit einem Kaperbrief in der Tasche verwandelte sich der vogelfreie Seeräuber zum Kaperfahrer, Staatspiraten oder Korsaren. Dieser Status eines »Staatsangestellten« hatte durchaus praktische Vorzüge: Sein Schiff galt, wenn auch privat finanziert, der amtlichen Kriegsmarine zugehörig, hatte damit sichere Häfen, Landeplätze und Docks zur Verfügung, ebenso wie einen zuverlässigen Absatzmarkt für seine Beute. Ging etwas schief, so wurde ein freier Pirat nicht selten an der nächsten Rahnock oder am nächsten Galgen aufgehängt – ein Kaperer hingegen war Offizier seines Landes und hatte Anspruch auf rücksichtsvolle Behandlung, bis er ausgetauscht wurde oder sich gegen Lösegeld freikaufen konnte. Auch der Staat, der Kaperbriefe ausstellte, zog seinen handfesten Nutzen daraus: Nicht nur, dass der Kaperbrief gewöhnlich eine runde Summe kostete, auch von der Beute floss üblicherweise ein gewisser Prozentsatz in die Staatskasse. Zudem bekam der Staat oft eine höchst schlagkräftige Flotte »zu besonderer Verwendung«, mit der er auch jene Staaten belästigen konnte, mit denen man zwar nicht im Kriegszustand war, die aber zu schädigen durchaus im eigenen Interesse lag.

Schon in seinen Anfängen, und immer mehr im Laufe der folgenden Jahrhunderte, erzeugte der Kaperbrief ein seltsames Rechtsbewusstsein. Da waren auf der einen Seite zwar abenteuerlustige, ansonsten aber untadelige Charaktere wie Vater und Sohn Ango, Piet Heyn, John Hawkins, Jean Bart oder Robert Surcouf, für die der Kaperbrief schlicht die Bestätigung darstellte, dass sie, wenn auch auf eigene Rechnung, Soldaten und Offiziere ihres Landes waren. Aber da waren eben auch all die anderen, bis hin zu Bestien vom Schlage eines L'Olonnois und den sogenannten »Freiheitskämpfern« Venezuelas, die sich hinter ihren Kaperbriefen versteckten, um ungestraft rauben, morden und brandschatzen zu können.

Mit dem Kaperbrief wird häufig der »Prisenbrief« verwechselt. Beide sind jedoch nur entfernt verwandt: Da es oftmals weder möglich noch sinnvoll war, die Beute aus einem eroberten Schiff umzuladen, schickte man dieses, bemannt mit einer kleinen Besatzung eigener Männer unter dem Kommando eines jüngeren Offiziers, zu seinem eigenen Stützpunkt nach Hause. Der »Prisenbrief« war dabei eine amtliche Bestätigung, dass bei der Eroberung des Schiffes alles nach Recht und Ordnung zugegangen war – ein wichtiger Schutz für die Prisenbesatzung, falls das Schiff erneut aufgebracht wurde, ehe es sein Ziel erreichte.

ERSÄUFEN, KÖPFEN UND HÄNGEN

Piraterie galt und gilt als Kapitalverbrechen, das, teilweise noch heute, mit dem Tod bestraft wird. Dabei spiegelt die Brutalität der Strafe oftmals die Schwere des Vergehens in der öffentlichen Meinung wider.

Die Strafen im antiken Griechenland und Rom reichten vom Ertränken über Pfählen und Hautabziehen bis zur Kreuzigung. Im Gegensatz dazu war später die kontinentaleuropäische »Decapitation« (Enthauptung) mit dem Schwert eine saubere, faktisch schmerzlose Art der Hinrichtung. Hierbei musste der Scharfrichter mit einem einzigen Schlag des Schwertes – geführt mit einer Dreivierteldrehung des Körpers, fast einer Pirouette – sauber den Kopf vom Rumpf trennen. Sie war in der Regel vornehmen Delinquenten vorbehalten. In der öffentlichen Meinung wurden Piraten als zwar hinzurichtende, jedoch aber auch in ihrer Art als durchaus ehrenwerte Personen betrachtet und dass die Köpfe als abschreckende Beispiele anschließend auf den Galgen genagelt wurden, tat dabei nichts zur Sache. In Spanien wurden gefangene Piraten mit der Garrotte erwürgt. Im Bereich des britischen Rechtes wurden Seeräuber gehängt, was als weniger ehrenvolle Hinrichtungsart als das Köpfen galt, bei weitem jedoch nicht als so schändlich wie Rädern, Vierteilen, Verbrennen und ähnliches anderer Verbrecher. In besonderen Fällen wurde die Leiche mit Teer bestrichen, in Eisenbänder gefasst und so wieder als Abschreckung an den Galgen gehängt bis sie langsam vermoderte.

VITALIER UND LIKENDEELER – GODEKE MICHELS,
MAGISTER WIGBALD UND CLAUS STÖRTEBEKER
(alle hingerichtet, 1401 und 1402)

Die Glanzzeit der Ostseepiraten fällt in das ausgehende 14. Jahrhundert. Margarete, genannt die »Schwarze Margret«, Königin von Dänemark und Norwegen, wollte, zur Abrundung ihres Reiches, auch noch Schweden schlucken. Ihre Ansprüche auf den schwedischen Thron waren nicht geringer als die des regierenden Königs Albrecht III. aus dem Hause Mecklenburg, und 1389 gelang es ihr, Albrecht gefangen zu nehmen. Doch obwohl der schwedische Reichsrat eine so entstehende nordische Großmacht als Gegengewicht zur mächtigen Deutschen Hanse durchaus unterstützte, waren nicht alle Schweden begeistert. Vor allem die Hauptstadt Stockholm wehrte sich vehement, als sie von den Dänen eingeschlossen und belagert wurde, denn schon bald wurden Lebensmittel und Munition knapp.

Herzog Johann von Stargard, ein Vetter Albrechts, und die mecklenburgischen Hansestädte Rostock und Wismar fühlten sich Stockholm verpflichtet, und da sie selbst nicht stark genug waren, riefen sie die Seeräuber zu Hilfe, stellten ihnen Kaperbriefe aus und ließen sie auf Dänemark los. Dergleichen war nicht ungewöhnlich, denn schon früher hatten der Bund oder einzelne Städte der Hanse Piratengruppen als Söldner angeworben, oder hatten mit den Seeräubern Waffenstillstände und zeitlich begrenzte Neutralitätsabkommen geschlossen. Erstes Ziel der neuen Vereinbarung war die Versorgung Stockholms mit Lebensmitteln und Waffen, und die Piraten machten ihre Sache gut. Mit ihren flinken Schiffen brachen sie den Blockadering auf oder glitten nachts mit lautlosem Riemenschlag, die Boote hoch bepackt, in die belagerte Stadt.

Wo die Bezeichnung »Vitalier«, die um 1390 für die Raubbanden aufkam, herrührte, ist nicht ganz geklärt, am ehesten wohl von dem damals allgemein üblichen Wort *Victualien* für Lebensmittel, das sich im Sprachgebrauch zu *Vitalien* verschliff. Sie selbst nannten sich nun stolz *Fratres Vitalienses* (Vitalien-Brüder) und stellten damit klar, dass sie nicht mehr ein loser Haufen von Gesindel waren, sondern eine den städtischen Zünften und Bruderschaften gleichgestellte höchst ehrenwerte Organisation. Es war ein Ehrenname, doch er sollte es nicht lange bleiben.

Wenn sich die Vitalier auch brav als Blockadebrecher bewährten, ihren Charakter und ihre Gewohnheiten änderten sie deshalb noch lange nicht. Der Chronist Reimer Kock schrieb dazu: »Ein herrenloses Volk aus allen Gegenden, Hofleute, Bürger aus vielen Städten, Amtsknechte, Bauern; sie sprachen, sie wollten ziehen wider die Königin von Dänemark zu Hilfe dem König von Schweden und niemand zu nehmen und zu rauben; sie bedrohten aber leider die ganze See, und alle Kaufleute und raubten beide aus, Freund und Feind.« Wer hatte anderes erwartet, zumal auch Königin

Margarete ganze Scharen dieser Bande, mit Kaperbriefen ihrer Farbe ausgerüstet, auf Schweden und dessen Verbündete losgelassen hatte?

Stockholm fiel schließlich doch und die Hanse drängte auf Frieden, der schließlich 1395 besiegelt wurde. Doch nur wenige der Herren, die bislang die Anführer der Vitalier gewesen waren – Marquard Preen von Davermoor, Bosse von Kaland, Arndt Stuck, Heinrich von Lüchow, Henning von Manteuffel oder Willem von dem Knesebeck – die bislang erklärt hatten, nur als treue Diener ihrer Landesherren geraubt und gemordet zu haben, dachten daran, friedlich auf ihre Landsitze zurückzukehren. Die Mehrzahl von ihnen, und schon gar die Besatzungen der Freibeuterschiffe, blieb ihrem Beruf treu – und die braven Hanseaten begannen zu ahnen, was sie sich mit diesen Banden großgezogen hatten ...

Allerdings, da sich Rostock und Wismar dazu nicht länger missbrauchen ließen, musste ein neuer Stützpunkt her! Die Vitalier oder *Likendeeler*, wie sie sich selbst nun auch nannten, weil sie ihre Beute, wie viele Piratenbanden von der Antike bis heute, untereinander teilten, fanden dieses neue Hauptquartier in der Insel Gotland mit der Hauptstadt Visby – ideal an der Handelsroute durch die Ostsee gelegen. Mit ihren Kaperbriefen war nach Friedensschluss freilich nichts mehr anzufangen, und die Vitalier alias Likendeeler wurden wieder zu dem, was sie seit je gewesen waren: Freie Seeräuber getreu ihrem Wahlspruch: »Gottes Freund – aller Welt Feind«.

Etwa zur gleichen Zeit begann sich eine neue Führung durchzusetzen. Es waren nicht mehr nur die adeligen Herren, sondern auch Bürger wie Heinrich Corte, Jean Velhove, Wichmann und Weddemunkel, die nunmehr das Sagen hatten. An die Spitze setzten sich ein gewisser Godeke Michels (auch Gödeke Michelsen oder Göd Michael), der tüchtigste und erfahrenste dieser Freibeuter, und ein Magister Wigbald (auch Wigbold oder Wikbald), der, wie der Chronist Reimer Kock vermeldete, Magister der Philosophie gewesen war und »im Plato und Aristoteles ebenso Bescheid wusste, ehe er seinen Stand auf dem Katheder mit dem auf dem Schiffskastell vertauschte, wie in Navigation und Beutemachen«.

Die Likendeeler begannen sich in Visby und Gotland häuslich einzurichten. Einmal nahmen Vredekoggen 30, ein anderes Mal gar 100 Seeräuber samt ihrem Anführer, einem Herrn von Moltke, gefangen. Da die Gefängnisse zu klein waren, steckte man sie in große Biertonnen, verurteilte den ganzen Verein nach kurzer Gerichtsverhandlung zum Tode und ließ alle um einen Kopf kürzer machen.

Beinahe war die »Seeräuberherrlichkeit« auf Gotland schon zu einer staatlichen Dauereinrichtung geworden, als 1398 der Hochmeister des Deutschen Ritterordens, Herr Konrad von Jungingen, mit Feuer und Schwert dazwischenfuhr. 5000 Mann auf 80 Schiffen räumten in kürzester Zeit das »vermaledeyte heyllose Volck der Teuffelskinder« aus seinem »baltischen Paradeys«, und was nicht gleich im Kampf umkam oder floh, wurde anschließend gehängt oder geköpft. Als das große Donnerwetter über die gotländischen Likendeeler hereinbrach, erwischte man freilich ihre Anführer Michels und Wigbald samt etwa 2000 ihrer Kumpane nicht mehr. Sie hatten rechtzeitig das Gewitter heraufziehen sehen und sich abgesetzt. Etwa 400 von ihnen fanden im Bottnischen und Finnischen Meerbusen ein neues Betätigungsfeld. Der Großteil aber, rund 1500 Mann, umrundeten Kap Skagen, segelten in die Nordsee hinaus und tauchten vor der westfriesischen Küste auf. Es war, als hätte man dort auf sie nur gewartet! Den ewig zerstrittenen friesischen Häuptlingen wie auch dem Grafen von Oldenburg, dem Herzog von Holstein und anderen Herren bis nach Holland hinüber kam dieser Zuwachs an sturmerprobten Söldnern gerade recht. Edo Wiemken, Häuptling der Rüstringer Friesen, holte einen Teil in seine Burg Band, der späteren Sibetsburg nahe dem heutigen Wilhelmshaven, von wo aus er systematischen Seeraub gegen Bremen führte. Godeke Michels wurde vom Grafen von Oldenburg angeworben. Magister Wigbald ging in die Dienste des streitbaren Probstes Hisko von Emden und Keno tom Brooke, der Herr des Brookmerlandes, der chronisch mit all seinen Nachbarn in Fehde lag, verstärkte die Besatzung seiner Festung Marienhafe mit rund 600 Likendeelern unter dem Befehl eines gewissen Claus Störtebeker. Unter dem starken Schutz dieser Herren ging nun ein Rauben und Plündern los, dass den Kaufleuten und Reedern der umliegenden Küsten Hören und Sehen verging. Bis hinauf nach Bergen richteten die Likendeeler ihren Kurs, und bis hinunter nach Spanien, wo Godeke Michels sogar den berühmten Wallfahrtsort Santiago de Compostela überfiel und die Reliquien des Märtyrers Vincentius mitgehen ließ – denn tief und wahrhaft fromm waren diese Piraten ohne jeden Zweifel! Marienhafe baute man zum Hauptstützpunkt, zum Stapelplatz und zur Börse für die geraubten Waren aus.

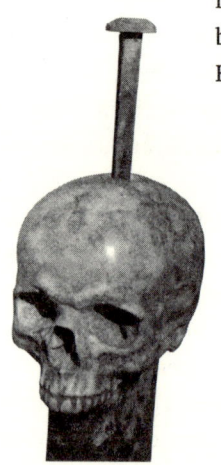

Aufgenagelter Piratenschädel, gefunden auf dem Grasbrook, der Hinrichtungsstätte in Hamburg.

»Es dauert immer eine Weile, bis sich der Kaufmann wehrt, denn bei ihm sitzt das Schwert nicht so locker wie bei Piraten und Edelleuten«, meint Ludwig Bühnau, und tatsächlich verlegten sich die Hanseaten zunächst aufs Bitten, ermahnten die adeligen Helfer und boten vernünftige Verhandlungen an, wenn man nur die Vitalienbrüder ausliefern wolle.

Endlich, als dies alles nicht fruchtete, schlug die Hanse im Jahr 1400 zu. Die Hamburger Kapitäne Albrecht Schreye und Johannes Nanne griffen die Piraten vor der Emsmündung an. 80 Vitalienbrüder fielen, 36 wurden hingerichtet. Fast noch wichtiger war, dass im Herbst 1400 der blühende

Piratenstützpunkt auf Helgoland ausgeräumt werden konnte – unter den Gefangenen, die nach Hamburg gebracht wurden, befand sich vermutlich auch Claus Störtebeker. Ein Jahr später räumte Nikolaus Schoche, Bürgermeister und Admiral von Hamburg, vor der Wesermündung auf, und wieder rollten 73 Likendeelerköpfe. Simon von Utrecht, Kaufmann zu Hamburg und später Bürgermeister der Stadt, war schon beim Zug gegen Helgoland dabei gewesen. Auf eigene Kosten hatte er eine Schnigg, ein zwar relativ kleines, aber gut ausgerüstetes und vor allem mit 20 Riemen und damit unabhängig vom Wind operierendes Schiff bauen lassen. Damit gelang es ihm die Kogge der Piratenführer nach einer dramatischen Verfolgungsjagd in der Jade auszumanövrieren und zu besiegen. Der bedeutendste Fang waren Godeke Michels und Magister Wigbald, die sich im Vorjahr zunächst Richtung Norwegen abgesetzt hatten. Am 11. Juni 1402 wurden sie auf dem Grasbrook zu Hamburg von Meister Rosenfeldt mit dem Schwert enthauptet und ihre Köpfe zur Abschreckung auf Balken an der Richtstätte oder über den Toren Hamburgs aufgenagelt. Die Reste der Likendeeler trieben noch bis 1433 in der Nord- und Ostsee ihr Unwesen, mal mit, mal gegen die Hanse, mal völlig frei, ehe die friesischen Edelleute unter Edzard Zirksena endgültig Frieden mit dem Städtebund schlossen und der letzte Piratenführer, Sibert Papinga, von dem tüchtigen Simon von Utrecht erledigt werden konnte.

DAS BERÜHMTE PORTRÄT

Wer kennt es nicht, das berühmte Porträt von Claus Störtebeker? Allerdings entstand dieses Bild, wie sich vor allem an der Kleidung und auch dem Stil der Darstellung unschwer erkennen lässt, erst mehr als hundert Jahre nach Störtebekers Tod.

Tatsächlich war das Modell Kunz von der Rosen – Landsknecht, Spaßmacher und Berater Kaiser Maximilians I. – gestochen von Daniel Hopfer 1515. Doch ein so treuer Weggenosse Kunz von der Rosen dem Kaiser und so ausdrucksstark sein Porträt war, der Mann blieb dem breiten Publikum unbekannt. So wurde das Bild bereits 1516 als Porträt des allgemein bewunderten spanischen Admirals und Siegers über die Türken *il Gran Capitano* Gonzalo Fernandez de Cordoba y Aguilar verwendet. Noch im gleichen Jahr tauchte es in einem Nachstich von David Funck als »Claus Stürtz den Becher« auf und erlebte mehrere Nachdrucke 1628 bis 1696 als »Claus Storzenbecher«. Schließlich benützte die in Berlin erscheinende Zeitschrift *Gartenlaube* 1860 (Nr.6) das Bild als Porträt Florian Geyers, des Anführers der »Schwarzen Schar« in den Bauernkriegen.

Im Gegensatz zu diesem berühmten »Wanderbild« ist eine historisch durchaus ernstzunehmende Darstellung von Claus Störtebeker, oder wahrscheinlicher Godeke

Claus Stortzenbecher der Verrühmte Seeraüber
von den Hamburgern gefangen undt zum Todt verürtheilt A 1401

Das berühmte, allgemein bekannte Störtebeker-Porträt, das in Wahrheit den gut hundert Jahre später geborenen Kunz von der Rosen zeigt.

Michels, so gut wie unbekannt: Es ist der Titelholzschnitt eines süddeutschen Lied-blattdrucks *Ein schön Lied, von Störzebecher und Gödiche Michael ...* Interessanterweise verhält sich die Historizität dieses Holzschnitts genau umgekehrt zum bekannten Störtebeker-Porträt. Der Druck ist zwar von 1566 datiert, doch Kleidung und Darstellungsform weisen eindeutig auf die Zeit um 1400. Da das 16. Jahrhundert his-torisierende Darstellungen nicht kannte, muss die Vorlage zu diesem Holzschnitt – falls nicht sogar der ursprüngliche Druckstock verwendet wurde – tatsächlich aus der Zeit von Störtebeker stammen und das »Porträt« ist, bei aller stilistischer Vereinfachung, durchaus »echt«, denn der berühmte Seeräuber trägt, völlig entgegen der damaligen Mode, einen Bart! Und damit schließt sich dann wieder der Kreis, denn mit Bart und Knubbelnase ähnelt Kunz von der Rosen eben doch verblüffend dem Piraten ...

Das echte Störtebeker-Porträt auf dem Liedblattdruck »Ein schön Lied, von Störtzebecher ...«

STÖRTEBEKER-ROMANTIK

Claus Störtebeker ist ohne jeden Zweifel der berühmteste Pirat deutscher Abstammung und ein ganzer Wald von Legenden rankt sich um seine Gestalt: Er soll das Kind armer Bauersleute gewesen und durch die Ungerechtigkeit seines Landesherren zu den Piraten geflohen sein. Oder aber er war der letzte der Herren von Alkum, welche ein Trinkhorn (»Stürz den Becher«) im Wappen führten. Ein sieben Fuß großer Riese soll er gewesen sein, der mit bloßen Händen Hufeisen und Eisenstangen verbog und armen Witwen Stoffe zuwarf, an denen noch Goldstücke klebten, damit diese ihre Kleider flicken konnten. Nahe dem Gut Ruschwitz auf dem Rügenschen Jasmund will man die Reste seines Elterhauses gefunden haben. Auf dem Falkenberg zwischen Buxtehude und Harburg, in Schleswig-Hostein, in Häven bei Lübeck, auf Fehmarn und Rügen und im Oldenburgischen sollen seine Burgen gestanden haben, alle reich versehen mit unterirdischen Gängen und tiefen Schatzverstecken. Mit der blonden und feenschönen Tochter des Keno tom Brooke soll er eine überaus glückliche, wenn auch nur kurze Ehe geführt haben.

Natürlich kennt jeder die Geschichte, dass Störtebeker sich vor seiner Enthauptung ausbedungen habe, jene seiner Gesellen sollen straffrei sein, an denen er, nachdem sein Kopf gefallen war, vorüberlaufen werde. Und der kopflose Pirat sei tatsächlich gelaufen, bis ihm nach dem elften Mann der Henker ein Bein gestellt oder einen Knüppel zwischen die Beine geworfen habe, so dass der Körper hingefallen und liegengeblieben sei. Dass die gleiche Anekdote dem 1337 zu München enthaupteten Räuber-

Der schwer silberne „Störtebeker-Pokal" stammt wie viele andere einschlägige Devotionalien eindeutig aus späterer Zeit.

hauptmann Dietz von Schauenburg nachgesagt wird, tut der Störtebeker-Legende keinen Abbruch.

Die tatsächlich zeitgenössisch-historischen Anmerkungen zur Person sind erheblich nüchterner und kärglicher: 1380 wird in Wismar ein junger Mann namens Nicolaus Stortebeker »gestäubt«, d.h. öffentlich durchgeprügelt – sein Vergehen wird nicht erwähnt. In den letzten Jahren des 15. Jahrhunderts beschweren sich schwedische und englische Kaufleute über einen Piraten, den sie Storbiker nennen. Im Sommer 1400 wirbt schließlich Graf Albrecht von Holland 120 Vitalier an, mit ihrem Hauptmann Johan Stortebeker. Als im Herbst 1400 die Hanseaten das Räubernest in Helgoland ausheben, scheint Störtebeker unter den Gefangenen gewesen zu sein, die dann wohl im Frühjahr oder Frühsommer 1401 auf dem Grasbrook hingerichtet werden – aber auch das ist ungewiss.

Zweifellos war Claus Störtebeker eine historisch existente Person, aber wahre Berühmtheit erlangte er erst Jahre nach seinem Tod. Erst als der Ratsschreiber Rufus aus Lübeck ihn 1430 in einem Atemzug mit den prominenten Vitaliern nannte, wurde sein Name bekannt. Allgemeine Berühmtheit erlangte er, als sich der Kapitän eines 1473 von Engländern aufgebrachten Piratenschiffes Claus Störtebeker nannte.

Die Mehrzahl angeblicher Chronisten-Einträge stammt aus dem beginnenden 16. Jahrhundert: Claus Störtebeker wurde zur idealisierten Heldengestalt, einem Schädiger der Reichen und Helfer der Armen und Unterdrückten – einer Art deutschem Robin Hood. Und das 19. Jahrhundert stilisierte ihn gar hoch zu einem »Halb-Heiligen« und Nationalhelden. Die Vitalier waren, wenn man den historischen Berichten folgt, rücksichtslos, beutegierig und brutal, und allein ihrem ganz persönlichen Vorteil verpflichtet. Die Zahl ihrer Morde dürfte in die Tausende gegangen sein, denn die Methode, wie sie der Likendeeler Martin Pechlin vor Gericht zugab, der die 150 Mann zählende Besatzung einiger Handelsschiffe kurzerhand hatte über Bord werfen lassen »weil sie ihm unbequem war«, gehörte offensichtlich zum allgemein geübten Brauch.

Doch bis heute nennen Hamburger Großkaufleute ihre Yachten STÖRTEBEKER, geben sich Ruderclubs seinen Namen, ernennen ihn Studentenverbindungen posthum zum Ehrenmitglied, werden im ehrwürdigen »Akademischen Club« zu Hamburg Seeräuberlieder gesungen. Die einst als »Pfeffersäcke« und »Häringsbändiger« verhöhnten Reeder und Kaufleute zeigen heute voller Stolz eine Bootspfeife an silberner Kette, ebenso wie dessen Hemd und Pantoffeln vor. Gerne verweisen sie auch auf Störtebekers Harnisch (tatsächlich aus der Zeit um 1500), das Richtschwert (tatsächlich aus dem späten 18. Jahrhundert stammend und von Scharfrichter Hennings geführt) und die 19 Fuß lange, eiserne Kanone seines Flaggschiffs (ein eisernes Stabringrohr-Geschütz, das eine Kogge um 1400 gar nicht hätte tragen können) im Zeughaus. Die Figur eines schwarzen Sklaven, »Störtebekers Page«, wurde bei einem Brand 1842 vernichtet, doch sein Silberpokal (entstanden um 1650!) ist im Museum für Hamburgische Geschichte noch zu besichtigen und dergleichen gibt es durchaus noch mehr. Die eindeutige historische Ungereimtheit dieser Reliquien tut ihrer Verehrung keinen Abbruch. Romane, Theaterstücke und sogar Opern mit Störtebeker als Hauptfigur gibt es in Fülle; Klopstock hat ihn bedichtet und Fontane erwog einen Vitalierroman. Zwischen 1900 und 1945 lassen sich vier Balladen, ein Radiohörspiel, zehn (!) Theaterstücke sowie 18 Romane und Erzählungen über ihn festmachen, von denen ein Titel (1931/32) es auf 54 Fortsetzungsbändchen brachte. In Hamburg soll die Krone um den Turm der St. Katherinenkirche aus dem Gold stammen, das man im hohlen Hauptmast von Störtebekers Schiff gefunden habe – der Turm wurde freilich erst 250 Jahre später erbaut und Masten dienen traditionell anderem als Schatzverstecken. Englische Bomben zerstörten ihn 1943, doch als man ihn nach dem Krieg wieder aufrichtete, vergaß man nicht, ihm auch die »Störtebeker-Krone« wieder aufzusetzen.

Seit 1993 gibt es in Ralswiek auf Rügen die »Störtebeker-Festspiele« mit Koggen auf See, Schwertergeklirr, Liebesschwüren und großem Feuerwerk. 2001 inszenierte das Museum für Hamburgische Geschichte eine große Störtebeker-Ausstellung, die sich wenigstens wieder der historischen Wahrheit verpflichtet fühlte.

DAS GESTOHLENE WUNDERSCHIFF – PAWEL BENEKE
(um 1473)

Wer immer nur konnte von den 20.000 Einwohnern der Hansestadt Danzig, hatte an diesem Tag, kurz nach dem Pfingstfest 1462, alles stehen und liegen lassen, um jenem Wunderschiff unter französischer Flagge beim Ankern zuzusehen. Der PIERRE DE LA ROCHELLE – im Danziger Deutsch PETER VAN ROSSEEL – war aber auch in der Tat eine

Sensation! Man wusste zwar, dass neuerdings in Frankreich und auch Flandern Schiffe gebaut wurden, die neben dem Hauptmast noch zwei kleinere Masten vorn und achtern führten, und bei denen man die Planken nicht mehr wie nach Vätersitte »klinker«, also überlappend, sondern Kante auf Kante, »kraweel«, aufeinandersetzte. Aber das, was da draußen im Fahrwasser der Weichsel lag, überstieg jedes menschliche Vorstellungsvermögen – ein Schiff mit über 50 Metern Länge, und mit seinen mehr als 12 Metern Breite, breiter als manch respektabler Küstenfahrer lang! Und dann die Ladung: 800 Tonnen Salz aus der Baie von Bourgneuf – man stelle sich vor, 800 Tonnen in einem einzigen Schiffsbauch! Während noch die Menschenmassen die fremden Seeleute in den Kneipen freihielten, rauften sich die Danziger Handelsherren in ihren Kontoren die Haare. Wenn die Konkurrenz derartige Schiffe einsetzte, die allein schon auf Grund ihrer Größe jeden Freibeuter abschreckten und am Zielort einen Warenumsatz erbringen mussten wie sonst eine ganze Flotte, dann war es unabdingbar, ebenfalls solche Schiffe zu verwenden – wenn man nur gewusst hätte, wie man solch ein Wunderschiff bauen sollte.

Da nahm das Schicksal in Gestalt eines Gewitters die Sache zugunsten der Danziger in die Hand. Ein Blitzschlag suchte sich den rund 35 Meter hohen Großmast des PIERRE DE LA ROCHELLE als Zielpunkt aus und sorgte dafür, dass er anschließend nur noch als Brennholz zu gebrauchen war. Die Danziger waren ganz Hilfsbereitschaft: Selbstverständlich würden sie einen neuen Mast liefern, nur – leider! – so ganz billig würde das natürlich nicht werden. Kapitän Marot Boeff eilte heim, um bei dem Schiffseigner Pierre Cosimot das nötige Geld zu holen, während das Schiff in den Händen seines Danziger Agenten Pierre de Nantes verblieb. Zweifellos war es »reiner Zufall«, dass die Kosten für den Ersatzmast höher und höher kletterten und der Agent vergaß, davon auch in La Rochelle Mitteilung zu machen. So kam es, wie es kommen musste: Der PIERRE DE LA ROCHELLE wurde gepfändet und in Danziger Besitz überführt. Pierre Cosimot fiel aus allen Wolken, als er 1464 mit Kapitän Marot Boeff in Danzig eintraf und ihm mitgeteilt wurde, dass ihm sein Schiff gar nicht mehr gehöre. Offenbar von der beständig verkündeten hanseatischen Redlichkeit überzeugt, strengte er eine Klage beim Stadtrat an, und musste erleben, dass die Pfändung als rechtskräftig bestätigt wurde. Pierre Cosimot reiste verbittert ab, doch auch die Einschaltung seines Königs änderte nichts mehr an der Tatsache, dass sich die Danziger für den Preis eines Großmastes ein ganzes Schiff unter den Nagel gerissen hatten. Immerhin war die ganze Gerichtsposse so fragwürdig, dass man das Schiff zunächst nicht auf Fahrt schickte, sondern es an der Langen Brücke vertäut liegen ließ – und es einstweilen vergaß. Erst wimmelten noch die Schiffsbaumeister und Zimmerleute durch den bauchigen Rumpf des PIERRE DE LA ROCHELLE, vermaßen, begutachteten, diskutierten die neue Bauweise, und bald kamen die Schiffsneubauten Danziger Werften in den gewinnträchtigen Ruf, das Modernste darzustellen, das in der ganzen Ostsee zu bekommen war. Doch im Verlauf der Jahre begann das Holz des Wunderschiffes zu morschen, die Eisenbeschläge rosteten vor sich hin, das Bilgewasser schwappte träge im Rhythmus der Wellen in seinem Bauch, und die Hafenbehörde dachte daran, den Riesen abwracken zu lassen.

Vielleicht hätte das auch tatsächlich das ruhmlose Ende des PIERRE DE LA ROCHELLE bedeutet, wären da nicht mehr und mehr Schwierigkeiten mit England und Frankreich gewesen, und der Rat von Danzig – weit ab vom Schuss – der eifrigste Verfechter einer gewaltsamen Lösung. In dieser Lage drängte sich ein solch imposanter Schiffsgigant als Kriegsfahrzeug geradezu auf, zumal er, dank seiner Bauweise, etliche jener hochmodernen Pulvergeschütze tragen konnte, deren Aufstellung

Ein großes »Kraweel« des späten 15. Jahrhunderts – so etwa muss der PIERRE DE LA ROCHELLE ausgesehen haben.

auf den herkömmlichen Koggen und Holken unlösbare Stabilitätsprobleme aufgeworfen hatte. Aber immer noch gab es juristische Bedenken. Man löste sie elegant: Im Winter 1469/70 wurde der PIERRE DE LA ROCHELLE »als nicht mehr reparaturfähig« deklariert, was der Rat per Urkunde bestätigte. Damit war das Schiff nach geltendem Recht gegen jedwede fremde Ansprüche abgesichert und Schiffsbaumeister Hans Pale machte sich an eine gründliche Überholung.

Am 19. August 1471 segelte das Schiff wieder in die Ostsee hinaus, 400 Mann an Bord, unter neuem Kommando und neuem Namen. Da es aber immer eine kritische Sache ist, ein Schiff umzubenennen – das bringt bekanntlich Unglück – beließ man es bei PETER, nur dass der Riese jetzt PETER VON DANZIG hieß. Der neue Kommandant, Herr Bernt Pawest, war zwar ein angesehener Ratsherr der Stadt, aber von christlicher Seefahrt, gar unter kriegsmäßigen Bedingungen, hatte er nicht die mindeste Ahnung. Er tappte vor Holland und der französischen Nordküste in so ziemlich jedes Fettnäpfchen, ließ sich nach Strich und Faden übers Ohr hauen, und konnte als einzigen Ruhm beanspruchen, im Winter 1472 »die Ostsee frei von Piraten« gehalten zu haben – einer Jahreszeit, in der ohnehin kein vernünftiger Kapitän seinen schützenden Hafen verließ. In Danzig löste man bitter enttäuscht Herrn Pawest von seinem Posten ab.

Gegen ein Sechstel Eigentumsrecht, völlig freie Hand und angemessenen Beuteanteil übernahm nun ein gewisser Pawel Beneke das Kommando. Der Ruf Benekes war ausgezeichnet, hatte er doch im Vorjahr den Engländern die JOEN OF NEWCASTLE, die VIOLENCE, die MADLENE DE DIEPPE und die SWAN OF CAEN abgenommen, war also unbestreitbar der rechte Mann für eine Pilgerfahrt nach Santiago de Compostela in Nordspanien. Dass er bei der Insel Walcheren so lange aufgehalten wurde, bis die ST. THOMAS aus Brügge, die ihm von wohlinformierten Mittelsmännern bereits avisiert war, am Horizont erschien, war zweifellos wieder einmal »reiner Zufall«. Dass Kapitän Beneke, man schrieb den 27. April 1473, mit seinem PETER VON DANZIG so nahe an die ST. THOMAS herankreuzte, dass die florentinischen Kaufleute, die das Schiff gemietet hatten, nervös wurden und zu schießen anfingen, dass Pawel Beneke daraufhin das reichbeladene Schiff enterte und als Prise abschleppte, war gewiss nur auf ein paar »dumme Missverständnisse« zurückzuführen. So weit so gut für Danzig, wäre Kapitän Beneke nicht nach eigener Aussage von seiner Mannschaft gezwungen worden, die Beute bereits in Hamburg zu versilbern, wie die *Danziger Chronik* von Caspar Weinreich überliefert. Nur war Pawel Beneke ganz entschieden nicht der Mann, der sich zu etwas »zwingen« ließ. Ausschlaggebend war also wohl vielmehr die Einsicht, dass daheim die Schiffseigner den Löwenanteil der Beute in ihre Taschen stecken würden, während man so den Kuchen ohne sie teilen konnte. Und so brachte man nach Danzig nur noch das zurück, was man in Hamburg nicht hatte losschlagen können, etwa das später so berühmte Altarbild von Hans Memling.

Die Geschichte wirbelte beträchtlich Staub auf. Pawel Beneke war ganz gekränkte Unschuld und in seiner Pilgerfahrt ärgerlich behinderter Christ, als – immerhin erst drei Jahre später – ein Schreiben von Papst Sixtus IV. persönlich zur Angelegenheit ST. THOMAS in Danzig eintraf nebst heftigsten Klagen und Vorwürfen gegen den »Schiffer und Piraten Paulus Beneke«. Mit bewegten Worten schilderte der Heilige Vater das Ungemach, das den Florentinern widerfahren sei und wie diese kläglich und »all ihrer Habe entblößt« nach Italien hatten zurückkehren müssen, während die Räuber Schiff und Ladung »alles zu ihrem Nutzen umsetzten«. Die Angelegenheit verlief im Sand. Was hätte Danzig – selbst wenn es gewollt hätte – schon tun können? Bereits ein Jahr zuvor hatte Pawel Beneke den Dienst quittiert und sich als wohlhabender Hausbesitzer in der Heilig-Geist-Gasse zur Ruhe gesetzt. Nicht einmal, dass die päpstliche Bulle allen Menschen den Verkehr mit dem »gemeinen Seeräuber Paulus Beneke« untersagte, zeigte irgendwelche Wirkung.

Kreuz und Halbmond

Die Barbaresken-Piraten im Mittelmeer des 16. Jahrhunderts

Auf einem Felsblock, hoch über einer kleinen Bucht am Nordrand der Insel Elba, standen zwei Männer. Schon auf den ersten Blick war die Familienähnlichkeit unverkennbar: die gedrungene, untersetzte Figur, die breiten Schultern, der kräftige Nacken, die knollige Nase, der buschige Bart – rübenrot bei dem einen, rotbraun bei dem anderen. Sie starrten auf das Meer hinaus, wo unter dem gemächlichen Schlag ihrer 30 Riemenpaare eine große Galeere auf die Meerenge zwischen Elba und Piombino zusteuerte. Das Gold der reichen Schnitzereien glitzerte in der Sonne, an den Flaggstöcken bauschten sich im leichten Wind weiße Fahnen mit den goldenen Schlüsseln. Das prachtvolle Schiff, beladen mit kostbarer Fracht aus Genua, gehörte keinem Geringeren als Papst Julius II. Rovere. Die beiden Männer liefen zur Bucht hinunter, wo ein schmales, schwarz gestrichenes Fahrzeug auf den kristallblauen Wellen schaukelte. Dieses Schiff, eine Galiota, war im Bau der großen Galeere nicht unähnlich, nur viel kleiner, schneller und wendiger. Ausgerüstet war sie mit 18 Riemenpaaren und zwei leichten Geschützen, während das mächtige Schiff des Papstes über sieben schwere, bronzene Kanonen verfügte. Auf den Ruderbänken der Galiota saßen freilich nicht, wie auf der großen Galeere, angekettete Sklaven, sondern freie Krieger, ihre Waffen griffbereit neben sich – Piraten der nordafrikanischen Barbareskenküste. Ein Wink des Rotbarts, die Männer legten sich in die Riemen und das kleine Fahrzeug schoss der prunkvollen Papstgaleere entgegen. Ehe die völlig verblüfften päpstlichen Offiziere begriffen, was da eigentlich vorging, lag die Galiota längsseits und an Deck wimmelte es von Angreifern. Der Kapitän der Galeere riss seinen Degen aus der Scheide – und legte ihn dann schleunigst zum Zeichen der Übergabe in die fordernd ausgestreckte Hand des Rotbarts. Minuten später saß er angekettet neben seinen Offizieren auf der Ruderbank und handhabte einen der mächtigen Riemen.

Achteraus kam nun die zweite, von Spionen gemeldete, päpstliche Galeere in Sicht. »Die will ich auch! Nehmt die Galiota in Schlepp und zieht euch den Plunder der Christen an!«, damit riss sich der Kommandant den Turban vom Kopf und stülpte sich den vergoldeten Helm des päpstlichen Kapitäns auf den fuchsigen Schädel. »Das Flaggschiff hat offenbar einen Piraten gekapert und schleppt ihn als Prise ab«, meldete ein Offizier dem Kapitän der zweiten Papstgaleere. »In diesen Gewässern gibt es keine Piraten«, glaubte der Kommandant zu wissen, ließ aber doch auf das Flaggschiff zudrehen, um zu sehen, was es gebe. Eine halbe Stunde später lagen die Schiffe nebeneinander. Doch auf die Frage, ob alles in Ordnung sei, antwortete ein Hagel von Pfeilen. Eine Stunde später waren die beiden goldschimmernden, päpstlichen Galeeren und die kleine, schwarze Galiota auf Südkurs Richtung Tunis.

ALLAH I ALLAH – MUAWIJA, TARIK UND ANDERE (7. bis 9. Jahrhundert)

Die gängige Meinung sieht die arabischen Volksstämme nur hoch zu Kamel oder Pferd als ausgesprochene Bewohner der Wüste, und man vergisst nur zu leicht, dass sie seit jeher auch hervorragende Seeleute gewesen waren. Sie waren ein Volk von kühn planenden und weiträumig denkenden Händlern – wo immer es etwas zu kaufen oder zu verkaufen gab, dort waren sie zu finden, nicht nur rund um das Mittelmeer, sondern bis hinauf in die Nord- und Ostsee, bis ins Innerste Afrikas und bis nach Indien und China. Seit in der ersten Hälfte des 7. Jahrhunderts der Prophet Mohammed den Islam den arabischen Stämmen teils mit Überzeugungskraft, teils mit Gewalt aufoktroyiert und seine Anhänger zum Djihad, dem Heiligen Krieg gegen alle Nichtmuslime, verpflichtet hatte, brandete eine fast unaufhaltsame islamische Woge weit über die Hälfte des Mittelmeers und bis nach Indien hinüber. Die grüne Fahne des Propheten wehte bald über Arabien, Palästina, Syrien, Persien, Ägypten und Nordafrika.

674 bis 678 wurde Konstantinopel zum ersten Mal von den Arabern heimgesucht. Die Flotte Muawijas, die vier Jahre lang während der Sommermonate die Stadt belagerte, konnte eben noch mit Hilfe des »Griechischen Feuers« zurückgeschlagen

Griechisches Feuer, die wirkungsvollste Waffe der Byzantiner gegen arabische Piraten.

werden. Diese Erfindung des Syrers Callinicus, war strengstes Militärgeheimnis und wurde tatsächlich nie verraten. Seine Zusammensetzung ging mit dem Fall von Konstantinopel verloren und nur seine ungefähre Funktionsweise ist überliefert: in ein Rohr wurde ein Naphta-Schwefel-Salpetergemisch gefüllt. Diese Mixtur, die auch auf dem Wasser brannte, wurde entzündet und mit einem Blasebalg am hinteren Ende des Rohres dem Feind, nicht unähnlich einem modernen Flammenwerfer, entgegengespritzt. Schwere Kaliber waren auf Schiffen und Stadtmauern installiert, leichte Versionen konnten sogar von einem einzelnen Mann getragen und bedient werden.

711 landete eine maurische Flotte unter ihrem Feldherrn Tarik bei dem nach ihm genannten Berg Djebel-al-Tarik, dem heutigen Gibraltar, auf europäischem Boden. Wenn auch Karl Martell bei Tours und Poitiers Frankreich rettete, so blieb Spanien doch fast ganz in islamischer Hand. 827 erschienen Schiffe der Sarazenen vor Sizilien und Apulien, verjagten die Byzantiner und errichteten 841 ein Sultanat in Bari. Diese großen Aktionen waren von unzähligen kleinen umrahmt, und hier war das fast unerschöpfliche Tätigkeitsfeld der maurischen und sarazenischen Piraten. »Der Graf Bonifacius, dem der Schutz der Insel Korsika anvertraut war, fuhr mit seinem Bruder Berehar und einigen anderen toskanischen Grafen mit einer kleinen Flotte nach Afrika, wo er zwischen Utica und Karthago landete.« Diese Eintragung aus dem Jahr 828 beweist eine erstaunliche Scharfsicht, wo man den Hebel ansetzen musste. Hätte Karl der Große, dem durchaus bewusst war, dass Angriff mitunter die beste Form der Verteidigung ist, zu diesem Zeitpunkt noch gelebt, vielleicht hätte der tüchtige Graf späteren Geschehnissen tatsächlich einen Riegel vorschieben können. So aber verlief seine Aktion im Sand.

Bereits 846 musste Prudentius, der Bischof von Troyes, fassungslos in seinen Aufzeichnungen vermerken: »Im Monat August kamen die Sarazenen und Mauren auf dem Tiber nach Rom!« Ihr Anführer hieß wiederum Muawija, ob er ein Nachkomme jenes Belagerers von Byzanz war, weiß man nicht. »Sie verwüsteten die Kirche des heiligen Petrus, des Apostelfürsten, und nahmen mit dem Altar über dem Grab Petri auch den ganzen Schmuck und den Schatz fort. Einige der Grafen griffen die Mauren tapfer an, doch sie wurden vernichtet; nur ein Teil des Feindes wurde, als er in die Kirche des heiligen Apostels Petrus eindrang, von der Landbevölkerung überwältigt und niedergemacht.« Und der Chronist Gregorovius entsetzte sich: »Keine geweihtere Stelle kannte die Ehrfurcht des Abendlands als dieses Schatzhaus des christlichen Kultes, welches weder Goten, noch Vandalen, noch Griechen oder Langobarden angetastet haben. Jetzt wurde es die Beute eines Schwarmes von Piraten aus Afrika!«

Mit der Plünderung Roms begann im Mittelmeer das, was Ludwig Bühnau in seinem Buch *Schwarze Flagge am Mast* »das Jahrtausend der Sarazenen« nennt. Mauren, Sarazenen, Karthager, Libyer, Barbaresken – die Bezeichnungen in den Chroniken wechselten, die Tatsache blieb, dass ihre Piratenschiffe das Mittelmeer zum »unsichersten Gewässer der Welt« machten. Erst im 19. Jahrhundert gelang es, der Piraterie unter der grünen Fahne des Propheten ein Ende zu bereiten. Gegen den Handel mit bevorzugt blonden, blauäugigen Frauen und Knaben aus Europa kämpfen entsprechende UN-Organisationen bis heute vergeblich ...

CHRISTEN UND BARBARESKEN

Rund um das Mittelmeer lebten auf verhältnismäßig engem Raum eine solche Anzahl von beständig miteinander verfeindeter Nationen, es gibt so unzählige Inseln, unübersichtliche Küsten und dicht befahrene Handelsrouten, dass Piraterie in jeder Spielart jeder nur denkbare Vorschub geleistet war.

Die Glanzzeit der Barbaresken-Piraten, die von Nordafrika aus das Mittelmeer terrorisierten, fällt zusammen mit dem Höhepunkt der Auseinandersetzung zwischen Kreuz und Halbmond im 16. Jahrhundert. Überragende Befehlshaber wie Azor Chair-Ad-Din Barbarossa und Ali el-Uluji schufen mit den nordafrikanischen Piraten eine Seemacht, die noch im 18. Jahrhundert als unüberwindlich galt. Kein Wunder also, dass sich die Sultane in Istanbul bemühten mit Strömen von Geschenken, Hilfszahlungen und Ehrentiteln für die Anführer, diese Piraten für ihre Ziele einzusetzen. Aber auch die ewig zerstrittenen Staaten Europas umwarben und bestachen die Nordafrikaner, und das keineswegs nur zum Wohl der Christenheit, sondern auch zum Wehe ihrer ebenso christlichen Nachbarn. Die einzigen, die niemals mit den Piraten liebäugelten, waren die Ritter des Johanniterordens getreu ihrem Gelübde, im Kampf gegen den Islam niemals zurückzuweichen.

Die gezielte Schwächung des Kaisertums, zumal der Hohenstaufen, sollte das Papsttum zum eigentlichen Beherrscher Europas machen. Sie bewirkte indessen nur das Zerbrechen einer politischen Zentralgewalt, förderte Nationalismus und Kleinstaaterei. Ebenso verhängnisvoll waren die Kreuzzüge gegen die Sarazenen und später die Mauren. Sie schnitten Westeuropa nicht nur von den Quellen der Wissenschaft und Bildung ab – schließlich verdanken wir diesen etwa unser Zahlensystem und damit unsere ganze heutige Mathematik. Die Kreuzzüge löschten nicht nur die Christenheit aus, sondern auch ihre islamischen Gegner. Diese waren einst ein Bollwerk gegen die Völker aus dem Inneren Asiens gewesen, die Mongolen und besonders die Türken. Die Eifersüchteleien gegen Konstantinopel und die orthodoxe Kirche, die von der Allgewalt des Papstes nichts wissen wollte, ruinierten das Oströmische Reich und brachten es schließlich zum Zusammenbruch, als die neue Großmacht des Ostens, die Türken, an seine Tore pochte. 1453 fiel Konstantinopel-Byzanz und wurde, in Istanbul umbenannt, zur Hauptstadt des Osmanischen Reiches, wie die Türken ihren Staat nach dem Gründer Osman I. nannten. 1459 bis 1479 überrannten die Türken Griechenland, Serbien, Bosnien, Albanien, Moldau, Walachai, Herzegowina und die Krim, 1517 Syrien und Ägypten, 1521 fiel Belgrad, 1522 Rhodos, 1526 Ungarn, 1529 stand Sultan Süleyman zum ersten Mal vor Wien.

Wenn es ein lenkendes Schicksal gibt, so muss es freilich einen feinen Sinn für Ironie haben, denn es verteilte die Kräfte und Schwächen in dieser entscheidenden Zeit so gleichmäßig auf beide Parteien, dass am Ende das labile Gleichgewicht eben doch gewahrt blieb. Die beiden überragenden Herrscherpersönlichkeiten in der ersten Hälfte des 16. Jahrhunderts waren Kaiser Karl V. und Sultan Süleyman der Prächtige. Fast gleichaltrig, gleich begabt und begeisterungsfähig, gleich klug, zäh und weitblickend. Wenn sich Süleyman auf die fast unerschöpflichen Hilfsquellen des riesigen Osmanischen Reiches stützte, so gebot Karl nicht nur über einen großen Teil Westeuropas, sondern auch über die unermesslichen Schätze Mittel- und Südamerikas, das verwegene Conquistadoren Stück für Stück für ihn eroberten. Die Flottenbefehlshaber dieser beiden Herrscher im Mittelmeer, Andrea Doria und Azor Chair-Ad-Din, waren wie Zwillinge so ähnlich in Charakter, Tüchtigkeit, Größe und Skrupellosigkeit. Selbst ihre Völker waren sich in mancher Beziehung nicht unähnlich.

Die Osmanen, wie tapfer sie an Land sein mochten, waren und blieben wasserscheu. Dem Reitervolk aus dem Inneren Asiens war das Meer unheimlich, ein Schiff ein verwirrend kompliziertes Ding, die Navigation nach Sonne und Gestirnen verdächtig, ein Grundproblem, mit dem nicht nur Sultan Süleyman zu kämpfen hatte, sondern ebenso all seine Nachfolger. Ohne ihre eroberten und verbündeten Völker, Griechen und Barbaresken an der Spitze, hätte es nie eine türkische Seemacht gegeben. Auf der anderen Seite galten die Spanier als die unbestritten besten Landsoldaten ihrer Epoche, doch auch sie hatten mit der Seefahrt recht wenig im Sinn, operierten meist nach dem eher zweifelhaften Motto »Viel hilft viel«, während sie ihre Schiffe von Katalanen, Galiciern und angeheuerten Portugiesen und Italienern bedienen, steuern und kommandieren ließen.

Die Nachfolger Karls und Süleymans, der starre, kleinliche, neidgeplagte Felipe II. von Spanien und Selim, dem man den Beinamen der Säufer gegeben hatte, glichen sich ebenfalls wieder aus. Ihre beiden höchst fähigen Großadmiräle, Don Juan d'Austria und Ali el-Uluji Pascha, litten gleichermaßen unter dem Misstrauen ihrer Herrscher. Für beide war die Seeschlacht von Lepanto 1571 die große Wende: Der glänzende Sieger, Juan d'Austria, wurde von seinem Halbbruder und König abberufen und in die aufständischen Niederlande geschickt. Als er diese mehr als heikle Aufgabe zu lösen drohte, starb er – ob am Gift Felipes, wird sich wohl nie klären lassen. Ali el-Uluji stieg nach der katastrophalen Niederlage, an der ihn keinerlei Schuld traf, viel zu spät zum Oberbefehlshaber der osmanischen Flotte auf, schuf nochmals eine türkische Seemacht und starb 1577, ein Jahr vor Don Juan, wie dieser ohne brauchbaren Nachfolger.

KLÖSTERLICHE GEMEINSCHAFT – DIE USKOKEN

Doch ehe wir uns Nordafrika zuwenden, zunächst ein kurzer Blick nach Dalmatien: Im vierten Kreuzzug 1202 – 1204 hatte Venedig das Ritterheer auf Konstantinopel losgelassen, die Stadt, das Land geplündert und ein »lateinisches« Kaiserreich errichtet, das freilich nur von kurzer Dauer war. Aber sie hatten auch Kirchen und Klöster und sogar den heiligen Athos gebrandschatzt – die Orthodoxen haben dies den »verruchten Lateinern«, Papst und Venedig an der Spitze, nie vergeben.

So war es denn gar nicht so unlogisch, dass zwei orthodoxe Klöster die Zentren einer Piratenhorde waren, die vom 16. bis 18. Jahrhundert – vielfach heimlich von Österreich unterstützt – die Adria unsicher machten und alles jagten, was den Löwen von San Marco auf seiner Flagge führte. Teils zweifellos um der Beute willen, teils aber auch, ebenso zweifellos, von religiösem Fanatismus getrieben. Man nannte diese Männer Uskoken nach dem serbokroatischen Wort *uskoci* (Flüchtlinge), d.h. Flüchtlinge vor den Türken. Ihren Hauptstützpunkt hatten sie in Senj nahe Rijeka. Es waren Piraten der härtesten Schule, die in einer fast klösterlichen Gemeinschaft zusammenlebten. Ehe sie zu ihren »Missionen« ausfuhren, erhielten sie den Segen der Mönche und dankten hinterher in ausgedehnten Liturgien Gott und den Heiligen für ihre Erfolge.

Auf dem Meer waren die Uskoken unübertreffliche Seefahrer, die kein noch so schlechtes Wetter abschrecken konnte. Sie waren unübertreffliche Ruderer. Da sie sich stündlich an den Riemen ablösten, konnten ihre kleinen Boote, die selten mehr als 16 Ruderplätze hatten, in einer Nacht über 100 Meilen zurücklegen. Im Kampf kannten sie keine Rücksicht, weder auf den Gegner noch auf sich selbst, denn der Tod schreckte sie als tief überzeugte Christen nicht. Ursprünglich Serben und Bosnier waren die Uskoken bald ein buntes Völkergemisch, denn wenn ein Uskoke starb, so klopfte schon ein neuer »Glücksritter« – so nannten sich diejenigen, die aus freien Stücken Uskoke werden wollten – an die Klosterpforten, um seinen Platz einzunehmen.

DER ROTBART – ARUJ
(um 1455 bis 1518)

Aufgewachsen in einer armen, aber ehrlichen Familie auf der Insel Lesbos, ging der Schiffsjunge Aruj nach Istanbul. Er wurde Aufseher auf einer Galeere des Sultans, jedoch von den Malteserrittern gefangen genommen und selbst an die Ruderbank gekettet. Während eines Sturmes konnte er fliehen, wurde Lastenträger und Tage-

löhner im Hafen von Istanbul und schließlich
Steuermann auf einem kleinen Schiff. Kaum in
See überredete Aruj die Mannschaft zur Meuterei,
erschlug eigenhändig den Kapitän und übernahm
das Kommando. In Lesbos ließ er seiner Mutter ein
paar Goldstücke da und nahm seinen Bruder
Isacco als Zimmermann an Bord, und auch sein
kleiner Bruder, der etwas kurz geratene, stottern-
de Azor durfte mitkommen. Der kleine Azor freilich war der Meinung, dass ihm ein eigenes Boot
gut anstünde, und beschaffte sich eines Nachts
eines vor der Küste von Euböa.

Aruj, der ältere der Barbarossa-
Brüder, war berüchtigt für seine
Grausamkeit.

Vor Sizilien überfielen die beiden Brüder ein
großes, spanisches Transportschiff, das nach Neapel
wollte, vollgestopft mit vornehmen Reisenden, Jagdfalken, Windhunden und kostbarster Ladung. Die beiden Brüder steuerten nach Tunis, bestachen den Bey Muley-
Achmed mit den besten Stücken ihrer Beute, schlugen den Rest meistbietend los,
kauften sich eine Galiota und richteten sich unter dem wohlwollenden Schutz des Bey
auf der Insel Djerba häuslich ein. Nicht viel später, man schrieb das Jahr 1510, gelang
den Brüdern dann die zu Anfang des Kapitels geschilderte Kaperung der beiden päpstlichen Galeeren. »Es ist kaum mit Worten auszudrücken«, schrieb der zeitgenössische
spanische Chronist Diego Haedo, »welch betroffenes Staunen diese kühne Tat in der
Christenwelt auslöste, und wie berühmt der Name des tunesischen Piratenkapitäns
wurde: Aruj. Und da er einen rübenroten Bart trug, wurde er fortan »Barbarossa«
genannt.«

Aruj Barbarossa wurde der gefährlichste Pirat seiner Zeit. Gnadenlos plünderte er
die Küsten Spaniens und Italiens, und als ihm in einem Gefecht eine Kanonenkugel
den linken Arm zerschmetterte, musste ihm ein arabischer Kunstschmied einen neuen
aus Silber anpassen. 1516 war es, da bekam der Scheich von Algier Ärger mit den
Berbern und rief den Rotbart samt Bruder zu Hilfe. Die Brüder kamen nur zu gern mit
16 Galeeren, 5000 Mann und schwerer Artillerie, verjagten die Berber, aber dann gingen sie nicht mehr. Als sie der Scheich nachdrücklich aufforderte, sein Land zu verlassen, löste Aruj kurzerhand das Problem indem er den Scheich erdrosselte. Die Brüder
teilten sich Algier, Azor den Westen, Aruj den Osten.

Die Nachbarschaft des gewalttätigen Aruj machte nun ihren alten Gönner, Bey
Muley-Achmed von Tunis, reichlich nervös, zumal auch die Abgaben für den Schutz
auf der Insel Djerba ausblieben. Muley-Achmed wandte sich an die Spanier um Hilfe,
doch Aruj war schneller. Der Bey selbst entkam in die Berge, doch Tunis öffnete die

Tore und kaufte sich für ungeheures Lösegeld frei. Und Aruj Barbarossa errichtete ein Schreckensregiment. Die Erbstreitigkeiten eines angesehenen Bürgers etwa regelte er dadurch, dass er den Mann samt seinen Söhnen aufhängen, den Rest der Familie in einem Badebassin ersäufen ließ und die Erbschaft selbst einstrich.

Der Widerstand der Tunesier gegen den Rotbart wuchs, und als auch noch 1518 die Spanier landeten, brach in der Stadt der offene Aufstand los. Aruj schickte nach Azor um Hilfe, doch der ließ sich in Algier Zeit. Konnte oder wollte er Aruj nicht mehr helfen, dessen sinnlose Bluttaten er ablehnte? Auch Azor hatte mittlerweile einiges Blut vergossen, doch niemals aus schierer Grausamkeit wie sein Bruder.

Mit seinen Schätzen und einer Hundertschaft seiner getreuesten Männer floh Aruj, doch die Spanier blieben ihm auf den Fersen. Es nützte nichts, dass seine Leute Gold auf den Weg streuten, um die Verfolger abzulenken, dass sich einer nach dem anderen in Stücke hauen ließ. Nach 30-stündiger Jagd stellten die Soldaten des Kaisers den berüchtigten Piraten. Aruj verteidigte sich wild, auch noch, als ihn eine Lanze durchbohrt hatte. Da packte ihn ein Soldat von hinten an seinem roten Schopf und schlug ihm den Kopf ab. Aus seiner golddurchwirkten Samtweste erhielt die Madonna des Klosters St. Gerolamo in Córdoba ein neues Gewand zum Dank, dass die Christenheit nunmehr die fürchterlichen Barbaresken-Piraten los war. – Der Dank war verfrüht.

CHRISTLICHE GRÄUELPROPAGANDA

Die fast kampflose Eroberung der beiden päpstlichen Galeeren und zahlreicher anderer Schiffe, die beinahe immer unblutigen Überfälle auf Dörfer und Städte entlang der europäischen Küsten, später gar die schon fast sprichwörtliche Milde Azor Barbarossas Gefangenen gegenüber, brachte die Christenwelt in eine scheußliche Lage. Mehr und mehr setzte sich bei Schiffsbesatzungen und Küstenbewohnern die Überzeugung durch »Lieber eine Minute lang feig, als ein Leben lang tot«, sobald eine Galeere, Galiota oder Schebecke der Barbaresken auftauchte. Was konnte schon viel passieren? Man wurde als Sklave verkauft. Das war zwar nicht schön, aber entweder zahlte man Lösegeld oder man trat zum Islam über und gewann so seine Freiheit wieder. Der beständige Lösegeldstrom nach Nordafrika machte die Piraten freilich immer reicher, die Christen immer ärmer. Dazu kamen die Schiffe samt Ladung. Selbst vor den schweren Galeonen, die das Silber und Gold der Neuen Welt nach Spanien schleppten, zeigten die Barbaresken keineswegs Respekt, schnappten einmal 18 Stück auf einen Schlag unmittelbar vor Cadiz und leiteten sie um nach Algier, wo sich die zehnprozentige Sonderabgabe für Azor Barbarossa auf 6000 *libbra sottile* in Gold (umgerechnet gut 15 Millionen Euro) belief.

Das christliche Europa musste also dringend nach Mitteln und Wegen suchen, um dieses Unwesen zu steuern. Mit Kanonen war den Piraten nicht beizukommen. Also versuchte man unter der spanischen Bevölkerung Angst vor den Barbaresken zu schüren.

Der ungebärdige Aruj Barbarossa lieferte Stoff in Fülle, und wenn manche Berichte ausgeschmückt sein mochten, im Kern trafen sie die Wahrheit. Kritisch wurde die Sache, als Azor die Macht übernahm, und auch seine Unterführer Murad Torghud, Aydin Cacciadiavolo, Sinan der Jude und Il Moro leisteten keineswegs das Gewünschte an Grausamkeit. Ali el-Uluji wurde von Miguel de Cervantes Saavedra gar als der »vornehmste und menschlichste aller Kommandanten, die je das Meer befahren haben«, gerühmt – und der Autor des unsterblichen *Don Quichote* kannte Ali persönlich sehr gut, denn er war lange Jahre sein Gefangener gewesen.

Nun, was die Betroffenen an Gräueltaten nicht freiwillig lieferten, um der Christenheit optimal das Gruseln zu lehren, das musste man ihnen eben andichten: Man schritt zur Propaganda und beschrieb die angeblichen Brutalitäten wie Anzünden der Haare, Pfählen oder Kreuzigen, vergewaltigte Nonnen und geschändete Kinder in allen grausigen Einzelheiten. Cervantes entging nur mit knapper Not der Inquisition, als er sich weigerte derlei Propaganda in seinen *Don Quichote* aufzunehmen.

Man mag sich fragen, ob die wüsten Schauergeschichten, die da verbreitet wurden, nicht allzu dick aufgetragen waren, um noch geglaubt zu werden: Sklaven hatten immerhin den Wert von barem Geld, sei es als Arbeitskräfte oder als Pfänder für Lösegeld. Gewiss, die Barbaresken-Piraten – wie all ihre Kollegen auch – waren harte Burschen, denen es auf ein paar Tote nicht ankam. Gewiss blieben besonders hübsche Frauen und Mädchen, trotz hoher Lösegeldangebote, mitunter für immer spurlos verschwunden, oder wurden in »nicht mehr ganz einwandfreiem« Zustand zurückgegeben. Gewiss wurde von Zeit zu Zeit und unter großem Aufwand sogar ein christlicher Gefangener vom Leben zum Tod befördert, um die wertgeschätzten Anverwandten der übrigen Geiseln etwas rascher zur Zah-

Illustration aus dem Buch des Jesuitenpaters Dan über die Gräueltaten der Barbaresken. Besonders zu beachten, wie der Wind offenbar gleichzeitig aus allen vier Richtungen weht.

lung des Lösegelds zu veranlassen, aber die Regel war dies ganz gewiss nicht! Natürlich gab und gibt es Menschen, die sich, dank ihres geschulten Verstandes, allzu offensichtlicher Propaganda entziehen. Doch auch sie fallen gerne auf pseudo-objektive, pseudo-wissenschaftliche Argumente und »Beweise« herein. Der damals unbestrittene Meister dieser Art »Propaganda für Intellektuelle« war der Jesuitenpater F. Dan mit seiner 1627 in Paris herausgegebenen und in zahlreiche Sprachen übersetzten *Histoire de le Barbarie et de ses corsaires*. Wer erstmals dieses Buch liest, der erstarrt geradezu vor Ehrfurcht vor der ungeheuren Masse an detaillierten Informationen. Wer das Buch dann zum zweiten Mal liest und mit anderen Quellen vergleicht, der kann feststellen, dass es in diesem Buch mit den exakten Kenntnissen, deren sich der Verfasser rühmt, gar so weit nicht her ist – dafür wird die Propagandalinie, die sich gegen Andersdenkende richtet, umso deutlicher.

BESCHÜTZER DES GLAUBENS – AZOR CHAIR-AD-DIN (um 1460 bis 1546)

Der berüchtigte Piraten-Bey von Tunis, Aruj Barbarossa, war tot, und der spanische Admiral Moncada, Vizekönig von Sizilien, gedachte sich in bequemer Art Lorbeeren und Reichtum gleich noch in Algier zu verschaffen. Ungehindert landete er seine Soldaten und die schwere Artillerie, blockierte den Hafen mit seinen prächtigen Schiffen und ließ die Truppen paradieren. Damit glaubte er die Algerier genug eingeschüchtert zu haben, so dass er einen Boten in die Stadt schickte mit der Aufforderung zur bedingungslosen Kapitulation. Eine halbe Stunde später war der Unterhändler zurück. Den Brief Moncadas hatte er immer noch in der Hand, doch jetzt stand quer darübergeschrieben: »Allah möge Euch gnädig sein! Azor, der Bey von Algier, Arujs Bruder.« Entsetzte Chronisten berichteten, dass sich in diesem Augenblick der Himmel verfinstert und ein erster Windstoß Moncada das Pergamentblatt aus der Hand gerissen habe. Dann brauste einer jener plötzlichen Stürme, wie sie

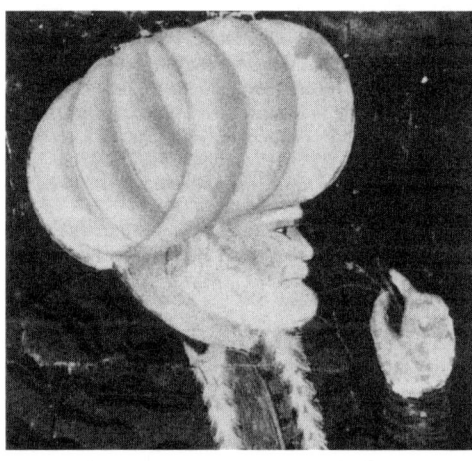

Azor Chair-Ad-Din Barbarossa, Piratenführer, Pascha von Algier und Schöpfer der osmanischen Seemacht.

das Mittelmeer kennt, über die Spanier hinweg. 26 Schiffe kenterten oder wurden auf die Klippen geschleudert, an die 4000 Soldaten und Matrosen ertranken. Aus den aufgewirbelten Staubwolken brachen ganze Scharen algerischer Truppen hervor und fielen über die Spanier her. Der Rest der Flotte floh in heller Panik und ließ Moncada samt seinen Leuten im Stich. Wenig später standen Moncada und seine Offiziere vor Azor, und hinter ihnen standen die Henker, blanke Schwerter in den Händen. »Schwört ihr eurem Glauben ab?« – »Nein!« Langsam ging der Piraten-Bey von Algier die Reihe der, trotz Wunden, zerfetzter und durchnässter Kleidung, stolzen und todesmutigen Ritter entlang. Ein Wink, die Henker verschwanden. »Allah hat euch in meine Hand gegeben und – ihr sollt frei sein! Ich werde euch dort an Land setzen lassen, woher ihr gekommen seid. Berichtet dem Kaiser, dass Azor zuschlagen kann, dass er aber auch milde zu sein vermag – wie Allah es befohlen hat!«

Nach der Katastrophe des Admirals Moncada ging unter den Christen der Angstschrei um: »Der Barbarossa ist wieder da!« Arujs Tod wurde vergessen, und die beiden Brüder verschmolzen in der Vorstellung geängstigter Christen zu einer einzigen, fast übernatürlichen Schreckensgestalt. So kam es, dass Arujs Beinamen auf Azor übertragen wurde, obwohl dessen Bart niemals rot, sondern braun, mittlerweile sogar wohl ziemlich grau war. »Seine Augenbrauen waren buschig«, schilderte der französische Chronist Abbé Pierre de Brantôme in *Vie des hommes illustres* den Piratenfürsten, »sein Bart war dicht, die Nase grob, die Unterlippe breit, hervortretend und verächtlich. Er war nur von mittlerer Gestalt, besaß aber eine herkulische Kraft. Er war kurzsichtig und stotterte in vielen Sprachen, bediente sich aber mit Vorliebe des Spanischen. Trotz der Rauheit seiner Gesichtszüge sagte man ihm nach, dass er, falls er wolle, einen unwiderstehlichen Zauber auszuüben verstand. Der wahrhaft außerordentliche Einfluss, den er auf die Unterführer und die Mannschaften seiner Flotte ausübte, rührt sowohl vom Ruhme seiner Tapferkeit und seines Geschicks, als auch davon her, dass selbst seine waghalsigsten Unternehmungen unwandelbar vom Glück begleitet sind. Klug und tapfer im Angriff, vorausblickend und kühn in der Verteidigung, unermüdlich in der Arbeit, unempfindlich gegen Rückschläge. Für sich selber war er überaus geizig. Nie trug er ein anderes Kleid als einen alten Kaftan aus Fuchspelzen und mit Rinderfett eingeschmierte Stiefel. Umso großzügiger war er dafür in seinen Geschenken, überschüttete seine Unterführer und sogar die einfachen Matrosen und Soldaten geradezu mit Gold und Juwelen, schenkte ihnen zahllose Sklaven und schöne Frauen, die er an den Küsten Europas geraubt hatte. Durch die Rauheit seiner Sprache (sein Stottern) behindert, vermochte der Rotbart nicht wie andere Kommandanten mit Worten zu befehlen, sondern er tat dies mit dem Schwingen seines Kommandostabes. Jedes Zeichen, gegeben mit dem goldglänzenden, oberen oder dem hölzernen, unteren Ende des Stabes, bedeutete einen anderen Befehl, während er selber wie ein vom

Teufel Besessener auf dem Deck seiner Galeere herumsprang.« Am Heck seiner Kommandogaleere stand in vergoldeten Lettern sein Wahlspruch aus dem Buch seines Propheten: »Wenn ein glücklicher Stern deine Geschicke leitet, schlafe ruhig, denn während deines Schlummers werden sich die Abgründe vor dir ebnen!«

Sultan Süleyman, den die Osmanen den »Weisen« oder den »Gesetzgeber« nennen, die Christen den »Prächtigen« oder den »Großen«, hatte in seinen Türken die zähesten, tüchtigsten, anspruchslosesten und todesmutigsten Infanteristen der Welt. Er verfügte mit Arabern und Persern über eine hervorragende Kavallerie. Seine Geschützgießer lieferten Kanonen, die als die größten der Welt galten. Was Sultan Süleyman fehlte, das war eine Flotte, ohne die eine Weltmacht auf die Dauer keinen Bestand haben kann, mag sie auch seit 300 Jahren zu Land unbesiegt sein wie die Türken.

Ärgerliches, zorniges, beleidigtes Murren durchlief die Reihen der Großen des Osmanischen Reiches und setzte sich kichernd in schnippischen Bemerkungen der Frauen des allerhöchsten Harems fort, als an einem Sommertag des Jahres 1532 ein untersetzter, knollennasiger, graubärtiger Mann in schäbigem Fuchspelzkaftan und dreckigen Stiefeln in die Audienzhalle des Sultans getrampelt kam, und mit nicht allzu tiefer Verbeugung »S-s-sal-laam a-aleik« stotterte. Dann freilich verging ihnen das Lachen, als eine nicht endende Kette von Sklaven Körbe voll Gold, Silber, kostbaren Stoffen, Pelzen, Juwelen, prunkvollen Waffen scheinbar achtlos als Geschenke vor dem Sultan auf den Boden schüttete nebst 13 Körben mit Korn, stellvertretend für die 13 genuesischen Getreidefrachter, die man unterwegs gekapert hatte. Sultan Süleyman erhob sich von seinem Thron: »Ich danke dir für all das, was du gebracht hast. Doch ist dies in meinen Augen alles wertloser Tand – wertlos gegen das Geschenk deines Kommens, Azor Chair-Ad-Din!«

Chair-Ad-Din – Beschützer des Glaubens, höchster islamischer Ehrentitel. Die türkischen Großen vermochten kaum dem Tempo zu folgen, in dem nun die Ehrungen auf den Piratenfürsten herunterregneten: Bestätigung als Pascha von Algier, Tunis, Tripolis und Marokko (Tripolis hatten zwar die Malteser, Marokko die Spanier, doch das konnte sich schließlich ändern); die Rossschweife des türkischen Großadmirals mit dem Titel Kapudan-Pascha; ein prachtvoller Palast in Istanbul; ein riesiges Landhaus inmitten zauberhafter Gärten vor den Toren der Stadt; ein wohlbestückter Harem; eine Million Goldstücke zur Deckung erster Auslagen, und nur eine einzige Bedingung: rasche Schaffung einer schlagkräftigen Flotte!

Und Azor Chair-Ad-Din Barbarossa bewies, dass er keineswegs nur ein vom Glück begünstigter Seeräuber war. Pausenlos war er unterwegs, überwachte den Bau der Docks und Lagerhallen, sah den Schiffsbauern auf die Finger, drillte die Mannschaften der zukünftigen Flotte, beobachtete die Glut der Schmelzöfen, kontrollierte die Seilereien, erprobte die neuen Geschütze, ließ hier einen saumseligen Janitscharenoffizier köpfen und machte einen schlichten Fischer zum Kapitän, überschüttete seine Leute mit fürstlichen Geschenken und hetzte sie mit Arbeit fast zu Tode. Techniker, Geschützgießer und Schiffszimmerleute hatte Azor Barbarossa auch früher schon nicht gegen das höchste Lösegeld wieder freigelassen. Sie bauten jetzt seine Schiffe, gossen seine Kanonen.

Zwei Jahre später, 1534, gingen 83 Schiffe in See, und neben der hervorragenden Stammbesatzung von algerischen und tunesischen Piraten waren 7000 Janitscharen an Bord, das beste, was Sultan Süleyman an Kampftruppen mitgeben konnte. Azor Chair-Ad-Din hatte kein großartiges Unternehmen im Sinn, nur eine Art Manöver unter kriegsmäßigen Bedingungen, um seine Piraten, die während des zweijährigen Landurlaubs faul geworden waren, wieder in Bewegung zu bringen und die neuen Truppen an Wind, Wellen und Pulverqualm zu gewöhnen. In der Ägäis sammelte man die eilig angebotenen Geschenke ein, veranlasste andere Häfen und Städte mit ein bisschen Brand und Plünderung zu mehr Diensteifer, rauschte an Malta vorbei, wo die Ordensritter hastig ihre Geschütze in Stellung brachten, plünderte Reggio, betrieb in San Lúcido ein wenig Sklavenjagd, brannte Cetrara nieder, kassierte drei päpstliche Galeeren, raubte Sperlonga aus, beschoss Gaeta. Als die Segel der Vorhut von Chair-Ad-Dins Flotte bei Capri gesichtet wurden, brach in Neapel eine Panik aus und schon begann Rom zu zittern. Papst Clemens VII. befahl, den Kirchenschatz zu öffnen und Truppen anzuwerben. Es kamen keine 150 Mann zusammen, der erschreckte Papst erlag einem Schlaganfall und die Bürger flohen mit Kind und Kegel in die Berge. Einige Tage später wagten sie sich wieder in die Heilige Stadt, denn der entsetzliche Rotbart war mit seinen Schiffen völlig überraschend auf Südkurs verschwunden – nur Diebe und Einbrecher hatten inzwischen ihre große Stunde gehabt.

Nun, so überraschend war der Südkurs des Barbarossas eigentlich nicht, denn Azor hatte noch eine alte Rechnung mit Bey Muley-Achmed von Tunis offen, der einst die Spanier gegen Aruj zu Hilfe gerufen hatte. Chair-Ad-Din musste sich freilich mit Stadt und Land Tunis begnügen, denn Muley-Achmed entwischte nach Europa, warf sich Kaiser Karl zu Füßen, erzählte, sein Volk weine ihm untröstlich nach und bitte den Herrscher des Abendlands, ihren geliebten Bey zurückzuführen – im Übrigen wolle er freigiebig Stützpunkte an die Spanier geben, die Besatzungskosten zahlen und sich überhaupt wie ein treuer Untertan betragen.

Niemals vorher, niemals nachher ist gegen einen Piraten so viel an kriegerischer Macht und Pracht ins Feld geführt worden, wie anno 1535 in Tunis und anno 1541 in Algier. Bey Muley-Achmed lieferte einen ausreichenden Grund für den Feldzug, und Papst Paul III. proklamierte das Unternehmen gar als »Kreuzzug«. Die Wahrheit freilich hätten weder Kaiser Karl V. noch sein Großadmiral, Andrea Doria, aussprechen dürfen: Bey Muley-Achmed waren Karl und Doria herzlich gleichgültig – dafür regte

Santa María del Pilar, das Flaggschiff Kaiser Karls V. gegen Tunis 1535 und Algier 1541, wo es im Sturm sank. Die Segel sind mit den Wappen aller Titel des Kaisers bemalt. Modell des Verfassers im Deutschen Technikmuseum, Berlin.

sich beträchtliches Misstrauen zwischen Kaiser und Admiral!

In jungen Jahren hatte sich Andrea Doria zum Diktator von Genua aufgeschwungen, eine Flotte aufgebaut und sich dann den gekrönten Häuptern Europas zum Kauf gestellt. Frankreich, der Papst, sogar Venedig hatten lebhaftes Interesse gezeigt, bis Kaiser Karl schließlich alle überbot und Doria »Spanier« wurde. Der Kaiser überschüttete ihn mit Ehren und Reichtümern, ernannte ihn zum Herzog von Melfi, Granden von Spanien, und wusste sehr wohl, dass er seinen Großadmiral unverzüglich los sein würde, falls jemand ein noch besseres Angebot machen

würde. Der Sultan vielleicht? Chair-Ad-Din hatte fast ein Jahr lang die Küsten des westlichen Mittelmeers auf und nieder geplündert und gebrandschatzt, ohne dass ihn der Großadmiral der iberischen Flotten dabei im Geringsten behindert hätte! Aber auch Andrea Doria hatte triftigen Grund zum Misstrauen, hatte doch der Kaiser, natürlich streng geheim, in eben jenem Jahr mit Azor Barbarossa verhandelt, um ihm den Oberbefehl der spanischen Flotte zu übertragen, also den Posten Dorias. Azor hatte die Verhandlungen hingeschleppt, seinen Raubzug abrollen lassen und schließlich, vorläufig, dankend abgelehnt. Das Ende vom Lied: Karl und Doria überboten sich gegenseitig an Beweisen der Treue, Zuneigung und Pflichterfüllung.

Mehr einem prunkvollen Turnier denn einem Feldzug glichen Flotte und Heer, die sich im Frühjahr 1535 in Bewegung setzten: 50 Galeonen, 25 werftneue Karavellen, 18 Galeeren des Doria und 12 des Papstes, zahllose Transportschiffe, 10.000 Seeleute, 30.000 Ritter und Söldner, 8000 deutsche Landsknechte, 1000 Schweizer. Die Malteser schickten das größte Schiff des Mittelmeers, die viermastige Karacke

SANTA ANNA mit 7 Decks, 30 Ritterkammern, 6 Luxuskabinen und einem Beratungssaal; das Sonnensegel des Schiffes war aus rotem Samt, die Mannschaft steckte in rosa Seide; man hatte eine Kapelle von 40 Musikern, 32 Geistliche und eine beträchtliche Anzahl hochadeliger junger Damen als Ehrenjungfrauen an Bord. Unbehindert von Chair-Ad-Din, der mit seiner Flotte in Bona lag, rauschte die kaiserliche Armada bei prächtigem Maiwetter nach Tunis, ging vor Anker und setzte die Truppen an Land.

Die Hafenfestung La Goletta, verteidigt von Sinan, erwies sich als harter Brocken, doch dem von Doria meisterhaft geleiteten Feuer der Schiffe musste sie sich beugen; Sinan zog sich in die Stadt zurück. Dort freilich begingen der einäugige Jude und der Stadtkommandant, Aydin Cacciadiavolo, einen bitterbösen Fehler: Sie ließen die rund 22.000 Christensklaven nicht umbringen, sondern sperrten sie in die alte Zitadelle. Einer der Wächter, ein Renegat aus Flandern, gedachte sich beim Kaiser beliebt zu machen und löste die Ketten der Gefangenen. Die Stadt glich kurz darauf einem Hexenkessel, die Truppen Aydins und Sinans wurden von den ausgebrochenen Christensklaven überwältigt, Aydin fiel, Sinan floh. Als die kaiserlichen Soldaten heranstürmten, öffneten ihnen ihre Glaubensbrüder jubelnd die Tore. Zum Dank ließ Kaiser Karl Tunis zunächst gründlich plündern, setzte dann Bey Muley-Achmed wieder ein, der demütig Vasallentreue schwor und mit Hilfe der christlichen Soldaten rund 40.000 Männer, Frauen und Kinder umbringen ließ – offenbar jene, die nach seiner Flucht nicht laut genug um ihren ehemaligen Despoten geweint hatten. Im Herbst kehrten Kaiser Karl und Andrea Doria im Triumph nach Spanien zurück, just zu der Zeit, als Azor Barbarossa die Balearen plünderte und Mahón niederbrannte, was Doria geflissentlich nicht zur Kenntnis zu nehmen geruhte.

Sie hätten, in der Tat, Zwillingsbrüder sein können, die beiden Gewaltigen zur See. Gewiss, Andrea Doria war niemals Pirat gewesen, Reichtum und Ansehen seiner Familie hatten ihm einen glänzenden Start ermöglicht. Wäre er als Sohn einer mittellosen Familie in Lesbos zur Welt gekommen, er wäre Azor Chair-Ad-Din geworden, während dieser, im Palast einer mächtigen Genueser Familie geboren, sich unweigerlich zu Andrea Doria entwickelt hätte. Sie sind sich persönlich niemals begegnet, und doch kannte der eine die Gedanken, die Pläne und Schachzüge des anderen so genau, als wären es seine eigenen. Es war wie einer der feierlichen Tänze jener Zeit, in der jeder Schritt, jede Bewegung exakt abgezirkelt waren, was die beiden weit über ein Jahrzehnt aufführten: machtvolle Flottenaufmärsche, listenreiche Winkelzüge, offene Provokation, streng geheime Verhandlungen, wilde Drohgebärden, nur eines nie: eine tatsächliche Auseinandersetzung. Die Wahrheit hinter diesem eigenartigen Verhalten war so einfach, dass sie Kaiser Karl offenbar ebenso wenig je zu Bewusstsein kam, wie Sultan Süleyman: Eine tatsächliche Auseinandersetzung zwischen Azor Chair-Ad-Din und Andrea Doria, eine Seeschlacht etwa, war weder von dem einen noch von dem anderen zu gewinnen – beide würden daraus nur geschwächt hervorgehen. Solange aber jeder von ihnen groß und mächtig war, solange war jeder geliebt, der eine beim Kaiser, der andere beim Sultan. Sie bedingten sich gegenseitig. Der eine war der Garant für das Ansehen und den Reichtum des anderen. So gingen sie sich aus dem Weg, zog sich der eine zurück, wenn der andere zum Angriff blies.

Doch er war zu schön gewesen, der glorreiche Sieg von Tunis! Kaiser Karl träumte von einem neuen Kreuzzug gegen die Barbaresken, und wenn Herrscher von Siegen träumen, dann versammeln sich alsbald Heere und Flotten. Andrea Doria, inzwischen fast 82, warnte. Wovor eigentlich? Vor Azor Chair-Ad-Din etwa, der schon bei Tunis nicht eingegriffen hatte? Mittlerweile ebenfalls fast 80, hatte er eine Moschee und sein Grabmal bauen lassen und sich offenbar zur Ruhe gesetzt.

Mitte Oktober 1541 gingen 500 christliche Schiffe in See mit 12.000 Seeleuten, gut dem Doppelten an Truppen, dazu reichlich Geschützen und Ehrenjungfrauen an Bord. Die Landung verlief reibungslos, die Algerier ließen sich nicht blicken. Der Kaiser schickte einen Ritter los an den Befehlshaber von Algier, Hassan Agha, mit der Aufforderung, die Stadt zu übergeben. Der empfing den Ritter mit größter Höflichkeit: »Übergeben? Weshalb?« – »Wir vertrauen den Winden Allahs!«, fügte ein Mann hinzu, der neben dem Agha stand, und dessen Handgelenke und Fußknöchel noch wundgescheuert waren von den Eisen der Galeerensklaven. Vor wenigen Tagen erst war er zum Islam übergetreten und nannte sich nun Ali el-Uluji – Ali der Abtrünnige. Ali sollte recht behalten. In der Nacht begann es zu regnen. Die kostbaren Kleider und Rüstungen, die Federbüsche, die reich bestickten Standarten, das leichte Schuhwerk der Soldaten litten gehörig. Die Stadt wurde trotzdem eingeschlossen. Ehe aber die schwere Artillerie herangeschafft war, brach ein Orkan los. Sintflutartige Wolkenbrüche schwemmten die Zelte weg, durchweichten das Pulver, verwandelten den Boden in grundlosen Morast. Ali el-Uluji nützte den Augenblick zu einem mörderischen Ausfall, rollte einen ganzen Flügel des christlichen Heeres auf. Die Arkebusen und Kanonen versagten. 150 Malteser schlugen den Angriff mit Schwert und Lanze zurück, und noch heute heißt dieser Platz »Das Grab der Ritter«. Kaiser Karl selbst kämpfte an der Spitze seiner Truppen und rettete zumindest die Ehre des Unternehmens, während in dem brüllenden Sturm 150 kaiserliche Schiffe kenterten oder an den Klippen zerschellten, über 5000 Mann fielen oder ertranken. Kaiser Karl musste bis zur Brust durch die tobende Brandung waten, ehe er an Bord einer portugiesischen Galeere gezogen wurde. Andrea Doria, der keinen Fuß an Land gesetzt hatte, sammelte die traurigen Überreste der Flotte und drehte den Bug der Schiffe heim nach Spanien, während Geschütze, Gepäck, Tausende von Soldaten und Dutzende von Ehrenjungfrauen an der Küste zurückblieben. Sklaven waren in Algier in diesen Tagen wohlfeil wie Zwiebeln.

Der Kapudan-Pascha Azor Chair-Ad-Din war nicht erschienen, doch die Freude der Christenheit, der Piratenfürst habe sich zur Ruhe gesetzt, war ebenso verfrüht wie seinerzeit die Hoffnung, nach dem Tod Arujs sei wieder Frieden im Mittelmeer eingekehrt.

Man schrieb das Jahr 1543, als der Beschützer des Glaubens mit 110 Galeeren und 40 Galiotas, alle schwerbewaffnet und mit Janitscharen vollgestopft, ins westliche Mittelmeer steuerte. François, der schillernde König von Frankreich, hatte sich bei Sultan Süleyman die Flotte ausgeliehen, um seinem alten Rivalen Karl V. eins auszuwischen. In Marseille angekommen, wurde Azor Barbarossa stürmisch gefeiert, doch die Begeisterung legte sich rasch, als er von dort aus den Franzosen, die Nizza belagerten, zwar reichlich gute Ratschläge schickte, jedoch keinen einzigen Soldaten und kein einziges Fass Pulver. Sogar ein, von einem Sturm übel zerzaustes, Geschwader Dorias ließ er unbehelligt vorüberschaukeln, weil er eben mit diesem über die Lieferung von schweren Galeerenriemen verhandelte, die in Frankreich nicht zu bekommen waren.

Im Spätherbst verlegte Chair-Ad-Din seine Flotte nach Toulon, um dort zu überwintern, und Frankreich blieb vor Entsetzen die Luft weg über das Benehmen seines Verbündeten: Der Kapudan-Pascha ließ seine Leute rauben, stehlen und plündern wie im Feindesland und verbot jegliche christliche Handlung in der Stadt. Die Lücken auf den Ruderbänken seiner Galeeren und in den Bordellen seiner Soldaten füllte er mithilfe von Überfällen auf die Bevölkerung auf, und strich dafür monatlich 5000 Goldgulden von François ein. Dem französischen König begann die Sache ungemütlich zu werden. Das Wutgeschrei der übrigen Europäer über diesen Verrat an der Christenheit ließ ihn zwar kühl, aber die Vorstellung Azor Barbarossa könne sich letztlich gar von den Spaniern, gegen die er bislang nicht einen einzigen Schuss abgegeben hatte, als Verbündeter kaufen lassen, bereitete ihm Sorgen. Für 800.000 französische Taler (umgerechnet etwa 12 Millionen Euro) willigte Azor Chair-Ad-Din in den Abzug ein und kehrte mit seiner Flotte nach Istanbul zurück. Das Geld stammte übrigens zur Hälfte vom Papst, zur Hälfte aus England, und den Beitrag Venedigs steckte François in die eigene Tasche.

Zwei Jahre später, im Juli 1546 starb Azor Barbarossa. »Der König der See ist tot«, schrieben die türkischen Annalen, »sein Leben war voll Kampf, sein Tod friedlich, seine Leistungen außerordentlich.« Den ruhmreichsten Nachruf freilich widmete ihm Abbé de Brantôme, so ruhmreich deshalb, weil der Abbé ein glühender Verehrer der Malteserritter war, der geschworenen Todfeinde von Azor Chair-Ad-Din Barbarossa: »Nicht einmal unter den großen Welteroberern der Griechen und Römer gab es je seinesgleichen. Jedes Land wäre stolz gewesen, ihn als seinen Sohn beanspruchen zu dürfen.«

»DIE TEUFELSBRUT« – AYDIN, SINAN UND IL MORO
(um 1518 bis 1545)

Azor Barbarossa hatte, schon ehe er zum »Beschützer des Glaubens« ernannt wurde, einen scharfen Blick für begabte junge Männer, die sich als Befehlshaber von Schiffen und ganzen Geschwadern eigneten. Da sich nach dem Sieg über Moncada 1519 verwegene Männer nur so herandrängelten, um unter seiner Flagge zu segeln, hatte Azor die reichste Auswahl.

Da war der junge Murad Torghud von der Insel Rhodos, genannt »der Schöne«, ehe man ihm den Beinamen »der Hai« gab – es wird gleich noch mehr von ihm zu berichten sein.

Da war Aydin Cacciadiavolo, der »Teufelsjäger«, aus Sardinien, dem die Italiener gerne das erste »i« seines Beinamens strichen, um ihn so als »Teufelsdreck« zu bezeichnen. Zutreffender hätte man ihn freilich »Schürzenjäger« nennen sollen, denn seine Piratenlaufbahn hatte nicht nur damit begonnen, dass er aus seiner Heimat türmen musste, weil er einen Nebenbuhler um die Gunst eines schönen Mädchens niedergestochen hatte. Später legte er sich einen Harem zu, dessen »Buntheit«, von der weißblonden Schwedin bis zur ebenholzschwarzen Afrikanerin, besonders gerühmt wurde. Selbst auf seinen Kaperfahrten befanden sich stets ein Dutzend seiner Mädchen an Bord, etwas, das Azor Barbarossa sonst gar nicht gerne sah. Er fiel 1535 beim spanischen Angriff auf Tunis.

Da war Sinan, der einäugige Jude aus Kayseri, der in dem Ruf stand, die Schwarze Magie zu beherrschen, da er nicht nur ein hervorragender Kapitän, sondern auch ein großer Mathematiker, Astronom und – damals damit untrennbar verbunden – Astrologe war. Sein Name wird gelegentlich auch als »Sinham« überliefert, vermutlich eine englische Erfindung, die etwa »Sündenspeck« bedeutet. Später war Sinan vor allem als Baumeister tätig und errichtete über 300 Bauwerke im ganzen Osmanischen Reich, darunter so berühmte wie die Prinzen-Moschee, die Mihrimah-Moschee, die Süleyman-Moschee und die Rüstem-Pascha-Moschee in Istanbul, aber auch Paläste, Aquädukte und Krankenhäuser. Nur dass er die letzten Umbauten der Hagia Sophia zur Moschee geleitet habe, gehört ins Reich der Fabel. 1588 starb er hochbetagt friedlich in seinem Haus in Istanbul.

Da war Il Moro, Gärtner in den verzauberten Gartenanlagen, die in Apulien von den Sarazenen geschaffen worden waren, und die nun seit langem verwilderten. Als die Inquisition sich für den jungen Mann aufgrund seiner dunklen Hautfarbe zu interessieren begann, riss Il Moro aus und schlug sich nach Algier durch. Als Befehlshaber eines kleinen Geschwaders machte er sich später selbständig und schwang sich zum Bey von Alexandria auf. Die tödliche Kugel traf ihn 1541 in einem Gefecht mit ein paar Galeeren der Malteser. Azor Barbarossa soll geweint haben, als er von seinem Ende erfuhr.

In der ganzen osmanischen Welt steht ihr Andenken in höchsten Ehren, und Volkssänger und Märchenerzähler preisen ihre Heldenlaufbahn bis zum heutigen Tag. Den Christen freilich waren sie samt und sonders ein Dorn im Auge, zumal sie alle christliche Renegaten waren. Allerdings bewirkte die Drohung mit Inquisition und Scheiterhaufen, die über all diesen Renegaten hing, nur, dass diese umso tapferer waren und lieber den Tod im Kampf suchten, als sich der Inquisition auszuliefern.

DER HAI – MURAD TORGHUD
(um 1500 bis 1574)

Wie alle Großen der osmanischen Seefahrt war Murad Torghud kein Türke, sondern um 1500 als Sohn griechischer Eltern in Rhodos geboren. Er trat zum Islam über und schloss sich den Barbaresken-Piraten an, wo er schnell zum Kapitän einer Galeere aufstieg. Es war nicht die Leidenschaft des jungen Mannes, den man damals noch den »Schönen« nannte, Befehle auszuführen, und so machte er sich selbständig, durchstreifte das Mittelmeer und hatte gar bald einen löblich schlechten Ruf in der Christenheit. »Glück des Anfängers!«, meinte Azor Barbarossa und wunderte sich keineswegs, als ihm die Nachricht zugestellt wurde, dass einer der Neffen Andrea Dorias den leichtsinnig gewordenen jungen Piraten bei Korsika erwischt und gefangen nach Genua gebracht hatte. Onkel und Neffe Doria ließen Torghud auspeitschen, ihn dann an die Ruderbank einer Galeere ketten und schickten eine Rechnung auf 3500 Dukaten nach Algier für den Fall, dass Azor Barbarossa seinen Schützling zurückhaben wollte. »Des Räubers Lohn!«, spottete der Malteserritter de Lavalette, als Murad Torghud auf die Galeere abgeführt wurde, doch der antwortete nur: »Nein, Herr Ritter, die Laune des Glücks.«

Drei Jahre saß Murad Torghud am Riemen einer Galeere und brütete Rachegedanken, ehe Azor Barbarossa das Lösegeld schickte. Es ist nie geklärt worden, ob Azor sich absichtlich Zeit ließ, um dem heißblütigen Torghud eine Abkühlung zu verschaffen, oder ob Doria zögerte, den Piraten wieder auf freien Fuß zu setzen. Auf jeden Fall werfen letzterem manche Geschichtsschreiber kurzsichtige Habgier vor, dass er den jungen Mann überhaupt wieder auf die Menschheit losließ. Kaum in Freiheit, heiratete Murad nicht nur die jüngere Schwester Azor Barbarossas, sondern trieb sein Gewerbe ärger als je zuvor. Er hatte schließlich die

Murad Torghud, »der Schöne«, später »der Hai« genannt, war ebenso leichtsinnig wie erfolgreich.

Unverschämtheit, sich unmittelbar vor der Nase der Spanier im Golf von Neapel auf der Insel Capri häuslich einzurichten, wo heute noch seine Burg zu besichtigen ist. Nebenan, in Procida, zog er einen schwungvollen Sklavenmarkt auf, von Christen und Moslem gleichermaßen gern besucht. Man konnte dort seine gestohlenen Anverwandten und Freunde sofort gegen bar wieder mitnehmen, ehe sie nach Afrika weiterverfrachtet wurden. Torghud, den Beherrscher dieses Marktes, nannte man inzwischen nicht mehr den »Schönen«, sondern den »Hai«. An einem Markttag auf Procida traf Murad Torghud seinen alten Bekannten, den Malteser de Lavalette, nur dass der Ritter in seinen zerrissenen Kleidern und mit den schweren Ketten an Armen und Füßen diesmal keinen sonderlich glücklichen Eindruck machte. »Die Laune des Glücks, Herr Ritter«, meinte Murad Torghud und setzte die Lösegeldsumme genau auf 3500 Dukaten fest. Der Orden zahlte, und Torghud verabschiedete sich wenig später von de Lavalette mit einem Wink auf die prallen Beutel voll Gold: »Des Räubers Lohn!«

Immer noch stand aber die Rechnung mit den Dorias offen, und die Rache Torghuds war die schlimmste, die es gibt: Lächerlichkeit. Zunächst hatte alles sehr unschön ausgesehen, denn Andrea Doria überraschte den wieder einmal leichtsinnig gewordenen Piraten in einer engen Bucht bei Cantara, wo die Moslems ihre Schiffe ausbesserten. Murad Torghud brachte schleunigst ein paar Kanonen in Stellung, welche die schmale Einfahrt blockierten. Doch damit saß er in der Falle. Doria, stets auf die Schonung seiner Kräfte bedacht – schließlich waren die Schiffe teuer und zudem sein Privateigentum – beschloss, die Freibeuter auszuhungern oder auf ihren Ausbruchsversuch zu warten.

In dieser heiklen Lage gelang Torghud, ohne jedes Blutvergießen, ein verwegenes Stückchen, das ihn berühmter machte als all seine Raubzüge: In Windeseile trommelte er die Einwohner der Insel zusammen, kettete seine Rudersklaven los, versprach Freiheit und reichen Lohn und schickte die Leute an die Arbeit. Durch die Hügel seitlich der Einfahrt, Doria wohl verborgen, buddelte man quer von der Bucht bis zum Strand einen gut 600 Meter langen Kanal. Zehn Tage und Nächte schaufelten die Männer in Schichten ununterbrochen. In der zehnten Nacht wurde die Stranddüne durchstochen, der Kanal lief voll Wasser und die Galeeren wurden in die Freiheit geschleppt. Bis zu diesem Augenblick hatten die Geschütze pausenlos auf das Geschwader Dorias gefeuert, um den unvermeidlichen Arbeitslärm zu übertönen. Als die Kanonen endlich schwiegen, glaubte Doria, den Barbaresken sei das Pulver ausgegangen, und so entschied er, bei Tagesanbruch die Landung zu wagen. Sein Erstaunen war bitter. Die Bucht war leer, die Schiffe Torghuds schwammen lustig auf hoher See und hatten, Doria zum Hohn, auch noch eine seiner Galeeren mitgenommen, ehe sie mit flottem Riemenschlag am Horizont verschwanden. Doria tobte, während das Mittelmeer vom Gelächter über diesen Streich widerhallte.

Jahrzehntelang war Murad Torghud einer der erfolgreichsten Piraten des Mittelmeers, und überall, wo etwas los war, steckte er mitten im dicksten Gewühl: Malta, Tunis, Lepanto. Chair-Ad-Din hätte ihn gern zu seinem Nachfolger gemacht, wenn Torghud es nicht vorgezogen hätte, seine eigenen Wege zu gehen. Lächelnd überließ er den Titel und die Macht eines Paschas von Algier einem Mann, den er selbst vor Jahren an der kalabrischen Küste gefangen und der vierzehn Jahre auf seiner Galeere als Sklave gerudert hatte. Abenteuer, Reichtum und Luxus waren sein Lebensziel gewesen, und er hatte sie, alle drei, bis zur Neige ausgekostet, als er 1574 auf einem Streifzug gegen Alexandria auf dem Kommandostand seiner Galeere von der tödlichen Kugel getroffen wurde.

DER ABTRÜNNIGE – ALI EL-ULUJI
(1508 bis 1577)

1508 wurde in Kalabrien Luca Galieni geboren und schon in früher Jugend für die kirchliche Laufbahn bestimmt. Er war ein junger Mönch von leidenschaftlicher Frömmigkeit, als er bei einem Überfall um 1527 Murad Torghud in die Hände fiel. Vierzehn Jahre saß er am Riemen einer Galeere. Vierzehn Jahre schwerste körperliche Arbeit unter den geschwungenen Peitschen der Aufseher, angekettet an eine Ruderbank. Vierzehn Jahre vom Frühling bis zum Herbst unter glühender Sonne, oder bei schlechtem Wetter oftmals bis zu den Hüften im Wasser; im Winter in stinkenden Kerkern. Vierzehn Jahre fauliges Wasser und einseitige Ernährung. Bald schon Skorbut – Fieber, geschwollene Beine, faulendes Zahnfleisch, Geschwüre. »El-Fartas«, der Skorbutige, wurde sein Spitzname. Immer und immer wieder redete ihm Torghud zu, der eine zunehmende Sympathie für den Mönch mit den traurigen Augen empfand, der betete anstatt zu fluchen, er solle zum Islam übertreten und damit seine Freiheit gewinnen. Vierzehn Jahre lehnte dieser hartnäckig ab. Vierzehn Jahre wartete er, dass das Kloster, welches dem Brauch der Zeit entsprechend für seine Aufnahme eine runde Summe Geldes eingesteckt hatte, das Lösegeld schicken würde. Vierzehn Jahre brauchte es, bis Luca Galieni Gewissheit hatte: Das Lösegeld

Ali el-Uluji, der große Nachfolger Azor Barbarossas.

würde niemals kommen. Die Christen hatten ihn schmählich verraten! Er trat zum Islam über und wurde zu Ali el-Uluji – Ali dem »Abtrünnigen«. Er selbst hatte sich den wenig ehrenvollen Beinamen gegeben und trug ihn fortan mit arrogantem Trotz.

Als Moslem nun ein freier Mann brachte »der Abtrünnige« all jene Erfahrungen zur Anwendung, die er in seinen Galeeren-Jahren gesammelt hatte. Bei dem Angriff Kaiser Karls auf Tunis, 1541, zeichnete er sich erstmals durch seine tollkühnen Ausfälle aus, und schon bald war er einer der gefürchtetsten und berühmtesten Kapitäne der nordafrikanischen Piraten. Als der große Azor Chair-Ad-Din Barbarossa starb, wurde er zu ihrem unumstrittenen Anführer. Uluch, Ulachi, Eudji, Abuchali, Occhiali nannten ihn die Christen und erschauerten allein beim Klang des Namens.

Ein paar Jahre später lief ein Geleitzug von über einem Dutzend Schiffe der Malteserritter Ali el-Uluji über den Kurs. Der Kommandant, der Ordensprior von Messina, strich unverzüglich die Flagge, überließ den Geleitzug kampflos den Piraten und setzte sich in einem Beiboot nach Malta ab. Lange dauerte die Freude des Priors über die geglückte Flucht freilich nicht, denn der Großmeister des Ordens ließ ihn wegen Feigheit noch am gleichen Tag enthaupten. Während Ali die »unbeteiligten« Matrosen und Passagiere unbehelligt nach Sizilien schickte, ließ er sämtliche noch vorhandenen Malteserritter in ihren protzigen, schweren Harnischen über Bord werfen.

Die Belagerung von Malta 1565 durch Sultan Süleyman schlug zwar fehl, doch Ali el-Uluji hatte sich im Kampf gegen die Ritter so sehr ausgezeichnet und Murad Torghud hatte ihn derart empfohlen, dass ihn der Sultan offiziell zum Pascha von Algier und Tunis ernannte. Ali ergriff die Möglichkeiten seiner neuen Stellung mit beiden Händen: Binnen Wochen war Tunis erobert und der Strand vor der Stadt bedeckt mit den Leichen Hunderter von Spaniern, die, durch den Angriff überrumpelt, auf der Flucht zu ihren Schiffen den Kanonen der algerischen Galeeren direkt vor die Mündung gelaufen waren. Schon streckte Ali el-Uluji seine Hände nach Marokko aus, als er nach Istanbul gerufen wurde. Sultan Selim, »der Säufer«, fürchtete, der Piraten-Pascha von Algier könnte allzu unabhängig werden.

Dem höchst klugen türkischen Großwesir, Mehmed Sokolli, kam dieser Ruf genau recht, und er hätte Ali gerne an der Spitze von Flotte und Heer gesehen, die sich anschickte, Zypern den Venezianern zu entreißen. Doch »der Säufer« bestand darauf, dem Türken Lala Mustapha die Eroberung zu übertragen. Lala Mustapha war genau jene Mischung aus Mut, Zähigkeit, Hinterlist und unmenschlicher Grausamkeit, welche die Türken jahrhundertelang zum Schrecken all ihrer Gegner machte. Etwa 500 Venezianer und Griechen fielen, glaubhaften Chronisten zufolge, bei der Erstürmung von Nikosia am 9. September 1570. 20.000 Männer, Frauen und Kinder wurden hinterher auf die grausamste Art abgeschlachtet. Das Massaker einigte schlagartig das über die türkischen Eroberungspläne sonst so zerstrittene Europa. Der Papst, Spanien,

Venedig, die Malteser und etliche kleinere Fürsten schlossen sich zur »Heiligen Liga« zusammen und setzten eine Flotte von 233 Galeeren und 6 großen Galeassen unter dem Oberbefehl von Don Juan d'Austria in Bewegung. War Lala Mustapha schon das Kunststück gelungen, das westliche Europa tatsächlich zu einem gemeinsamen Feldzug zusammenzubringen, so lieferte er ihnen auch noch den richtigen Schlachtruf: »Rache für Famagusta!« Am 1. August 1571 hatte diese letzte venezianische Festung auf Zypern, gegen die feierliche Zusicherung alle Christen freizulassen, die Tore geöffnet. Doch Lala Mustapha kam gar nicht auf die Idee, seinen Eid zu halten, richtete ein ähnliches Blutbad unter der Zivilbevölkerung an wie in Nikosia, und gönnte sich das erhebende Schauspiel dem venezianischen Kommandanten, Marcantonio Bragadin, auf dem Hauptplatz der Stadt bei lebendigem Leib die Haut abziehen zu lassen, diese mit Stroh auszustopfen und zur Belustigung des »Säufers« nach Istanbul zu schicken.

Großwesir Mehmed Sokolli war entsetzt und forderte, dass jene Flotte von 255 Galeeren, die der Sultan gegen die Heilige Liga in See schickte, von einem ebenso vernünftigen wie fähigen Mann kommandiert werde: Ali el-Uluji. – Vergebens! Sultan Selim bestand wiederum auf einem Türken als Oberbefehlshaber, seinem Schwager Ali Pascha. Ali el-Uluji erhielt lediglich den Befehl über die 90 von Algeriern und Tunesiern gestellten Galeeren am rechten Flügel der Flotte, und den sturmerprobten Murad Torghud schob man mit gar nur 10 Schiffen in die Reserve ab. Es kam, wie es kommen musste, als am 7. Oktober 1571 die christliche und die türkische Flotte bei Lepanto im Golf von Patras aufeinandertrafen: Die Venezianer unter Agostino Barbarigo und Marcantonio Querini fielen über den rechten Flügel der Türken her, kesselten ihn ein, jagten ihn auf die Untiefen vor Kap Skrópha und massakrierten alles, was ihnen vor die Klingen kam. Nicht besser erging es dem türkischen Zentrum, das mit dem christlichen Zentrum unter Don Juan d´Austria, dem Venezianer Sebastiano Venier und dem Päpstlichen Marcantonio Colonna, aneinandergeriet. Zwei Stunden nach dem ersten Kanonenschuss schaukelte der abgeschlagene Kopf von Großadmiral Ali Pascha als Trophäe an der Rah von Don Juans Flaggschiff.

Nur am linken christlichen Flügel hatte sich die Schlacht ganz anders entwickelt, dort, wo Ali el-Uluji dem Neffen des großen Andrea Doria, Gian-Andrea – der zwar Titel und Rang seines Onkels, keineswegs jedoch dessen Können, geerbt hatte – gegenüberstand: Wie ein dummer Junge ließ sich Gian-Andrea ausmanövrieren. Hätten sich nicht wieder einmal die Malteser und ein paar Genueser unter dem Kommando des jungen Joseph Furttenbach – einem gebürtigen Deutschen, späteren Admiral und, nebenbei bemerkt, direktem Vorfahren des Autors – in die Bresche geworfen, Ali el-Uluji hätte das Zentrum der Christen aufgerollt und den Kampf für sich entschieden. Doch so war die Schlacht für die Osmanen endgültig verloren, auch wenn danach von den Maltesern nur noch drei, von den Genuesen nur siebzehn Mann überlebten. Unter ihnen befand sich Furttenbach und, trotz zweier Schüsse in die Brust und einer verstümmelten Hand, ein Hauptmann, der berühmter werden sollte als all die Befehlshaber, Prinzen und Paschas dieser Schlacht: Miguel de Cervantes Saavedra, der Verfasser des *Don Quichote*.

Mit den entkommenen Galeeren seiner Piraten kehrte Ali el-Uluji nach Istanbul zurück. »Der Säufer« würde ihm dort unverzüglich den Kopf vor die Füße legen lassen – oder ihn zum Kapudan-Pascha, zum Oberbefehlshaber der türkischen Flotte, ernennen müssen: Alles oder nichts! Es war »Alles«. Die Katastrophe im Golf von Patras hatte den »Säufer« nicht nur so weit ernüchtert, dass er ein Massaker unter allen westlichen Christen in seinem Reich anordnen konnte, sondern auch auf inständiges Drängen seines Großwesirs Mehmed Sokolli Ali el-Uluji zum Kapudan-Pascha ernannte. Ganz ohne Bosheit geschah dies nicht, denn er gedachte sich daran zu belustigen, wie dieser italienische Renegat an der ihm gestellten Aufgabe scheiterte. Doch Ali scheiterte nicht. Binnen eines knappen Jahres vollbrachte er das Wunder, eine Flotte in See zu schicken, die der bei Lepanto verlorenen an Größe um nichts nachstand. Zwar war der Verlust an erfahrenen Mannschaften mit den schnell rekrutierten Bauern nicht auszugleichen, doch immerhin vermochte er die Männer zu überreden, ihre Bogen und Pfeile daheim zu lassen und stattdessen Musketen zu verwenden. Da in der Eile die notwendige Anzahl an Feuerwaffen in der Türkei nicht aufzutreiben war, stiftete Ali el-Uluji 20.000 Stück (!) aus seinen Magazinen in Algier. Mehmed Sokolli unterstützte seinen Freund mit allen erdenklichen Mitteln, und als Ali einmal klagte, dass nicht genug Eisen für die Anker der Schiffe vorhanden seien, soll der Großwesir geantwortet haben: »Der Reichtum und die Macht dieses Reiches kann dich, wenn nötig, mit Ankern aus Silber, Tauwerk aus Seide und Segeln aus Seidensatin versorgen; was immer du für die Schiffe benötigst, du brauchst nur zu kommen und es zu sagen.« Das änderte sich freilich schlagartig, als »der Säufer« wenige Jahre später den seiner Meinung nach allzu mächtigen Großwesir ermorden ließ.

Das Ende Ali el-Ulujis ist in der Christenheit in vielen Varianten überliefert: erdrosselt von Janitscharen, die ihn verdächtigten heimlich wieder Christ geworden zu sein, erstickt unter den Küssen einer Odaliske, umgekommen durch ein Übermaß an Haschisch oder durch Selbstmord, verfinstert und gepeinigt durch die Seelen der Unschuldigen, die er grausam hingemordet habe. All das ist reine Phantasie. Wie ein Mönch völlig schwarz gekleidet hatte er sich mehr und mehr in seinen Palast in Istanbul zurückgezogen, wo er nach dem Tod seiner Freunde Murad Torghud und Mehmed Sokolli kaum noch einen Menschen in seine Nähe ließ. Er starb 1577, immerhin 70 Jahre alt, vermutlich an den Spätfolgen des Skorbuts.

DAS ZAUBERBUCH – MURAD REIS
(um 1525 bis um 1625)

Murad Reis war Ende des 16. Jahrhunderts der letzte der namhaften Barbaresken-Piraten. Auch er war kein Türke, sondern Albaner von Geburt. Noch unter Chair-Ad-Din und Ali el-Uluji gedrillt, erlangte er bald den Ruf der Unfehlbarkeit. Hilfe leistete ihm dabei ein kleines, sorgsam gehütetes Buch. Die Mannschaft seiner Schebecke wagte kaum zu flüstern, wenn Kapitän Murad Reis in seiner Kajüte verschwand, um sein Zauberbuch zu befragen. Murad Reis muss ein guter Psychologe gewesen sein, da er einen harmlosen, privaten Aberglauben mit einem Zeremoniell umgab, das seinen Leuten unerschütterliches Vertrauen gab in ihren Kapitän und in sein »Zauberbuch«, das in Wirklichkeit nichts war, als ein reichlich abgegriffenes Exemplar des Koran. Mit geschlossenen Augen pflegte er eine Seite aufzuschlagen, um diese Stelle dann als Orakel zu werten. Der Ruhm von Murad Reis gründete sich auf die fast unblutige Überrumplung zweier päpstlicher Galeeren vor der toskanischen Küste. Die reiche Beute wurde in eine Expedition zu den sagenumwobenen »Glücklichen Inseln« gesteckt, die irgendwo im Atlantik liegen sollten. Von gefangenen Spaniern und Portugiesen hatte Murad Reis von einem großen Kolonialreich im Westen gehört, und so segelte er mit einem kleinen Geschwader durch die Straße von Gibraltar in den Atlantik hinaus.

Tatsächlich erreichte er, seinem Orakelbuch vertrauend, die kanarische Insel Lanzarote. Eine der sagenhaften Glücklichen Inseln war das zwar nicht, aber Murad Reis gedachte trotzdem das Beste daraus zu machen. In der Nacht gingen die Piraten an Land, steckten einige Häuser in Brand und schnappten sich 300 Einwohner, darunter Mutter, Gattin und Tochter des spanischen Gobernadors. Von einer Rückkehr nach Algier mit dieser Fracht, welche die Strapazen der Überfahrt wohl schlecht überstehen würde und zudem gefüttert werden musste, riet das Zauberbuch dringend ab. So veranstaltete Murad Reis den Sklavenmarkt gleich an Ort und Stelle und hielt Ausverkauf der Angehörigen und Freunde derer, die dem nächtlichen Überfall entkommen waren. Als Erster erschien der Gobernador, durfte, gegen entsprechendes Entgelt, seine Familie wieder abholen. Die anderen Spanier folgten seinem guten Beispiel.

Das Zauberbuch warnte Murad Reis rechtzeitig vor den spanischen und maltesischen Galeeren, die ihm in der Straße von Gibraltar auflauerten, riet ihm aber, die Admiralsgaleere LA SERENA mitzunehmen, sobald er wieder glücklich ins Mittelmeer geschlüpft war – zwei Ratschläge, die Murad Reis treulich befolgte. Auch die Empfehlung, das Glück nicht länger herauszufordern, sich als Kommandant des Hafens von Algier in den Staatsdienst zurückzuziehen und seinen angesammelten Reichtum zu genießen, beherzigte er, lebte glücklich und zufrieden und wurde fast 100 Jahre alt.

Murad Reis war der letzte aus der Glanzzeit des Halbmonds zur See. Nach Ali el-Ulujis Tod verfiel die türkisch-moslemische Seemacht, um sich nie wieder zu erholen.

In Algier und Tunis hielt Carack Ali, ein gebürtiger Ungar, noch einige Jahre die Zügel straff in der Hand. Doch als der ehemalige Stabschef Ali el-Ulujis starb, fand sich auch hier kein Nachfolger mehr, der das hätte fortsetzen können, was Azor Barbarossa und Ali el-Uluji aufgebaut hatten. Die Chance zur politischen, zur geschichtlichen Größe war verspielt.

VOR DER KANONENMÜNDUNG

Auch wenn nun keine wirklich großen Persönlichkeiten mehr an der Spitze der nordafrikanischen Barbaresken standen, blieben sie für mehr als zwei Jahrhunderte der Schrecken aller Handelsschiffe im westlichen Mittelmeer. Spanien, Venedig, England, Holland oder Genua beschossen zwar immer wieder einmal Algier, Tunis oder Tripolis, doch Europa war untereinander viel zu zerstritten, um dauerhaft etwas ausrichten zu können. So zahlten sie lieber beschönigend »Subsidien« genannte Schutzgelder an die diversen Paschas, Beys und Deys.

Nur Frankreich mochte sich mit diesen Zuständen niemals so recht abzufinden. 1683 schickte der Sonnenkönig eine große Flotte gegen Algier unter den Admirälen Abraham Duquesne und Anne-Hilarion de Cotentin, Comte de Tourville. Das intensive Bombardement brachte in der Stadt eine Revolte zum Ausbruch und einen gewissen Hadji Hassan an die Macht. Er drohte, er werde sämtliche Franzosen in der Stadt vor die Mündungen seiner Kanonen binden lassen, ehe diese abgefeuert wurden, wenn das Bombardement nicht eingestellt werde. Duquesne und Tourville freilich feuerten weiter bis ihnen schließlich die Munition ausging, während Hadji Hassan Pascha 20 Franzosen, allen voran den französischen Konsul, vor den Kanonenmündungen umbringen ließ. Dies war zweifellos eine spektakuläre Methode, die, später, wieder von den Engländern in Indien praktiziert wurde.

Hadji Hassan scheint über einen gewissen schwarzen Humor verfügt zu haben, denn als ihm der neue französische Konsul wenig später gestand, dass die Beschießung rund 15 Millionen Goldfranken gekostet habe, bedauerte der Pascha diese Verschwendung von Volksvermögen – für die Hälfte der Summe hätte er persönlich Algier niedergebrannt.

1638 wird der französische Konsul in Algier aus einem Möser seiner Flotte, welche die Stadt anzugreifen versucht, entgegengeschossen.

Wölfe und Schafe

Die Staatspiraten gegen Spanien im 16. Jahrhundert

»Am 13. Februar kamen wir vor Lima an, und als wir in den Hafen einliefen, sahen wir dort zwölf Schiffe vor Anker liegen. Deren Kapitäne hatten die Takelage an Land bringen lassen, da sie an keine Gefahr gedachten. Sie waren bislang niemals durch einen Feind beunruhigt worden. Aber an diesem Tag fing derlei für sie an. Unser Kapitän plünderte, was ihm gefiel. Aber das Schönste war, dass er Kunde von einem anderen Schiff namens CACAFUEGO erhielt, das, beladen mit einem großen Schatz, nach Panama segelte. Dies war der Grund, warum er sich entschloss, ihm nachzusetzen was die Segel hielten.« So kann man in dem Bericht an die Admiralität von England, der 1578 von Thomas Greepe geschrieben wurde, nachlesen. CACAFUEGO (Feuerspeier) war, wegen seiner mächtigen Bewaffnung, der Spitzname der spanischen Galeone NUESTRA SEÑORA DE LA CONCEPTIÓN. Sie schaffte den jährlichen Ertrag der Silber-, Gold- und Edelsteinminen von den Küsten Perus, Chiles und Ecuadors nach Panama, von wo aus die Schätze mit einem Maultiertreck über den Isthmus gebracht wurden, um anschließend nach Spanien verschifft zu werden.

»Der Spanier war schon 14 Tage früher von Lima abgesegelt, aber der Vorsprung schmolz rasch. Am 28. Februar passierten wir den Golf von Guayaquil und den Äquator. Am 1. März um drei Uhr nachmittags entdeckten wir den CACAFUEGO vier Meilen voraus. Gegen sechs Uhr abends salutierten wir das spanische Schiff mit den drei vorgeschriebenen Kanonenschüssen und so vielen Musketengrüßen, dass dessen Befehlshaber gezwungen war, die Segel zu streichen und sich zu ergeben. Wir enterten das Fahrzeug und erbeuteten unermessliche Schätze wie

Die GOLDEN HIND unter Francis Drake erobert 1578 die spanische Schatzgaleone NUESTRA SEÑORA DE LA CONCEPTIÓN, genannt CACAFUEGO.

Geschmeide, Edelsteine von großem Wert, 13 Truhen mit Silberrealen, 26 Tonnen Silber in Barren, 80 Pfund Gold und andere Waren im Wert von über 200.000 Pfund Sterling. Vier Tage schleppten wir die Beute bei sonnigem Wetter und glatter See auf unser Schiff hinüber. Don Juan de Antón, der Kapitän des CACAFUEGO, saß unterdessen als Gefangener am Tisch des Kapitäns, wurde höflichst behandelt und erhielt als Abschiedsgeschenk sogar eine goldene Kette mit dem eingraviertem Namenszug unseres Kapitäns, ehe er entlassen wurde.«

Der Name des Piratenkapitäns: Francis Drake. Der seines Schiffs: GOLDEN HIND.

DIE AUSGESCHLOSSENEN

»Da jener Colombo gewisse entlegene Inseln und Festländer entdeckt hat, so schenken Wir aus freiem Entschluss, und ohne Eures oder jemandes Antrieb, und aus Unserer apostolischer Machtvollkommenheit all diese neuen Inseln und Länder, soweit sie noch keinem christlichen König gehören, Euch und Euren Erben, und verbieten allen anderen bei Strafe der Exkommunikation, dahin zu fahren und ohne Eure Erlaubnis dort Handel zu treiben.« Also schrieb Papst Alexander VI. Borgia am 3. Mai 1493 an die Königin Ysabel von Spanien. In der Bulle *Inter caetera divine* zog er 100 Seemeilen westlich der Azoren eine Linie von Pol zu Pol und verteilte die »Neue Welt« westlich dieser Linie an Spanien, östlich davon an Portugal. Während sich die Begünstigten, allen voran Spanien, mit Feuereifer daranmachten, diese Neue Welt zu erobern, zu besetzen und nach Strich und Faden auszubeuten, fühlte sich der Rest Europas düpiert. Als man dann von den märchenhaften Gold- und Silberschätzen erfuhr, die spanische Galeonen und Karavellen alsbald über den Atlantik zu schleppen begannen, fingen etliche an darüber nachzudenken, wie man diesem offenkundigen Unrecht beikommen könne.

Italien war im Mittelmeer allzu sehr mit der Türkengefahr beschäftigt und Deutschland verfügte über keine brauchbare Flotte mehr. Aber da gab es ja noch Frankreich, England und das kleine, aber tüchtige Holland. Nun war Holland zu dieser Zeit noch spanische Provinz, doch regte sich zunehmend Widerstand. Henry VIII. von England hatte mit der Scheidung von seiner rechtmäßigen Gattin Catalina von Aragón und der Heirat mit Anne Boleyn so viel innen- und außenpolitischen Ärger am Hals, dass er die Silbergaleonen, schweren Herzens, vorläufig unbehelligt zu lassen befahl. François I., der ebenso schlaue wie schillernde König von Frankreich, kannte solche Bedenken nicht. Ganze Flotten von Piraten, mit königlichen Kaperbriefen versehen, schwärmten aus, um das Gold und Silber Westindiens in französische Taschen zu schaufeln. Sehr schwierig war das Problem nicht zu lösen. Das Einsammeln der Schätze und den Transport über den Atlantik konnte man ruhig weiterhin den

Spaniern überlassen, man musste nur dafür sorgen, dass die schwerbeladenen Schiffe nicht in Sevilla oder Cadíz, sondern in Bordeaux, Nantes, Brest, St. Malo oder Dieppe entladen wurden. Die Kaperschiffe brauchten sich nur an den üblichen Marschrouten der spanischen Flotas auf die Lauer zu legen und abzuwarten, bis die mächtigen Galeonen mit prozessionshafter Langsamkeit über die Kimmung heraufgezogen kamen. Dann trafen sie ihre Auswahl unter den Beuteschiffen. Zum Kämpfen zeigten diese gewöhnlich wenig Lust. Dank einer gigantischen wirtschaftlichen Fehlplanung waren die imposanten Schiffe zwar bis an die Speigatten mit Schätzen vollgestopft, dafür fehlte es in der Regel an Kanonen und Schießpulver oder nur an Soldaten, die ihr Leben für jene Schätze willig zu opfern bereit gewesen wären.

FÜRSTEN DES MEERES – JEAN ANGO *PÈRE* UND *FILS*
(1480 bis 1551 und 1505 (?) bis 1553)

Während die Mehrzahl französischer Piraten gegen die spanischen Flotas eher vom Glück begünstigte »Kleinunternehmer« waren, betrieben die Herren Ango das Geschäft im Großen. Der 1480 als Sohn eines Reeders in Dieppe geborene Jean Ango *père* und der um 1505 geborene Jean Ango *fils* waren bis Mitte des 16. Jahrhunderts die überragenden Persönlichkeiten Frankreichs zur See. Zu den reichsten Männern ihres Landes zählend, waren Vater und Sohn Ango nicht nur erfolgreiche Staats-

Links: Jean Ango père, Schöpfer eines Wirtschaftsimperiums, Staatspirat, Kunstmäzen und reicher und mächtiger als sein König. Rechts: Jean Ango fils, der nicht minder tüchtige und geniale Erbe seines Vaters.

piraten, deren Vermögen nicht zuletzt aus den Bäuchen spanischer Silbergaleonen stammte, sondern auch Großkaufleute, Kolonisten und Mäzene für Kunst und Wissenschaft. Von anderen Freibeutern unterschieden sich die Aktionen der Angos durch ihre Großzügigkeit und den Stolz, der ihnen jede unehrenhafte Handlung verbot. Ihre hervorragend ausgerüsteten Schiffe wurden nur ausgewählten Kapitänen anvertraut, die den strikten Befehl hatten, alles zu vermeiden, was als gewöhnliche Seeräuberei interpretiert werden könne. Ihre königlichen Kaperbriefe wurden mit einer geradezu pingeligen Ehrenhaftigkeit ausgelegt. Trotzdem waren sie, daran kann ebenfalls kein Zweifel bestehen, zumindest »auch«, Freibeuter, wenn auch solche wahrhaft großen Stils, denn ihre Ziele waren weit gesteckt: Neufundland mit seinen reichen Fischbänken, Afrika, wo sie die Niederlassung Neuf Dieppe gründeten, Brasilien und sogar Sumatra. Andere Unternehmen wurden mitfinanziert, so 1524 eine Expedition nach Florida und 1534 die Entdeckung Kanadas und die Gründung einer ersten französischen Kolonie dort durch Jacques Cartier aus St. Malo. Man hat die Angos, mit Recht, mit dem Florentiner Geschlecht der Medici verglichen. Für Generationen hatten sie Dieppe zur reichsten Handelsmetropole Frankreichs gemacht und die Weltgeltung ihres Landes im Atlantik begründet. An der Tafel in ihrem Schloss zu Dieppe versammelten sich italienische Astronomen, portugiesische Piloten, die Entdecker Verrazzano und Parmentier, bekannte Freibeuter wie Jean Fleury, Silvestre Bille, Prégent de Bidoux und Hervé de Porzmoguer, arabische Astrologen und Geographen aus aller Herren Länder. Auch berühmte Dichter waren zu Gast. Jean Ango *père* selbst verstand es, sich gelegentlich höchst gekonnt in Versen auszudrücken und seinem Lieblingsschiff gab er den Namen LA PENSÉE (der Gedanke).

Vater und Sohn Ango hatten zwar niemals ein anderes Ziel gehabt, als in Ruhe und Frieden ein Wirtschaftsimperium aufzubauen, doch wehe dem, der es wagte, sie mit Waffengewalt anzugreifen. Die Angos waren mächtig genug, um in solchen Augenblicken brutal zurückzuschlagen, und ihre Kapitäne wussten, was von ihnen erwartet wurde. Im August 1512 fiel ein überlegenes Geschwader der Engländer über ein paar Schiffe der Angos her. Um seinen anderen Schiffen die Flucht zu ermöglichen, warf Hervé de Prozmoguer (bekannter unter dem Namen Primauget), der Kapitän der CORDELIÈRE, die Enterhaken an dem englischen Flaggschiff REGENT fest und leistete so lange erbitterten Widerstand, bis beide Schiffe samt Besatzung und Kapitänen kämpfend und brennend untergingen. Ein Jahr später rächte Prégent de Bidoux die CORDELIÈRE, ließ sich bei Le Conquet von einem englischen Geschwader angreifen, eroberte das feindliche Flaggschiff und befahl, den Admiral Edward Howard samt seinen Offizieren über Bord zu werfen.

Jean Fleury, einem anderen Kapitän der Angos, gelang 1522 ein Fang, der weltweites Aufsehen erregte: Hernán Cortés, der Eroberer Mexikos, hatte die kostbarsten

Stücke aus dem Kronschatz des letzten Aztekenherrschers Moteczuma auf drei Galeonen laden lassen und mit starker Bedeckung nach Spanien geschickt. Mit der LA PENSÉE und vier kleinen Schiffen griff Jean Fleury den Geleitzug an, und wenn ihm auch eine der Schatzgaleonen entwischte und heil nach Spanien gelangte, so enthielten doch die beiden anderen, als sie in Dieppe entladen wurden, immer noch Dinge, die selbst den verwöhntesten Beutemachern den Atem verschlugen. Die Enttäuschung der Spanier war furchtbar, als sie von dem Verlust der beiden Schatzschiffe hörten. Hernán Cortés fiel, obwohl völlig unschuldig, in Ungnade. Es ist begreiflich, dass die Geschädigten kein Erbarmen kannten, als 1527 das vom Sturm abgetriebene Schiff Fleurys von den Portugiesen gekapert wurde und diese den Kapitän samt seiner Mannschaft an Kaiser Karl V. auslieferten: In Toledo wurde Jean Fleury mit seinen Männern, im Beisein des Kaisers und unter dem allgemeinen Jubel der Bevölkerung, mit der Garrotte erwürgt.

Jean Ango *fils* schlug gnadenlos zurück. Mit 17 Schiffen landete er an den Westküsten Spaniens und Portugals und plünderte einen Ort nach dem anderen, bis die verzweifelten Spanier und Portugiesen in Paris vorstellig wurden und König François I. um Vermittlung baten. »Ihr hättet die Herren Ango nicht reizen sollen«, antwortete François den Gesandten, »sie haben mehr Schiffe als ich und mindestens doppelt so viel Geld ... Wenn ihr Frieden wollt, müsst ihr schon mit ihnen selber verhandeln.« Es blieb Kaiser Karl V. und König João III. von Portugal nicht erspart, Ango Vater und Sohn, deren Männer sie als Piraten hatten hinrichten lassen, hohen Schadenersatz zu zahlen und in demütiger Form um Frieden zu bitten, der ihnen schließlich auch huldvoll gewährt wurde.

DIE *CINQUE PORTS* – ROBERT DE BATTAYLE & CO.

Piraterie in ihren verschiedensten Spielarten hatte in England eine lange, nahezu nie gebrochene Tradition. Hastings, Romney, Dover, Hythe und Sandwich: ähnlich der Deutschen Hanse hatten sich diese fünf Städte an der südenglischen Küste zu Handel und Piratenabwehr zusammengeschlossen, und später noch Winchelsea und Rye aufgenommen. Ursprünglich als eine Art Seepolizei mit besonderen Rechten ausgestattet, erblühten die *Cinque Ports* bald selbst zu prächtigen Piratenstädten.

Der erste aktenkundige Fall stammt aus dem Jahr 1322, als Robert de Battayle angeklagt wurde, zwei Handelsschiffe aus Sherborne gekapert zu haben. Nun war dieser Robert de Battayle kein lichtscheuer Verbrecher, sondern der Bürgermeister von Winchelsea – also passierte ihm nichts. Der nächste Fall, 1435, endete damit, dass der angeklagte William Norfote aus dem Untersuchungsgefängnis »entsprang« und ruhig, samt seiner aus Dänemark stammenden Beute, von Dover, wo man ihn festgesetzt hatte, in seine Heimatstadt Winchelsea zurücksegelte. Von diesem Zeitpunkt an verzichtete man überhaupt auf eine Strafverfolgung von Seeräubern, es sei denn, einer hätte sich an den Schiffen des Städtebundes vergriffen.

Die englischen Könige sahen dem Treiben machtlos zu, denn die *Cinque Ports* stellten nun einmal die besten Schiffe im Hundertjährigen Krieg (1339 bis 1453) zwischen England und Frankreich, selbst wenn englische Schiffe die Leidtragenden waren. So fielen die Schiffe der *Cinque Ports* nach der Schlacht im Hafen von Sluis, in der die Franzosen vernichtend geschlagen wurden, auch noch über ihre eigentlich Verbündeten aus Yarmouth her, und ließen 25 Schiffe in Flammen aufgehen. In diesem Stil trieb es der Städtebund weiter bis ins 16. Jahrhundert. Niemand wagte die Vormachtstellung der *Cinque Ports* anzutasten und der Städtebund sorgte dafür, dass es bei diesem einträglichen Monopol blieb. Seine Majestät König Henry VIII. beschloss schließlich für »Ruhe und Ordnung« zu sorgen. Da er die Räuber zu Land schonungslos verfolgte, glaubte er, auch mit den Räubern zur See nicht paktieren zu dürfen. An ihrer Stelle schuf er eine staatliche englische Kriegsflotte, groß und prunkend, wie alles, was er in die Hand nahm. Doch schon unter seiner Tochter Elizabeth I. wendete sich das Blatt erneut.

STAATSPIRATEN FÜR ENGLAND

Hatten die Franzosen das spanische Schaf nur geschoren – wenn auch teilweise recht gründlich –, so waren die englischen Wölfe nur zu gerne bereit, es mit Haut und Haaren zu fressen. Zunächst freilich galt es, nicht selbst verschluckt zu werden, und die Aussichten, das zu verhindern, waren Mitte des 16. Jahrhunderts alles andere als rosig. Doch hat man je gehört, dass ein Schaf einen Wolf gefressen hätte?

Der Thron Königin Elizabeths I., die 1558 ihrer Halbschwester, der »blutigen« Maria, auf den englischen Thron gefolgt war, wackelte bedenklich. Da sich ihr Vater, Henry VIII., von seiner rechtmäßigen Gemahlin hatte scheiden lassen, um ihre Mutter, Anne Boleyn, heiraten zu können, galt Elizabeth den Katholiken aus Bastard und damit als nicht erbberechtigt – und zudem als protestantische Ketzerin. Zu allem Überfluss war Maria mit König Felipe II. von Spanien verheiratet gewesen, womit dieser Ansprüche auf den englischen Thron erheben konnte. Fast 30 Jahre glückte es Elizabeth mit diplomatischem Geschick, die unvermeidliche Auseinandersetzung hinauszuzögern, Jahre, in denen sie eine Seemacht aufbauen musste, die der spanischen gewachsen war. Die Flotte Felipes an Zahl übertreffen zu wollen, war hoffnungslos, und so blieb ihr nur der Weg, Quantität durch Qualität zu ersetzen: bessere Schiffe, bessere Kanonen, bessere Offiziere und Mannschaften. Das erste Interesse der Königin galt der Besatzung, denn das prächtigste Schiff ist letztlich nur so viel wert wie die Männer, die auf ihm kämpfen. Auf einer Insel, wo es von keinem Punkt des Landes weiter als 100 Kilometer bis zum Meer ist, findet man geeignete Seeleute in Fülle; doch diese Männer mussten unter härtesten, kriegsmäßigen Bedingungen trainiert werden. Das zweite Interesse Elizabeths galt den Schiffen. Mit Dr. Matthew Baker hatte sie einen der genialsten Schiffsbaumeister der Seefahrtsgeschichte zu ihrer Verfügung; und mit Adam Dreyling, den sie aus dem Herzen Habsburgs, aus Innsbruck, abgeworben hatte, einen brillanten Geschützgießer. Doch auch der Wert dieses Materials konnte nur im schonungslosen Einsatz erprobt werden. Das dritte Problem war schließlich das Geld. Der Aufbau einer schlagkräftigen Flotte hat seit jeher Unsummen verschlungen. England war damals kein armes Land, doch keineswegs reich genug, um es mit Spanien aufnehmen zu können. Was England brauchte, das waren Kolonien, aus denen man billige Rohstoffe einführen konnte – also musste es zumindest einen Teil der westindischen Reichtümer in die eigene Schatzkammer umlenken.

Da dies alles bewerkstelligt werden sollte, ohne dass sich England vorläufig auf irgendeine Art von offiziellem Seekrieg einlassen durfte, gab es nur eine Antwort: Piraten! Und Königin Elizabeth zögerte keinen Augenblick, diesen als einzig gangbaren Weg auch zu beschreiten. Erst war es augenzwinkernde Duldung, dann freundliches Wohlwollen und schließlich öffentliche Anerkennung und Förderung, je näher der Augenblick der Auseinandersetzung mit Spanien rückte. Es ist dem Autor bewusst, dass der Begriff »Staatspiraten« eigentlich widersinnig ist. Freibeuter mit staatlicher Konzession, d.h. Kaperbrief, waren Kaperfahrer oder Korsaren – jene ohne solchen freie Seeräuber bzw. Piraten. Doch wie sonst soll man Männer nennen, die regelmäßig zwar ohne offiziellen Kaperbrief, jedoch durchaus mit staatlicher Duldung und sogar Billigung ihrem Gewerbe nachgingen?

AUFBRUCH NACH WESTINDIEN – JOHN HAWKINS
(1532 bis 1595)

Der Erste, der sich nicht damit begnügte, die Reichtümer der Neuen Welt den Spaniern nur unmittelbar vor ihrer eigenen Haustüre abzunehmen, sondern der selbst in das gepriesene Goldland vorstieß, war John Hawkins aus Devon.

Man schrieb das Jahr 1564. Zusammen mit seinem Partner, Thomas Hopkins, verschaffte sich Hawkins an der Küste von Sierra Leone »teilweise mit dem Schwert und teilweise mit anderen Mitteln« eine Ladung von 300 Afrikanern, und segelte nach Santo Domingo, wo er ahnte, dass diese Fracht höchst willkommen sein würde. Da er in »verbotenes« Gebiet vorstieß, stellte sich John Hawkins bei den spanischen Behörden zunächst einmal dumm. Er erklärte, ein Sturm habe ihn von seinem Kurs abgetrieben, er leide an Proviantmangel und habe nicht einmal genug Bargeld, um den

John Hawkins stieß als erster Nichtspanier in die »verbotene« Welt Amerikas vor und wurde später für seine Verdienste geadelt.

Proviant zu bezahlen; man möge ihm doch bitte erlauben, »gewisse Sklaven«, die er an Bord habe, zu verkaufen. Der Gobernador von Hispaniola war ein vernünftiger Mann, der es mit den zahllosen Paragraphen, Bestimmungen, Anordnungen, Vorschriften, Dekreten und Erlassen der spanischen *Casa de Contratación* nicht allzu genau nahm, denn die *Casa* kontrollierte und reglementierte den Westindienhandel mit jener Engstirnigkeit, Pedanterie und Habgier, wie dies eben gute Finanzbeamte seit mindestens 5000 Jahren zu tun pflegen. 100 Schwarze wurden als »Depositum« bei der spanischen Verwaltung »hinterlegt«, die restlichen zwei Drittel der Ladung durften John Hawkins und Thomas Hopkins frei verkaufen. Die beiden Engländer hatten ein ordentliches Geschäft erwartet, doch dass die Sklaven einen derart reißenden Absatz finden würden, hätten sie nicht gedacht; ebenso wenig, dass man ihnen wertvolle Gewürze und andere kostbare Waren geradezu aufdrängte, da sie zwar wenig, doch immer noch weit mehr als die *Casa* zahlten. Nach wenigen Tagen waren die englischen Schiffe randvoll beladen und gingen wieder in See. John Hawkins kehrte heim nach England, Thomas Hopkins segelte nach Spanien, um auszuprobieren, ob man den lukrativen Handel nicht auch auf die europäische Seite des Atlantiks ausdehnen könne. Die *Casa de Contratación* reagierte bitterböse. Thomas Hopkins entging mit knapper Not der Inquisition, Schiff und Ladung wurden beschlagnahmt, die 100 »hinterlegten« Afrikaner in San Domingo wurden eingezogen, und die *Casa* erließ ein neues Dekret, das ganz besonders englischen Schiffen jeglichen Handel mit Westindien verbot, gleichgültig, unter welchem Vorwand sie auch immer segeln mochten.

Ein großer finanzieller Erfolg war dieser erste Vorstoß in die Neue Welt nicht gewesen. Was Hawkins schließlich nach England heimbrachte, reichte eben, um die Unkosten zu decken. Doch darum ging es gar nicht. Die wirkliche Beute kam nicht in Säcken, Kisten und Fässern an Land, sondern im Kopf des Kapitäns. John Hawkins hatte sich gründlich umgesehen und umgehört: Nach Norden und Süden der Neuen Welt dehnten sich, unerforscht und unkontrollierbar, die Landmassen des Doppelkontinents. Das Herzstück in der Mitte, die Karibik, war, von zahllosen großen und kleinen Inseln durchsetzt, so unübersichtlich wie die Ägäis. Die spanische Militärmacht war auf wenige Punkte konzentriert und nicht in der Lage, eine wirkliche Kontrolle auszuüben. Die Führungsspitzen waren offenkundig korrupt, habgierig und selbstherrlich. Die spanischen Siedler, von der *Casa de Contratación* extrem reglementiert und ausgebeutet, waren durchaus zur inoffiziellen Kooperation bereit. Die indianische Bevölkerung hasste die Spanier abgrundtief. Die Neue Welt war keine schwerbewachte Festung, sie war räumlich, wirtschaftlich und militärisch zum größten Teil ein Vakuum, das nur darauf wartete, in Besitz genommen zu werden.

Der zweite Vorstoß John Hawkins' in die Karibik, 1565, war ein voller Erfolg, doch der dritte wurde beinahe zum Fiasko: Am 2. Oktober 1567 stach John Hawkins von Plymouth aus mit zwei Frachtern in See. Einer davon, die JUDITH, wurde vom blutjungen Vetter des Oberbefehlshabers, Francis Drake, kommandiert. Die Frachter wurden von zwei gecharterten königlichen Kriegsschiffen, der MINION und dem mächtigen JESUS VON LÜBECK, begleitet. Die Nummer mit »vom Sturm verschlagen« und »ausgegangenem Bargeld« verfing diesmal nicht. In Rio de la Hacha lehnten die Behörden jeden Handel mit den Engländern rundweg ab. Zwar gelang es Hawkins in den Hafen von San Juan d'Ulúa, nahe Vera Cruz, einzulaufen, doch ehe er auch nur seine Vorräte hatte ergänzen können, wurde er von einem Dutzend spanischer Kriegsschiffe unter Admiral Francisco Luján angegriffen. Ein englischer Frachter sank sofort, und dass der MINION und der JUDITH die Flucht gelang, war nur dem JESUS zu verdanken, der über zwei Stunden verbissen das Feuer erwiderte, auch wenn dies schließlich seinen eigenen Untergang bedeutete.

Gerade noch einmal mit heilen Knochen heim nach England entwischt, hatte John Hawkins von Abenteuern zur See offenbar vorläufig genug und zog sich als Schatzmeister der königlichen Marine in den Staatsdienst zurück.

Das äußerst brutale Vorgehen der Spanier in San Juan d´Ulúa hatte zur Folge, dass die Fahrten in die Neue Welt fortan erheblich aggressiver wurden. Insbesondere Francis Drake sann auf Rache.

DER SMUTJE – JOHN OXENHAM
(gest. 1575)

Der Misserfolg von John Hawkins 1567 schreckte Schwache ab, Starke machte er allenfalls klüger. Zu ihnen gehörte sein Neffe Francis Drake.

1572 segelte er mit den Schiffen PASHA und SWAN, die er und sein Bruder John befehligten, erneut westwärts. Doch wieder schien das Unternehmen unter einem schlechten Stern zu stehen – von da an griff Drake auf den Rat zuverlässiger Astrologen zurück. Zunächst stürmte er die gut befestigte Stadt Nombre de Dios, zog sich eine Verwundung am Bein zu, und musste die schon eroberte Stadt aufgeben, ehe er zum Beutemachen gekommen war, weil Regengüsse das Pulver unbrauchbar machten. Vor Cartagena ging es kaum besser. Diego, ein Indio-Sklave, dem Drake die Freiheit geschenkt hatte, gab endlich den vielversprechenden Tipp, wie man sich des mit Gold und Silber beladenen Maultierzuges bemächtigen könne, der die Schätze Südamerikas von Panama am Pazifik über der Isthmus nach Porto Bello am karibischen Golf schleppte. Zunächst machte die Regenzeit den Engländern schwer zu schaffen. 28 Mann starben an unbekannten Krankheiten, darunter auch Bruder John Drake. Am 11. Februar stand Francis Drake dann auf jener Höhe, von der auch, zwei Generationen früher, Vasco Núñez de Balboa als erster Europäer die sagenhafte Südsee, den Pazifik, erblickt hatte. Der Überfall auf den Goldtransport, zwei Tage später, ging zunächst daneben. Der Transport entwischte, gewarnt durch die Unvorsichtigkeit eines der Engländer. Drake zog sich fluchend an die Küste zurück, traf dort auf den französischen Freibeuter Le Testu, schloss sich notgedrungen mit ihm zusammen und wagte mit 15 Engländern, 20 Franzosen und 20 Indios einen erneuten Versuch – und hatte Glück! 190 mit Gold, Silber und Rohedelsteinen beladene Lasttiere fielen den Piraten in die Hände. Aber das war nun erheblich mehr, als sie wegzuschaffen vermochten! In fliegender Eile wurde der Großteil der Beute vergraben, und es grenzte an ein Wunder, dass Drake und Testu ihre Heimathäfen überhaupt wiedersahen – als Drake im August 1573 im Hafen von Plymouth festmachte, waren von den 74 Mann, die mit ihm ausgefahren waren, nur noch 30 am Leben.

Unter diesen 30 war auch der Smutje, der Koch, der SWAN namens John Oxenham, und der konnte den vergrabenen Schatz nicht vergessen. So war Smutje John Oxenham ein Jahr später mit einem kleinen Schiff erneut in der Karibik, knüpfte alte Beziehungen zu den Indios wieder an, stand eine Weile später vor dem Schatzversteck und – fand es leer! Ein seinerzeit verwundet zurückgebliebener Engländer hatte das Versteck verraten.

Doch der ehemalige Schiffskoch war nicht der Mann, der so leicht aufgab. Von den Indios ließ er sich ein großes Kanu bauen, es an die Westküste hinüberschaffen und kann so mit Recht den Ruhm für sich beanspruchen, als erster nichtspanischer Europäer den Pazifik befahren zu haben. Auch auf eine günstige Gelegenheit brauchte er nicht lange zu warten, denn eine prachtvolle Galeone ließ das Kanu bedenkenlos längsseits gehen – und schon hatte auch John Oxenham das Problem mit einer allzu großen Beute.

»Oxy«, wie seine Freunde ihn nannten, gab die eroberte Galeone auf, verlud das Gold und die übrigen Schätze auf die Rücken seiner getreuen Indios, versuchte sich durch den Dschungel Panamas an die Ostküste durchzuschlagen, lief den Spaniern in die Arme, verlor 12 seiner Leute, wurde selbst gefangen, nach Lima gebracht und 1575 als Pirat hingerichtet.

PIRATENFAHRT UM DIE WELT – FRANCIS DRAKE
(um 1540 bis 1596)

Am 13. Dezember 1577 liefen fünf Schiffe von Plymouth aus, die PELICAN mit 220 Tonnen, die ELIZABETH mit 150 Tonnen, die MARYGOLD mit 50 Tonnen und die beiden Versorgungspinassen SWAN und CHRISTOPHER mit je 25 Tonnen. Kommandant des Geschwaders war Francis Drake, und das offizielle Ziel des Unternehmens war die Suche nach der *Terra Australia*, von der damals bereits Gerüchte in Umlauf waren. Francis Drake und seiner finanziell an der Sache beteiligten Königin Elizabeth I. Tudor war die *Terra Australia* allerdings herzlich gleichgültig, die Geschichte diente lediglich als Tarnung den spanischen Gesandten gegenüber. In Wahrheit sollte Drake einen gründlichen Blick auf das spanische Kolonialreich in Südamerika werfen, zumal auch von der pazifischen Seite her.

Zunächst steuerte man Brasilien an und stand acht Monate später am Eingang der Magellanstraße, einer Gegend, die den Engländern nur noch vom Hörensagen bekannt war, denn der Weg in die Südsee gehörte zu den bestgehüteten Geheimnissen Spaniens. Die beiden Pinassen wurden als nicht mehr seetüchtig zu Brennholz geschlagen, die Mannschaften auf die bewaffneten Schiffe verteilt. Die Südspitze Amerikas zählt zu den sturmreichsten Gebieten unserer Erde und auch Drake blieb nicht verschont. Einen vollen Monat lang tobten die Elemente, warfen die MARYGOLD auf die Klippen von Feuerland und trieben die ELIZABETH so weit ab, dass ihr Kapitän sich entschloss nach England zurückzukehren, wo er zu seiner Entschuldigung die Nachricht verbreitete, auch das Schiff

Francis Drake. Von allen Piraten der Geschichte der wohl berühmteste. Für seine Piratenfahrt rund um die Welt wurde auch er zum Ritter geschlagen.

Drakes sei mit Mann und Maus gesunken. Doch nicht nur die Natur machte Francis Drake Schwierigkeiten. Sein Freund Thomas Doughty, ein eleganter Höfling, der für die Finanzierung des Unternehmens gesorgt hatte und nun als Passagier auf der PELICAN fuhr, verlor die Nerven und versuchte die Mannschaft zur Meuterei aufzuhetzen. Francis Drake griff hart durch, rief ein Kriegsgericht zusammen und ließ Doughty den Kopf abschlagen. Seither regte sich nie mehr Widerspruch gegen die Anordnungen des Kommandanten.

52 Tage wurde die PELICAN, die Drake inzwischen in GOLDEN HIND umbenannt hatte, von den Stürmen durchgeschüttelt und umfuhr als erstes Schiff, allerdings unwissentlich, das berüchtigte Kap Hoorn. (Offiziell wurde es erst 37 Jahre später von Willem Schouten im Dezember 1616 erstmals umrundet und erhielt von ihm seinen holländischen Namen). Wenn auch durch Krankheiten dezimiert, die Engländer waren in der legendären Südsee! »Der Admiral gab Befehl, die Segel zu setzen und nach Chile zu steuern«, fährt der Bericht von Thomas Greepe fort. »Auf der Fahrt dorthin begegneten wir einem in einer kleinen Barke fahrenden Indianer, der uns in der Meinung, wir seien Spanier, Nachricht gab, dass in einem nahegelegenen Hafen ein großer Kauffahrer liege, der von Peru gekommen sei.« Ahnungslos geleitete der Indio die GOLDEN HIND in den Hafen von Valparaiso. »Als wir dort angekommen waren, sahen wir in der Tat das bezeichnete Schiff vor Anker liegen, das uns, im Glauben wir seien Spanier, mit großem Jubel empfing und den Generalmarsch schlug.« Als der fatale Irrtum bemerkt wurde »verließen die Einwohner die Stadt, um sich zu retten, so gut es ging. Bald darauf fuhr Drake mit seinem Schiff zur Stadt, besetzte und plünderte sie, ohne auf Widerstand zu stoßen.« Die Beute belief sich auf einen Zentner Gold, 1770 Weinkrüge und, als wertvollstes, einen Lotsen griechischer Abstammung, der in die Dienste der Engländer trat.

Als Nächstes musste die GOLDEN HIND dringend überholt werden. Francis Drake setzte in einer stillen Bucht bei Atakama sein Schiff vorsichtig auf den Strand, ließ es kielholen, das Dickicht von Muscheln und Tang, das sich unter der Wasserlinie angesetzt hatte, säuberlich abschaben, den Rumpf neu teeren, die Takelage aus den Beständen der eroberten Spanier erneuern, die Geschütze und Waffen auf Hochglanz polieren. Nun wieder voll einsatzfähig, konnte es richtig losgehen! »Dann segelten wir nach Arica. Dort stießen wir auf drei Segelbarken, die wir vollständig ausplünderten.« Am 13. Februar lief die GOLDEN HIND in den Hafen von Lima ein. Die Plünderung von Lima, die anschließende Jagd und Eroberung des CACAFUEGO wurde eingangs schon geschildert. Am 14. März kaperten die Engländer ein Schiff mit einer Ladung Seide und chinesischen Porzellans der Ming-Epoche an Bord. Francis Drake war nicht eben begeistert, ließ die Beute trotzdem umladen, weil »seine Frau Seide und Porzellan brauchen könne«. Don Francisco Zapate, der Kapitän des spanischen Schiffs, beschrieb den Piraten später so: »Dieser Engländer nennt sich Francis Drake; er ist ungefähr

38 Jahre alt, von kleiner Statur und sehr robust. Seine ganze Haltung ist vornehm, sein Gesicht macht einen frischen Eindruck, ein schöner Bart gibt ihm ein gutmütiges Aussehen. Er ist ein großer Seemann; sein Vater wie auch seine Vorfahren waren Seeleute; mit John Hawkins ist er verwandt. Drake brachte von England, wie erzählt wurde, 170 Mann mit. Doch viele seiner Leute starben, und jetzt besteht seine Mannschaft nur noch aus 80 Köpfen. Aus England brachte er auch einen Neger namens Diego mit, der Spanisch und Englisch sprach; er hatte ihn vor etwa sieben Jahren vor Nombre de Dios gefangen genommen. Das Admiralsschiff war sehr gut ausgerüstet und ein schneller Segler. Eine große Anzahl eiserner und bronzener Geschütze lugte über Bord.« Hier übertrieb Don Francisco Zapate ganz bewusst, denn die GOLDEN HIND führte in Wirklichkeit nicht mehr als ein Dutzend leichte Kanonen. »Der Pirat hat drei nautische Bücher in seinem Besitz, das eine war in französischer, das andere in englischer Sprache abgefasst, das dritte war *Fernão Magalhães Entdeckungsfahrt*. Drake führte ein Tagebuch, in das er Vögel, Bäume und Seelöwen einzeichnete. Im Zeichnen ist er sehr geschickt. Er schloss sich oft in seiner Kajüte ein, um in Muße zeichnen zu können.« Francis Drake zeichnete freilich nicht nur Seelöwen und Vögel, sondern vor allem genaue Küstenprofile, damit sich demnächst jeder Engländer in den bislang so streng geheimen Gewässern zurechtfinden könne.

Mit Kartographie hatte auch sein nächster Fang zu tun, der die Spanier vor Entsetzen aufheulen ließ. Es fielen ihm nicht nur zwei ausgezeichnete und erfahrene Piloten, die auch für die Spanier eine Rarität darstellten, in die Hände. Er ergatterte auch einen ganzen Stapel unschätzbar wertvollen Kartenmaterials nebst Skizzen des Pazifik und des Chinesischen Meeres bis hin zu den Molukken: Die geheiligten Krongeheimnisse, auf denen die wahre Macht Spaniens beruhte! In überstürzter Eile hetzten die Spanier nun eine Reihe von Kriegsschiffen hinter der GOLDEN HIND her, um weiteres Unheil zu verhindern. Doch das Glück blieb Francis Drake unverbrüchlich treu: Zwei Schiffe gingen in See und vergaßen Proviant mitzunehmen. Andere, schwerbestückte Galeonen segelten ab – ohne Munition und Pulver.

Trotzdem wurde der Boden für die Engländer langsam heiß. Zudem war die GOLDEN HIND mit Schätzen so vollgestopft, dass man ohnehin für neue Beute keinen Platz mehr hatte. Also dachte man an die Heimreise: »Zwei Möglichkeiten standen uns offen: entweder durch die Magellanstraße, durch die wir gekommen waren, zurückzufahren, oder aber das große Südmeer zu durchqueren, das von erschreckender Ausdehnung ist. Unser Admiral hatte keine Lust, durch die Magellanstraße zurückzukehren, weil die Spanier an den Küsten Perus und Chiles mächtig und zahlreich sind, und weil es uns, wenn sie unsere Rückkehr entdeckten, nicht möglich gewesen wäre zu entwischen. So meinte er, dass es besser wäre, nach Japan oder China zu fahren, und das Wagnis und die Mühsal einer Durchquerung des Stillen Meeres auf uns zu nehmen.«

Zunächst allerdings segelte Drake noch ein Stück die amerikanische Westküste hinauf. 1936 wurde nicht weit von San Francisco eine rund 60 mal 80 Zentimeter große Bronzeplatte gefunden mit folgender Inschrift: »Durch dies sei allen Menschen bekannt gegeben, dass am 17. Juni 1579 durch die Gnade Gottes und im Namen Ihrer Majestät Königin Elizabeths von England und ihrer Nachfolger, ich für immer Besitz nehme von diesem Königreich, dessen König und Volk freiwillig ihre Rechte und Titel an dem ganzen Land in Ihrer Majestät Besitz geben, nun benannt von mir und bekannt für alle Menschen als Nova Albion. Francis Drake.« Wer jener »König« und jenes »Volk« waren, die da angeblich ihre Rechte abgetreten hatten, sollte man wohl besser nicht fragen. Vermutlich waren es ein paar indianische Fischer, die einigermaßen verblüfft dem seltsamen Treiben der Bleichgesichter am Strand zusahen, und nur heilfroh waren, als jene wieder in den Weiten des Ozeans verschwanden.

Fast anderthalb Jahre dauerte die Heimreise, quer über den Pazifik mit etlichen Schleifen um Japan herum und an der chinesischen Küste entlang. Bei Celebes geriet die GOLDEN HIND auf eines der tückischen Korallenriffe, doch Drake und seine Männer bekamen das ungemein robust gebaute Schiff wieder flott, liefen Java an, wo sie weitere kostbare, freilich leichte Fracht an Gewürzen an Bord nahmen, umrundeten das Kap der Guten Hoffnung und warfen am 5. November 1580, drei Jahre nach ihrer Abfahrt, wieder im Hafen von Plymouth Anker.

Die Begeisterung der Engländer über die Rückkehr von Francis Drake und seinen Männern war unbeschreiblich. Längst hatte man die GOLDEN HIND auf dem Grund des Meeres geglaubt, und nun lag sie im heimatlichen Hafen und bestand innen aus Gold, Silber und kostbarster Beute; außen aus Muscheln und Tang; und dazwischen ein paar Holzplanken, von denen man nicht recht wusste, wieso sie eigentlich überhaupt noch zusammenhielten. Drake wurde als Held gefeiert, und auch die Finanziers der Fahrt, unter ihnen die Königin selbst, konnten mit dem Ergebnis höchst zufrieden sein: für jedes Pfund, das sie investiert hatten, bekamen sie nun des 47fache an Werten zurück.

Unterdessen setzten die spanischen Gesandten in London Himmel und Hölle in Bewegung, um Drake an den Galgen oder aufs Schafott zu bringen. Ein halbes Jahr lang regneten Beschwerden, Proteste und Beweisstücke auf Königin Elizabeth herunter, die klarstellen sollten, dass ihr Untertan Francis Drake kein Entdecker, sondern ein gemeiner Seeräuber war. Die Königin schien von den Klagen beeindruckt, versprach Drake ins Gefängnis zu werfen und beorderte ihn samt der GOLDEN HIND in die Themse nach Deptford. Und dann, am 4. April 1581, rauschte die königliche Staatsbarke die Themse hinunter nach Deptfort und legte neben der GOLDEN HIND an. Doch statt der Schergen betrat Königin Elizabeth selbst das schon fast zur Legende gewordene Schiff, tafelte an Bord mit Francis Drake und schlug ihn schließlich auf dem Deck der GOLDEN HIND zum Ritter.

DIE ZWEITE GARNITUR – FROBISHER, CAVENDISH, RALEIGH
(um 1535 bis 1594, um 1560 bis 1592, 1552 bis 1618)

Um die Spanier nicht allzu sehr zu reizen, zog Königin Elizabeth ihre berühmtesten Staatspiraten etwas außer Sicht – John Hawkins amtete schon länger als Schatzmeister der königlichen Marine und »Sir« Francis Drake erhielt harmlose Aufgaben an der Küste. Das hieß nun freilich nicht, dass Königin Elizabeth anderen Sinnes geworden wäre. Sie schob nur neue, in Madrid noch weniger berüchtigte Männer an die Front – und auch diese »zweite Garnitur« war großteils durchaus erstklassig!

Martin Frobisher hatte sich bereits unter dem Kommando von John Hawkins in der Karibik als begabter Seeräuber erwiesen, auch wenn er sich eher zum Forscher eignete. 1576 und 1577 suchte er im Norden Amerikas nach einer Durchfahrt in den Pazifik, um auf diesem kürzeren Weg über die spanischen Besitzungen in Chile, Peru und Panama herfallen zu können. Er suchte vergeblich, entdeckte aber nebenbei Grönland wieder.

Der »eiserne« Sir Richard Greynville stieß mehrfach in die Karibik vor. Die wirklich fette Beute an Gold und Silber blieb ihm zwar versagt, aber was er an Kartenmaterial, an militärischen wie wirtschaftlichen Erkenntnissen zurückbrachte, das sollte ein halbes Jahrhundert später dort die Vormachtstellung Spaniens zum Einsturz bringen.

George Clifford, Earl of Cumberland, eleganter Höfling, Spieler, Mathematiker mit dem Rang eines *Magister Artium* am Trinity College zu Cambridge, Kapitän, Astronom, Astrologe und Champion der Königin, irgendwo angesiedelt zwischen Genie und Taugenichts, war die zweifellos farbigste Gestalt Englands in jenen Tagen zu Land und zu Wasser. Hätte er die Zähigkeit und die Härte eines Drake oder Hawkins gehabt, er hätte einer der ganz Großen werden können. So aber begnügte er sich mit etlichen Raubzügen vor die Küsten Spaniens und in die Karibik, war 1597 kurzfristig Gouverneur von San Juan, machte märchenhafte Beute, warf das Geld mit vollen Händen wieder zum Fenster hinaus und hinterließ bei seinem Tod 1605 nahezu 10.000 Pfund Schulden.

Der Mann aber, der in den Jahren nach Drakes Rückkehr die Spanier am meisten zur Weißglut brachte, war Thomas Cavendish, ein junger Tunichtgut aus angesehener Familie, der in Cambridge studiert und bei Hof verkehrt hatte. Mit drei wohlausgerüsteten Schiffen und ein paar Unentwegten der GOLDEN HIND-Besatzung als Lotsen segelte er auf den Spuren Sir Francis Drakes ebenfalls rund um die Welt und machte kaum schlechtere Beute. Der erboste spanische Gesandte berichtete über die Rückkehr von Thomas Cavendish, der ebenfalls für seine Leistungen geadelt wurde, nach Madrid an König Felipe II.: »Dieser Tage ist der Kapitän Cavendish aus Peru zurückgekehrt. Er gab der Königin ein Bankett auf seinem Schiff, und erzählte des Langen und

Breiten von seinen angeblichen Heldentaten. Seine Beute ist zweifellos beträchtlich, denn der Speisesaal war mit gold- und silberdurchwirkten Stoffen dekoriert, jeder Matrose hatte eine goldene Kette um den Hals, die Segel waren aus blauem Damast und die Standarten verschwenderisch bestickt.« Und weiter: »Die Königin soll erklärt haben: Der König von Spanien ist ein Hund, der nur bellt, aber nicht beißt. Ich bekümmere mich nicht darum, solange er seine Schiffe für mich mit Gold und Silber belädt.« König Felipe reagierte mit einem strikten Verbot noch irgendwelchen Handel mit England zu betreiben oder auch ihren Schiffen nur zu gestatten, in spanische Häfen einzulaufen. Als Antwort Englands segelten 25 Schiffe nach Westindien. Es war die Elite der englischen Staatspiraten, die 1585 vor San Jago aufkreuzte: Sir Francis Drake, John Hawkins, Martin Frobisher, die Fenner-Brüder und der eiserne Haudegen Sir Richard Greynville. Am 5. September wurde San Jago geplündert, dann kamen San Domingo und Cartagena an die Reihe, auf der Rückreise ein spanisches Fort an der Ostküste Floridas, und am 28. Juli 1586 legte die Flotte ohne nennenswerte Verluste, dafür aber mit ungeheuren Schätzen beladen wieder in Plymouth an.

Im April des nächsten Jahres war Sir Francis schon wieder unterwegs. Drake war noch in Heimatnähe, als ihm Königin Elizabeth einen Befehl nachschickte mit dem strikten Verbot, spanische Häfen anzugreifen. Doch genau das hatte Sir Francis vor, lief in den Hafen von Cadíz ein, versenkte und verbrannte dort 33 spanische Kriegsschiffe und entführte vier weitere. Ob die schlaue Königin den Befehl so spät abgeschickt hatte, dass er seinen Empfänger nicht mehr erreichte, oder ob dieser sogar ankam und schlicht ignoriert wurde: Sir Francis Drake behauptete später steif und fest, er habe das Papier niemals erhalten.

Sir Walter Raleigh wurde als Pirat hingerichtet, der er so gerne gewesen wäre.

Nur einer passte nicht so recht zu dieser Piratenriege: Sir Walter Raleigh. Seine Karriere hatte er als Hauptmann der königlichen Leibgarde begonnen, 1585 war es ihm dann gelungen zum Parlamentsmitglied von Devon und gar zum Vizeadmiral ernannt zu werden. In dieser Eigenschaft organisierte er mehrere Expeditionen zur Eroberung und Besiedlung jenes Gebietes in Nordamerika, das er zu Ehren seiner »jungfräulichen« Königin »Virginia« getauft hatte. Francis Bacon, Baron of Verulam, Lordkanzler, Philosoph, Schriftsteller, dessen »Essays« weltberühmt wurden, und geistreiches Bösmaul lästerte über Sir Walter Raleigh, das neue Juwel in der Krone der Königin strahle nicht, es glimme allenfalls wie fauliges Holz. Nach einer rettungslos missglückten Expedition ins Orinoko-Gebiet wurde Sir Walter inhaftiert, saß 13 Jahre im Tower, wurde 1617 begnadigt, verpatzte eine Expedition nach Guyana, wurde bei seiner Rückkehr erneut eingekerkert, schließlich zum Tode verurteilt und am 7. November 1618 in London enthauptet. Vielleicht war es ihm ein Trost, dass er wenigstens offiziell als »Pirat« sterben durfte, der er in seinem Leben so gerne gewesen wäre.

PIRATEN RETTEN ENGLAND
(1588)

Königin Elizabeth hatte zunächst die unvermeidliche Auseinandersetzung mit Spanien geschickt so lange hinausgezögert, bis ihre Flotte, sowohl was die Schiffe und Kanonen, als auch was die Kapitäne und Mannschaften anbelangte, ihren absoluten Höhepunkt erreicht hatte. 1587 sah sie den Zeitpunkt zur endgültigen Entscheidung gekommen, und mit dem Kopf Maria Stuarts am 8. Februar jenes Jahres fiel der Startschuss: Der trotz aller bisherigen Provokationen zögerliche Felipe II. musste nun, heftig bedrängt vom katholischen Europa, seine Flotte gegen England und, wie Elizabeth überzeugt war, ins Verderben schicken.

Am 21. Juli 1588 erschien die »unüberwindliche Armada« im englischen Kanal mit 130 mächtigen Galeonen, prachtvollen Karavellen und geruderten Galeassen, angeordnet in einem riesigen Halbmond, bestückt mit über 2000 Geschützen, besetzt von rund 30.000 Matrosen und Soldaten, umflattert von Bannern und Wimpeln, an denen »ehrbare spanische Frauen und Jungfrauen« fünf Jahre gestickt hatten, kommandiert von dem Herzog von Medina-Sidonia, der bis dahin zwar nie ein Schiff betreten hatte, dafür das volle Vertrauen seines Königs besaß. An Masse der Schiffe, Kanonen und Männer verfügten die Engländer nur über knapp die Hälfte der Armada, jedoch über das bei weitem bessere Material und die besseren Seeleute. Vor allem aber wurden sie kommandiert von Männern wie Sir Francis Drake, John Hawkins oder Martin Frobisher – auch diese beiden erhielten nun während der Schlacht ihren längst verdienten Ritterschlag –, und wenn der Oberkommandierende, Lord Charles Howard of Effingham, auch nicht zur legendären Piratengarde zählte, war er ein brillanter Stratege und glänzender Organisator. So kam es, wie es kommen musste: Die Spanier wurden von den wendigen Baker-Galeonen nach Strich und Faden ausmanövriert, die Kugeln der weitreichenden Dreyling-Schlangen zerfetzten nicht nur die Takelage, sondern vor allem auch die Nerven der Spanier, »die immer wie eine Herde Schafe vor den Engländern herliefen«, und als sie dann vor Calais auch noch von englischen Brandern abgegriffen wurden, verloren sie endgültig den Kopf und flohen in heller Panik nach Norden, um über Schottland und Irland einen Heimweg zu suchen. Der Gesamtverlust

Schlank, schnell und wohlbewaffnet – ein typisches englisches Baker-Kriegsschiff um 1588.

der »unüberwindlichen Armada« im Juli und August 1588 belief sich auf 64 Schiffe und mindestens 12.000 Mann – gefallen, ertrunken oder von den Strandräubern an den Küsten Schottlands und Irlands erschlagen.

Elizabeth hatte den Zeitpunkt für die große Auseinandersetzung ideal gewählt, Drake, Hawkins, Frobisher und die anderen standen auf dem Zenit ihrer Laufbahn – sieben Jahre später war keiner der großen Kapitäne mehr am Leben. Und vielleicht war das ganz gut so. Mit der Vernichtung der Armada hatten die englischen Staatspiraten ihren absoluten Höhepunkt erreicht – und gleichzeitig ihre eigene Notwendigkeit aufgehoben. Ihre Erben waren Admiräle, Verwaltungsbeamte und Forscher.

Der erste war Sir Richard Greynville. Ende August 1591 überraschte eine spanische Flotte mit 53 Schiffen ein kleines englisches Geschwader westlich der Azoren. Zwölf Stunden kämpfte Greynville mit der REVENGE allein gegen die Übermacht, um den anderen Schiffen die Flucht zu ermöglichen. Dann war die letzte Kugel verschossen, über die Hälfte der Besatzung gefallen, Sir Richard schwer verwundet. Der »eiserne« Greynville befahl die REVENGE zu versenken, doch der spanische Admiral de Bazan bot so ehrenvolle Übergabebedingungen an, dass sie auch angenommen wurden. De Bazan pflegte ritterlich sogar eigenhändig Sir Richard, bis zu dessen Tod zwei Tage später.

1597 erlag Sir Martin Frobisher in Plymouth den schweren Verletzungen, die er bei der Belagerung von Crozon in Westfrankreich erlitten hatte.

Am 24. November 1595 starb Sir John Hawkins in Sichtweite des Hafens von Puerto Rico, das er und Sir Francis Drake vergeblich zu stürmen versucht hatten, an seinen Wunden. Am 28. Januar 1596 folgte ihm der größte der englischen Staatspiraten, Sir Francis Drake, der eine Woche zuvor bei Escudo de Vergua an der Ruhr erkrankt war, nahe dem Hafen von Porto Bello. Einer der Kapitäne schilderte seine Beisetzung später so: »Zu beiden Seiten seines Flaggschiffes DEFIANCE war ein spanisches Beuteschiff wie eine Fackel entzündet. Aus sämtlichen Kanonen der Flotte donnerte der Salut für den toten Admiral, dann nahmen die türkisblauen Wasser der Karibik Sir Francis Drake in seinem Bleisarg auf.«

PIRATEN UND ADVOKATEN –
KILIGREW, NUTT UND MAINWARING
(zwischen 1585 und 1630)

Als der Sohn Mary Stuarts 1603 als James I. den Thron der »Vereinigten Königreiche« bestieg, war er entschlossen dem Piratenunwesen (in welcher Spielart auch immer) den Kampf anzusagen. Doch so leicht ließen sich jahrhundertealte Traditionen nicht ausrotten.

Das Stammschloss hieß Arwenack und lag über der Bucht zu Falmouth an der Küste Cornwalls. Der Name der Familie war Kiligrew. Der Chef des Clans, Sir John Kiligrew, Sohn, Enkel und Urenkel von Seeräubern, war so tüchtig in seiner Profession, dass er noch unter Elizabeth I. Vizeadmiral von Cornwall und königlicher Gouverneur der Festung Pendennis wurde, die er mit 100 Kanonen bestücken ließ und zu einer uneinnehmbaren Burg für seine Unternehmungen machte. Seine wichtigsten Verbündeten waren die beiden Iren Donchobar O'Driskoll und John Piers, dessen Mutter als berühmte und geachtete Hexe galt. Dieses Dreigespann bereicherte sich ungeniert auf Kosten der Deutschen Hanse und spanischer Silberschiffe, und ihre Organisation soll so perfekt gewesen sein, dass sie noch den Alkoholschmugglern in den Vereinigten Staaten zum Vorbild gedient haben soll.

Für kurze Zeit freilich geriet das Gebäude der Kiligrews beinahe ins Wanken, und das kam so: In der Neujahrsnacht des Jahres 1582 musste ein Schiff der Hanse Schutz vor einem Unwetter im Hafen von Falmouth suchen, ein prächtiges Fahrzeug mit 140 Tonnen kostbarer Ladung. Für Lady Kiligrew – ihr Gatte war eben wieder einmal in Irland unterwegs – war dieser Anblick eine allzu große Versuchung, sie war schließlich nicht nur mit einem Piraten verheiratet, sondern auch Tochter eines Piraten, des berühmten Philipp Wolverston aus Suffolk. Lady Kiligrew trommelte also die Bediensteten des Hauses zusammen, enterte bei Nacht und Sturm das hanseatische Schiff, ließ die Besatzung totschlagen, die kostbarsten Stücke der Fracht in ihre Burg schaffen, und schickte das Schiff vor dem Morgengrauen auf den Weg nach Irland mit den besten Grüßen an Donchobar O'Driscoll und »Johnny« Piers.

Wer der räuberischen Lady bei dem Unternehmen entging, waren die beiden Eigentümer des Schiffes, die den Überfall in einem Gasthof an Land verschlafen hatten. Diese rannten nun am nächsten Morgen in heller Aufregung zum Richter. Der beraumte eine Sitzung ein und ließ Zeugen aufmarschieren: Der Verbleib des Schiffes? – Das sei gegen Morgen ausgelaufen. Wohin? – Das müssten doch die Besitzer am besten wissen. Überfall? – Kein Mensch hatte etwas gesehen oder gehört! Der Richter erklärte also, dass seiner Überzeugung nach überhaupt nichts passiert sei, die Herren sollten froh sein, ihr Leben zu haben, und brav heimkehren. Doch das taten die beiden Geschädigten nicht, sondern reisten nach London, wo sie in dem Grafen Bedford einen unbestechlichen Richter fanden, der als erstes einmal feststellte, dass jener wackere Richter in Falmouth ausgerechnet ein Sohn der Lady Kiligrew gewesen war. Die Räuberlady samt ihren Leuten wurde festgenommen und wanderte auf die Anklagebank. Sie wurde zum Tode verurteilt und, auf ausdrücklichen Befehl Ihrer Majestät der Königin, nicht gehängt, sondern in aller Ruhe heimgeschickt, während der offenbar allzu redliche Lord Bedford in allerhöchste Ungnade fiel. Die Kosten des Gerichtsverfahrens wurden den beiden Hanseaten aufgebrummt, dafür wurde ihnen auch ihr

Schiff nebst Ladung offiziell wieder zugesprochen – zu dumm nur, das Schiff und Ladung in der irischen See als »verschollen« galten.

Auch dem ehemaligen Vizeadmiral und nunmehrigen Anwalt der Krone, also Staatsanwalt, Sir John Eliot, bekam es schlecht, dass er dem erfolgreichen Piraten John Nutt auf die langen Finger zu klopfen versuchte. Nutt hatte in Torbay sein Hauptquartier aufgeschlagen, von wo aus er unterschiedslos auf alles Jagd machte, was durch den Ärmelkanal segelte – englische Fahrzeuge inbegriffen. Ein erster Versuch den Piraten zu verhaften, schlug gründlich fehl. Als Nutt offiziell zusicherte, hinfort englische Schiffe in Ruhe zu lassen, sah niemand mehr einen Grund ihm Schwierigkeiten zu machen – mit Ausnahme des eifrigen Sir John Eliot, dem es gelang den Piraten bald darauf erneut zu verhaften. Er hätte es besser bleiben lassen sollen! An Stelle des Seeräubers wanderte zunächst er selbst ins Gefängnis und erreichte schließlich nicht mehr, als dass John Nutt zu einer kleinen Geldstrafe verurteilt wurde, die der steinreiche Pirat mit der einen Hand lächelnd zahlte, während er mit der anderen Hand eine saftige Entschädigung für die beschlagnahmte Beute einstrich. John Nutt zog sich nach Torbay zurück und betrieb sein Geschäft seelenruhig weiter. Eine Einladung der Admiralität in die offizielle Marine einzutreten lehnte er ab. Wie und wann er starb ist ungewiss.

Doch Sir John Eliot wurde aus Schaden keineswegs klüger, und legte sich nun mit dem nicht minder berühmten und reichen Piraten Sir Henry Mainwaring an. Sir Henry hatte sich mit seinen Freunden und Partnern Peter Easton, Philipp Grifford, Sir Francis Verney und dem Balladenhelden John Ward in dem südfranzösischen Städtchen Villefranche-sur-Mer eingenistet, weil er, trotz glänzenden Abschlusses als Jurist an einem berühmten College, seiner Meinung nach als Advokat nicht genug Geld verdiente. Von Villefranche aus segelte Sir Henry Mainwaring gegen die Spanier, nahm ihnen binnen Wochen Millionenwerte ab und brachte zeitweilig den gesamten spanischen Seeverkehr im westlichen Mittelmeer zum Erliegen. Verzweifelt bot König Felipe III. dem Piraten 1615 den Admiralsrang an – Sir Henry winkte ab; dazu den hochvornehmen Alcantara- oder Calatrava-Orden und 3000 Piaster (ca. 300.000 Euro) Jahressold – Sir Henry konnte darüber nur schallend lachen. Trotz heftigen Einspruchs des unbeugsamen Sir John Eliot wurde der erfolgreiche Freibeuter 1616 nach England zurückgerufen, wurde Vizegouverneur der *Cinque Ports*, 1623 Stadtverordneter von Dover, königlicher Rat und mit der höchsten englischen Auszeichnung, *The most noble Order of the Garter*, kurz »Hosenband-Orden«, geehrt. Den uneinsichtigen Staatsanwalt ließ man unterdessen in einem Verlies des Tower vermodern, wo Sir John Eliot, kaum vierzigjährig, verstarb.

DIE SEEBETTLER – PIET HEYN
(1577 bis 1629)

»Gueux«, Bettler, nannten die Spanier, die im 16. Jahrhundert die Niederlande besetzt hielten, verächtlich jene rebellischen Edelleute, die sich um Willem von Oranien-Nassau geschart und den Unterdrückern 1568 den Kampf angesagt hatten. Der Spottname wurde zum Ehrennamen *Geuzen*. Zu Land waren die Aussichten auf Erfolg gegen die gedrillten spanischen Truppen gering, also zogen sich die Aufständischen auf die See zurück. Und die *Zeegeuzen* wurden, trotz ihrer kleinen, schlecht bewaffneten Kutter und Fischerboote, schnell zu einer ernsthaften Bedrohung für den spanischen Nachschub. Da half es wenig, dass der Herzog von Alba, der ohnehin in jedem Niederländer einen Verschwörer und Rebellen witterte, ein wahres Schreckensregiment errichtete; 1568 die Grafen Egmont und Hoorn, wider jedes geltende Recht, enthaupten ließ; die Kaperbriefe, die Willem von Oranien den Zeegeuzen ausgestellt hatte, ignorierte und diese, so er ihrer habhaft wurde, als gemeine Seeräuber hinrichtete. Und da sie keine Gnade zu erwarten hatten, fochten die Zeegeuzen umso erbitterter gegen die Besatzer.

Die Anfänge der Geuzenkämpfe waren hart und blutig. Als beispielsweise der kleine, dürftig bewaffnete Kutter des Kapitän Spierinck von einem mächtigen spanischen Kriegsschiff angegriffen wurde, lehnten die Holländer die Aufforderung zur Kapitulation ab, schossen, bis ihre Munitionskammern leer waren und warfen alles über Bord, was sie bis dahin erbeutet hatten. Während Kapitän Spierinck einen seiner Männer bat, ihn zu töten, sprang der Rest der Besatzung ins Wasser, doch nur wenige vermochten zu entkommen. Ein Teil der Gefangenen wurde sofort enthauptet, die übrigen wurden wenige Tage später, nach einem protzigen Triumphzug der Sieger, auf dem Marktplatz von Groningen hingerichtet.

Jan van Troyen, der junge Sohn eines Schiffszimmermanns aus Rotterdam, wurde mit seinem Kutter eine Weile zum Schrecken der spanischen Seefahrt. Er eroberte auf einem Kriegsschiff, das regelmäßig den Kurierdienst zwischen Amsterdam und Antwerpen versah, wertvolle Schriftstücke, Waffen und Geld, wurde aber schließlich ebenfalls überwältigt und mit der Garotte öffentlich erwürgt.

Trotz dieser Rückschläge, und obwohl die Spanier die Geuzenschiffe sogar bis in neutrale Gewässer verfolgten, einmal sogar ein kleines Geschwader in der Emsmündung angriffen und die gefangenen Niederländer vor den entsetzten Augen der Bürger von Emden an den Rahen ihrer Kriegsschiffe aufhängten, gaben die Zeegeuzen nicht nach – im Gegenteil! Dabei war es nicht leicht für sie, sich in der öffentlichen Meinung, wo das mächtige Spanien ein gewichtiges Wort mitzureden hatte, von dem Odium der gewöhnlichen Piraterie zu befreien. Sie kämpften wie Seeräuber, waren arm, schlecht ausgerüstet, und die Schiffe und Männer, die jahrelang ohne Stützpunkte an Land fast beständig auf See waren, sahen reichlich heruntergekommen und verwildert aus. Jedoch, die verwegenen Husarenstücke dieser von ihrem Freiheitswillen besessenen Männer schwächten die Kampfmoral und auch den Nachschub ihrer Feinde schließlich so sehr, dass sich die Erfolge mehr und mehr häuften: Am 1. April 1572 eroberten die Zeegeuzen mit dem kleinen Städtchen Briel, südlich von Hoek van Holland, das erste Stückchen niederländischen Bodens. Im Oktober 1573 in der Zuidersee und im Januar 1574 bei Bergen op Zoom schlugen sie die spanische Flotte vernichtend. Nun wendete sich das Blatt: Schritt für Schritt wurden die Spanier aus den Niederlanden hinausgedrängt. 1579 schlossen sich die »Sieben Provinzen« zu Utrecht zu einer Union zusammen, sagten sich 1581 offiziell von Spanien los und übertrugen die Führung Willem von Oranien, doch es sollte bis zum Westfälischen Frieden 1648 dauern, bis die Unabhängigkeit der Niederlande allgemein anerkannt wurde.

Und so wird auch der Name eines der größten holländischen Admiräle, Pieter Pietersoon Heyn, bekannter unter dem Namen Piet Heyn, zumindest in den spanischen Geschichtsbüchern unter der Rubrik »Seeräuber« geführt.

Piet Heyn war 1577 in Delftshaven geboren, geriet als junger Mann in spanische Gefangenschaft und verbrachte vier Jahre als Ruderer angekettet auf einer

Piet Heyn. Der niederländische Nationalheld galt den Spaniern als übelster Pirat.

Galeere, ehe es ihm gelang, in seine Heimat zurückzukehren. 1621 wurde die niederländische *Westindische Compagnie* gegründet und wie die schon 1602 gegründete *Ostindische Compagnie* war sie ein bedeutendes Handelsunternehmen, doch ihr ursprünglicher Zweck war ein antispanisches Kampfmittel. Piet Heyn trat in ihre Dienste und stieg rasch zum Vizeadmiral der *Compagnie* auf. 1624 kommandierte er eine Flotte, die gegen Spanier und Portugiesen nach Westindien auslief, plünderte die Küsten Brasiliens, und eroberte die Stadt Bahia samt der Küste von Guayana für Holland. 1628 fiel ihm eine Silberflotte mit einer Ladung im Wert von 16 Millionen Piaster in die Hände (auch wenn solche Umrechnungen immer etwas problematisch sind, dürfte dies mindestens einem Wert von 100 Millionen Euro entsprechen). Es ist nicht klar, was die Spanier an dieser »größten Katastrophe seit Entdeckung der Neuen Welt« mehr verbitterte, der materielle Verlust oder die verletzte nationale Eitelkeit. Bei seiner Rückkehr in die Niederlande wurde Piet Heyn begeistert als Held empfangen und gefeiert. Sein künftiger Titel lautete »Großadmiral von Holland«. Am 20. August 1629 fiel Piet Heyn im Kampf gegen die Spanier vor der flandrischen Küste, tief betrauert von seinen Landsleuten, gründlich verflucht von seinen Gegnern.

DER TÄNZER – SIMON DE DANSER
(gest. 1616)

Es ist verständlich, dass eine Reihe von Geuzen durch ihre Tätigkeit auf den Geschmack an der echten Freibeuterei kam. Sie wendeten dem gefährlichen Freiheitskampf den Rücken und suchten Jagdgründe auf, wo sie zwar ohne den – ohnehin eher fragwürdigen – Schutz der Kaperbriefe von Willem von Oranien auskommen

Simon de Danser kehrte dem Kampf der Geuzen den Rücken und baute in Algier eine »moderne« Flotte auf.

mussten, dafür umso reichere Beute zu machen imstande waren. Jan Jansz aus Haarlem gehörte zu ihnen, der den Wimpel eines Keilsultans von Nordafrika im Masttopp führte, allerdings immer, wenn ein Spanier in Sicht kam, die alte Geuzenflagge aufzog. Ein anderer, der als Jakker oder Jacpier überliefert ist, stand gar im Sold des spanischen Herzogs von Osuna, Vizekönigs von Sizilien. Ein paar Jahre plünderte er das Mittelmeer auf und ab, legte sich nach dem Sturz seines Gönners mit Venedig an, unterlag und wurde als Pirat hingerichtet.

Der berühmteste dieser Männer war Simon mit Beinamen »de Danser« (oder Tänzer, Däntzer,

Dausa, Dansker, Der Daus), dessen Steckbrief bald die Wachstuben fast aller europäischen Länder zierte. Mit einem kleinen Geuzenschiff war er ins Mittelmeer gesegelt, geriet an eine überlegene spanische Galeone und rettete sich gerade noch in den Hafen von Marseille. Was er dort für das ramponierte Halbwrack bekam reichte eben dazu aus, um ein paar Leute so lange unter Schnaps zu setzen, bis sie bereit waren, mit ihm ein Boot zu klauen und nochmals in See zu gehen. In der Nacht gelang es Simon de Danser, ein Schiff der englischen *Turkish-Company* zu überrumpeln. Die englischen Matrosen, durch den obligaten Schlangenfraß und die Hungerlöhne auf englischen Schiffen ohnehin schon halb zur Meuterei bereit, schlossen sich dem Niederländer bereitwillig an. Nun mit einem guten Schiff ausgerüstet, verschaffte sich Simon de Danser rasch Ansehen. Sein Ruf war nicht der schlechteste, da er die Männer der fremden Besatzungen zwar ausgeplündert, sonst aber wohlbehalten irgendwo an Land setzte. Dass er irgendwann nach Algier, der Hochburg der mediterranen Seeräuberei geriet, war unvermeidlich. Mit ein paar hübschen, gefangenen Spanierinnen und etlichen für Malta bestimmten Kirchengeräten machte er sich beim Bey der Stadt beliebt und wurde bald unentbehrlich, da er als geschickter Schiffsbaumeister und Waffenkenner die seit Ali el-Uluji technisch ins Hintertreffen geratene Flotte der Barbaresken wieder aufpolierte. Auch den Bau von Galeonen hatte Simon de Danser angeregt. Die bislang bevorzugten Galeeren, Galiotas und Schebecken waren zwar schnell und wendig, ideale Piratenschiffe, doch sie waren bei rauer See auch arg empfindlich; zudem konnte man auf eine Galeone ein Vielfaches an Kämpfern und Kanonen packen, als auf die traditionellen Fahrzeuge. Den Barbaresken entgingen diese Vorteile nicht. Drei Jahre betrieb Simon diese Aufrüstung, und nebenbei Seeraub nach allen Regeln der Kunst mit seinem neuen Schiff MEERMIN, das 300 Mann und 60 Kanonen zählte, sammelte 40 große und über 200 kleine Prisen zusammen und lebte in seinem Haus in Algier wie ein orientalischer Fürst.

So ganz wohl fühlte sich der Exgeuze trotzdem nicht. Wenn man in Algier und Tunis auch tolerant gegenüber nützlichen Andersgläubigen war, misstraute die ganze gehobene Renegatenclique dem Mann, der nicht wie sie den Turban genommen hatte, sondern stur an seinem protestantischen Glauben festhielt. Besonders ein französischer Abenteurer aus La Rochelle, der sich jetzt Süleyman nannte und Militärchef von Algier war, stichelte gegen Simon de Danser, wo immer er konnte, wohl weil er den allzu geschickten, allzu unentbehrlich werdenden Holländer als Konkurrenz fürchtete. So muss es Simon de Danser wie ein Wink des Himmels vorgekommen sein, als sich in einem Beuteschiff zehn Jesuiten fanden. Während er jedem, der es hören oder auch nicht hören wollte, mit verklärtem Blick vorschwärmte, was er mit diesen Vorkämpfern der papistischen Konfession alles Grässliches anzustellen gedachte, knüpfte er in Wahrheit über die Ordensgeistlichen insgeheim wieder Beziehungen nach Europa an.

Er hatte nur ein wenig allzu großzügig auf dem Meer eingesammelt, was da herumschwamm, und insbesondere die Franzosen hatten es auf ihn abgesehen, ein nettes Kopfgeld ausgesetzt und nannten ihn Capitaine Diable. Aber gerade den Franzosen wollte er klarmachen, dass er keineswegs der Teufel, sondern ein biederer Familienvater sei, dessen Frau und Kinder in Marseille sich weinend nach ihrem liebenden Gatten und Vater sehnten. Dank der beredsamen Schläue der Jesuiten, unterstützt von reichlichen Bestechungsgeldern, gelang es den Gnadenerlass für Simon zu beschaffen. Kaum in Marseille an Land, verhökerte der Holländer auch gleich seine Kenntnisse der Befestigungen von Tunis an die französischen Behörden. Knapp ein Jahr später war die Hafenfestung von Tunis, Goletta, nebst 450 Kanonen in französischer Hand.

Simon, der Seiltänzer zwischen Kreuz und Halbmond, hätte es damit bewenden lassen sollen. Doch die in Aussicht gestellte Belohnung des Königs, wenn er als Gesandter nach Tunis ginge und 20 dort festgehaltene französische Schiffe freibekäme, war stärker. Simon de Danser war äußerst vorsichtig. Doch entsprechende Sondierungsgespräche und ein Besuch des Paschas auf seinem Schiff MEERMIN nebst Salutschießen, endeten in neuer inniger Verbrüderung und der Herausgabe der gekaperten Frachter. Man versprach Simon, dass er auf sein Schiff zurückkehren würde. Er war nun sicher, zum Gegenbesuch in Tunis erscheinen zu können. Der Pascha hielt Wort, und Simon de Danser kam in der Tat auf die MEERMIN zurück. Freilich nicht ganz so, wie er sich das vorgestellt hatte. Sein Kopf wurde nämlich separat geliefert.

Wie Hans Leip in seinem *Bordbuch des Satans* berichtet, sollen die Kinder an der holländischen Küste noch lange einen Vers gesungen haben, der etwa so lautete:

>»Simon der Daus
>Kam nicht wieder nach Haus.
>Bald war er Heide,
>Bald war er Christ,
>Und tat, was für beide
>Ein Schandflecken ist.«

Wach blieben in der Erinnerung seine plötzlichen, überraschenden Überfälle in dem Ausruf: »Ei, der Daus!«

Die Flagge mit dem Totenkopf
Die Piraten der Karibik im 17. Jahrhundert

Die kleine Barke, die sich an der Westküste Hispaniolas entlangquälte, war in bejammernswertem Zustand. Neu war der Kahn schon beim Auslaufen vor ein paar Wochen nicht gewesen, dann war er in einen Orkan geraten. Dass jetzt auch noch der Proviant rapide zu Ende ging, spielte eigentlich schon keine Rolle mehr. Kapitän Pierre le Grand und seine 28 Kumpane konnte nur noch ein Wunder auf die Insel Tortuga vor der Nordküste Haitis zurückbringen.

Vor Cap de Tibron hatten die schon beinahe Schiffbrüchigen dann die Vision einer riesigen spanischen Galeone, eine Vision allerdings aus realem Holz, realem Eisen, Hanftauen, Segeltuch und 40 Kanonen. Le Grand überlegte nicht lange. Ob sie ersoffen oder im Kampf umkamen, das lief so ziemlich auf das Gleiche hinaus, und so begann er mühsam auf den Riesen zuzukreuzen. Auf dem Spanier machte der Kapitän ein paar Witze über die ramponierte Barke, und schritt dann unter Deck, wo ihn etliche seiner hochwohlgeborenen Passagiere zum Kartenspiel erwarteten.

Inzwischen sank die Sonne blutrot ins Meer, und mit der in den Tropen üblichen Schnelligkeit brach die Nacht herein. Die Laternen der Galeone flammten auf und wiesen le Grand den Weg, während die Barke für die von ihrer eigenen Festbeleuchtung gründlich geblendeten Spanier mit dem Meer verschmolz. Eine Stunde später legte sich die Barke fast geräuschlos an die Bordwand der Galeone. Pierre le Grand und seine Männer lauerten sprungbereit an Deck, Säbel und Pistolen in den Fäusten. Der im Nahkampf unerfahrene Wundarzt bekam den Befehl, mit einer Brechstange ein Loch in den morschen Boden der Barke zu schlagen. Das Holz splitterte. Die ramponierte Barke begann endgültig zu sinken. Jetzt gab es nur noch einen Weg: vorwärts!

Barque.

Die Männer sprangen auf das spanische Schiff hinüber, kletterten an Deck. »*Jesus, son demonios estos!* – Jesus, da sind Gespenster!«, schrieen die Spanier auf und warfen ihre Waffen weg. Pierre le Grand stürmte in die Kapitänskajüte, hielt dem Kommandanten das Pistol unter die Nase: »Ergeben Sie sich!« Das Schießeisen machte dem Kapitän die Entscheidung leicht. Am nächsten Morgen

Mit solchen Nussschalen eroberten die Boucaniers oft die größten spanischen Schiffe.

standen er, seine vornehmen Gäste, Offiziere, Soldaten und Matrosen, nur notdürftig bekleidet, an einem einsamen Inselstrand und mussten ihre prächtige Galeone am Horizont entschwinden sehen. Und mit ihr all die persönlichen Pretiosen, den Tabak, Indigo und Kakao in den Frachträumen sowie die Silberbarren, die im Kielraum als Ballast gedient hatten. Pierre le Grand lief Tortuga an, um die Beute mit seinen Männern zu teilen. Dann kehrte er in seine eigentliche Heimatstadt Dieppe zurück, ging an Land, wurde ein angesehener, wohlhabender Bürger – und hat nie wieder ein Schiff betreten. Das war 1640.

DIE JÄGER – BUCANIERS UND BUCCANEERS

Pierre le Grand war wohl der einzige der karibischen Piraten, der Fortuna, nachdem sie ihm einmal hold gewesen war, kein zweites Mal herausforderte. Andere, nach ihm, haben nicht weniger Glück gehabt, nicht aber die Vernunft, sich im richtigen Augenblick von dem Spiel zu verabschieden. Die Nachricht von seinem Fang freilich machte schnell die Runde. In der Karibik wurde zum großen Halali auf die Spanier geblasen.

Dabei hatte es eigentlich ganz harmlos angefangen. John Hawkins und Francis Drake hatten den Weg in die »verbotene Welt« gewiesen, und Spanien war einfach nicht mächtig genug, um die unendlichen Landmassen im Süden und im Norden, die zahllosen Inseln und Inselchen in der Mitte, so scharf unter Kontrolle zu halten, dass sich nicht nach und nach Siedler der von Papst Alexander VI. übergangenen Nationen eingenistet hätten: Die Holländer in Curaçao; die Engländer in Jamaika und Virginia und von dort aus schnell an der ganzen Ostküste des Nordkontinents von Carolina bis Maine; die Franzosen in Kanada, den St. Lorenz-Strom hinauf, an den großen Seen entlang und auf Hispaniola, dem heutigen Haiti. Diese Insel war Anfang des 17. Jahrhunderts fast menschenleer, nachdem sie von den Spaniern gründlichst ausgeplündert und dann verlassen worden war. Doch war der Boden gut, und in den Wäldern wimmelte es von verwilderten Rindern und vor allem Schweinen. Es waren überwiegend Franzosen, die sich nun als Pflanzer niederließen, und nicht wenige wurden Jäger. Ihre Ware, nach indianischem Vorbild geräuchertes Fleisch, war nicht nur schmackhaft, sondern auch lange Zeit haltbar. Die Kapitäne und Matrosen der spanischen Schiffe lernten schnell die Vorzüge dieses Räucherfleisches schätzen. Der Handel blühte, die kleine französische Kolonie wuchs, und nach dem indianischen Räucherrost *boucan* begann man die Jäger *Boucaniers* – englisch *Buccaneers* – zu nennen.

Soweit wäre alles schön und gut gewesen, hätte es nicht die *Casa de Contratación* gegeben. Diese war der Meinung, für das gesamte Kolonialreich habe man, wie alles andere, auch das Fleisch aus dem Mutterland zu importieren – selbst wenn Spanien gar nicht in der Lage war, die entsprechenden Bedürfnisse zu befriedigen. Weil die *Casa* aber eine, wie man heute sagen würde, »rechtsstaatliche« Behörde war, vergewisserte sie sich sogar nochmals in Rom, ob die Bulle Alexanders VI. von 1493 noch immer ihre Gültigkeit habe. Urbanus VIII. bestätigte dies in vollem Umfang, waren doch Macht und Ansehen der Nachfolger Petri durch die im Norden Europas um sich greifende Reformation arg lädiert, und der Papst glücklich, seinen Getreuen dienlich sein zu dürfen. Die Rechtslage war also klar: Außer den Portugiesen in Brasilien – östlich der bewussten Demarkationslinie gelegen – hatten einzig und allein und für alle Zeiten Spanier das Recht, sich in der Neuen Welt aufzuhalten, dort Geschäfte zu machen und die Ureinwohner auszuplündern.

Derart rechtlich gestärkt ging 1629 Don Federigo de Toledo mit einem Truppenkontingent in Hispaniola an Land, brannte die Siedlungen nieder, ließ die Pflanzungen zertrampeln, die Schweine- und Rinderherden abschießen, und vertrieb die päpstlich nicht gebilligten Siedler. Unter ihrem Gouverneur Le Vasseur zogen sich die Franzosen auf die kleine Insel Tortuga an der Nordküste Hispaniolas zurück – die »Schildkröteninsel«, wie sie schon Christoforo Colombo ihrer Form wegen getauft hatte. Gewiss, die Insel war sicher, zumal Le Vasseur ein uneinnehmbares Fort bauen ließ. Es gab einen windgeschützten, tiefen Hafen. Aber die Existenzgrundlage der Siedler war vernichtet! Was also tun? Die Boucaniers, raue Burschen und hervorragende Schützen, holten sich ihren Lebensunterhalt dort, wo sie ihn bekommen konnten: Auf spanischen Schiffen und in den spanischen Siedlungen längs der Küsten. Die Schweinejäger wurden Piraten. Zahllose Abenteurer aus England, Irland, den Niederlanden, Deutschland, sogar aus Spanien und Portugal stießen dazu. Sie nannten sich nun auch oft *Flibustiers*, eine französische Verballhornung des englischen Wortes *Freebooters*, das seinerseits ursprünglich von dem deutschen Begriff »Freibeuter« abstammte. Rund 50 Jahre hielten sie die Karibik in Angst und Schrecken, kaperten Schiffe, plünderten Dörfer und Städte, verwüsteten ganze Landstriche, und was sie danach vom spanischen Kolonialimperium übriggelassen hatten war ein Scherbenhaufen.

So ruppig, brutal, mitunter sinnlos grausam sie auch waren, ausnahmslos legten die Boucaniers und Buccaneers Wert auf das Mäntelchen der Rechtmäßigkeit und ließen sich von ihren Gouverneuren Kaperbriefe ausstellen, was sie freilich ein Zehntel ihrer Beute für Gouverneur und Krone kostete – doch hatte dies auch den Effekt, dass kein einziger der karibischen »Klassiker« als Pirat hingerichtet wurde! Dank dieses Status' müsste man sie also eigentlich als Kaperfahrer oder Korsaren bezeichnen. Die Augenzeugenberichte von Alexandre Olivier Exquemelin und Jean-Baptiste Labat sprechen freilich stets ungeschminkt von »Piraten«, weshalb auch der Autor diese Bezeichnung übernommen hat.

CHASSE PARTIE

Die karibischen Piraten waren sozial durchaus wohlorganisiert. Rangunterschiede gab es unter den Boucaniers und Flibustiers nicht. Der Kapitän war gewählt, hatte ausschließlich im Kampf Befehlsgewalt und konnte jederzeit wieder abgesetzt werden. Besitz war Eigentum der Gemeinschaft – Exquemelin, der Kronzeuge der karibischen Piraterie, betonte dies mehr als einmal – und auch die Beute gehörte allen gemeinsam.

Die sogenannte *Chasse Partie* war ein von allen unterzeichneter und anerkannter Vertrag, nach dessen Artikeln Gemeingut und Beuteanteil geregelt wurden. Ehe man zur Verteilung des Raubgutes schritt, musste jeder feierlich schwören, dass er nichts von der Beute für sich beiseite geschafft hatte. Wer einen Meineid schwor wurde aus der Gemeinschaft ausgestoßen, auf einer einsamen Insel ausgesetzt oder hingerichtet, »doch geschieht diese selten«, schrieb Exquemelin, »denn diese Räuber, die den Spaniern gegenüber zu jeder Gemeinheit fähig sind, verhalten sich untereinander vollkommen ehrlich und helfen einander bereitwillig aus jeder erdenklichen Verlegenheit.«

Ein Drittel Anteil der Beute gehörte dem Schiffseigner, ein Zehntel der Krone, die den Kaperbrief ausgestellt hatte. Nach diesen Abzügen zahlte man die Sonderprämien und die Entschädigungen für die Verwundeten aus. Wir besitzen noch heute eine Aufstellung dieser »Sozialabgaben«: 200 Piaster (ein Piaster entspricht in der Kaufkraft etwa 100 Euro) für den Schiffsarzt mit seinem Pflasterkasten, auf dessen kosten-

»Chasse Partie«, die exakt vertraglich geregelte und unbedingt gerechte Verteilung der Piratenbeute.

lose Behandlung jeder Verwundete noch bis zu sechs Wochen nach Ende der Fahrt Anspruch erheben durfte. 100 bis 150 Piaster für den Schiffszimmermann, je 100 Piaster für den Mann, der als Erster das Beuteschiff gesichtet, und für den, der es als Erster erstiegen hatte, und 50 Piaster für den, der die feindliche Flagge niedergeholt hatte. Verwundungen wurden wie folgt berechnet: Für den Verlust eines Fingers, Ohrs oder Auges 100 Piaster, einer Hand 400, des linken Armes 500, des rechten Armes oder eines Beines 600, beider Augen 1000, beider Beine 1500, beider Hände 1800 (immerhin 180.000 Euro!). Der Rest wurde zu gleichen Teilen an die Männer und, bei Gefallenen, an deren Angehörige, ausbezahlt. Nur der Kapitän erhielt zwei, der Schiffsjunge einen halben Anteil. Selbst die Armen wurden nicht vergessen, denen die Beuteanteile jener zukamen, die gefallen waren ohne Erben zu hinterlassen. Auch die Kirche kam nicht zu kurz, denn die Boucaniers waren – selbst eine Bestie wie L'Olonnois – in aller Regel überzeugt gläubig und tief und wahrhaft fromm: katholische Franzosen und Iren ebenso wie protestantische oder calvinistische Engländer und Holländer. »Vor dem Kampf umarmen sie sich und vergeben sich gegenseitig, was sie Böses getan. Nach erfolgreichen Beutezügen aber lassen sie Dankgebete zum geduldigen Himmel emporsteigen«, berichtete Exquemelin.

DER CHIRURGUS – ALEXANDRE OLIVIER EXQUEMELIN (1645 bis um 1700)

Alexandre Olivier Exquemelin – es wird Zeit, dass wir einen Blick auf diesen wichtigsten Kronzeugen karibischer Piraterie werfen: Er wurde 1645 in Honfleur geboren und trat als Lehrling in den Dienst der französischen *Compagnie des Indes Occidentales* (Westindien-Kompanie). Mit knapp 21 Jahren wurde er nach Tortuga geschickt. Als sein Gesundheitszustand Anlass zu Bedenken gab, »verkaufte« ihn der Gouverneur der Insel, Monsieur Le Vasseur, an einen ortsansässigen Arzt. Sein neuer Herr behandelte Exquemelin nicht nur vorzüglich, sondern lehrte den wissbegierigen jungen Mann auch den Umgang mit chirurgischen Instrumenten. Nach seiner Freilassung schloss sich Exquemelin den Piraten an und segelte lange Jahre unter den Flaggen von Pierre Le Grand, Michel dem Basken und L'Olonnois.

1674 kehrte er nach Europa zurück. *Piratica Americana – oder die americanischen Seeräuber, enthaltend die genaue und wahrhaftige Erzählung aller der schlimmen Räubereien und unmenschlichen Grausamkeiten, welche die englischen und französischen Räuber wider die Spanier in America verübt haben, beschrieben von Alexandre Olivier Exquemelin, der selber all diesen Räubereien durch Not beigewohnt hat* – das ist der zeitgemäß barock, ein wenig ausschweifende Titel des Buches, genauer gesagt seiner Memoiren, die er 1678 veröffentlicht hat. Exquemelin war ein ausgezeichneter Beobachter, und seine, nur auf persönlichen Erfahrungen beruhenden, Aufzeichnungen, die ohne dramatische Ausschmückungen niedergeschrieben sind – zur damaligen Zeit eine Seltenheit –, haben höchsten dokumentarischen Wert!

Um 1680 wurde Exquemelin von dem berühmten Piratenführer »Sir« Henry Morgan wegen dessen Darstellung in Exquemelins Buch nach englischem Recht auf 10.000 Pfund Schadenersatz verklagt – und zu 200 Pfund verurteilt, die Exquemelin nie zahlte, da er nie englischen Boden betrat. Sein weiteres Schicksal wie sein genaues Todesjahr sind unbekannt.

DIE FRÜHEN KAPITÄNE – DER PORTUGIESE, DER BRASILIANER UND EISENARM
(um 1660 bis um 1670)

Es war eine verwegene, teilweise recht wüste Bande, die da den karibischen Raum durchstreifte auf der Jagd nach dem spanischen Gold. In allen Wechselfällen des Glücks war freilich kaum einer so hartnäckig vom Pech verfolgt wie Bartholomeus de Portugues. Obschon sein erster Angriff abgeschlagen wurde, gelang es ihm, eine spanische Galeone mit 20 Kanonen und 70 Mann an Bord zu kapern, doch kostete ihn das fast die Hälfte seiner 29 Mann starken Bande. Zu allem Überfluss hielten ihn widrige Winde so lange auf, bis drei spanische Kriegsschiffe aufkreuzten, ihm die Beute wieder abnahmen und Bartholomeus selbst gefangen setzten.

Schon richtete man in Campeche den Galgen auf, als es Bartholomeus gelang, von Bord zu fliehen und an Land zu paddeln. Vier Tage kletterte er über die Luftwurzeln der Krüppelbäume längs des Strandes fort, ohne einen Fuß auf den Boden zu setzen, bis die Bluthunde der Häscher seine Spur verloren. Zwei Wochen später erreichte er den Golfo de Triste, die Bucht der Traurigkeit, wo gerade ein englischer Buccaneer sein Schiff ausbesserte. Nach kurzer Erholung lieh sich Bartholomeus de Portugues bei dem Engländer ein Beiboot und 20 Mann, kehrte nach Campeche zurück, und überrumpelte tatsächlich erneut sein ehemaliges Beuteschiff, das noch im Hafen lag. Damit war aber auch sein letztes Fünkchen Glück dahin: Die Fracht von 120.000 Pfund Kakao und 70.000 Goldstücken war nicht mehr an Bord, und das Schiff selbst scheiterte wenig später im Sturm bei der Isla de los Pinos an der Südseite Kubas. Bartholomeus de Portugues gelang es zwar, mit dem Rest seiner Mannschaft in einem winzigen Boot Tortuga zu erreichen, aber was auch immer er in Zukunft versuchte, es ging schief. Krank und mittellos bettelte er schließlich vor den Tavernen, und Exquemelin schrieb: »Dieser Räuber hat mancherlei Tyrannei an den Spaniern verübt, jedoch wenig Genuss aus seinen Räubereien gezogen, denn ich habe ihn im größten Elend der Welt sterben sehen.«

Rock war Holländer von Geburt und hatte eine Zeitlang in Brasilien gelebt, woher sein Spitzname »Brasileiro« oder »Brasiliano« stammte. Eine Meuterei verschaffte ihm Schiff und Leute, und wenig später lief er, eine prächtige Prise im Schlepp, Port Royal auf Jamaika an, das Mekka der englischen Seeräuber. »War er betrunken«, und das scheint er in Port Royal und auf Tortuga fast immer gewesen zu sein, »rannte er wie tollwütig durch die Stadt und hieb dem Ersten, der ihm über den Weg lief, Arm oder Bein ab, ohne dass ihn irgendjemand daran hätte hindern können«. Oder er »kaufte des Öfteren ein Fass Wein, schlug ihm mitten auf der Straße den Spund ein und zwang alle Vorbeigehenden, mit ihm zu trinken; anderenfalls hätte er sie mit einer zu diesem Zweck bereitgehaltenen Flinte erschossen«. Bei einer anderen Gelegenheit kaufte er eine Tonne Butter, »nahm die Butter heraus und schmierte sie jedem, der vorbeikam, auf die Kleider oder auf den Kopf, wie es sich gerade ergab«. Am übelsten wütete er gegen gefangene Spanier: »Einige ließ er aufspießen und langsam über einem Feuer bei lebendigem Leibe braten, wie man es sonst mit Schweinen zu tun pflegt. Sie wollten ihm nämlich nicht den Weg zu den Schweinehöfen zeigen, die er zu plündern gedachte.« Einmal gelang es den Spaniern tatsächlich, ihn zu fassen. In Ketten schafften sie ihn erst nach Campeche, dann gar nach Spanien. Zwangsweise ausgenüchtert bedauerte Rock Brasileiro tränenreich seine bisherigen Untaten, so dass man schließlich von dem reuigen Sünder nur einen feierlichen Eid verlangte, nie wieder zu rauben, anderenfalls würde man ihn ohne Gnade aufhängen. Rock Brasileiro schwor was immer man hören wollte, bedankte sich gar demütig für die erwiesene Nachsicht, kehrte nach Jamaika zurück, und trieb es dort – wer hatte anderes erwartet? – wie eh und je.

Alexandre *Bras-de-fer* (Eisenarm) rettete sich mit etwa 40 seiner Kumpane auf eine einsame Insel, als sein Schiff durch einen Blitzschlag ins Pulvermagazin in die Luft flog. Da es auf der Insel nichts an Gold, Edelhölzern oder Gewürzen zu holen gab, waren die eingeborenen Indios von den Segnungen der Zivilisation verschont geblieben und friedfertig. Doch Alexandre Bras-de-fer saß mit seinen Leuten fest. Es ist unbekannt, wie lange die Boucaniers auf die spanische Galeone gewartet hatten, die eines schönen Tages in der Bucht der Insel ankerte und ein Beiboot voll Soldaten an Land schickte, um Frischwasser zu holen. Alexandre beorderte seine Piraten rund um die Quelle ins Unterholz, umzingelte den spanischen Landetrupp und schoss ihn aus dem Hinterhalt ab. Alsdann schlüpften die Boucaniers in die spanischen Uniformen, bemannten das Boot und ruderten zu dem großen Schiff hinaus. Auf der Galeone, wo man die Schießerei für ein Scharmützel gegen die Indios gehalten hatte, ließ man die Piraten ruhig an Bord, denn in Uniform gleicht ein unrasiertes Gesicht so ziemlich dem anderen. Als die Spanier den Irrtum bemerkten, war es längst zu spät, und eine Stunde später saßen sie selbst auf der Insel fest, während ihr Schiff Tortuga ansteuerte. Alexandre Bras-de-fer soll aus vornehmer Familie gewesen und in jungen Jahren auf der Schildkröteninsel abenteuerlustig Pirat geworden sein. Das wurde freilich auch von manch anderem erzählt, und wie von manch anderem ist auch sein Ende unbekannt.

ENTERTECHNIK

Im Grunde unterschied sich die Entertechnik der karibischen Piraten kaum von den Methoden, wie sie auf der ganzen Welt gebräuchlich waren. Doch lassen wir Exquemelin berichten:

»Während der Fahrt sind die Augen aller auf den Horizont gerichtet, denn wer als Erster ein Beuteschiff sichtet, kann eine Sonderprämie einstecken. Kommt ein Segel in Sicht, greift die Mannschaft zu den Waffen und ordnet sich. Die Musketiere drängen sich auf das Vorschiff und suchen hinter der Bordwand Deckung. Am Heck steht der Kapitän. Alle Übrigen scheinen plötzlich verschwunden, sie liegen über das ganze Deck verteilt flach auf dem Bauch, das Messer zwischen den Zähnen, das geladene Pistol in der Linken, die Rechte frei zum Aufspringen. So ist die Zahl der Angreifer schwer festzustellen, auch gibt ihnen dies ein wenig Schutz gegen feindlichen Beschuss. Die kleine, wendige Barke huscht geschickt im Kielwasser des großen Schiffes hinterdrein. Jetzt muss der Rudergänger zeigen, was er kann, und jeder, auch der geringsten Bewegung des Feindes folgen. Gelingt diesem nämlich eine rapide Wende, so dass seine Breitseite gut liegt, dann können die Räuber ihre Seelen nur noch dem Teufel anvertrauen. Hinter dem Heck aber sind sie in bester Deckung, denn hier befinden sich höchstens zwei oder vier Geschützpforten, und die Boucaniers, für gewöhnlich gute Schützen, feuern auf die Soldaten, sobald sich diese an ihre Kanonen wagen. Die schreckensbleichen Spanier suchen dann gewöhnlich ihr Heil in einträchtigem Beten. Die Seeräuber hingegen stimmen ein Kampfgebrüll an, machen Krawall wie vom Teufel Besessene und schwenken wild ihre schwarzen oder scharlachroten Fahnen, was den Spaniern umso mehr in die Knochen geht, als sie genügend Fälle kennen, in denen die Räuber bei hartnäckigem Widerstand alle niedergemetzelt haben, wobei sie bei rechtzeitiger Kapitulation Gnade walten ließen und Pardon gaben. Schon pirschen sich die Räuber, flink wie wilde Katzen, von unten an die überhängende Heckgillung heran. Mit ihren Enterhaken und Tauen finden sie den notwendigen Halt an den unzähligen Heiligenfiguren, die, einem großen Kathedralenaltar gleich, gewöhnlich die Rückfront spanischer Schiffe zieren. Andere Räuber schwingen sich wie Affen auf das Ruder und schlagen zwischen dieses und den Achtersteven Holzkeile, die auch die größte Karavelle steuerlos machen. Da, wie es im Kontrakt steht, den ersten Räuber, der an Deck des Spaniers gelangt, ein Extrateil erwartet, herrscht an den Entertauen und Gesimsen entsprechendes Gedränge, und schon schwingt sich die, mit Macheten wild um sich schlagende, Meute über die Reling, und die Spanier schreien zu Gott oder flehen um Pardon. Was an Spaniern überlebt, wird nackt an einem Strand ausgesetzt, während die Räuber das eroberte Schiff in ihren Heimathafen führen, wo alles unter ihnen geteilt wird, was sie erbeutet haben.«

DER WÜRGENGEL – MONBARS
(um 1640 bis um 1680)

Er ist eine der seltsamsten, der unheimlichsten Gestalten der Karibik. Das Bild dieses Mannes ist so sehr von Legenden überwuchert, dass es schwer fällt die historische Persönlichkeit zu finden. Soviel mag immerhin als einigermaßen gesichert gelten: Dem jungen Adeligen aus der französischen Provinz Languedoc wurden das Buch *Brevísima Relación de la destrucción de las Indias*, das die grausame Unterdrückung und Ausrottung der Indios durch die Spanier beschreibt, von Las Casas, dem »Apostel der Indios«, zum Schicksal. Mit jeder Zeile, die er verschlang, wuchs sein Hass gegen die Spanier. Einen Mitschüler, der das Pech hatte in einer Theateraufführung der Schule einen spanischen Hidalgo zu spielen, soll Monbars (auch Montbars geschrieben) auf offener Bühne so übel zugerichtet haben, dass er von der Schule gefeuert wurde und sich auf dem Kaperschiff seines Onkels wiederfand, das gegen die Spanier kreuzte. »Sperrt ihn in seine Kajüte! Sobald wir entern, wird er sonst sein Leben verlieren«, befahl der Onkel, als man das erste spanische Schiff sichtete. Doch kaum lagen die Schiffe längsseits, als Monbars die Kajütentür aufsprengte und sich ins Handgemenge stürzte. An diesem Tag erhielt er seinen Beinamen »der Würgengel«.

Wenig später, das muss um 1660 gewesen sein, war er auf Tortuga, wo sein Onkel angelegt hatte, um die Beute abzusetzen. Die Piraten feierten gewaltige Sauforgien, doch Monbars trank nur Wasser, rührte keine Spielkarte und keinen Würfel an, und später scheinen ihn auch Frauen nur mäßig interessiert zu haben. Exquemelin beschrieb den jungen Mann als einen stämmigen Koloss mit braunem Haar und buschigen Augenbrauen. Als sein Onkel wieder auslief, war Monbars verschwunden. Drüben in Hispaniola jagte er Spanier und befreite Indios. Ein Jahr später – Monbars war

Monbars, die vielleicht unheimlichste Gestalt der Piratengeschichte.

bestimmt nicht älter als achtzehn – war es geschafft: Er hatte ein eigenes Schiff und eine Mannschaft ausschließlich von Indios, die ihn wie einen Gott verehrten. Kaperte er einen Spanier, wurde vom Kapitän bis zum kleinsten Schiffsjungen nebst sämtlichen Passagieren, gleichgültig welchen Alter oder Geschlechts, alles niedergemacht, ins Meer geworfen oder an den Rahen aufgehängt. Die Beute war im gleichgültig. Er lebte allein von seiner Rache. Man nannte ihn nun auch den »Unerbittlichen«.

Wohl oder übel muss man auch von jener Foltermethode berichten, als deren Erfinder Monbars gilt: Einem Gefangenen wurde ein Darmende aus einem Schlitz im Bauch oder aus dem After herausgezerrt und an einen Baum genagelt. Dann brachte man den Unglücklichen zum Laufen, wobei seine Gedärme wie ein Strick herausgezogen wurden. Schaut man freilich in Bücher, die sich mit den Religionskriegen befassen, so findet man im *Theatrum crudelitatum haereticorum nostri temporis*, erschienen bereits 1587 in Antwerpen, einen Originalstich, wie Hugenotten damals Katholiken – und umgekehrt – mit eben jener Methode umbrachten.

Dank seiner Großzügigkeit, was Geld und Beute anbelangte, wurde Monbars um 1678 zum »Admiral« der Piraten gewählt, war auf dem Zug nach Maracaibo 1680 Verbündeter Grammonts und wurde wegen seiner Grausamkeit als »Admiral« wieder abgesetzt. Auch über dem Ende des »Unerbittlichen« liegt ein dunkler Schleier. Irgendwann, wohl kurz nach 1680, legte er von der Schildkröteninsel ab und verschwand, »so als ob dieser Würgengel in irgendwelche, vielleicht mit spanischen Totenschädeln gepflasterte, paradiesische Gefilde entrückt worden wäre«, wie Georges Blond in *Musketiere der Meere* schrieb. Wer an eine Wiedergeburt glaubt, dem mag Monbars wie ein Fürst der Inka oder Azteken erscheinen, der wiedergekommen ist, um sich und sein Volk an den spanischen Mördern und Unterdrückern zu rächen.

DIE BESTIE – FRANÇOIS NAU, GENANNT L'OLONNOIS (1630 bis 1671)

Geboren war François Nau 1630 in dem Städtchen Sable d'Olonne in der Vendée. Sein Vater war nur ein bescheidener, ehrsamer Kaufmann, der freilich kein Verständnis für seinen Sprössling aufbrachte, wenn dieser Geld aus der Ladenkasse klaute, um es in Kneipen durchzubringen. François Nau, frustriert von dem Unverständnis seines Vaters, riss aus und wanderte nach La Rochelle. Natürlich war die Schifffahrts-Gesellschaft nicht bereit, den Burschen kostenlos auf eine hübsche Tropeninsel zu verfrachten, sondern erwartete, dass er die Überfahrt als Plantagenarbeiter abarbeitete. Daraufhin setzte er sich in den Urwald ab, wo er sich, notgedrungen, bei einer Gruppe Boucaniers verdingte, die noch ihrem alten Beruf, der Jagd, nachging. Da der junge Mann aber ein für alle Mal Arbeit als »gesellschaftliches Fehlverhalten« eingestuft hatte, was den Boucaniers ganz und gar nicht passte, drosch ihm einer eines Tages den Gewehrkolben über den Schädel und ließ ihn liegen. Doch François Nau war zäh. Monate später stieß eine andere Jägergruppe auf den völlig Verwilderten, nahm ihn gleichberechtigt auf, schenkte ihm ein Gewehr und bildete ihn zu einem hervorragenden Schützen aus. Unvermeidlich kam er mit den Piraten in Kontakt, führte sie zu den Plantagen seines vormaligen Herrn und erschlug diesen eigenhändig mit einer Axt. Er ermordete auch gleich noch den Kapitän der Piraten und wurde so ihr Anführer.

François Nau nannte sich jetzt nach seiner Heimatstadt L'Olonnois, fühlte sich unter den Räubern pudelwohl und erkor Mord und Totschlag zu seiner Lieblingsbeschäftigung. Da er sich aber nach seinem Zusammentreffen mit den Flibustiers schnell zum berüchtigten Mordbrenner und Halsabschneider mauserte, beeilte sich der Gouverneur von Tortuga, dem jungen Mann ein Schiff samt Kapitänspatent zu überreichen. 1662 stach L'Olonnois in See, machte reiche Beute, lief mit seinem Schiff auf einen Felsen und verlor es.

François Nau, genannt L'Olonnois, war für seine sadistischen Blutorgien berüchtigt.

Ein Jahr später war er mit einem neuen Schiff unterwegs – und schmiss es vor der Küste von Yukatan in die Klippen. Mit einer Handvoll seiner Banditen konnte er sich an Land retten, wurde aber sofort von den spanischen Lanceros gefasst und bei dem Gemetzel kamen all seine Kameraden ums Leben. »Ich selbst beschmierte mich mit dem Blut meiner toten Kameraden«, berichtete L'Olonnois später, »warf mich unter die Leichen und stellte mich tot, bis die Lanceros abzogen. Wenig später stand ich auf, zog meine Kleider aus, schlüpfte in die Uniform eines toten Spaniers und lief nach Campeche. Nach einigen Tagen gelang es mir, einige Schwarze für mich zu gewinnen und es war nicht schwer eines der Boote zu stehlen. In der Nacht darauf stachen wir in See.« Trotz der erstaunlichen Leistung, mit einem winzigen Boot rund 2600 Kilometer von Campeche nach Tortuga zu segeln, hatte Gouverneur Jérémie Deschamps du Rausset von L'Olonnois zunächst einmal genug. Zwei verlorene Schiffe binnen zwei Jahren und keine Beute, das war zu viel.

Auch die Flibustiers schienen dem nautischen Können des François Nau nicht mehr zu trauen, denn mit Mühe und Not kamen schließlich 21 Mann zusammen, die 1666 mit dem kleinen, gestohlenen Kahn nach Kuba übersetzten. Allen Unkenrufen zum Trotz schaffte es L'Olonnois in einer Flussmündung eine 10-Kanonen-Fregatte in einen Hinterhalt zu locken und zu überrumpeln, als sie dort Frischwasser übernehmen wollte. Kaum stand L'Olonnois an Deck, brüllte er: »Ich habe nicht vergessen, wie die

Lanceros bei Campeche all meine Leute massakriert haben. Werft die Verwundeten ins Meer! Den Rest ab in den Laderaum!« Dann griff L'Olonnois zum Säbel: »Und jetzt lasst unsere Gefangenen, einen nach dem anderen, an Deck kommen!« Sobald einer der Spanier in der Decksluke sichtbar wurde, da rollte auch schon sein Kopf, und L'Olonnois schleckte mit der Miene eines Feinschmeckers das Blut von der Säbelklinge und witzelte über die verschiedenen Geschmacksrichtungen. Kaum ein Chronist, der über die Piraterie in der Karibik schrieb, versäumte es, ausführliche Schilderungen von François Naus Vorliebe für makabre Blutorgien zu geben. Tatsache ist, dass kein Spanier überlebte, und eine blutige Säbelklinge abzulecken, war nicht außergewöhnlich, denn es gehörte unter den Flibustiers zum guten Ton, dass ein Kapitän von Zeit zu Zeit seine Kumpane mit irgendwelchen Kraftmeiereien in gehöriges Erstaunen versetzte. Als L'Olonnois mit seinem neuen Schiff nach Tortuga zurückkam, hatte sich die Welt völlig zu seinen Gunsten verändert. Die Flibustiers, die eben noch seinem Können so schnöde misstraut hatten, rissen sich jetzt darum, unter seiner Flagge segeln zu dürfen. Bekannte Piratenkapitäne wie Michel der Baske und Moses van Kljin boten Bündnisse an. Der Gouverneur stellte L'Olonnois großzügig Kaperbrief, staatliche Lagerschuppen zur Unterbringung der Beute und die Kriegsbrigantine SACOCHÈRE zur Verfügung. Binnen kurzem hatte man sieben Schiffe und 700 Mann zusammen und L'Olonnois zum »Admiral«, Moses van Kljin und Michel den Basken zu »Vizeadmirälen« gewählt.

Längst hatten die pausenlosen Überfälle die Spanier vorsichtig gemacht. Sie schränkten die Fahrten ihrer Schiffe drastisch ein oder schlossen sie zu kanonenstarrenden Konvois zusammen. Die Erfolgschancen der Piraten sanken im gleichen Verhältnis, wie sich ihr Risiko erhöhte. Mit solch einer Streitmacht Jagd auf einzelne Schiffe zu machen, war unsinnig. L'Olonnois und seine Unterführer mussten sich etwas Besseres einfallen lassen. Diesen Einfall hatten, ein paar Jahre zuvor, bereits Lewis Scott und John Davis, beide Buccaneers aus der englischen Seeräuberhochburg Port Royal auf Jamaika, gehabt: Jedes Schiff kommt irgendwoher und fährt irgendwohin. Und dort musste auch das Geld für die Waren sein! So nahmen sie sich die Küstenstädte vor, plünderten sie aus und erpressten Lösegelder von den Einwohnern. Freilich war das Geschäft nicht mit einer Handvoll Banditen durchzuführen, sondern erforderte einen erheblich größeren Aufwand an Schiffen und Leuten – wie einst die Wikinger wurden die karibischen Piraten zu Amphibienkämpfern. »Admiral« L'Olonnois verfügte über die nötige Zahl an Schiffen und Raufbolden, und so hieß sein Ziel: Maracaibo und Gibraltar an der Nordküste Venezuelas, zwei Städte, die durch den Handel mit Kakao, Zucker, Tabak und vor allem mit schwarzen Sklaven steinreich geworden waren. Anno 1666 gab es in Maracaibo etwa 3500 Einwohner, in Gibraltar 1500 und dazu etwa 1200 Soldaten der Garnisonen. Fast mühelos überrannten die

Piraten das Fort La Barra, das die Lagune von Maracaibo schützen sollte, und über-schwemmten schon am nächsten Tag die Stadt. Doch außer ein paar alten Leuten und Sklaven war Maracaibo leer. Lebensmittel und Wein gab es zwar in Hülle und Fülle, und die Piraten feierten wilde Fress- und Sauforgien. Aber wo waren die Menschen? Wo das Silber? Wo das Gold? In seiner Wut schnitt L'Olonnois einigen Gefangenen die Kehle durch, ehe ihm Michel der Baske und Moses van Kljin klarmachten, dass man mit durchschnittenem Hals nicht sonderlich gut reden kann. So verlegte sich L'Olon-nois aufs Foltern und erfuhr: rechtzeitig gewarnt, hatten sich etwa 1000 Familien auf dem Seeweg nach Gibraltar abgesetzt, der Rest war in den Dschungel geflüchtet.

Also auf nach Gibraltar! Dort war man allerdings nicht müßig geblieben. Schwer war Gibraltar nicht zu verteidigen, denn auf drei Seiten umschloss ein undurchdring-licher Sumpfgürtel die Stadt; die vierte Seite, dem Meer zu gelegen, war schwer be-festigt. Ein Angriff konnte nur über einen einzigen Pfad führen, und diesen Pfad ließ der spanische Gobernador von seinen fast 1000 Soldaten an etlichen Stellen unterbrechen und durch Hindernisse versperren. Auch ließ er einen Scheinpfad anlegen, der eben-falls auf die Stadt zuführte, schließlich aber in einem tückischen Sumpfloch endete.

Zwei Wochen später landeten die Flibustiers in der Nacht, und als es hell wurde waren sie bereits auf den Pfad gestoßen – den richtigen. Dann standen sie vor den Hindernissen. Eine halbe Stunde später stürmten 380 Piraten in den Scheinpfad hinein und damit in die Falle – 200 Schritte weiter steckten sie im Morast, erst bis zu den Knöcheln, dann bis zu den Knien. Kanonen und Musketenfeuer dezimierte die Ko-lonne der Angreifer – L'Olonnois gab das Zeichen zum Umkehren. Will man den Wert einer Truppe beurteilen, muss man ihren Gehorsam und ihre Disziplin prüfen, wenn sie sich nach einer Schlappe mit blutigen Köpfen zurückzieht. Die Flibustiers verhiel-ten sich tadellos, kehrten geordnet auf dem Unglückspfad zurück, wobei sie ihre Ver-wundeten mitschleppten. Das will nicht heißen, dass die Männer nicht lästerlich fluch-ten, als sie den Befehl hörten, trotzdem bewahrten sie mustergültige Disziplin.

Also nochmals Angriff auf dem ersten Weg. Die Flibustiers erlitten eine noch schlimmere Abfuhr – jetzt flohen sie Hals über Kopf. Die Spanier jubelten, die Stadttore gingen auf und die Verfolgungsjagd begann: »Lasst keinen Piraten entkommen!« Doch kaum hatten die Spanier die fliehenden Piraten eingeholt, als sich das Blatt erneut wendete. Im Nahkampf waren die Flibustiers weit überlegen, und binnen kürzester Zeit waren 300 Spanier samt ihrem Gobernador tot. Der Rest streckte die Waffen. Die Plünderung des unglücklichen Gibraltar verlief mit so gnadenloser Härte, dass sich die Stadt viele Jahre davon nicht wieder erholte. Und allen voran mordete, vergewaltigte und folterte L'Olonnois. Vier Wochen hausten die Boucaniers in Gibraltar, ehe sie sich dazu bequemten, die restlos ausgeplünderte und leergefressene Stadt wieder zu ver-lassen. Auf dem Heimweg machten sie auf der Isla Vaca (Kuhinsel) halt. »Hier brachten sie ihr Gut an Land«, berichtete Exquemelin, »um solches nach ihren Gepflogenheiten zu teilen. Verteilten es also und befanden, dass es in Kontanten, Silberarbeit und Juwelen 260.000 Piaster wert sei. Überdies bekam jeder noch wohl 100 Piaster an Leinwand und Seidenwaren, samt noch anderen Kleinigkeiten. Da nun alles geteilt war nahmen sie Kurs auf Tortuga, wo sie einen Monat später mit großer Freude ankamen, welche aber für den einen länger als für den anderen währte; denn so mancher blieb keine drei Tage Meister seines Geldes – selbst L'Olonnois, der doch ihr Haupt war ...«

Erneut gut 700 Mann und sechs Schiffe, samt den bewährten Kapitänen Moses van Kljin, Michel dem Basken und Pierre le Picard, folgten L'Olonnois, als dieser 1668 zum Zug gegen Granada am oberen Ende des Nicaraguasees aufrief. Die Mündung des Rio San Juan, von wo aus man zum Nicaraguasee vorstoßen wollte, liegt etwa 800 Seemeilen südwestlich von Tortuga; ein Segelschiff braucht für diese Strecke etwa fünf Tage, manchmal sogar weniger. Jedoch: »Die Winde trieben die Flotte in die Bucht von Honduras«, liest man erstaunt bei Exquemelin. Allenfalls die totale nautische Unfähigkeit L'Olonnois' mag erklären, weshalb er 350 Seemeilen nordwärts abgetrieben

L'Olonnois reißt einem Spanier bei lebendigem Leib das Herz heraus und wirft es einem anderen Spanier ins Gesicht – eine der zahl- und sinnlosen Brutalitäten dieses Piratenkapitäns.

wurde, dort beinahe ein Jahr ziellos umherirrte und wie in einer Falle festsaß! Natürlich wurden die Lebensmittel knapp. Man plünderte ein paar kleine Dörfer und beschloss endlich, den landeinwärts gelegenen Marktflecken San Pedro anzugreifen. Doch die Spanier hatten längst die Straße nach San Pedro mit Hindernissen und Barrikaden gesperrt. Exquemelin berichtete weiter: »Kaum war L'Olonnois drei Meilen marschiert, da stieß er auf den Hinterhalt etlicher Spanier, die ihm wacker Widerstand leisteten. Dennoch nahm er die Stellung ein und trieb die Spanier in die Flucht. Auch hatte er etliche unverletzte Gefangene gemacht. Diese frug er, ob sie einen anderen Weg wüssten, derlei Hindernisse zu vermeiden. Jedoch sie antworteten, dass sie keinen anderen Weg wüssten. L'Olonnois ward deswegen von teuflischer Bosheit ergriffen, öffnete einen von den Gefangenen bei lebendigem Leibe, schnitt ihm das Herz heraus, biss hinein und schmiss es einem anderen ins Gesicht mit den Worten: ›So ihr mir keinen anderen Weg weist, werde ich euch dasselbe tun!‹« Nach schweren Kämpfen erreichten die Piraten tatsächlich San Pedro und eroberten es. Exquemelin verschwieg die Details. Trotzdem erregte dieser Überfall weltweites Aufsehen und galt bald als Beispiel schlimmster Barbarei, sogar bei Louis XIV., dem »Sonnenkönig«, der ansonsten wahrhaftig nichts gegen Korsaren einzuwenden hatte.

Für L'Olonnois war es ein letzter, verzweifelter Triumph, denn seine Pechsträhne riss nicht mehr ab. Ein großes Schiff, das ihm angekündigt worden war, ließ zunächst einmal ein Vierteljahr auf sich warten. Als es dann kam und unter schweren Verlusten erobert wurde, fand sich in seinen Laderäumen nichts weiter als 20.000 Bögen leeres Papier und ein paar Eisenbarren. Jetzt platzte den verbündeten Kapitänen der Kragen: »Vor 18 Monaten sind wir ausgelaufen, um Granada zu plündern, und nicht, um uns in diesem gottverlassenen Winkel der Erde zum Narren halten zu lassen!« L'Olonnois, der auf seine Autorität als »Admiral« zu pochen versuchte, wurde niedergebrüllt. Michel der Baske, Pierre le Picard und Moses van Kljin segelten mit fünf Schiffen ab, heim nach Tortuga. Immerhin verblieben L'Olonnois noch 300 Mann und das größte Schiff. »Wir werden trotzdem Granada plündern!«, versprach der »Admiral« seinen Leuten und tat das, was er schon vor eineinhalb Jahren hätte tun sollen: Er ging auf Südkurs. Jedoch etwa 100 Seemeilen vor der Mündung des Rio San Juan ging ein heftiger Stoß durch das Schiff, es krachte, die Masten stürzten. L'Olonnois hatte sein Schiff bei der Insel Las Perlas auf Grund gesetzt – der dritte Schiffbruch! Ein ganzes Jahr saßen die Flibustiers auf Las Perlas fest. Aus den Wrackteilen nagelte man schließlich ein neues Schiff zusammen und 1671 gingen L'Olonnois und etwa 200 Mann wieder in See – der Rest war tot oder hatte sich auf Las Perlas als Siedler niedergelassen.

War es totale Selbstüberschätzung, oder wollte L'Olonnois nach all diesen Fehlschlägen seinen arg ramponierten Ruf, koste es was es wolle, wieder herstellen? Auf jeden Fall versuchte er tatsächlich, Granada anzugreifen. Das Unternehmen schlug

Franzosen von
Tortuga

Engländer von Port
Royal

Monbars

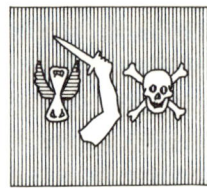

Christopher Moody

Lewis Scott

Michel le Basque

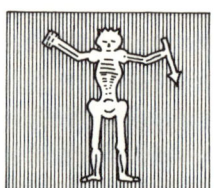

Pierre le Picard

Emanuel Wynne

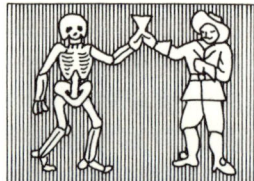

François Nau – L'Olonnois

Thomas du Lain

Sieur de Grammont

»Black« Sam Bellamy

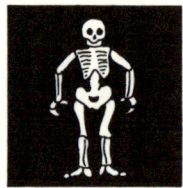

Edward Low

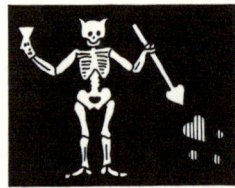

Edward Thatch –
»Blackbeard«

Stede Bonnet

Stede Bonnet

John Rackam – »Calico Jack«

Richard Worley

Thomas Tew

Henry »Long Ben« Avary

Bartholomew Roberts

Bartholomew Roberts

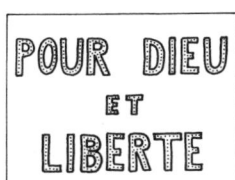

Misson

Edward England

Christopher Condent

Weiß   Gelb   Rot   Blau   Schwarz

kläglich fehl. Der »Admiral« wurde auf halbem Weg abgefangen und zurückgejagt. L'Olonnois segelte nun nach Süden. Ausgerechnet das schwerbefestigte Cartagena hatte er sich jetzt als Ziel ausgesucht. Es kam nicht mehr dazu. Ein paar Meilen vor Cartagena krachte er auf die Riffe der Baru-Inseln – sein vierter und letzter Schiffbruch. Einer Handvoll Männern gelang es, die Insel zu erreichen. Einem von ihnen gelang sogar die Flucht. Auf L'Olonnois jedoch warteten bereits die einheimischen Indios, »sie brachten ihn um und verspeisten ihn«.

DER *JOLLY ROGER*

Niemand kennt den genauen Ursprung des Namens *Jolly Roger*, wie die Piratenflagge im Englischen genannt wurde. Vermutlich stammt die Bezeichnung aus dem verballhornten *Joli Rouge* (hübsches Rot), wie die ersten französischen Piraten auf Tortuga ihre roten, noch emblemlosen Flaggen nannten unter denen sie fuhren, während die Engländer auf Jamaika schwarze Flaggen aufzogen – ein Unterschied, der sich ziemlich schnell verwischte. Woher der berühmte Totenkopf stammt, ist ebenfalls nicht ganz klar. Der erste Kapitän, der ihn nachweislich führte, war Monbars. Da er ursprünglich eine recht ordentliche Bildung genossen hatte, mag er dieses Symbol von den antiken kilikischen Piraten für sich übernommen haben, eine Idee, die von seinen Piratenkollegen offensichtlich schnell und begeistert aufgegriffen wurde. Die Totenkopfflagge tauchte bis in die erste Hälfte des 19. Jahrhunderts immer wieder auf und wurde zum Symbol für Piraten schlechthin.

DER GROSSE ADMIRAL – HENRY MORGAN
(1635 bis 1687)

Er sei 1635 geboren – sagte er. Das bestreitet niemand. Er sei in der walisischen Grafschaft Monmouth geboren – sagte er. Dutzende walisischer Gelehrter haben Jahre darauf verwendet festzustellen, ob in Pencarm oder Lhanrymni. Ohne Erfolg. Er stamme aus einer begüterten und weitverzweigten Familie – sagte er. Tausende Waliser heißen Morgan, und zweifellos sind davon etliche begütert. Sein Vorname sei John – sagte er. Später war er sich dessen nicht mehr so sicher, nannte sich Harry und schließlich Henry – vielleicht wollte er sich nicht allzu genau auf eine bestimmte Familie festlegen, die dann möglicherweise protestiert hätte ...

Als John-Harry-Henry Morgan 1664 von Tortuga nach Port Royal auf Jamaika übersiedelte, beachtete kaum ein Mensch den kleinen, bulligen Rotschopf, und als er mit seinen Kumpanen Morris und Jackman, drei Schiffen und 130 Mann auslief, war das nicht mehr als ein alltägliches Ereignis. Einige Monate später stand Port Royal vor

Begeisterung Kopf. Die Schiffe waren zurück, vollgestopft mit kostbarer Beute »und über die Hälfte liegt noch in einem geheimen Versteck!« – »Woher stammt das alles?« – »Aus Granada.« – »Und wo, zum Teufel, liegt Granada?« – »Am Ende des Nicaraguasees. Man muss mit Pirogen 100 Meilen den Rio San Juan hinauf, dann 100 Meilen über den See. Wir brauchten dazu fast 14 Tage. Die eingeborenen Indios hassen die Spanier und waren gute Führer. Die Stadt zu nehmen und zu plündern war ein Kinderspiel.«

John-Harry-Henry Morgan war ein gemachter Mann, und Gouverneur Sir Thomas Modyford von

Henry Morgan, ein unbestritten brillanter Stratege mit freilich höchst fragwürdigem Charakter, der in England zum Nationalhelden hochstilisiert wurde.

dem Rotschopf begeistert. Sir Thomas hatte allerdings auch Probleme: Er hatte den amtlichen Auftrag, das Piratenunwesen in Jamaika zu bekämpfen – hätte er diesen Auftrag ausgeführt, er wäre wegen Unfähigkeit abberufen worden. Allerdings hatte England derzeit auch so etwas wie einen Frieden mit Spanien, weil es eben in seinen zweiten Seekrieg gegen Holland verwickelt war. Die Jagdgründe der Buccaneers waren aber nun einmal die spanischen Kolonien. Sir Thomas brauchte eine Beschäftigung für seine Piraten, die der englischen Politik nicht in die Quere kam.

Als Ausweg bot sich das holländische Curaçao an. Sir Thomas heuerte 1666 den damals berühmtesten Piratenführer der Karibik, den »alten Mansfeld« an. Es ist oft erstaunlich, wie wenig man über manche Leute weiß, die zu ihrer Zeit einen fast legendären Ruf besaßen. Was Eduard Mansfeld anbelangte, so brachte sein Ruhm binnen kürzester Zeit 1000 Männer auf die Beine, und ein schon recht erfolgreicher Mann, wie Henry Morgan, rechnete es sich zur Ehre an, als sein Erster Offizier fungieren zu dürfen. Worauf sich jener Ruhm freilich gründete, wissen wir nicht. Exquemelin erwähnte lediglich: »Die Räuber hatten unter Anführung eines gewissen Mansveld, der ein berühmter Räuber auf Jamaika gewesen, einmal Campeche schon beinahe eingenommen«. Nicht einmal seine genaue Nationalität steht fest. Nach der Schreibung Exquemelins »Mansveld« halten ihn manche Historiker für einen Holländer, andere nach der englischen Schreibung »Mansfield« für einen Briten, wieder andere bringen

ihn mit dem »unerschütterlich besiegbaren« deutschen General aus dem Dreißig-
jährigen Krieg, Ernst von Mansfeld, in Verbindung. Curaçao war von den Holländern
schwer befestigt worden, und Mansfeld zog es deshalb vor, die kleine Insel Santa
Catalina zu überfallen. Sir Thomas Modyford passte das überhaupt nicht, und Rotschopf Morgan, der sich klammheimlich abgesetzt und nach Port Royal zurückgekehrt
war, schürte nach Kräften die schlechte Laune des Gouverneurs. Die Stellung als Erster
Offizier Mansfelds hatte ihm weiteres Ansehen verschafft, doch nun, so meinte er,
behindere der alte Mann nur seinen weiteren Aufstieg. Knapp ein halbes Jahr später
starb Eduard Mansfeld eines plötzlichen Todes. Gewiss, Mansfeld war über 60 Jahre
alt, und Herzinfarkte gab es auch damals schon. Henry Morgan wurde jedenfalls
prompt zum Anführer der Buccaneers auf Jamaika gewählt.

Um sich den Piraten als bedeutender Anführer zu präsentieren, griff Henry Morgan Anfang des Jahres 1667 mit 700 Mann und einem Dutzend Schiffe Puerto del
Principe auf Kuba an, eroberte es und folterte aus den Bewohnern eine beachtliche
Beute heraus. Nach derart geglückter Generalprobe wandte er sich einige Wochen später einem bedeutenderen Objekt zu: Porto Bello, vor dessen Hafen Sir Francis Drake in
seinem Bleisarg in den Tiefen der Karibik schlummert, lag am Ende des Weges aus
Panama, den zweimal im Jahr der berühmteste und am schärfsten bewachte Maultier-
zug der Welt benutzte, welcher die Schätze aus Peru und Chile zur Verladung nach
Spanien heranschleppte.

Im Morgengrauen des 16. Juli 1668 flog mit donnerndem Krach das Fort San Jero-
nimo in die Luft. Horden brüllender und schießender Piraten stürmten in die Stadt.
Der Gobernador, Señor Castellon, hastete im Schlafrock auf die Wälle des Hauptforts
Santiago de la Gloria, ließ schleunigst die Tore schließen und die Kanonen schussbereit machen. Das 15 Zentimeter dicke Tor aus massivem Mahagoniholz hielt dem ersten Ansturm stand. Kanonenkugeln pflügten blutige Gassen in die Reihen der Angreifer, siedendes Pech und kochendes Wasser ergoss sich über sie, Musketenkugeln
und pulvergefüllte Tonbehälter, sogenannte Bomben, prasselten auf sie herunter. Die
Piraten wichen zurück. Im Hintergrund, ungefährdet auf dem »Feldherrnhügel«,
Henry Morgan: Er musste das Fort nehmen – oder abziehen.

Folgen wir dem Bericht Exquemelins: »Morgan ließ also zwölf große Leitern zim-
mern, auf denen vier Mann nebeneinander hinaufklettern konnten, nahm dann sämtliche Mönche und Nonnen her und ließ sie die Leitern zum Kastell tragen, ja, auch gegen
die Mauern lehnen. Die Pfaffen und Frauen glaubten nicht, dass der Gobernador auf seine eigenen Leute schießen würde, und beschworen ihn bei allen Heiligen des Himmels,
er möge das Fort übergeben. Doch sie fanden kein Gehör. Er schonte ihrer so wenig als
der Piraten. Als dann die Leitern an der Mauer standen, wurden sie sofort von den
Räubern erklommen. Etliche steckten das Festungstor in Brand. Als die Spanier sahen,

dass sie ihnen mit solcher Gewalt zu Leibe rückten, gaben sie ihre Sache verloren, mit Ausnahme des Gobernadors, der ganz desperat sein eigen Volk wie den Feind niedermachte. Die Räuber boten ihm Pardon an. Er lehnte mit den Worten ab: ›Besser als ein mutiger Soldat sterben, denn am Galgen enden als Feigling‹. Sie versuchten wohl, ihn gefangen zu nehmen, konnten es aber nicht und waren genötigt, ihn niederzuschießen.«

Henry Morgan hauste in Porto Bello schlimmer als L'Olonnois in seinen übelsten Zeiten. Das Lösegeld der Stadt wurde auf 100.000 Goldstücke festgesetzt, die der Gobernador von Panama zahlen sollte. Doch der ließ Morgan wissen: »Ich vergeude nicht das Geld des Königs von Spanien für eine Stadt, die dumm genug war, sich ein-

Henry Morgan benutzt Frauen, Priester und Nonnen als Kugelfang beim Sturm auf das Fort von Porto Bello, eine seinem Charakter durchaus angemessene Tat.

nehmen zu lassen.« Die Beute war trotzdem gewaltig: 500.000 Piaster, die Schätze der Kirchen, Klöster und reichen Bürger, 300 Sklaven. Ein wahrhaft erstaunliches Dokument dieses Raubzuges hat sich bis heute in London erhalten, das amtliche Schreiben Morgans und Modyfords an die Krone: Dort kann man nachlesen, Morgan habe die Stadt »in dem Zustand belassen, in dem er sie vorgefunden«, und die Einwohner so gut behandelt, dass »einige angesehene Damen«, die er zu ihrem Schutz nach Panama habe schicken wollen, dies mit der Begründung abgelehnt hätten, »sie seien Gefangene von Männern, bei denen ihre Ehre besser geschützt sei als in Panama«.

Der Rückbrief des Gobernadors von Panama hatte übrigens noch ein Postskriptum enthalten: »Ich wäre dem Admiral Morgan dankbar, wenn er mir ein Modell der Waffe schicken könnte, mit der er eine so große Stadt hat erobern können.« – Morgan schickte ihm ein Pistol und ein paar Kugeln: »Damit habe ich Porto Bello eingenommen. Der Gobernador möge dieses Pfand zwölf Monate aufheben, dann werde ich es persönlich einlösen – in Panama!« Die mit Jahresfrist gestellte Herausforderung Morgans an den Gobernador war strategisch nicht eben klug, doch der Rotschopf wollte seinen Triumph genießen. Erschwerend kam allerdings hinzu, dass am 8. Juli 1670 ein Friedensvertrag zwischen England und Spanien unterzeichnet worden war, und Sir Thomas den strikten Befehl erhalten hatte, die Piraten im Allgemeinen, und Morgan im Besonderen, an jeglichen weiteren Übergriffen auf spanischen Besitz zu hindern. Modyford schickte einen Kapitän los, um Morgan das königliche Schreiben überbringen zu lassen. Das war im Oktober. Wenig später war jener Kapitän »mit gebrochenem Herzen« zurück, da er, trotz aller Anstrengungen, Morgan nicht mehr habe finden können. Wo er ihn wohl gesucht hat? Eigentlich sollte man meinen, dass eine Flotte von 28 englischen und 8 französischen Schiffen mit 240 Kanonen und über 2000 Mann an Bord, die den Hafen von Port Royal erst am 16. Dezember (!) verließ, so leicht nicht zu übersehen war – aber der Trick mit dem nicht überreichbaren königlichen Willen hatte ja schon bei Sir Francis Drake funktioniert ...

Für ihren Zug nach Panama brauchten die Piraten zunächst freien Rücken. So lag die Flotte am 22. Dezember 1670 vor der Insel Santa Catalina und feuerte aus allen Rohren, und die beiden Inselforts blieben ihr nichts schuldig. Unter knatterndem Musketenfeuer landeten die Sturmtrupps der Buccaneers und rückten gegen die Befestigungswerke vor. Trommeln rasselten, Trompeten kreischten, Fahnen bauschten sich im Wind. Ein klassisches Bild – nur stimmte daran etwas nicht: Die stürmenden Piraten bogen sich vor Lachen und ballerten in alle Richtungen, nur nicht auf die Forts. Und auch die spanischen Verteidiger knallten eifrig Löcher in die Luft, ängstlich bemüht, keinen Seeräuber zu treffen. Am Abend wehte die Flagge Morgans von den eroberten Forts und in den Tavernen feierten Sieger und Besiegte feuchtfröhliche Verbrüderung. Dieser eigenartigen Schlacht vorangegangen war ein Brief des spanischen Gobernadors an Henry Morgan: Da er der heranrückenden Piratenmacht nichts entgegensetzen könne, habe er beschlossen, die Insel zu übergeben, jedoch mit einer List, die ihm ermöglichte sein Gesicht als Offizier zu wahren – beigefügt ein detailliertes Programm für die »Schlacht«. Die Eroberung von Santa Catalina war, ohne jeden Zweifel, die ehrenhafteste Tat in der ganzen Laufbahn Henry Morgans.

Am 11. Januar 1671 lief die Flotte der Buccaneers bei San Lorenzo dann in die Mündung des Rio Chagre ein. Die Männer und Waffen wurden auf sieben Schaluppen, 36 Kanus und Pirogen verteilt, die in langer Kette den Rio Chagre hinaufpaddelten. Für Proviant blieb kein Platz. Schon am nächsten Mittag wurde der Fluss zu seicht, die Männer mussten zu Fuß weiter. Sechs Tage quälten sich die Buccaneers durch den dampfenden, verfilzten Dschungel. In den wenigen Dörfern hatten die Spanier das Vieh weggetrieben, die Felder verbrannt – die Piraten kochten Gras, Blätter und Leder.

Dann, am 18. Januar, einem strahlend blauen, wolkenlosen Tag, rückte die Armee der Buccaneers in geschlossener Formation in die Ebene von Panama vor. Die Spanier erwarteten sie bereits. Der Gobernador, Don Juan Perez de Guzman, hatte alles aufgeboten, was eine Waffe tragen konnte: 1600 Mann zu Fuß, 600 Reiter, 500 bewaffnete schwarze Sklaven, dazu 1500 Kämpfer besonderer Art, eine Masse mehr oder minder wilder Büffel, die von Gauchos angetrieben, langsam vorrückte. »Angriff!«, befahl der Gobernador dem Kommandanten der Reiterei, Don Francisco de Haro. Rasselnd galoppierten die Reiter an. Das Schlachtfeld versank für zwanzig Minuten im Pulverqualm, dann hatte die spanische Kavallerie aufgehört zu existieren. »Die Büffel vor!«, brüllte Guzman mit überschnappender Stimme. Doch das Hornvieh dachte gar nicht daran die Piraten zu überrennen und zu zertrampeln, gemächlich trottete es vorwärts, kehrte nach den ersten Schüssen der Piraten um und begann friedlich in einiger Entfernung zu grasen. Jetzt griffen die Piraten ihrerseits an, und zwei Stunden später war alles vorbei. »Wir haben den Feind so nahe verfolgt«, schrieb Morgan später, »dass sein Rückzug einem Wettlauf glich.« Die Brandschatzung Panamas war so gründlich, dass man später darauf verzichtete die Stadt wieder aufzubauen, sondern sie ein paar Kilometer entfernt völlig neu gründete.

Die Eroberung Panamas war der Höhepunkt in Henry Morgans Laufbahn. Was dann folgte war ein ekelerregendes Schauspiel von Gier, Wortbruch, Speichelleckerei, Feigheit und Ehrlosigkeit. Es begann bei der Verteilung der Beute in San Lorenzo: Von einer Beute, die Exquemelin auf sechs Millionen Piaster bezifferte, blieben am Ende für jeden Piraten nicht mehr als 200 Piaster übrig, alles andere hatte Henry Morgan teils offiziell, größtenteils aber inoffiziell in seine eigenen Taschen praktiziert. Mit vier Schiffen floh er vor der ausbrechenden Meuterei nach Port Royal. Wenn man diese Piraten auch nicht nach heutigen ethischen Begriffen beurteilen darf, so bleibt doch die Tatsache, dass Henry Morgan es als Erster gewagt hat, seine Kumpane bei einer *Chasse Partie* zu betrügen – und das auch noch in gewaltigem Ausmaß!

Im August 1671 wurde Sir Thomas Modyford von Sir Thomas Lynch als Gouverneur abgelöst. Ein knappes Jahr später, im April 1672, ging Morgan als Gefangener an Bord der HMS WELCOME und betrat drei Monate später englischen Boden – nicht in Ketten, sondern als Gefangener auf Ehrenwort. Auf Drängen des spanischen Botschafters hatte König Charles II. angeordnet, Morgan solle für seinen Feldzug, ein halbes Jahr nach Friedensschluss, und für die Gräueltaten in Panama zur Rechenschaft gezogen werden. Es war ein seltsamer Prozess, der sich drei Jahre hinschleppte. Man trug Material gegen Morgan zusammen und ließ dem Piratenadmiral, den man offiziell jetzt als »Oberst« Morgan bezeichnete, Zeit, Gott und die Welt zu bestechen. Bei der Schlusssitzung musste Morgan ein paar belanglose Fragen beantworten und schließlich lautete das Urteil: »Eine strafbare Handlung kann nicht nachgewiesen werden«. Zwei Tage später wurde Morgan am Hof empfangen und zum Ritter geschlagen. Eine Woche später war er unterwegs, zurück nach Jamaika – als Vizegouverneur!

Eigentlich war es ein genialer Streich des Königs, den gefährlichsten Piraten der Karibik in dieser Form zähmen zu wollen, wäre »Sir« Henry Morgan nur nicht eben Henry Morgan gewesen, der seine Stellung als Ratsmitglied, Vizegouverneur und Oberster Richter in Jamaika dazu benutzte, um gegen jedermann horrende Geldstrafen zu verhängen, die dann in seinen eigenen Taschen verschwanden. Natürlich sagte er sich offiziell los von der Seeräuberei und bedrohte seine ehemaligen Kumpane mit Gefängnis und Galgen, was real bedeutete, dass die Schmiergelder an ihn in astronomische Höhen kletterten, nachdem er an ein paar Zahlungsunwilligen ein »Exempel der Gerechtigkeit« statuiert hatte. Sir Thomas Lynch war verzweifelt über seinen »Vize«, doch der König hatte Morgan nun einmal mit dem Ritterschlag geehrt und war jetzt gezwungen ihm die Stange zu halten.

1678 erschien das Buch Exquemelins. Morgan las den Bericht über sich und war entsetzt: »Ich bin ein guter und getreuer Untertan des jetzigen Königs und seiner Vorgänger! Zu Lande und zu Wasser bin ich als ein Mensch von untadeligem Ruf bekannt! Gegen alle bösen Handlungen wie Piraterie, Raub etc. hege ich eine tiefe Abscheu! Seit jeher habe ich die Seeräuber gehasst, welche wider alle göttlichen und menschlichen Gesetze bloß von Plünderung und Brandschatzung der Häuser und Städte des erhabenen spanischen Königreichs leben!« Sir Henry verlangte eine Gegendarstellung und 10.000 Pfund Schadenersatz. 200 wurden ihm schließlich zugesprochen, die Exquemelin nie zahlte, da er sich hütete seinen Fuß auf englisches Territorium zu setzen.

1683 brachte Lynch endlich eine Klage vor Gericht ein: »Morgan hat eine Partei von Dummköpfen und Trunkenbolden gegründet. Sie treffen sich in besoffenem Zustand und beschimpfen und verleumden alle, sogar Seine Majestät und mich, den Gouverneur Seiner Majestät, die nicht zu ihrem schändlichen Club gehören.« Morgan stritt den Vorwurf der Majestätsbeleidigung vehement ab und kroch vor Gericht demütig zu Kreuze: »Ich hoffe, dass man nicht mir die Fehler der anderen anlastet. Ich habe sie dafür häufig bestraft. Niemals hatte ich die Absicht, Sir Thomas Lynch zu beleidigen. Ich werde mich mit ihm aussöhnen und den Club auflösen.« Henry Morgan war zu diesem Zeitpunkt bereits ein körperliches Wrack: Aufgeschwemmt, talgige Haut, gelbe Augen, »fliegender« Atem, er hatte Syphilis, Würmer, Delirium tremens und ein halbes Dutzend weiterer Krankheiten. Am 25. August 1687 konnte man dann lesen: »Heute gegen elf Uhr vormittags ist Sir Henry Morgan gestorben«, und am 26.: »Man hat die sterblichen Überreste von Sir Henry Morgan im Gouverneursgebäude von Port Royal aufgebahrt. Nach den Trauerfeierlichkeiten in der Kirche wurden sie auf dem Friedhof von Palisadoes unter großer Anteilnahme der Bevölkerung beigesetzt.« In London erwog man, die Leiche Sir Henrys nach England zu überführen, ihm eine letzte Ruhestätte unter den Heroen der englischen Geschichte in St. Paul's Cathedral zu gewähren. Dazu kam es nicht mehr. Doch die Anweisung an die offiziellen Chronisten, das Bild des toten Piratenadmirals von allen Übeltaten zu reinigen und ihn in das Licht nationaler Glorie zu erheben, wurde eifrig befolgt. So entstand die Legende von einem der größten und edelsten Freibeuter: Sir Henry Morgan.

DER SPIELER – VENT EN PANNE
(gest. 1667)

»Was mit der Flut gekommen ist, geht mit der Ebbe dahin« war ein allgemein zitiertes Sprichwort auf Tortuga. Dass dem so war und dass das auch so blieb, dafür sorgten die Wirte und Zuhälter, die Händler und Wucherer, die Prostituierten und Berufsspieler, die Schieber, Taschendiebe, Wundertinkturenverkäufer und welchen Berufen diese »Hafenpiraten« sonst nachgehen mochten. Schwer taten sie sich dabei nicht, denn die Mehrzahl der Piraten pflegte mit Geld um sich zu werfen. Zumal in Port Royal galt es als besonderer Ruhm, wenn es einem Freibeuter gelang, in kürzester Zeit ein ganzes Vermögen zu verschleudern. War er dann restlos pleite, dann ging er eben wieder auf Beutefahrt, damit sich das Karussell im Hafen weiterdrehte.

Im Lauf der Jahre hatte es Vent en Panne auf Tortuga zu ungewöhnlicher Berühmtheit gebracht, galt er doch weit und breit als der größte und glückloseste Draufgänger im Spiel: »Bruderherz, leih mir 100 Piaster.« Wenn die Boucaniers die Anrede »Bruderherz« hörten, ergriffen die meisten schleunigst die Flucht. Vent en Panne war schon wieder einmal pleite. Und gab man ihm die 100 Piaster, waren sie ebenfalls binnen zwei Stunden verspielt, und nach zwei, drei Nächten musste Vent en Panne fast ohne persönlichen Gewinn an einem Raubzug teilnehmen, wenn er seine Gläubiger bezahlen wollte. Nach dem Zug des alten Mansfeld nach Santa Catalina 1666 blieben Vent en Panne nach Abzug seiner Schulden gerade noch 12 Piaster übrig. Er setzte sie ein – und gewann 12.000 hinzu. »Das reicht ein für alle Mal! Ich kehre nach Frankreich zurück.« Vent en Panne brachte sein Gepäck auf ein Schiff, das in sechs Stunden nach Europa in See stechen sollte.

»Machen wir ein Spielchen?« Der Mann, der das fragte, war ein reicher Jude, ein fast ebenso leidenschaftlicher Spieler wie Vent en Panne. »Mein Schiff geht in wenigen Stunden.« – »Wir sind bald fertig. Komm!« Im Haus des Juden begannen die Würfel zu rollen. Kurze Zeit später hatte Vent en Panne 13.000 Silbertaler gewonnen. »Ich habe kein Geld mehr für den Einsatz«, sagte der Jude, »aber hier ist ein Warenschein über eine Ladung Zucker im Wert von 100.000 Pfund. Spielen wir weiter.« Vent en Panne verpasste die Abfahrt seines Schiffes. Es wurde Nacht. Der Jude ließ Essen und Getränke bringen. Kurz vor Mitternacht hatte Vent en Panne die ganze Ladung Zucker gewonnen. Der Jude warf einen neuen Wertschein auf den Tisch: »Jetzt wird um die Zuckermühle gespielt. Weiter!« Auch die Zuckermühle fiel an Vent en Panne. Dann 20 Sklaven, das Haus des Juden, das Silber, das Geschirr ...

Inzwischen war es Morgen. Der Jude stand auf, verließ kurz den Raum und kehrte mit einem Ballen golddurchwirkten Tuches zurück, den er auf den Tisch warf: »Das ist 1000 Jacobiter wert. Wenn du sie auch noch gewinnst, bleibt mir nichts anderes übrig, als mich aufzuhängen.« Drei Stunden später war es freilich Vent en Panne, der sich die Frage stellte, ob er sich nicht aufhängen solle. Der Jude hatte alles zurückgewonnen. »Spielen wir weiter?« – »Selbstverständlich!« Während des Vormittags verlor Vent en Panne die 12.000 Piaster, die er mit nach Frankreich hatte nehmen wollen, dazu seinen Stock mit Goldknauf, seinen Hut, seine Kleider. Am Abend heuerte er auf dem Schiff L'Olonnois' für den Raubzug nach Maracaibo an.

Nach der Rückkehr hatte er wieder die Taschen voller Geld – doch für wie lange? Da griff der Gouverneur, damals noch Monsieur d'Ogeron ein: Mit Einwilligung Vent en Pannes tauschte er das Geld bei einer französischen Bank gegen einen Pfandbrief und sorgte für einen Platz auf einem Schiff Richtung Europa. Jetzt endlich, nach vielen Jahren, sah Vent en Panne seine Heimat wieder. Zusammen mit einem portugiesischen Reeder eröffnete er in Dieppe ein Kontor, das Waren aus der Karibik importierte, und hätte nun in Ruhe und Wohlstand leben können. Doch Vent en Panne war und blieb ein unruhiger Geselle. Schon bald machte er seinem Partner klar, wie höchst vorteilhaft es sein müsse, wenn er sich persönlich an Ort und Stelle um den Einkauf der Waren kümmere. Sein Schiff hatte noch nicht den Ärmelkanal verlassen, als es von zwei spanischen Kriegsschiffen gekapert wurde. Vent en Panne verlor dabei wieder einmal – sein Leben.

DER KÜNSTLER – CHEVALIER DE GRAMMONT
(um 1650 bis 1686)

Eine dichte Menschentraube neugieriger Gaffer umringte den sterbenden Gardeoffizier, der auf der Straße lag. Ein Duell mitten in Paris! Neben dem tödlich Verwundeten kniete eine junge Dame, Mademoiselle de Grammont. Etwas im Hintergrund, den blutigen Degen noch immer in der Faust, der Sieger des Zweikampfes, ihr Bruder, ein vierzehnjähriges Bürschlein, Chevalier de Grammont. »Sagt Seiner Majestät«, flüsterte der Sterbende, »dass an mir kein Mord begangen wurde. Ich selber bin der Urheber meines Unglücks, und alles ist höchst ehrenhaft vonstattengegangen.« Dann vermachte er den größten Teil seines Vermögens der Mademoiselle de Grammont, um deren Gunst er sich so sehr bemüht hatte, und auch eine schöne Summe ihrem Bruder, seinem »Besieger«, der ihn, »um der Ehre seiner Schwester willen« niedergestochen hatte. Es gab keine Gerichtsverhandlung, keine Strafe. Der König verlangte nur, dass der junge Raufbold als Kadett in der königlichen Marine auf Vordermann gebracht wurde.

Die Familie Grammonts kam aus der Gascogne, und eigentlich müsste man ihren Namen »Grant-mont« aussprechen, wie es die Menschen im Südwesten Frankreichs tun, die bekanntlich ungern den Nasallaut verwenden. Jahre vergingen. Der junge Grammont arbeitete sich zäh, klug und verwegen zum Kapitän einer königlichen Fregatte empor. Dann gelang ihm der große Schlag: Vor Martinique fiel ihm eine holländische Flottille in die Hand, die so reich beladen war, dass man sie die »Geldbörse von Amsterdam« nannte. Grammont kehrte nicht nach Frankreich zurück, sondern lief Tortuga an, wo er eine Summe von 80.000 Pfund kassierte, als er dort die Beute verscherbelte. Die wohlwollende Anerkennung der Flibustiers für diese Leistung wandelte sich in Begeisterung, als man erfuhr, dass Grammont seinen Anteil bis auf 2000 Pfund binnen einer Woche durchgebracht hatte, und schlug in Beifallsstürme um, als bekannt wurde, dass der junge Kapitän sein letztes Geld im Spiel eingesetzt und so viel gewonnen hatte, dass er sich nun ein Schiff mit 30 Kanonen kaufen konnte. Die Abenteurer prügelten sich um einen Platz auf seinem neuen Schiff.

Vier große Beutezüge sollten den Edelmann aus der Gascogne berühmt machen: Maracaibo 1678, Cumana 1680, Vera Cruz 1683 und Campeche 1686. Die Beute aus Maracaibo blieb mager. L'Olonnois und Morgan hatten hier schon abgesahnt, doch schon der Zug gegen Cumana wurde ein voller Erfolg. Die Boucaniers sprachen nur noch vom »General« Grammont.

Chevalier de Grammont betrieb Piraterie als »stilistisches Kunstwerk«.

Der französischen Kolonie auf Tortuga und Hispaniola ging es unterdessen schlecht. Die *Westindische Gesellschaft*, die sich bei Louis XIV. das Handelsmonopol beschafft hatte, und dieses mit ähnlichem Starrsinn durchsetzte wie einst die *Casa de Contratación*, trieb die Siedler nach Jamaika zu den in solchen Dingen weit klügeren Engländern. So überreichte Gouverneur, Monsieur de Pouancey, der inzwischen Bertrand d'Ogeron im Amt gefolgt war, Grammont auch wieder einen Kaperbrief, als dieser 1683 gegen Vera Cruz rüstete, obwohl der Frieden zu Nimwegen zwischen Frankreich und Spanien mittlerweile vier Jahre alt war – aber die Piraten waren inzwischen die einzige Geldquelle der verarmenden Kolonie. Sieben Schiffe und über 1000 Mann zog Grammont zusammen – Vera Cruz war schließlich auch kein armseliges Ziel. Er verfügte über eine Garnison von 2000 Mann mit 60 Kanonen, und aus den anderen Landesteilen Mexikos konnten binnen Tagen 15.000 Mann zum Entsatz herangezogen werden. Die Verbündeten Grammonts waren zwei Holländer, Nicholas van Doorn und Laurent De Graaf. Van Doorn, der gewöhnlich ein Perlenkollier »von außerordentlicher Größe und unschätzbarem Wert trug«, hatte eine Zeitlang im Dienst der Spanier gestanden. Als er wieder verschwand, geschah dies unter Mitnahme einer reichbeladenen Galeone. De Graaf hatte vor allem die Antillen unsicher gemacht, hatte »ein hübsches Antlitz, goldblondes Haar, einen spanischen Schnauzbart und feine Manieren«.

Der Angriff auf Vera Cruz war ein verwegenes Unterfangen, doch es gelang. Unbehelligt landete Grammont in der Nacht und im Morgengrauen öffneten die erschrockenen Wächter die Stadttore. Die Flibustiers stürmten in die Stadt, besetzten das Fort, umzingelten die wichtigsten Gebäude, holten die angesehensten und reichsten Bürger aus den Betten, schafften sie in die Kathedrale und schichteten rund um die Kirche Pulverfässer auf: »Zwei Millionen Piaster, oder das ganze fliegt in die Luft!« Die erste Million traf noch am gleichen Tag ein, bei der zweiten dauerte es drei Tage. In der Zwischenzeit räumte man Häuser, Lager und Kirchen aus und schaffte alles auf die Schiffe. Auf vier Millionen Piaster belief sich die Beute schließlich, dazu 1500 Sklaven. Am Morgen des vierten Tages kamen sieben spanische Kriegsschiffe in Sicht, an Land rückte eine starke Armee heran. Sie kamen zu spät. Unbehelligt entwischten die Piraten und hatten bei dem ganzen Unternehmen nur einen einzigen Mann verloren: Van Doorn, der in einem Duell mit De Graaf umgekommen war, das irgendeiner belanglosen Beleidigung gefolgt war.

Die Wirte, die Huren, Zuhälter, Kaufleute, Wucherer und Schmarotzer aller Art in Tortuga setzten ihr Sonntagslächeln auf und erwarteten die Rückkehr des »Generals«. Leute wie Grammont mussten der französischen Seeräuberhochburg schnell zu neuem Glanz verhelfen können. Doch bald gefror ihr Lächeln zu einer Grimasse. Das wüste Geschrei, die französischen Gesänge betrunkener Piraten schallten durch Port

Royal. Die Boucaniers dachten gar nicht daran, einer heruntergekommenen Kolonie wieder auf die Beine zu helfen. Sie wollten sich amüsieren, und wo konnten sie das besser als in der »sündigsten Stadt der Welt«, mochte diese nun englisch oder französisch oder was auch immer sein!

1684 wurde Pierre Paul de Cussy Gouverneur auf Tortuga. Falls die Kolonisten gehofft hatten, ihre Lage würde sich nun bessern, so sahen sie sich getäuscht. Im Gegenteil, das Monopol der *Westindischen Gesellschaft* wurde noch verschärft, und sogar die Piraten fanden kein offenes Ohr mehr. Nicht dass König Louis XIV. grundsätzlich etwas gegen Freibeuter gehabt hätte, aber die allzu berechtigten Proteste etwa gegen die Bestialitäten eines L'Olonnois klangen ihm in den Ohren. Mit den karibischen Boucaniers und Flibustiers wollte Seine Majestät nichts mehr zu tun haben – sie hatten zu verschwinden! Da erfuhr Monsieur de Cussy Ende 1685, dass Grammont einen neuen Raubzug plante. Der Gouverneur hastete zum Sammelplatz Grammonts, wo das große Schiff des »Generals«, drei mittlere und 20 kleinere Fahrzeuge vor Anker lagen, die seine Armee von 1100 Mann an Bord nehmen sollten. Sieur de Grammont und Laurent De Graaf empfingen den Gouverneur mit offenen Armen: »Soeben wollten wir Euch einen Boten schicken, und Euch bitten, unseren Kaperbrief zu erneuern.« De Cussy schnappte nach Luft, und zeitgenössische Chronisten überlieferten wörtlich den anschließenden Dialog.

Cussy: »Seine Majestät der König verbietet Euch, weiterhin Krieg gegen die Spanier zu führen! Wenn Ihr, wie es Eure Absicht ist, an der Küste Mexikos landet, wird Seine Majestät Euch mit schweren Strafen belegen!«

Grammont: »Wahrscheinlich denkt Ihr an Grausamkeiten, die wir den Spaniern antun könnten, und seid darum entrüstet. Ich verspreche Euch, dass nichts Derartiges geschehen wird. Wir werden Campeche erobern und, mit Gottes Hilfe, auch plündern. Aber die Einwohner wollen wir in keiner Weise belästigen. Wir werden das Schaf scheren, ohne es zu häuten, und es wird nicht einmal blöken!«

Cussy: »Kapitän Grammont, glaubt Ihr denn, es sei angebracht, sich derart uneinsichtig den Befehlen des Königs zu widersetzen?«

Grammont: »Nun, wenn Seine Majestät nicht will, dass wir gegen die Spanier auslaufen, dann werden wir Seiner Majestät selbstverständlich gerne folgen – wir legen dann eben das Jagd- und Fischfanggesetz zu unseren Gunsten aus, das reicht völlig.«

Vera Cruz hatte man im Handstreich überrumpelt, Campeche sollte zum »stilistischen Kunstwerk« werden: Einen vollen Tag lang paradierten die Piratenschiffe im Schmuck aller Flaggen vor dem Hafen der Stadt, ehe sie 800 Mann an Land setzten, die völlig offen, mit fliegenden Fahnen und klingendem Spiel, vorrückten. Ein kurzer, heftiger Straßenkampf, und schon hatten die Boucaniers Campeche fest in der Hand. Drei Tage später stürmten sie die Zitadelle. Hatten die Piraten bislang vier Mann verloren, so gab es diesmal überhaupt keine Toten oder Verletzten auf beiden Seiten. Die spanische Garnison hatte heimlich das Weite gesucht und nur einen einzelnen Engländer zurückgelassen, der sich recht wacker schlug. Grammont nahm ihn gefangen, ließ ihn später frei, lud ihn zum Essen ein und beschenkte ihn großzügig für seine Tapferkeit. Finanziell brachte der Zug nicht den erhofften Erfolg. Es mag daran gelegen haben, dass der »General« und seine Leute keine Folterknechte alten Stils mehr waren und ihre Gefangenen kaum noch schikanierten. Ein paar Stöße mit dem Gewehrkolben, das war auch schon alles. Die große Zeit der Grausamkeiten war vorbei, und der Chevalier de Grammont ganz eindeutig nicht der Mann, der sie wiederbelebt hätte.

Zwei Monate feierten die Piraten in Campeche, denn Speicher und Keller waren reich gefüllt. Dann verkündete Grammont: »Morgen feiern wir das Fest des heiligen Ludwig, den Namenstag unseres Königs. Wir wollen das Fest würdig begehen, und es soll an nichts fehlen!« Eigentlich war es gleichgültig, ob man den König von Frankreich oder des Teufels Großmutter feierte, Hauptsache, man feierte überhaupt: Salut mit Kanonen wurde geschossen und am Morgen des 25. August marschierten die Piraten mit Trommeln und wehenden Fahnen durch die Straßen – offenbar bereitete es ihnen ein kindliches Vergnügen zu beweisen, dass sie dem Anlass gemäß eine brillante Parade auf die Beine stellen konnten. Gegen Ende des Tages begann das Gelage: Tische wurden aus den Häusern gezerrt, mitten auf den Straßen mit geraubtem Geschirr gedeckt und die Honoratioren der Stadt eingeladen – und weil die Piraten sehr zurückhaltend tranken, waren am Schluss die einheimischen Gäste betrunkener als ihre Gastgeber. Grammont präsidierte, umgeben von seinen Offizieren, an einem reich gedeckten Tisch: »Und jetzt das Feuerwerk!« Das Feuerwerk wurde legendär. Der »General« hatte alles, was er in den Lagerhäusern von Campeche an Edelhölzern hatte finden können, sammeln lassen. Es waren die kostbarsten Hölzer der Welt, ein Scheiterhaufen von ungeheurem Wert. Riesige Flammen schossen empor und wohlriechender Rauch verbreitete sich in der Nacht. Mit dieser wahnwitzigen Verschwendung flackerte die Seeräuberei einer großen Epoche zum letzten Mal provozierend auf, und was Grammont dabei sagte, lässt vermuten, dass er sich dieser Tatsache durchaus bewusst war: »Was können uns die in Versailles schon anhaben, die wissen doch nicht einmal, welchen Essig wir kochen!«

Wenig später waren die Boucaniers zurück auf Tortuga. Gouverneur de Cussy überreichte Grammont ein königliches Patent als Leutnant der südlichen Zone von Hispaniola, und Laurent De Graaf eines als Polizeikommandant. Offensichtlich hoffte der Gouverneur, damit die letzten großen Seeräuber zu entwaffnen und ihnen zu beweisen, dass sie doch noch, nach dem Willen des Königs, als friedliche Siedler enden würden. Laurent De Graaf nahm an, Grammont ließ es bei einem höflichen Dankeschön bewenden. An einem Nachmittag im Oktober des Jahres 1686 lichtete der »General« die Anker seines Schiffes und segelte in westlicher Richtung davon, hinein in die untergehende Sonne. Man hörte nie wieder von ihm. Ein Künstler der Seeräuberei war in die Geschichte eingegangen. Père Labat deutete freilich an, dass Gerüchte nach Tortuga gedrungen seien, nach denen sich Grammont auf einer paradiesischen Insel mit seinen Getreuen und einem Harem schöner Indiomädchen zur Ruhe gesetzt habe, wo er in hohem Alter eines friedlichen Todes gestorben sein soll.

DER SEELENHIRTE – JEAN-BAPTISTE LABAT
(1663 bis 1738)

»Wir machten uns in Richtung dieses Schiffes auf. Wir zählten 32 Kanonen auf seinen Decks und Aufbauten; mit anderen Worten, es schien doch ein etwas allzu zäher Brocken für unsere Verdauungsmöglichkeiten zu sein. Kapitän Daniel wusste nicht, was er tun sollte, da der Großteil der Mannschaft sagte, das Schiff sei zu groß, als dass wir es erobern könnten, und wir uns nach einem anderen Opfer umsehen sollten. Während wir noch diskutierten, traf das Schiff die Entscheidung für uns, indem es das Feuer eröffnete, obwohl wir noch gut außer Reichweite waren. Das genügte, um Kapitän Daniel zu überzeugen, dass sie vor uns Angst hatten, und er schrie: ›Sie ist unser! Sie ist nur ein Handelsschiff!‹ Und dann, indem er sich zu mir drehte, setzte er fort: ›Komm her, sag deine Gebete, und nimm einen Schluck!‹ So erteilte ich ihnen einige Worte der Ermahnung; es wurde Wein und Rum herumgereicht, und dann begannen wir auf das Schiff zu schießen. Wir stellten uns backbord achteraus von ihm auf und wärmten das Schiff mit unseren zwei Buggeschützen und Musketenfeuer auf, mit dem Effekt, dass, sobald nur ein Mann auf dem Heck oder dem Vorschiff erschien, dieser sofort niedergeschossen wurde.

Kapitän Daniel beschloss sodann zu entern. Als wir an seine Backbordseite herankamen, gab das Schiff auf. Wir stellten sofort das Feuer ein, worauf der Kapitän in seinem Boot zu uns herüberkam. Daniel schickte dem Kapitän all sein persönliches Eigentum, denn er erlaubte nie, dass die Gefangenen beraubt würden, sondern war im Gegenteil sehr freundlich zu ihnen. Die Prisenladung bestand aus 389 Pipen Madeira und trockener Handelsware.«

Dieser Bericht stammt nun keineswegs von einem Piratenkapitän oder auch nur von einem

Jean-Baptiste Labat, Dominikanerpater, Spion, Erfinder und eifriger Seelenhirte der Boucaniers.

Schiffsarzt wie Exquemelin, sondern aus den Tagebüchern des Dominikanerpaters Jean-Baptiste Labat, die er 1734 unter dem Titel *Nouveau voyage aux isles de l'Amerique* veröffentlichte. Er war 1663 in Paris geboren, mit 22 Jahren dem Orden beigetreten und 1690 nach Martinique geschickt worden, um die arg heruntergekommenen Güter des Ordens im karibischen Raum zu sanieren. Zwölf Jahre war Père Labat kreuz und quer durch die Karibik unterwegs, nicht selten als Bordgeistlicher von Flibustiers. Père Labat war ein Mann, der von allem etwas verstand, und begierig war, immer dazuzu-lernen. Ihn interessierten die Lebensgewohnheiten der Meereskrabben am Strand von Martinique und das Schicksal der schwarzen Sklaven ebenso wie die Sitten der Boucaniers, die Volkskunst der Indios oder die englischen Festungen auf Barbados: »Von Jamestown nach Speightown sind es zweieinhalb Meilen. In der Bucht können Schiffe zwischen sechs und zwölf Klaftern ankern. An jeder Seite der Bucht befindet sich eine Batterie. Die Batterie im Osten hat 16 und die im Westen 12 Kanonen. Diese Stellung hier ist auch erforderlich, da die Felsen an diesem Ort mit genügend Wasser bedeckt sind, so dass sie es Landungsbooten, wie sie zu Invasionen benützt werden, er-lauben, an Land zu kommen.« In diesem Stil ging es rund um Barbados, und schließ-lich gelang es Père Labat sogar, eine Karte der Insel zu kopieren.

Der kleine, rundliche, lebhafte Pater mit dem geröteten Gesicht, dem man ansah, dass er die Annehmlichkeiten dieser Welt sehr wohl zu schätzen wusste, der als Freund guten Essens und edlen Weins leidenschaftlich die Küche der Indios und der Boucaniers erforschte, war zweifellos der beste französische Spion in Westindien. Und nicht nur das, er war selbst ein hervorragender Mathematiker und Ingenieur. Die Ruinen der Befestigungen, die er im Auftrag der französischen Militärs in Martinique baute, existieren heute noch zum Teil. Und so ganz nebenbei entdeckte er, als ihm die Oberaufsicht über die Zuckermühlen der Dominikaner übertragen wurde, eine Me-thode des Zuckerbleichens, die bis heute noch in Gebrauch ist.

Trotz Spionage und Festungsbau, Zuckergewinnung und Kaperfahrten, Père Labat war und blieb in erster Linie Priester und Seelenhirte seiner mitunter recht rup-pigen »Schäflein«: »... nachdem sie sich dies alles zusammengestohlen hatten, baten mich die Piraten zum Dank die Messe zu lesen. Man ließ die Kirchenparamente kommen, baute am Heck des Schiffes einen schönen Altar auf, und die Messe wurde mit großer Freude gesungen. Eine Salve von acht Kanonenschüssen zeigte den Beginn des Gottesdienstes an. Beim Sanctus feuerten sie eine zweite Salve, eine dritte bei der Wandlung, eine vierte beim Benedictus und schließlich nach dem Exaudiat eine fünf-te, während das Gebet für unseren König von einem inbrünstigen ›Vive le Roi!‹ gefolgt wurde. Nur ein kleiner Zwischenfall störte die Zeremonie ein wenig: Einer der Piraten nahm während der Wandlung eine nicht gerade andächtige Haltung ein und pinkelte in hohem Bogen in die See. Als er deshalb von Kapitän Daniel zurechtgewiesen wurde, antwortete er lauthals mit einem schrecklichen Fluch. Unser Kapitän zog prompt sein Pistol und schoss ihm durch den Kopf, während er bei Gott schwor, dass jedem das gleiche passieren würde, der eine derartige Respektlosigkeit gegenüber dem Heiligen Sakrament zeige. Ich war leicht erschrocken, denn dies alles geschah unmittelbar neben mir. Daniel jedoch sagte: ›Ärgern Sie sich nicht, mein Vater, es ist nur ein Schuft, der für seine Respektlosigkeit bestraft worden ist, und seine Pflicht in Zukunft nicht so leicht vergessen wird.‹ – Eine recht wirksame Methode, möchte ich meinen, um den armen Burschen davor zu bewahren, sein Vergehen je noch einmal zu wiederholen. Als die Messe beendet war, wurde der Leichnam in die See geworfen. Alle Flibustiers kamen zur Opfergabe, und jeder brachte eine Kerze und ein 30-Ecus-Stück dar. Diejenigen, die kommunizierten, taten dies mit großer Frömmigkeit und Bescheidenheit.«

Père Jean-Baptiste Labat hat auch das beliebteste Festessen der Piraten aufgezeichnet, das »Boucanier-Schwein«, dessen Rezept der Autor unmöglich seinen Lesern verschweigen darf: Für eine mittlere Piratenschiffbesatzung drei bis vier Schweine. Dazu Pfeffersauce, eine Mixtur, die im Verhältnis von etwa 10 Esslöffeln heißem Olivenöl, 10 Esslöffeln ausgelassenem Schweinefett und 3 Esslöffeln Cayennepfeffer zusammengerührt wurde. Die etwas »sanftere« Kräutersauce – von einem »wahren Boucanier« jedoch meist verschmäht – bestand aus Olivenöl, Zwiebeln, reichlich Knoblauch, Chilis, Tomaten, Thymian und Pfefferminze (alles feingehackt), etwas braunem Zucker und selbstverständlich auch einem gutem Schuss Cayennepfeffer. Père Labat fährt dann fort: »Die Schweine werden am Spieß über einem offenen Feuer gebraten. Alsdann, wenn sie schön gar sind, schneidet sich jeder mit dem Entermesser ein Stück ab, taucht es in die Schale mit Soße, die er vor sich stehen hat, verschlingt es, und trinkt einen großen Schluck Rum nach.« (Warnung für heutige »Piratenfeste«: Für europäische Mägen ist die Version mit »Pfeffersoße« nahezu ungenießbar, so interessant sie schmeckt. Boucanier-Schwein mit »Kräutersoße« ist hingegen ein reiner Genuss. Wer seine Gäste, dank tropischem Klima, nicht einfach im Freien liegen lassen kann, sollte auch mit dem Rum etwas vorsichtiger sein!)

DREI MINUTEN IN PORT ROYAL

Man schrieb seinerzeit den 7. Juni 1692. Fast 300 Jahre später fanden Unterwasser-Archäologen im Schlamm vor Kingston auf Jamaika eine Taschenuhr. Röntgenaufnahmen ergaben, welche Zeit die Uhr angezeigt hatte, als ihr Besitzer vom Tod überrascht wurde: 17 Minuten vor zwölf Uhr Mittags.

In dieser Minute an jenem Junitag 1692 erschütterte ein Erdstoß die Befestigungen, die Häuser, Kirchen und Kneipen, die Lagerhallen, Spielhöllen und Bordelle von Port Royal. Einer der Überlebenden, Reverend Emanuel Heath, Rektor der

St. Pauls Kirche, schilderte seine Erlebnisse so: »›Lieber Gott, was ist das?‹, rief ich entsetzt. ›Ein Erdbeben‹, antwortete mir Mr. White, mit dem ich bei einem Glas Wein saß. ›Haben Sie keine Angst, es wird schnell vorüber sein.‹ Es war schnell vorbei – auf eine Weise, die den beruhigenden Worten Mr. Whites hohnsprach. In drei Minuten wurde Port Royal, die schönste Stadt der englischen Kolonien, der beste Handelsplatz und Warenmarkt in diesem Teil der Erde, das Zentrum des Reichtums, zerschmettert und in Stücke geschlagen, vom Meer überspült und verschlungen.«

Ein anderer Überlebender berichtete: »Die Erde hob und senkte sich wie die Wogen des Meeres. Spalten öffneten und schlossen sich in blitzschneller Folge, Menschen wurden von ihnen verschlungen oder eingeklemmt und zu Tode gepresst. Aus der Entfernung grollte ein Geräusch wie das fallender Berge. Der Himmel überzog sich mit einem stumpfen Rot, wie ein glühender Ofen.«

Mehr als 12.000 Menschen verloren ihr Leben. Dem ersten Erdstoß folgten in Sekundenschnelle ein zweiter und dritter. In panischem Entsetzen suchten die Bewohner von Port Royal vergeblich, sich vor der hereinbrechenden Katastrophe zu retten. Das ominöse X, das bei Erdbeben an den berstenden Wänden der Häuser dem Einsturz vorausgeht, war ihnen wohlbekannt, doch auch die Flucht ins Freie half ihnen diesmal nichts. Von Fort Carlisle am einen, bis zum Fort James am anderen Ende der Stadt versank Küstenstreifen um Küstenstreifen im Meer. Eine Springflut raste von der See her über die Stätte der Verwüstung, riss ins Verderben, was das Erdbeben eben noch verschont hatte. Drei Minuten nach dem ersten Erdstoß waren zwei Drittel der Stadt in den Fluten verschwunden. Zurück blieb eine schmale, stellenweise nur wenige Meter breite Landzunge, gebogen wie eine schartige Säbelklinge. Port Royal, die »sündigste Stadt der Welt«, hatte aufgehört zu existieren. Mit ihr versanken nicht nur das Grab Henry Morgans und der größte Teil der englischen Piratenflotte auf dem Grund des Meeres, sondern auch die Epoche der Boucaniers, Flibustiers und Buccaneers. Wenige Jahre später vermerkte eine Seekarte hinter dem Namen von Port Royal lapidar: *sunk* – gesunken.

Gestern Helden – heute Verbrecher
Die Piraten der Südsee und karibisches Nachspiel 1590 bis 1725.

Also sprach Black Sam Bellamy 1716 zum Kapitän eines gekaperten Frachters, um diesen zum Beitritt in seine Bande zu bewegen:

»Verdammt, Ihr seid ein schniefeliger Hundsbalg, und genauso, wie alle, die hinnehmen von Gesetzen regiert zu werden, die reiche Leute zu ihrer eigenen Sicherheit gemacht haben, weil diesen feigen Hühnerseelen die Courage fehlt, auf andere Weise das zu verteidigen, was sie durch ihre Schurkereien zusammengerafft haben. Fluch und Blut über dieses ganze Pack gerissener Schufte! Und über Euch, der Ihr denen als ein Posten hühnerherziger Trottel gerade recht dient! Das ist der einzige Unterschied zwischen mir und Ihnen: Sie berauben die Armen unter dem Deckmantel des Gesetzes. Und wir plündern die Reichen unter dem Schutz allein unserer Courage! Wäre es nicht tausendmal besser für Euch, bei uns mitzumachen, anstatt hinter den Ärschen dieser Schufte herzuschnüffeln? Nein? Ich bin ein freier Fürst und habe Macht, der ganzen Welt den Krieg zu erklären wie nur einer, der 1000 Schiffe und 100.000 Mann im Feld hat. Mein einfachster Menschenverstand sagt mir das. Aber mit solchen Schwanzwedlern wie Euch ist ja kein Argumentieren, mit derartigen Weichbolden, die jedem Popanz erlauben, sie übers Deck zu pfeifen. Na schön, meinetwegen könnt Ihr laufen, wohin immer Ihr wollt, und denen nach wie vor in die Ärsche kriechen. Solch schäbige Windeln wie Euch zwinge ich zu nichts. Aber verdammt und Dreck, es tut mir leid, wenn meine Leute hier Euch Eure Slup nicht wiedergeben wollen. Es ist durchaus nicht meine Art, irgendjemandem etwas Unliebsames anzutun, es sei denn nur zu meinem ganz persönlichen Vorteil. Also dann! Haut ab! Verduftet! Enthebt uns der Anstrengung, Euer beleidigtes Gesicht länger in unserer Mitte zu sehen, als unsere Gutmütigkeit erträgt! Lebt wohl, Kapitän! Euer kleines Beiboot steht zu Eurer Verfügung. Gute Reise! Sprecht nett über uns, und lasst Euch nie wieder blicken! Tschirio!«

ROBINSON CRUSOE – ALEXANDER SELKIRK
(um 1700)

»Wir waren alle Glücksritter, und standen unter dem Befehl von Kapitän John Coxon, den wir selber gewählt hatten. Jeder Mann war mit vier Brotlaiben versehen, mit Flinte, Pistol und Säbel.« Von den 330 Buccaneers, die am 5. April 1680 etwa 50 Meilen östlich des heutigen Colón an Land gingen, um den Isthmus von Panama zu überqueren, ahnte niemand, dass keiner der Kapitäne, dafür zwei der einfachen Männer einst wahrhaft berühmt werden sollten:

Der eine hieß Alexander Selkirk, war ein streitsüchtiger Hitzkopf aus dem schottischen Hochland, aber ein harter und tüchtiger Buccaneer.

Der andere hieß William Dampier. Mit 21 war er aus Somerset in England nach Westindien gekommen und hatte sich als Plantagenaufseher, Waldarbeiter und Pirat durchgeschlagen. Er war ebenfalls ein guter Mann – allerdings ein Spinner. Oft bei Nacht, wenn die Kumpane soffen und würfelten, zog er ein Manuskript hervor, das er in einem Bambusrohr einigermaßen gegen Wetter und Wasser schützte, und beschrieb beim Schein der Lagerfeuer Küstenprofile, Kuriositäten von Mensch und Tier, zeichnete Skizzen und Landkarten. Die kaum erforschte Südsee zog ihn an wie ein Magnet, und als er von dem Plan John Coxons und seiner Kompagnons Richard Sawkins, Bartholomew Sharp und John Watling hörte, war er als einer der Ersten dabei.

Nach einem abenteuerlichen Marsch durch den Dschungel der Landenge paddelten die Buccaneers in den Kanus freundlicher Indianer am 19. April in die Bucht von Panama hinein und überrumpelten ein spanisches Schiff. Vier Tage später hatten sie bereits fünf Fahrzeuge und lagen vor dem Hafen des neuen Panama, etwa sieben Kilometer westlich der von Henry Morgan zurückgelassenen Ruinen. Ein paar Tage ging alles gut, man räumte Schiffe und Warenlager aus, doch schnell gab es Krach um die Beuteverteilung. John Coxon kehrte mit 70 Leuten in die Karibik zurück. Dann fiel Kapitän Sawkins, »ein tapferer und großmütiger Mann, von allen geliebt, die wir bei uns hatten«, in einem Gefecht gegen die Spanier. Das Kommando ging an den unbeliebten Bartholomew Sharp, und wieder trennte sich eine Gruppe. Sharp wurde schließlich abgesetzt, wobei jener Alexander Selkirk zu den Wortführern gehört zu haben scheint. John Watling, der nun das Kommando führte, beschloss Arica zu erobern, erschoss kurz vorher in einem Wutanfall einen Indio, verärgerte damit die indianischen Verbündeten, wurde beim Sturm auf Arica blutig zurückgeschlagen und fiel. Sharp kehrte ins Kommando zurück, und eine dritte Gruppe, unter ihnen William Dampier, setzte sich ab.

Sechs Monate kreuzte Bartholomew Sharp mit der TRINITY und nur noch 75 Mann an der Westküste des amerikanischen Doppelkontinents. Als man auf der Insel Mas a Tierra, die zur Juan-Fernandéz-Gruppe gehört, Proviant an Bord nahm, gab es wieder Krach zwischen Sharp und Selkirk. Diesmal war allerdings der Kapitän der Stärkere, und der querköpfige Schotte wurde auf der menschenleeren Insel ausgesetzt, zusammen mit einem Indio, den man bei der Abfahrt vergessen hatte – sie sollten als »Robinson Crusoe« und »Freitag« in die Weltliteratur eingehen.

Am 19. Juli 1681 enterte Bartholomew Sharp die SANTO ROSARIO aus Callao. Später berichtete er: »In dieser Prise fand ich ein spanisches Manuskript von großem Wert.

Es beschreibt alle Häfen, Straßen, Buchten, Sandbänke und Felsen der Südsee und gibt Auskunft, wie man ein Schiff in jeden Hafen bringen kann. Die Spanier schrieen auf, als ich das Buch in die Hände bekam.« Sharp war damit ein gemachter Mann und kehrte nach England zurück. Im Oktober 1682 wurde die von dem Kartographen William Hack aus Wapping prächtig kopierte Kartensammlung, der *Führer für die Große Südsee*, König Charles II. in London überreicht.

DIE VERSCHENKTE GELEGENHEIT – WILLIAM DAMPIER (1652 bis 1715)

William Dampier, der Kapitän Sharp verlassen hatte, war mitten in der Regenzeit und unter schlimmsten Strapazen über den Isthmus von Panama zur Nordküste zurückgekehrt. Außer seinem Manuskript hatte er alles verloren, aber seine Abenteuerlust war ungebrochen. Als am 23. August 1683 die BATCHELOR'S DELIGHT unter Kapitän Edward Davis in See stach, um erneut die Südsee anzusteuern, war er wieder dabei. Nahe der Juan-Fernandéz-Inselgruppe, wo Kapitän Sharp Alexander Selkirk ausgesetzt hatte, schloss sich ihnen ein anderer Buccaneer an, Kapitän Eaton mit der NICHOLAS. Bei den Galapagos-Inseln stieß die CYGNET unter Kapitän Swan dazu und als sie in die Bucht von Panama einliefen, lagen dort bereits drei Schiffe mit 80 Engländern und 450

William Dampier, Pirat und Naturforscher.

Franzosen unter den Kapitänen Towley, Harris, Crogniet und dem unverwüstlichen Pierre le Picard, dem einstigen Kampfgefährten von L'Olonnois und Henry Morgan. Mit einem Schlag waren über 1000 kampferprobte Freibeuter beisammen. Wenn überhaupt schaffende Kräfte im Buccaneertum und seiner sozialistisch anmutenden Gesellschaftsordnung steckten, jetzt mussten sie sich zeigen! Sie verfügten über eine Flotte, die allem, was Spanien in diesen Gewässern aufzubieten hatte, weit überlegen war; sie hatten die besten, die zähesten, die tüchtigsten Männer; sie hatten Tausende von Kilometern reichster Küste vor sich, die nur darauf warteten, dass sie zugriffen.

Der Schicksalstag war der 9. Dezember 1684, als sie drei Barken »mit über 1000 Negern beiderlei Geschlechts, alle noch jung«, eroberten. Die Buccaneers ließen die Schwarzen frei – menschlich ein schöner Zug, doch Dampier schrieb: »Niemals hatten wir eine günstigere Gelegenheit gehabt, unser Glück zu machen und reich zu werden, denn wir hätten mit den Negern auf der Landzunge von Darien nach Santa María gehen und sie dazu benutzen sollen, in den dortigen Bergwerken nach Gold zu graben. Das hätte sich leicht machen lassen, denn Kapitän Harris, der damals bei uns war, hatte ein halbes Jahr vorher einen Streifzug dorthin gemacht und die Spanier aus der Stadt und den Goldbergwerken vollständig verjagt. Zudem waren die Indios die Todfeinde der Spanier, hingegen, weil sie den Spaniern dank der Hilfe der Freibeuter viele Jahre hindurch hatten Schaden antun können und dadurch wohlhabend geworden waren, unsere Herzensfreunde. Wir hatten 1000 zur Arbeit taugliche Neger, 200 Tonnen Lebensmittel auf Galapagos, und den Fluss Santa María, wo wir unsere Schiffe ausbessern und mit allem versehen konnten. Auch konnten wir den Eingang des Flusses dergestalt befestigen, dass wir mächtig genug gewesen wären, den Spaniern das Hereinkommen zu verwehren, selbst wenn sie mit der gesamten Macht, die sie in Peru aufbringen konnten, angerückt wären. Der größte Vorteil aber, den wir gehabt hätten, wäre die Karibik im Norden gewesen, denn auf dieser hätten wir unsere Güter fortbringen können, und auch Unterstützung an Volk und Munition erhalten. In kurzer Zeit wäre uns alles, was in diesem Teile Westindiens ist, zugefallen. Auch wären uns viele tausend Freibeuter aus Jamaika und insbesondere von den französischen Inseln zugelaufen. Wir wären dann Herr nicht allein der reichsten Goldbergwerke Amerikas, sondern auch der gesamten Küste bis Quito gewesen. Ja, dem Ansehen nach hätten wir noch größere Dinge ausrichten können!«

»Dem Ansehen nach« gewiss, aber eben nicht in Wirklichkeit. Wochen vergingen. Man redete, debattierte, stritt. Sollte man tatsächlich nach Santa María gehen? Und welchen Namen sollte diese Stadt dann erhalten? Solle man sich einem, natürlich frei gewählten, Gouverneur unterwerfen? Falls ja, sollte der ein Engländer oder Franzose sein? Da viele der freigelassenen Schwarzen durchaus bereit waren, freiwillig für die Piraten zu arbeiten, wie hoch sollte man sie bezahlen? Wie sollte der zu erwartende

Gewinn mit Neuankömmlingen geteilt werden, ohne dass die »Alteingesessenen« benachteiligt würden? Jedermann wollte seine Meinung zum Besten geben, und da er dazu ja das verbriefte Recht hatte, tat er dies denn auch gründlich und ausführlich. Zu einer Einigung kam man nicht. Schließlich wurden »Komitees« und »Ausschüsse« gegründet – sie zerstritten sich noch ärger als die »Vollversammlung« ...

Dann erschien, Ende Mai 1685, eine spanische Flotte. Ein paar Schiffe kämpften tapfer, doch weder Kapitän Crogniet noch Kapitän Swan waren an den Feind zu bringen. Kaum drehten die Spanier ab mit der Gewissheit, dass diese Flotte das Kolonialreich nicht aus den Angeln heben würde, brachen noch heftiger Zank und Streit unter den Freibeutern aus – jeder beschuldigte jeden, den Sieg verschenkt zu haben. Das Ende waren Trennung und Zersplitterung. Der Traum vom goldenen Piratenreich in der Südsee war ausgeträumt, die große Gelegenheit für immer verpasst. Monatelang streiften noch einzelne Abteilungen durch den Pazifik, plünderten Städte, raubten Schiffe aus, vereinten sich teilweise wieder, schlugen gemeinsame Gefechte, und trennten sich erneut im Streit. Wer überhaupt wieder heimkam, war so arm, wie er ausgefahren war. Und viele kamen nie zurück: Crogniet und Towley fielen; Pierre le Picard starb; Eaton gilt als verschollen; Swan, auf dessen Schiff Dampier fuhr, wurde, als er heimzukehren versuchte, auf den Philippinen von Eingeborenen ermordet.

William Dampier brachte die Cygnet schließlich nach England zurück, und mit ihr jenes Manuskript, das er zwölf Jahre lang mit sich herumgeschleppt hatte. *A New Voyage Round the World* erschien 1697 und wurde ein gewaltiger Erfolg für seinen Verfasser. Die britische Admiralität holte sich William Dampier und schickte ihn 1699 los, um die Gewässer um Neuguinea zu erforschen. Die Fahrt endete mit einem Schiffbruch, bei dem Dampier all seine wertvollen Aufzeichnungen verlor. 1703 bis 1707 war er als nautischer Offizier wieder unterwegs, diesmal unter dem Kommando eines gewissen Woods Rogers – man wird noch von ihm hören –, der in bester halbamtlicher Francis Drake-Tradition die Erde umrundete, und nochmals 1708 bis 1709, wobei man eine Beute von 200.000 Pfund Sterling nach England heimbrachte.

1709 endete auch das Einsiedlerleben von Alexander Selkirk auf Mas a Tierra. William Dampier holte seinen ehemaligen Kumpan und dessen unfreiwilligen Begleiter, von deren Schicksal er inzwischen erfahren hatte, zwar um 28 Jahre gealtert, ansonsten aber durchaus wohlbehalten und ungebrochen, ab. Der Politiker, Aufrührer, Freidenker und Schriftsteller Daniel de Foe machte die beiden mit seinem 1719 erschienenen Roman *Leben und die erstaunlichen Abenteuer des Matrosen Robinson Crusoe aus York* unsterblich.

DER GROSSE BETRUG – SIEUR DE POINTIR
(1645 bis 1707)

Am 4. März 1697 ankerten 15 Kriegsschiffe des Sonnenkönigs Louis XIV. von Frankreich vor Haiti. Admiral Jean Bernard Desjans, Sieur de Pointir, Ritter des hochvornehmen *Ordre Royal et Militaire de Saint-Louis*, war entsetzt, als er die Hilfstruppen sah, die ihm Monsieur Jean Ducasse, der Gouverneur von Santo Domingo und gewählte Anführer der Flibustiers, präsentierte: 1200 struppige, verlauste, wild herausgeputzte, offenbar disziplinlose Kerle, »darunter sogar etliche Neger«, wie der Sieur de Pointir gegraust bemerkte, kurzum die Elite der französischen Boucaniers, die den amtlichen Schiffen zu einem halbamtlichen, beuteträchtigen Unternehmen zu folgen gewillt waren. Der Sieur de Pointir selbst befehligte sieben Linienschiffe, von denen das größte, die SCEPTRE, 84, das kleinste, die APOLLON, 64 Kanonen an Bord hatte, dazu vier Fregatten, eine Bombenketsch, zwei Fleuten und eine Brigantine, alles Schiffe der französischen Flotte mit rund 2500 Matrosen und 1730 Marinesoldaten an Bord.

Der Vertrag, den der Sieur de Pointir mit Seiner Majestät abgeschlossen hatte, sah so aus: Gegen ein Fünftel der Beute stellte der König die Schiffe und zahlte den Sold der Offiziere und Marineinfanteristen. Die Ausrüstung der Schiffe und die Heuer der Matrosen war Sache privater Aktionäre; ihnen fiel dafür – nach Abzug des Anteils der Krone, einem Zehntel für Admiral de Pointir und einem Zehntel für seine Offiziere – der gesamte Rest der Beute zu. Ziel des Unternehmens war das reiche Cartagena de las Indias an der Nordküste Kolumbiens. In seinem Bericht über diese Beutefahrt schrieb der Sieur de Pointir später, die Piraten hätten ihn allein »um des Ruhmes Seiner Majestät willen« begleitet, und es bedürfte nicht einmal des Gegenberichts von Monsieur Ducasse, um zu wissen, dass diese Behauptung absurd war. Wie de Pointir allerdings die Flibustiers dazu brachte, ihm zu helfen, das konnte er natürlich weder dem König noch den Aktionären gegenüber zugeben: Er versprach den Piraten mehrfach und ausdrücklich, die Beute nach ihren Gepflogenheiten zu teilen: Ein Zehntel für den König, ein Drittel für die Aktionäre, den Rest für die am Zug beteiligten Männer. Keine Gemeinschaft, auch nicht die von Piraten, kommt ohne gewisse gesellschaftliche Spielregeln aus. Für die Boucaniers war ein gegebenes Wort unbedingt bindend, und nicht einmal Jean Ducasse zweifelte an der Aufrichtigkeit des vornehmen Herrn aus Paris.

Jean Bernard Desjans, Sieur de Pointir, schrieb später einen sehr ins Detail gehenden Bericht der Kämpfe um Cartagena, wobei er nicht vergaß, an jeder passenden und unpassenden Stelle seine eigenen Verdienste herauszustreichen, und dieser Bericht ließ ihn auch in die Geschichte eingehen. Tatsächlich war das Bemerkenswerteste an der Eroberung von Cartagena der Trick des Admirals, dem Unterhändler der Stadt dreimal die gleichen Reihen seiner Truppen vorführen zu lassen: Nachdem die Vorbeimarschierenden jeweils hinter einer Baumgruppe verschwunden waren, hatten sie sich einfach hinten wieder angestellt. Von den drei Forts, welche die Bucht von Cartagena schützen sollten, waren zwei verlassen und aufgegeben, das dritte stürmte und eroberte Ducasse mit den Boucaniers nach kurzem Kampf. Die »Schlacht um Cartagena«, genauer zunächst um die Unterstadt Hihimani, dauerte nach dem Bericht de Pointirs vom 20. bis zum 30. April, was schamlos übertrieben war. Zunächst schaffte man nämlich die Geschütze an Land und erst am 27. begann man ein wenig in die Stadt hineinzuböllern – nicht allzu heftig allerdings, da man ja Cartagena möglichst unbeschädigt in die Hand bekommen wollte. Die Spanier schossen selten und lustlos zurück, und wer hier getroffen wurde, der musste schon ziemlich viel Pech haben – oder auch Glück, wie der Admiral, der sich einen Kratzer holte, der ihn einen vollen Tag ans Bett fesselte, den er aber zur »schweren Verwundung im Dienst für König und Aktionäre« hochspielte. Am 28. April ließ Ducasse das Stadttor unter Feuer nehmen, das prompt beim ersten Treffen auseinanderfiel. Am nächsten Tag stürmten die Boucaniers und eine Kompanie Marinegrenadiere die Unterstadt. Es gab ein paar Tote auf beiden Seiten, dann zogen sich die Spanier in die Oberstadt zurück, beschlossen aber, ohne dass ein weiterer Schuss gefallen wäre, am 1. Mai zu kapitulieren.

Vom strategischen Genie Admiral Pointirs war beim Kampf um Cartagena nicht viel zu bemerken gewesen – die Befehle hatte Jean Ducasse gegeben und die Knochenarbeit hatten die Flibustiers geleistet, während der Sieur de Pointir an seinem Bericht feilte. Nun allerdings, beim Eintreiben der Beute, entwickelte der hohe Herr aus Paris seine wahre Größe, und schon am Tag nach dem Einmarsch der französischen Truppen prangten überall Anschläge folgenden Inhalts: »Jedermann, der seine Schätze und sein Geld freiwillig abliefert, kann zehn Prozent behalten. Jedermann, der seine Schätze nicht freiwillig abgibt oder Teile davon zu unterschlagen versucht, wird alles abgenommen. Ein zusätzliches Zehntel erhalten jene, die ihnen bekannte Personen anzeigen, die ihr Vermögen nicht ordnungsgemäß abgeliefert haben.« Die Hoffnung auf die zehn Prozent und die Angst vor Nachbarn, die aus einer Anzeige möglicherweise Nutzen ziehen würden, ließ die Sache wie am Schnürchen laufen. Die Einziehung der Vermögen dauerte vom 7. bis zum 19. Mai, während die Piraten in ihrem Lager zunehmend drohender murrten, weil der Sieur de Pointir nicht daran dachte, ihnen Einblick zu geben, wie hoch die Beute denn nun sein. Selbst Jean Ducasse wurde abgeschmettert. Am 20. Mai ließ Admiral Pointir die gesamte Beute auf sein Flaggschiff SCEPTRE bringen, die Kanonen wieder auf seine Schiffe transportieren und die Truppen an Bord gehen.

Endlich erschien auch ein Kommissar bei dem gewählten Anführer der Flibustiers, um den Anteil der Piraten zu übergeben: »Admiral Jean Bernard Desjans, Sieur de Pointir, entlässt Euch und Eure Leute zum 1. Juni. Die Aufteilung der Beute ist nach den Abmachungen des Königs und des Sieurs de Pointier errechnet worden: Für jeden Piraten vom Tag der Anheuerung pro Monat 15 Pfund. Das ist eine Gesamtsumme von 135.000 Pfund.« Jean Ducasse glaubte nicht recht gehört zu haben: »Das ist unmöglich! Da muss ein Irrtum vorliegen! Die Gesamtbeute beträgt acht bis neun Millionen Pfund, das heißt für uns einen Anteil von mindestens zwei Millionen! So und nicht anders war es von Anfang an mit dem Admiral de Pointir ausgemacht!« Der Kommissar zuckte bedauernd mit den Schultern: »Mir wurde gesagt, dass dies Euer Anteil ist. Wenn Ihr den Vertrag, der zwischen dem König und dem Sieur de Pointir abgeschlossen wurde, anfechten wollt, dann müsst Ihr Euch bei Seiner Majestät beschweren.«

Ein Aufschrei der Empörung war die Antwort der Flibustiers, als sie von diesem Wortbruch und Betrug hörten. Kurz schien es, als wollten sich die tobenden Piraten auf die Sᴄᴇᴘᴛʀᴇ stürzen, die, umringt von den anderen Schiffen ihres Geschwaders, bereits mit vollen Segeln dem Ausgang der Lagune von Cartagena zustrebte.

Dann aber entlud sich die Enttäuschung der Piraten nach einer anderen Seite. Wie ein Heuschreckenschwarm fielen sie nochmals über Cartagena her und trieben die Bürger in die Kathedrale, wo Jean Ducasse eine Rede hielt, die der Jesuitenpater Pierre-François-Xavier de Charlevoix aufgezeichnet hat: »Wir wissen sehr wohl, dass Ihr uns als Männer ohne Glauben und Gewissen betrachtet, und uns mehr für Teufel haltet als für Menschen. Wir aber werden zeigen, dass all diese hässlichen Dinge, die Ihr uns nachsagt, nicht auf uns zutreffen, sondern auf jenen General, unter dessen Befehl wir gegen Euch kämpfen mussten. Der Heimtückische hat uns hinters Licht geführt, denn die Eroberung der Stadt verdankt er allein uns. Nun hat er sich geweigert, den Gewinn mit uns zu teilen, wie er es versprochen hatte. So sehen wir uns also gezwungen, der Stadt einen zweiten Besuch abzustatten, was nicht ohne Bedauern unsererseits geschieht. Dennoch geben wir unser Wort, dass wir keine Unordnung anrichten werden, wenn Ihr uns eine vernünftige Summe übergebt. Solltet Ihr allerdings diesen Vorschlag nicht akzeptieren, dann macht nicht uns, sondern Euch selber und den Admiral de Pointir dafür verantwortlich.« Die freiwillige Kollekte war mager, also packten die Piraten den nächsten hochgestellten Bürger am Kragen und schleiften ihn zur Kirche hinaus. Wenig später krachte eine Kanone. Dann kehrten die Boucaniers mit finsterem Scharfrichterblick in die Kathedrale zurück, um das nächste Opfer zur Exekution zu zerren. Als die Flibustiers die berühmt schöne Gattin des Bürgermeisters zum Portal schleppten, während die Kirche vom verzweifelten Geschrei ihrer sechs Kinder widerhallte, brach der Widerstand der Spanier zusammen. Jedem Piraten wurden Werte von etwa 250 Pfund ausgehändigt – was die Bürger von Cartagena zutiefst bedauerten, als sie die Kathedrale endlich verlassen durften, denn draußen fanden sie die »Erschossenen« zwar gefesselt und geknebelt, sonst aber quicklebendig und wohlbehalten vor.

Admiral Jean Bernard Desjans, Sieur de Pointir, landete am 27. August 1697 wieder in Brest. Die wütenden Anschuldigen über den Betrug und die ungerechte Verteilung der Beute, die von Jean Ducasse wenig später Paris erreichten, wurden nicht zuletzt von einem faustgroßen Smaragd überstrahlt, den der Admiral seinem König überreicht hatte. De Pointir nahm kurz danach seinen Abschied aus dem aktiven Marinedienst und ließ sich als schwerreicher Mann auf seinen Gütern nieder. Das Erdbeben von Port Royal hatte die englischen Buccaneers zerschlagen. Cartagena tat es, wenn auch auf andere Weise, mit den französischen Boucaniers und Flibustiers: Wie sollte ihre Ordnung weiter bestehen können, wenn man einem gegebenen Wort nicht mehr vertrauen konnte?

DER REDNER – »BLACK« SAM BELLAMY
(1690 bis 1717)

Wie in vielen anderen Fällen ist jener Teil des Lebens von Samuel Bellamy ehe er 1714 in Cap Cod, der östlichen Spitze von Massachusetts, auftauchte ziemlich unklar. Barry Clifford, der 1984 das Schiff Bellamys, die WHYDAH GALLEY, wieder entdeckte, bevorzugt die Geschichte vom braven, arbeitslosen Matrosen, der in die Neue Welt gekommen war, um ehrliche Arbeit zu finden. Der berühmte Piratenkenner Philip Gosse schrieb freilich in *The Pirates' Who's Who* vermutlich zutreffender, Bellamy habe Frau und Kinder in England verlassen, um in den Kolonien als *Wracker* zu arbeiten. *Wracker* aber waren Strandräuber, die mit falschen Lichtern Schiffe auf Klippen oder Untiefen lockten, um sie dann auszurauben. Später, zwar mit romantischen Zutaten ausgeschmückt, bleibt doch die Tatsache, dass er in Wellfleet die bildschöne Mary Hallett traf und sich die beiden jungen Leute heftig ineinander verliebten. Dass Samuel Bellamy – wegen seiner kohlschwarzen Haare gern *Black* Sam genannt – obwohl ungebildet ein hochintelligenter Mensch und ein brillanter Redner war, mag durchaus dazu beigetragen haben. Marys Eltern, wohlhabenden Pflanzern, passte der arme Schlucker als Schwiegersohn überhaupt nicht, und als Mary auch noch schwanger wurde, beschloss Black Sam schleunigst reich zu werden. Auf einer von dem Juwelier Paul Williams – einem stets eine Perücke tragenden Mulatten – gekauften Slup und mit 30 Mann segelte Sam Bellamy als Quartiermeister nach Florida, um die Schätze einiger dort gestrandeter Spanier zu bergen. Die Sache war ein Flop, aber Williams und Bellamy lernten dort die Piraten Henry Jennings und Benjamin Hornigold kennen, die eben dabei waren in Nassau auf der Bahama-Insel New Providence ein neues Tortuga oder Port Royal zu etablieren. Falls Paul Williams und Sam Bellamy dies tatsächlich nicht ohnehin von Anfang an vorgehabt haben sollten, jetzt war klar, dass sie ins Piratenfach wechseln würden. In Black Sams Kopf spukten wohl schon

lange Ideen herum, wie sie die Französische Revolution dann mit »Freiheit, Gleichheit, Brüderlichkeit« formulierte, und die egalitäre Gesellschaftsordnung der karibischen Piraten war offenbar genau das, wonach er gesucht hatte. Als der *Jolly Roger*
aufgezogen wurde, hielt Sam Bellamy eine seiner Ansprachen, für die er bald den
Spitznamen »der Redner« erhalten sollte: Totenkopf und Knochen bedeuteten keine
Drohung, sie seien das Zeichen von Männern, die in den Augen des Gesetzes tot waren
– von Männern, die sich nicht mehr dem Gesetz unterwarfen und unter der Flagge von
»König Tod« dienten. »Diese Flagge steht nicht für den Tod, sondern für die Auferste-
hung! Nie wieder werdet ihr Sklaven der Reichen sein. Von heute an sind wir neue
Menschen. Wir sind frei!«, brüllte er. Und er tat das so überzeugend, dass 90 Mann aus
Hornigolds und Jennings Mannschaft zu ihm überwechselten.

Man segelte in die Karibik hinaus und fast auf jedem aufgebrachten Schiff hielt
Black Sam seine Reden, von denen eine Kostprobe am Anfang dieses Kapitels zitiert
ist. Im Übrigen wurde er mit rund 50 Prisen, wie später einer seiner Leute vor Gericht
bestätigte, der zweifellos erfolgreichste Pirat dieser Epoche. Sein bedeutendster Fang
war der Sklaventransporter WHYDAH, vollgestopft mit Geld und Gold vom Sklaven-
verkauf auf Jamaika auf der Heimfahrt nach England. Black Sam Bellamy machte sie
zu seinem »Flaggschiff«, doch sie sollte ihm kein Glück bringen. Ob er nach Cap Cod
zurückkehrte, um sich dort mit Mary als Gemahlin zur Ruhe zu setzen, oder ob er seine
Geliebte, die inzwischen sein Kind geboren hatte, nur abholen und nebenbei Cap Cod
plündern wollte, ist unklar. In der Nacht des 26. April 1717 warf ein Sturm die
WHYDAH knapp 200 m vom Strand entfernt auf die Klippen, so dass sie kenterte. Von
den 146 Männern an Bord schafften es nur neun bis zum Strand, der Rest samt Black
Sam Bellamy ertrank vor den Augen Marys in den eiskalten Fluten. Von den gefangenen Überlebenden wurden an 18. Oktober 1717 sieben gehängt, einer begnadigt, da er
sich nichts Ernsthaftes hatte zu Schulden kommen lassen, und einer, ein Schwarzer,
niemals angeklagt sondern als Sklave verkauft. Paul Williams, der Perücke tragende
Mulatte, nahm, ebenso wie Benjamin Hornigold und Henry Jennings, 1718 den königlichen Pardon wie »ein Hund das Ausgekotzte« an. Black Sam Bellamy und seine Geliebte, Mary Hallett, die seinen Tod beobachtet hatte, sollen heute noch als Gespenster
am Cap Cod umgehen.

1984 fand Barry Clifford die Überreste der WHYDAH GALLEY, dem bislang einzigen wissenschaftlich bestätigten Fund eines neuzeitlichen Piratenschiffes! Den un-
umstößlichen Beweis erbrachte die gefundene Schiffsglocke – die »Stimme eines
Schiffes« – mit der Inschrift »THE WHYDAH GALLEY + 1716«. Seither wurden über
10.000 Münzen, Gold- und Silberbarren und zahllose Stücke des alltäglichen Gebrauchs an Bord geborgen – noch immer nicht mehr als bestenfalls 12% dessen, was
die WHYDAH an Bord gehabt haben muss.

DER EISERNE BESEN – WOODS ROGERS
(1679 bis um 1732)

Den karibischen Boucaniers, Flibustiers und Buccaneers blies Anfang des 18. Jahrhunderts schon seit geraumer Weile der Wind ins Gesicht. Rock Brasileiro, Monbars, L'Olonnois, Henry Morgan und andere hatten derart übel gehaust, dass die gesamte Freibeuterei in der Karibik in übelsten Verruf geraten war. Der Sonnenkönig Louis XIV. war bereits um 1684 deutlich auf Abstand gegangen, zumal aus der französischen Piraten-Hochburg Tortuga kaum noch nennenswerte Beuteanteile nach Paris flossen. Als dann 1700 der letzte spanische Habsburger, Carlos III., starb und sich König Louis bemühte, seinen Enkel Philippe d'Anjou als Felipe V. auf den spanischen Thron zu setzen, schloss dies selbstverständlich endgültig französische Kaperbriefe gegen Spanien aus. Auch in London zeigte man sich zunehmend zurückhaltend, wenn es um dieses Thema ging. Um das spanische Kolonialreich zu ruinieren, waren die Freibeuter durchaus recht gewesen. Doch jetzt, nachdem sich der englische Löwe selbst große Brocken aus den Ländern der Neuen Welt herausgerissen hatte, wurden diese Leute für die eigenen Interessen mehr gefährlich als nützlich. So vergaß man höfliche Bezeichnungen wie etwa »Kaperfahrer« und sprach grob von Seeräubern und Piraten. Nicht dass diese Bezeichnungen generell so falsch gewesen wären, doch jetzt standen sie in amtlichen Dokumenten, welche auch nachwiesen, dass auf Piraterie die Todesstrafe stünde.

Der Untergang von Port Royal war wie ein Zeichen des Himmels gewesen. Gegen die »sündigste« Stadt der Welt – und zweifellos eine der reichsten – wäre es schwierig geworden vorzugehen, gegen die unbedeutende Bahama-Insel New Providence, wohin sich die Überlebenden von Port Royal zurückgezogen hatten, keineswegs. Im Sommer 1718 war es so weit: Im Hafen von Nassau warfen drei englische Schiffe Anker, die DELICIA und zwei schwerbestückte Fregatten. Eine Stunde später ging der neue Captain-General und Governor-in-Chief an Land: Woods Rogers. Wieder eine Stunde später begannen überall in New Providence Soldaten Zettel an die Mauern zu kleben und – für diejenigen, die nicht lesen konnten oder wollten – mit dröhnender Stimme vorzutragen: »Wir versprechen also und erklären hiermit, dass all jene Seeräuber, welche bis zum 5. September 1718 sich einem unserer Gouverneure oder Untergouverneure jenseits des Meeres unterwerfen, Unseren gnädigsten Pardon für alle Seeräubereien genießen sollen. Wir befehlen andererseits auf das Allernachdrücklichste all Unseren Kapitänen und Gouverneuren, sich all jener Seeräuber zu bemächtigen, welche sich weigern oder versäumen, sich zu unterwerfen. Gegeben zu Hampton Court – Georgius I.«

Es war nicht der erste Aufruf dieser Art, doch wenn die Buccaneers über solche Angebote früher nur schallend gelacht hatten, diesmal verging ihnen das Lachen.

Woods Rogers entert ein Piratenschiff. Ehe er zum »eisernen Besen« wurde, war er selber ein erfolgreicher Freibeuter.

Woods Rogers war ein Mann, der wusste, was er wollte. Er war unbestechlich, und er war vom Fach – 1703 bis 1707 war er selbst als Kaperkapitän um die Welt gesegelt, mit William Dampier als Navigationsoffizier, und hatte der Krone eine Beute von 200.000 Pfund Sterling heimgebracht. Wortkarg war der neue Gouverneur. Eine spanische Musketenkugel hatte ihn vor ein paar Jahren in den Oberkiefer getroffen und sein Gesicht ins Unheimliche entstellt. Er musste seine Worte sehr deutlich formulieren, um verstanden zu werden. Aber er wurde verstanden. Verdammt genau sogar. Ein paar Piratenschiffe, darunter die DRAGON Charley Vanes, verschwanden schleunigst aus dem Hafen, ein paar andere Kapitäne ließen sich bei Woods Rogers melden: »Was bekommen wir, wenn wir uns unterwerfen?« – »Ein Stück Land.« – »Und unsere Beute können wir behalten?« – »Was nicht von englischen Schiffen stammt, ja.« – »Wir werden es uns überlegen ...« Rogers schlug mit der Faust auf den Tisch: »Unterwerfen, oder ...« Die Bewegung am Hals war unmissverständlich. Die Kapitäne krochen zu Kreuz, allen voran Benjamin Hornigold, Expartner von »Black« Sam Bellamy. Rogers machte ihn zum Chef eines kleinen Geschwaders und jagte ihn auf alle, die den königlichen Pardon nicht annehmen wollten sowie jene »Begnadigten«, die, kaum außer Sichtweite der Insel, in ihr altes Gewerbe zurückfielen. Zwei Tage nach Ablauf des Ultimatums, hingen die ersten. New Providence war starr vor Schreck. Charley Vane, der mit der DRAGON entkommen war, drohte Rogers, er werde binnen Kürze die »alte Ordnung« wiederherstellen – ein paar Wochen später hing auch er, und in New Providence hatte man es plötzlich eilig, »gut bürgerlich« zu werden.

DER SKLAVENRETTER – MAJOR STEDE BONNET
(gest. 1718)

Major Stede Bonnet, »der, wie angenommen wird, etwas verrückt war«, hatte sich von der militärischen Laufbahn zurückgezogen, um auf Barbados Zuckerrohr zu pflanzen. Nun, verrückt – zumindest im engeren Sinne – war der Ex-Major nicht, höchstens allzu willfährig den Ideen seiner Frau gegenüber. Und die war auch nicht verrückt, sondern nur leicht überspannt »sozial«. Das Los der unterdrückten »Negersklaven« hatte es Mrs. Bonnet angetan. Beneidenswert war dieses Los ja nun wirklich nicht, aber als Major Bonnet, zum Entsetzen all seiner Nachbarn, seine eigenen Sklaven in die Freiheit entließ, wussten die armen Teufel mit diesem Geschenk kaum etwas anzufangen und waren heilfroh, als sie von ihrem ehemaligen Herrn wieder eingesammelt wurden. Als »freie Männer« wurden sie die Besatzung von Major Bonnets Schiff RETALIATION, mit dem er dem Drängen seiner Gattin nachgab und ausfuhr, um den Sklavenhandel zu bekämpfen. Major Stede Bonnet wurde zu einem *Don Quichote* der Piraterie.

Ab dem Frühjahr 1717 kreuzte der Major vor den Küsten Virginias, Carolinas und New Englands, geriet bis Honduras, und überall jagte er Sklavenschiffe, wo er ihrer ansichtig wurde. Zwar muss er den Berichten Captain Charles Johnsons zufolge als Seemann und Pirat ein kläglicher Stümper gewesen sein, trotzdem gingen ihm drei Sklaventransporter ins Netz, wie in den Prozessakten nachzulesen, und, aus der Reaktion der geschädigten Sklavenhändler zu schließen, war der angerichtete Schaden beträchtlich! An der Küste Pennsylvanias setzte er die Schwarzen an Land, wo sie auf den Plantagen und in den Magazinen schlecht bezahlt, immerhin aber als freie Arbeiter Beschäftigung finden konnten. Für kurze Zeit schloss sich Major Bonnet mit Blackbeard, von dem noch die Rede sein wird, zusammen. Er führte diesen sogar beim Gouverneur von North Carolina, Charles Eden, ein, fand den Charakter des Schwarzbartes dann aber doch allzu haarig und trennte sich wieder von ihm, nachdem dieser die RETALIATION ausgeraubt und 25 Mann der Besatzung auf einer Sandbank ausgesetzt hatte während Bonnet an Land war.

So ehrenwert die Motive Major Bonnets für unsere heutigen Begriffe sein mögen, für die damalige Zeit, zumal aus der Sicht der geschädigten Sklavenhändler, war er ein Pirat, und ein höchst übler dazu! Sklaven waren teuer, so um die 300 englische Pfund das Stück. Die ehrenwerten Herren Händler rüsteten also auf eigene Kosten zwei Schiffe, die HENRY und die SEANYMPHE unter Colonel Rhett aus, um dem »Sozialfanatiker« das Handwerk zu legen. Und tatsächlich, im August 1718 schnappte Rhett den Major hinter Kap Hatteras in der Pamplico Bay, wo er sein Schiff überholte. Major Stede Bonnet wurde in Ketten nach Charleston gebracht.

Es war dies eben das Jahr, in dem die große Säuberung der Karibik anlief, und die Behörden zu Hampton Court, daheim in Old England, hatten sich sogar auf Cicero berufen in ihrem Erlass wider die Seeräuberei, und festgestellt, der Pirat sei ein Feind der Menschheit, dem man weder Schwur noch Wort zu halten brauche, den man sogar, auf frischer Tat ertappt, ohne Gericht und Urteil an der nächsten Rah aufknüpfen dürfe. Auch das Gericht in Charleston verbreitete sich ausführlich und weitschweifig über den Begriff der Piraterie und erklärte schließlich: »Das Meer ist von Gott zum Nutzen des Menschen geschaffen, darum darf auch auf dem Wasser von Herrschaft und Eigentum gesprochen werden, auf welch beides in besonderer Weise der König von England Anspruch erheben kann!« Und also lautete das Urteil des hohen Gerichtshofes zu Charleston: »Major Stede Bonnet soll am Hals aufgehängt werden, bis er tot, tot, tot ist. Der Herr möge seiner Seele gnädig sein.« Das Urteil wurde am 10. Dezember 1718 vollstreckt.

»BLACKBEARD« – EDWARD THATCH
(gest. 1718)

»Der Bart war schwarz und reichte bis zu den Augen. Er ließ ihn außergewöhnlich lang wachsen und teilte ihn, nach Art bestimmter Perücken, mit Bändern in kleine Teile ab, und wand sie um die Ohren. Im Gefecht trug er ein Schulterbandelier mit drei Paar Pistolen. Er trug eine Pelzkappe und steckte eine angezündete Lunte unter jede Seite, die dann rechts und links vom Gesicht sichtbar waren. Seine Augen waren von Natur wild und schrecklich. Das alles machte ihn zu einer so furchtbaren Erscheinung, dass die Vorstellung von der Hölle nicht schrecklicher sein konnte.« Captain Charles Johnson, der intim-kenntnisreiche Chronisten-Nachfolger Exquemelins, gab diese Beschreibung von Edward Thatch, genannt »Blackbeard«, in seinem 1724 erschienenen Buch *A General History of the Robberies and Murders of the Most Notorious Pyrates*. QUEEN ANN'S REVENGE (KÖNIGIN ANN'S RACHE) hieß das Schiff des Schwarzbarts, obschon im Augenblick, durch die allgemeine Ruhe zu See es nichts zu rächen gab und die gute, dicke Königin Ann überdies seit drei Jahren tot war.

Anfang 1717 verlegte Blackbeard die Ausgangsbasis seiner Operationen von New Providence nach North Carolina. Eine vernünftige Tat, inspiriert wohl von Major Bonnet, der sich kurzfristig mit dem Schwarzbart zusammengetan hatte. Im Gegensatz zu dem durch seine Baumwollexporte wohlhabenden South

Edward Thatch, genannt Blackbeard, verdankt seinen Ruhm vor allem seinem wüsten Aussehen und Auftreten an Land.

Carolina war die nördlichere Provinz wirtschaftlich zurückgeblieben und Gouverneur Charles Eden hatte daher ein offenes Herz auch für eher dubiose Geldquellen, zumal die Küste treffliche Schlupfhäfen bot. Freilich geriet Mr. Eden bald in eine unangenehme Situation, denn Blackbeard dachte nicht daran, sich auch nur einigermaßen zivilisiert aufzuführen, und »oftmals tyrannisierte er den Gouverneur; ich kenne nicht den letzten Grund solcher Auseinandersetzungen, aber es scheint, als ob Blackbeard es nur tat, um zu zeigen, dass er den Mut hatte, es zu tun«, schreibt Johnson. Andererseits waren die Bestechungsgelder auch nicht zu verachten. So landete beispielsweise eines Tages ein französischer Frachter voll Zucker und Kakao in Bath, den Blackbeard kaperte. Um das Gemüt des Gouverneurs nicht zu belasten, schwor er, er habe das Schiff gottverlassen auf hoher See angetroffen und berechtigterweise aufgelesen. Der Form halber wurde eine amtliche Anhörung abgehalten und das solide Schiff zum Wrack erklärt. Da die Eigentümer womöglich nachforschen würden, tat Charles Eden ein Übriges, er unterschrieb die Erlaubnis, das Schiff zu verbrennen, weil es leck sei und bei etwaigem Sinken das Fahrwasser blockiere. Für dieses weise Urteil erhielt der Gouverneur 60 große Fässer voll Zucker, sein Sekretär und Kontrolleur der Provinz 20.

Zu einer fragwürdigen Berühmtheit brachten es die Exzesse Blackbeards, über die Captain Charles Johnson mancherlei zu berichten wusste: »Er wollte seinen Leuten wie der leibhaftige Teufel erscheinen. Eines Tages sagte er bei einem Saufgelage: ›Kommt, wir wollen uns unsere eigene Hölle machen und sehen, wie lange wir es ertragen können!‹ Dann ging er mit zwei oder drei in den Laderaum. Er verschloss alle Türen und Luken, füllte verschiedene Töpfe mit Schwefel und anderen brennbaren Dingen und zündete einen nach dem anderen an, bis sie fast erstickten und nach frischer Luft riefen. Schließlich öffnete er die Luken, nicht wenig stolz, dass er es am längsten ausgehalten hatte.« Oder auch: »Eines Nachts trank Blackbeard mit einem Mann namens Hands, mit seinem Maat und einem weiteren Mann. Ohne Grund ergriff Blackbeard zwei kleine Pistolen und zog sie unter dem Tisch auf. Nachdem die Pistolen schussbereit waren, löschte Blackbeard das Licht, kreuzte die Hände und feuerte auf seine Gesellschaft. Hands erhielt einen Knieschuss, der ihn bis zu seinem Lebensende lähmte. Das andere Pistol ging nicht los. Als man den Schützen fragte, was das zu bedeuten habe, antwortete er unter Fluchen: Wenn er nicht ab und zu einen von ihnen umbringe, würden sie vergessen, wer er sei.«

All das hätte die Pflanzer und Siedler von North Carolina ziemlich kühl lassen können, hätte der Schwarzbart nicht auch sie von Zeit zu Zeit mit seiner Anwesenheit beglückt: »Er lag manchmal vor Anker und handelte von den Schaluppen, die er traf, alle Dinge ein, die er brauchte, besonders Proviant und Waren. Wenn er in Geberlaune war, tauschte er manches andere dafür ein; zu anderen Zeiten war er dreist und nahm sich, was er wünschte, ohne ein Wort zu sagen, denn er wusste genau, dass sie es nicht wagen würden, ihm dafür eine Rechnung zu schicken. Oftmals vergnügte er sich damit, zu den Pflanzern an Land zu gehen und Tag und Nacht mit ihnen zu zechen. Zuweilen schenkte er ihnen Rum und Zucker zum Ausgleich für das, was er von ihnen forderte; an einem anderen Tag kam er in großspuriger Art zu ihnen und belegte sie mit Abgaben.« Auch, dass er regelmäßig hübsche schwarze Sklavinnen von den Plantagen für sich und seine Leute verschleppte, hätte man notfalls noch hingenommen. »Manchmal aber nahmen er oder seine Spießgesellen auch die Frauen und Töchter der Pflanzer mit sich, und ob er dafür bezahlte, weiß ich nicht.«

Da Gouverneur Charles Eden selbstverständlich nichts unternahm, baten die Pflanzer den Gouverneur von Virginia um Hilfe. Dieser schickte zwei Schaluppen unter dem Kommando von Robert Maynard, Oberleutnant auf dem Kriegsschiff PEARL, los, die am 17. November 1718 die Ocracoke-Bucht erreichten, wo die beiden Schiffe Blackbeards – die QUEEN ANN'S REVENGE und ein kleineres Fahrzeug, das er inzwischen in seinen Besitz gebracht hatte – ahnungslos ankerten. Am nächsten Morgen griffen die Soldaten an und eroberten die beiden Schiffe des Schwarzbarts nach blutigem Gefecht. »Thatch wurde von dem Pistol, das der Leutnant gespannt hatte, getroffen, blieb aber auf den Beinen und focht voller Wut weiter, bis er 16 Wunden hatte, davon fünf Schusswunden. Als er erneut sein Pistol aufziehen wollte, fiel er tot um. Zu diesem Zeitpunkt waren schon acht seiner 15 Männer, die an Bord waren, gefallen. Der Rest, der zumeist verwundet war, sprang über Bord und bat um Gnade.« Zwar wurde ihnen Pardon gegeben, doch verlängerte dies das Leben der Männer nur um ein paar Tage – sie wurden gehängt.

HOLZBEIN, HAKENPROTHESE UND AUGENKLAPPE

Blackbeard mit seinem wilden Aussehen und seinem wüsten Auftreten – auf See war er den Chronisten zufolge erheblich harmloser – entspricht ziemlich genau dem, was man heute so gemeinhin glaubt, von einem Piraten erwarten zu können. Tatsächlich gelangte Edward Thatch dadurch zu einem Ruhm, der in Wirklichkeit durch nichts gerechtfertigt ist. Auch haben die Aufzeichnungen von Exquemelin und Johnson den Piraten der Karibik im allgemeinen Bewusstsein zu einer Bedeutung verholfen, die ihnen in diesem Maß geschichtlich eindeutig nicht zusteht.

Doch selbst die phantastischsten Originalgestalten genügten zeitgenössischen Illustratoren ebenso wenig wie späteren Comicheft-Zeichnern und Film-Regisseuren. Phantasievolle Kostümierungen, oftmals ergänzt aus den Beständen der Beuteschiffe, wallende Federn am Hut und protziger Schmuck wurden real allenfalls an Land getragen; Ohrringe jedoch waren bei Seeleuten so verbreitet, dass sie bis ins 19. Jahrhundert hinein selbst bei der Kriegs- und Handelsmarine praktisch zur Uniform gehörten. An Bord gab man sich zweckmäßiger: Beim Entern wären wehende Mäntel, flatternde Schärpen, gar ein auf der Schulter hockender Papagei allenfalls hinderlich gewesen. Das berühmte »Piraten-Kopftuch« hingegen erfreute sich nicht nur bei Piraten, sondern bei allen Matrosen größter Beliebtheit. Das zwischen die Zähne geklemmte Messer ist durch Exquemelin historisch belegt. Bandeliere mit bis zu einem halben Dutzend Pistolen waren durchaus sinnvoll, denn lange Zeit steckte in einem Pistol ja nur eine einzige Kugel und das Nachladen dauerte; einmal abgefeuert konnte man im Handgemenge zwar mit dem Griff zuhauen, aber als Schießgerät war das Pistol vorläufig nicht mehr zu gebrauchen.

Doch woher stammen die übrigen Requisiten, ohne die heute kein Comic- oder Filmpirat, der etwas auf sich hält, mehr auszukommen scheint? Bei dem einen oder anderen mag eine schwarze Augenbinde oder Augenklappe akzeptabel sein, denn dass man auch einäugig ein hervorragender Seemann sein kann, weiß man spätestens seit Englands größtem Admiral, Lord Horatio Nelson. Schwieriger wird die Sache bereits beim Verlust einer Hand oder eines Armes. »Eine Hand für den Mann, eine Hand für das Schiff«, das war und ist die eiserne Regel für jeden Matrosen, der nicht aus der Takelage geschleudert oder über Bord gewaschen werden will. Wenn man aber nur noch eine einzige Hand hat? Die berühmte Hakenprothese – sie stammt von Kapitän Hook aus *Peter Pan* – sieht zwar martialisch aus, ist aber auf keinen Fall ein brauchbarer Ersatz. Und gar das hölzerne Stelzbein! Wer einmal mit einem Gipsbein herumlaufen musste, oder wenn man liest, welch raffinierter Vorrichtungen Kapitän Ahab in Herman Melvilles *Moby Dick* bedurfte, um sich bei Wind und Wetter auf ewig feuchten

»Klassische« Piraten-Tattoos, 16. bis 20. Jahrhundert.

und glitschigen Decksplanken aufrecht halten zu können, dem wird klar, weshalb der Verlust eines Beines bei den Boucaniers mit 600 Piastern abgefunden wurde: Denn dieser Mann würde niemals wieder als Matrose oder Pirat fahren können.

In Wahrheit waren die Piraten, wie alle Seeleute, zumindest wenn sie angeheuert wurden und an Bord gingen, mehr oder minder gesunde Männer ohne ernsthafte Behinderungen. Mit einer »Krüppelgarde« als Besatzung, wie sie heute in einschlägigen »Werken« zu bewundern ist, wäre kein Piratenkapitän, der noch einen Funken Verstand besaß, ausgelaufen – er wäre dann besser gleich freiwillig zum nächsten Galgen marschiert und hätte sich die Schlinge eigenhändig um den Hals gelegt.

Zum klassischen Piratenklischee gehört natürlich auch die Tätowierung: Totenköpfe, Anker, Säbel und Meerjungfrauen auf den Armen, ein Dreimaster oder das Porträt der Braut auf der Brust. »Hautbilder« gibt es seit den frühesten menschlichen Kulturen rund um die Welt. Zwar gibt es von den kilikischen Piraten der Antike und auch bei den Wikingern Andeutungen von Männern, die solche Hautbilder trugen, die Regel war es keinesfalls. Vermutlich waren es portugiesische Seeleute, die sich im 16. Jahrhundert als Erste, fasziniert von der hohen Kunst südchinesischer und japanischer Hautstecher, dieser schmerzhaften Prozedur unterzogen. Erst Ende des 17. Jahrhunderts gibt es vermehrt Hinweise auf solcheTätowierungen. Eigentlich hieß es *Tatauierung*, denn das Wort ist abgeleitet von dem aus der Südsee stammenden Begriff *Tatatau* oder *Tatau* für jedes Bildereinstechen, das mit meist in Harn gelösten Tinten und Tuschen dauerhaft gemacht wird. Wirklich populär wurden Tatauierungen seit 1800, mit einem Höhepunkt um 1900. Im ostasiatischen Raum ist ein Pirat tatsächlich ohne Tatauierungen unvorstellbar. Dort haben Hautbilder seit vielen Jahrhunderten eine lange Tradition – während westliche Hautstecher gerade einmal über 10 Farbtöne verfügen, sind es bei den japanischen 32! Ob einstmals japanische oder heute noch chinesische und malaiische Piraten: Kunstvollste Tatauierungen waren und sind dort nicht nur Tradition, sondern geradezu ein Statussymbol.

PIRATENBRÄUTE – ANNE BONNY UND MARY READ
(um 1695 bis um 1721)

Eigentlich war Captain Charles Johnson ein wirklich zuverlässiger Berichterstatter, aber die Jugendgeschichte von Anne Bonny klingt doch etwas verworren: Anne, Tochter eines wohlhabenden irischen Advokaten, der nach Charleston ausgewandert war, galt als gute Partie. Als sie einen ihrer Bewerber mit einem Küchenmesser traktierte und einen anderen so kräftig in den Hals biss, dass er eine Woche krank im Bett lag, mag ihr Vater noch gelacht haben. Als sie aber heimlich den Bootsmann James Bonny heiratete, warf der Advokat seine Tochter samt Ehemann hinaus.

James und Anne schlugen sich nach New Providence durch und stießen dort auf John Rackam, den Ersten Offizier der Piratenbrigantine DRAGON des Charley Vane. Pech für James Bonny. John Rackam wurde allgemein »Calico Jack« genannt nach den Hosen, die aus seiner Marinezeit stammten. Die einstmals blau-weißen Streifen hatten inzwischen die Farbe faulender Planken angenommen, denn gewaschen wurden sie nie, und deshalb, so behauptete er, seien sie schussfest wie eine Ritterrüstung. Anne Bonny verliebte sich Hals über Kopf in den Piraten. James Bonny griff pflichtgemäß zum Messer, wurde fürchterlich verdroschen, und sah seine Angetraute auf der DRAGON entschwinden.

Nun waren Frauen an Bord streng verpönt! Schlimmer als Karten, Würfel und Schnaps zusammen waren Frauen dazu geeignet, Streit unter den Männern zu entfachen, und so hatte jeder innerhalb der Bordregeln einen Paragraphen zu unterschreiben, der etwa so lautete: »Jeder, der ein Mädchen überredet, ihm auf See zu folgen, soll mit dem Tod bestraft werden.« Auch Charley Vane war alles andere als erbaut über diesen Zuwachs seiner Besatzung und schwor, Calico Jack samt Anne unverzüglich von Bord zu jagen. Vermutlich hätte er das auch getan, wenn nicht just in diesem Augenblick Woods Rogers mit seinen Kriegsschiffen im Hafen aufgekreuzt wäre,

Mary Read und Anne Bonny sind zwar die berühmtesten, aber keineswegs einzigen Piratinnen der Geschichte.

um in New Providence den Piraten endgültig das Handwerk zu legen. Charles Vane scheint ursprünglich nicht abgeneigt gewesen zu sein, den amtlichen Gnadenerlass in Anspruch zu nehmen, freilich nur unter der Bedingung, dass er einen kürzlich erbeuteten englischen Frachter behalten durfte. Also schickte er Calico Jack mit einer entsprechenden Anfrage zur DELICIA hinaus. Die Antwort Rogers war eindeutig: Einer der Staatsmatrosen wurde beordert, dem Piraten den nackten Allerwertesten zu zeigen. Calico Jack hatte eben noch Zeit den gleichen Gruß zu entbieten, dann machte er, dass er auf die DRAGON kam, um mit ihr und Kapitän Vane aus dem Hafen zu verschwinden.

Anne Bonny hatte man in der Aufregung vergessen, sie blieb an Bord. Captain Johnson berichtete zwar, niemand außer Rackam selbst habe gewusst, dass sich nicht nur Männer an Bord befanden. Aber in Wirklichkeit wäre es in der Enge eines Schiffes der damaligen Zeit mit der Primitivität der Schlafgelegenheiten und des Abtritts unmöglich gewesen, auf die Dauer seine körperlichen Merkmale zu unterschlagen – und schon gar nicht intime Beziehungen zu einem Besatzungsmitglied. Charley Vane war sauer und Calico Jack überlegte, wie er den Kapitän loswerden könne. Die Gelegenheit ergab sich als Vane der Anschlag auf einen französischen Marinesegler misslang, der angeblich die Löhnung für die gesamten Antillen in den Kisten hatte. Vane wurde abgesetzt, mit ein paar Getreuen in ein kleines Prisenschiff abgeschoben, und John Rackam zum neuen Kapitän gewählt. Anne Bonny blieb an Bord der DRAGON, und später sagte sie aus, sie habe sich, obschon anderweitig verheiratet, als »rechtmäßige Frau« Calico Jacks betrachtet. New Providence wieder anzulaufen, wurde immer weniger ratsam. Von aufgefischten Flüchtlingen erfuhr man, dass Woods Rogers eisern aufräumte und vom Ende Charley Vanes am Galgen.

Und dann, eines schönen Tages, zog man einen Schiffbrüchigen an Bord der DRAGON, einen jungen Mann, der sich Mac Read nannte. Johnson berichtete, Anne Bonny habe sich in den jungen Mann verliebt. Calico Jack machte lautstark Krach und Mac Read blieb nichts anderes übrig, als zu gestehen, sein wahrer Name sei Mary Read.

Abenteuerlich war die Geschichte gewiss, welche die Piraten zu hören bekamen. Die frühe Jugend war ein seltsames Durcheinander von unehelicher Geburt, reicher Tante, früh verstorbenem Halbbruder, Täuschung, List und einem Mädchen in Knabenkleidern. Mit sechzehn war Mary auf ein Kriegsschiff durchgebrannt und an der holländischen Küste desertiert. Sie hatte sich bei den Soldaten anwerben lassen und sich eine Weile recht tapfer in Gefechten herumgeschlagen, ehe sie sich in einen Kameraden verliebte, den Dienst quittierte, den Mann heiratete und nahe der Festung Breda ein Wirtshaus eröffnete. Doch der Mann starb bei einem Unfall, das Wirtshaus ging pleite. Mary Read – wieder in Männerkleidern – segelte als Matrose auf einem Frachter nach Westindien, geriet einem spanischen Wachschiff vor die Kanonenmündungen und wurde schließlich von der DRAGON schiffbrüchig aus dem Wasser gezogen.

Drei Jahre machte die DRAGON recht erfolgreich die karibischen Gewässer unsicher, doch da die amtlichen Stellen versagten, heuerten die Zucker- und Tabakreeder auf eigene Kosten einen ehemaligen Seeräuber, Kapitän Jonathan Barent, gegen einen Sündenlohn an, um die DRAGON aufzubringen. Indessen hatte Calico Jack wieder einmal einen dickbauchigen Frachter gekapert, dessen Ladung zu einem nicht geringen Teil aus Alkohol bestand. Auf der Insel Green Key teilte man und eine Reihe von Rackams Leuten zog es vor, mit ihrem Anteil mehr oder minder heimlich in alle Winde zu verschwinden. Zum Verhängnis wurde Calico Jack allerdings die Alkoholfracht des Spaniers. Als Kapitän Barnet in die Bucht kreuzte und neben der DRAGON längsseits ging, war außer Anne Bonny und Mary Read kein Mann der Besatzung, geschweige der Kapitän, fähig, noch oder wieder einen Säbelgriff von einem Krughenkel zu unterscheiden. Dafür hauten und schossen die beiden Damen wie die Furien um sich, beschimpften die eigene Mannschaft in allen Tönen, schossen schließlich einen der eigenen Männer, der sich nicht recht wehren wollte, über den Haufen und verwundeten einen anderen schwer. Doch was half es? Zwei gegen ein ganzes Schiff ist zu wenig. Die Piraten wurden entwaffnet, in ein stinkendes Loch unter Deck gestopft und nach St. Jago de la Vega geschafft, das trotz seines spanischen Namens der britischen Jurisdiktion angehörte.

Zwei Tage, den 16. und 17. November 1720, dauerte der Prozess, dessen Akten noch heute im Staatsarchiv zu London eingesehen werden können. Dann wurde die ganze, inzwischen wieder nüchterne Bande zum Hängen verdonnert; mit zwei Ausnahmen allerdings, denn nach dem Urteil hatten Anne Bonny und Mary Read erklärt, schwanger zu sein. Das änderte die Sachlage: Die beiden bekamen einen neuen Termin, während Calico Jack mit seinen Leuten schon am nächsten Tag den Weg zum Galgen antreten musste. Außer dem Zusatz, dass die Hinrichtung bis nach der Geburt der Kinder zu verschieben sei, brachte auch eine zweite Gerichtsverhandlung nichts Neues. Anne Bonnys Sündenregister war ohnehin lang, zudem legte man ihr böswilliges Verlassen ihres Ehemannes zur Last. Und ihr Abschied von Calico Jack, am Morgen seiner Hinrichtung, gab der Sache den Rest. Sie hatte ihm nämlich zugerufen: »Es tut mir keineswegs leid, dich so zu sehen! Hättest du dich gehalten wie ein Mann, bräuchtest du dich jetzt nicht erwürgen lassen wie ein Hund!«

Auch Mary Read redete sich um Kopf und Kragen, als sie dem Gericht erklärte: »Der Galgen schreckt mich nicht. Ich habe den Tod nie gefürchtet – das überlasse ich den Feiglingen, die, Gott sei Dank, durch die angedrohten Strafen von der See ferngehalten werden und sich damit begnügen an Land zu räubern, Witwen und Waisen zu betrügen, die Nachbarn zu schädigen, und dennoch für anständig gelten. Würden diese Halunken ungestraft den Ozean überfluten, dann wäre es bald aus mit jeder vernünftigen Freibeuterei!«

Die Hinrichtungen fanden freilich nie statt. Mary Read starb bei der Geburt ihres Kindes im Frühjahr 1721. Anne Bonny überlebte die Geburt, doch dann verschwand sie. Irgendwie muss es ihr gelungen sein, in aller Stille aus dem Gefängnis entlassen zu werden – auf jeden Fall verliert sich ihre Spur. Dass sie zur Gattin des Gouverneurs von Jamaika aufgestiegen sei, wie S. Vestdijk in seinem Buch *Rum-Eiland* schrieb, dürfte wohl wirklich nur der Phantasie eines Romanschriftstellers entsprungen sein.

DER PIRAT MIT DEM GÄNSEKIEL – DANIEL DEFOE
(1659 bis 1731)

Es ist nie ganz geklärt worden, ob unter den Deserteuren der DRAGON, die sich absetzten kurz ehe das Unheil über Calico Jack hereinbrach, auch ein Mann war, der sich später Captain Charles Johnson nannte und die Annalen der späten karibischen Piraten schrieb. *A General History of the Robberies and Murders of the Most Notorious Pyrates* erschien 1724 und wurde schnell zum Bestseller, dem nur vier Jahre später bereits eine Übersetzung auch in deutscher Sprache folgte: *Schauplatz der englischen See-Räuber, worinnen ihre Begebenheiten, Leben, Raubereyen und grausamen Thaten.*

Ob das Honorar, auf jeden Fall aber den Ruhm machte ihm freilich bald ein anderer streitig: Daniel Defoe. Ende 1659 oder Anfang 1660 in London geboren, gründete Defoe zu Beginn des 18. Jahrhunderts mehrere Zeitschriften und gab einige umstürzlerische Flugblätter heraus, die ihn 1703 ins Gefängnis brachten. Der Aufenthalt dort scheint ihm nicht behagt zu haben, denn wenig später war er wieder auf freiem Fuß – als Spitzel der Regierung. 1719 landete er dann mit *The life and strange surprising Adventures of Robinson Crusoe of York, mariner ...* seinen größten Romanerfolg, und gab sich nun als der absolute Experte in Sachen Seefahrt und Piraterie.

»Captain Charles Johnson« war ohne jede Frage ein Pseudonym, denn der Mann, der sich hinter diesem Namen verbarg, besaß allzu genaue Kenntnisse dessen, was nach dem Gnadenerlass von 1718 auf den Schiffen von Edward Thatch, Charley Vane und Calico Jack nebst den Damen Anne Bonny und Mary Read abgelaufen war, um nicht selbst dabei gewesen zu sein – und das mochte unter Umständen für seinen Hals höchst fatale Auswirkungen haben. Daniel Defoe hat nie expressis verbis erklärt, das Buch von Captain Johnson geschrieben zu haben, aber wenn er gefragt wurde, pflegte er verschwörerisch mit den Augen zu zwinkern und sich im Ruhm auch dieses Bestsellers zu sonnen. Und das tat er so gründlich, dass Douglas Botting in *Die Piraten* – um nur einen unter vielen zu nennen – schrieb: »Später wurde jedoch nachgewiesen, dass Johnson in Wahrheit der große englische Schriftsteller und Journalist Daniel

Defoe war« und sich sogar zu der Behauptung verstieg, dieser habe besagte Annalen »mit einer Reihe größtenteils fiktiver Anekdoten gespickt« – anders ausgedrückt, das Blaue vom Himmel heruntergelogen. Nur stimmt das nicht! Etwa die Jugendgeschichten von Anne Bonny und Mary Read sind zwar verworren und phantastisch, doch Johnson behauptete auch niemals, gesicherte Kenntnisse zu besitzen. Alles andere jedoch, wo er offenbar Augen- und Ohrenzeuge war, lässt sich anhand von Gerichtsprotokollen und sonstigen unabhängigen Quellen durchaus als zutreffend verifizieren. Auch stimmt die puritanisch moralistische Weltsicht Defoes keineswegs mit der, manchmal zwar erschrockenen, generell jedoch toleranten Grundhaltung Johnsons überein. Und schließlich unterlaufen Defoe immer wieder seemännische Fehler – keine großen, da wird nur ein Want mit einer Pardune verwechselt, ein Borgstag zum Wasserstag, eine Gording zum Geitau – Kleinigkeiten gewiss, die kaum auffallen, Fehler aber, die Captain Johnson niemals macht!

DIE ANARCHISTEN – LOWTHER, LOW UND GOW
(bis 1725)

Jene Piraten, die im frühen 18. Jahrhundert die Karibik und die Ostküste Nordamerikas unsicher machten, scherten sich nicht um Kaperbriefe oder sonstige juristische Feigenblätter. Sie zogen mit ihren Schiffen los, plünderten was ihnen vor den Bug segelte, machten oft beträchtliche Beute und entwischten nicht selten dem Arm des Gesetzes. Sie waren Anarchisten reinsten Wassers, die einzig die von ihnen aufgestellten Bordregeln anerkennen mochten. Und sie waren absolut unberechenbar: In der Regel sinnlos grausam, ja bestialisch – und dann, ohne erkennbaren Grund mitunter verblüffend freundlich. Drei von ihnen haben es zu besonderer Berühmtheit gebracht: George Lowther, Edward Low und John Gow alias Smith alias Goffe.

George Lowthers Karriere hatte als Maat auf der GAMBIA CASTLE, einem Sklavenschiff der *Royal Africa Company*, begonnen. Die hohe Sterblichkeitsrate unter der Mannschaft – wohl eher hervorgerufen durch exzessives Trinken und Syphilis als durch das »unerträgliche Klima«, wie Captain Johnson meint – nutzte Lowther um eine Meuterei anzuzetteln und sich zum Kapitän des Schiffes zu machen. Eine Weile tat er sich mit Edward Low zusammen, von dem er sich 1722 wieder trennte. Zu den Spezialitäten Lowthers gehörte es, Gefangenen langsam brennende Lunten zwischen die Finger zu stecken und diese bis auf die Knochen durchbrennen zu lassen, wenn sie das Versteck ihrer Wertsachen nicht preisgeben wollten. Andererseits gab er den Junggesellen eroberter Schiffe heimlich den Tipp, sich als »verheiratet« zu erklären, da Ehemänner in der Regel unbehelligt an der nächsten Küste abgesetzt wurden. Sein Schicksal ereilte ihn, als er im August 1723 von der Marine-Korvette EAGLE just in dem

Augenblick erwischt wurde, als er sein Schiff neu kalfatern ließ und damit relativ wehrlos war. Wer von der Mannschaft dem Gemetzel entging wurde zum Admiralitäts-Gericht nach St. Kitts geschafft, verurteilt und gehängt. Lowther selbst entging diesem Schicksal: Er wurde tot neben seinem Gewehr gefunden – Selbstmord, ein höchst ungewöhnliches Ende für einen Piraten.

Nach einer offenbar reichlich kriminellen Jugend klaute Edward Low mit ein paar Gleichgesinnten ein Schiff, um »sich eine schwarze Fahne zu machen und der Welt den Krieg zu erklären«, wie Captain Johnson es formulierte. Eine Weile tat er sich mit George Lowther zusammen, und Charles Johnson bemerkte in seinem Buch, dass die beiden »einen Menschen beinahe so häufig aus Übermut wie aus Leidenschaft und Hass ermordeten ... denn selbst in ihrem Lächeln lauerte Gefahr«. Edward Low war offensichtlich eine zutiefst gespaltene Persönlichkeit – so gespalten wie sein Gesicht, das nach einem im Suff missratenen Säbelhieb grausam zerrissen war. Einerseits war er ein »wütender Rohling von unübertroffener Grausamkeit«. Beispielsweise ließ er einmal 53 spanische Gefangene gnadenlos köpfen; dem Kapitän eines Walfängers aus New England schnitt er die Ohren ab und zwang ihn dann diese mit Salz und Pfeffer angerichtet zu essen; zwei portugiesische Mönche ließ er an der Rahnock festbinden und dort verhungern. Andererseits galt er als zärtlicher Ehemann und überaus liebevoller Familienvater. 1723 verschwanden er und sein Schiff MERRY CHRISTMAS. Unbestätigten Gerüchten zufolge soll er bei einem Schiffbruch ertrunken, von seinen meuternden Leuten auf einer einsamen Insel ausgesetzt, oder samt seinem Raubgut wohlbehalten nach Brasilien entkommen sein.

John Gow war wohl schottischer Abstammung. Auf der GEORGE unter Kapitän Ferneau ging er in See, wurde zum Maat befördert und verschaffte sich das Schiff mit Hilfe einer Meuterei. Er benannte das 18-Kanonen-Schiff in REVENGE um und segelte in die Karibik. Außer exzessiven Brutalitäten ist von John Gow, der in der Folgezeit in der Karibik und an der nordamerikanischen Küste sein Unwesen trieb, wenig zu berichten – er stand nicht einmal zu seinem Namen, sondern nannte sich zeitweilig auch Smith oder Goffe. Zwar wurde der *Piracy Act* mehrmals verschärft und jeder, der mit Piraten »Handel treibt«, war nunmehr gleichfalls der Piraterie schuldig. In gleichem Maß nahm aber auch die Grausamkeit der Piraten zu: Als Gow 1725 in seinem Prozess in Newgate nicht aussagen wollte, drohte man ihm an, ihn unter schweren Steinen zu zerquetschen. Nun eiligst geständig wurde er »nur« zum Hängen verurteilt. Seine Leiche wurde nach London geschafft und in Greenwich »in Ketten« aufgehängt. Noch erheblich bekannter wurde er freilich dadurch, dass ihn Walter Scott, heftig romantisiert, als »Captain Cleveland« zum Helden einer Novelle machte.

PIRATENSCHÄTZE UND SCHATZINSELN

»Den Platz wissen nur ich und der Teufel – wer von uns beiden länger lebt, der soll das Gold haben.« Also sprach Edward Thatch, genannt Blackbeard, am Abend des 17. Novembers 1718, wenige Stunden vor seinem Tod, als er gefragt wurde, ob seine Frau wisse, wo er seine Schätze vergraben habe, falls ihm etwas zustoßen sollte. Einer freilich behauptete, den Ort zu kennen, ein gewisser Silvestro: »York River in Maryland, nahe der Mulberry-Insel, am oberen Rand der kleinen, sandigen Bucht, wo man gut landen kann. Unter den fünf Bäumen dort findet sich die Stelle, wo eine beträchtliche Summe Geldes in großen, eisenbeschlagenen Kisten wohlversteckt liegt.« Silvestro konnte durch diese Aussage als einziger von Blackbeards Männern seinen Kopf aus der schon geknüpften Schlinge ziehen – und verschwand umgehend. Man suchte und – fand nichts ...

Piratenschätze, Traum aller kleinen – und erwachsenen – Jungen, ewiger Stoff für spannende Abenteuerbücher, erfolgreicher Reklametrick der Tourismusbranche. Zweifellos gibt es tatsächlich etliche Piratenschätze, die auf ihre Wiederentdeckung warten, wenn sie auch nicht so prominenten Piraten gehörten wie William Kidd oder Blackbeard. Auch Pläne gibt es in Fülle, leider meist mit bewusst falschen Angaben oder in nicht zu entziffernder Geheimschrift.

Um 1818 durchsegelte ein gewisser William Read mit seiner Schonerbrigg DEAR MARY, genannt nach Mary Read, die Meere auf der Suche nach versteckten Schätzen. William Read war durch und durch Romantiker. Ob er tatsächlich, wie er behauptete, ein Ururenkel der 1721 im Gefängnis von St. Jago de la Vega verstorbenen Mary Read war, mag man glauben oder auch nicht. Auf jeden Fall verschaffte er sich stilgerecht einen Kaperbrief der chilenischen Regierung, beschränkte sich in der Praxis jedoch auf schmächtige Prisen, von denen er lediglich höflichst Proviant und Trinkwasser forderte, sie ansonsten aber unbehelligt weitersegeln ließ. Auf blutig eroberten Reichtum legte William Read keinen Wert, dazu war er viel zu human. Sein ganzes Sinnen und Trachten galt ausschließlich den vergrabenen Hinterlassenschaften früherer »Kollegen«. Zwischen 1818 und 1822 tauchte er mit seiner DEAR MARY in den verschiedenen Häfen der Westküste Südamerikas, Mexikos und Kaliforniens auf, buddelte an verschiedenen Plätzen an der Küste Perus ohne mehr als Sand und Steine zutage zu fördern. Doch dann stolperte William Read über den Namen des holländischen Piraten Jovis Spilberg. Im August 1614 hatte dieser die Insel Texel verlassen, im März des nächsten Jahres die Magellanstraße durchfahren, die südamerikanische Küste auf und ab geraubt, verschiedentlich vor einsamen Inseln geankert, war im Juli 1617 nach Texel zurückgekehrt und bei einem Wirtshausstreit erschlagen worden. Zwei Pläne aus dem angeblichen Nachlass Spilbergs gelangten in die Hände William Reads – und einer der Pläne scheint tatsächlich gestimmt zu haben, denn 1822 ließ sich William

Read, nach Ablauf seines chilenischen Kaperbriefs, als recht wohlhabender Mann in Puerto Bodega nieder.

Auch wenn die berühmten Schatzverstecke zumeist ins Reich der Fabel gehören, gibt es Inseln, die Schatzsuchern durchaus empfohlen werden können: Die kleine, heute kolumbianische Malpelo-Insel; die abgelegenen Eilande der Galapagos-Gruppe; das, heute französische, Clipperton-Island; die Revilla-Gigedo-Gruppe. Am Aussichtsreichsten ist wohl die Isla del Coco vor der peruanischen Küste, auf der, nach Ansicht verschiedenster Historiker, Gold im Wert von 70 bis 100 Millionen Euro an vergrabenen Schätzen liegen sollen. Der Umfang der Insel misst nur 50 km, doch mit ihren bis zu 700 m hohen Erhebungen ist sie äußerst unwegsam und mit unerforschter Wildnis bedeckt. Kapitän Edward Davis, Kommandant der BATCHELOR'S DELIGHT, auf der auch William Dampier fuhr, war der erste, der einen beachtlichen Schatz auf der Isla del Coco deponierte. Dampier schrieb, dass man bei der Verteilung der Beute auf der Insel die Goldstücke in Krügen maß, weil man so viele hatte, dass niemand sie zählen wollte. Berichtet wird auch, dass Edward Davis sein Leben lang ein reicher Mann blieb, der in Ruhe und Luxus auf Jamaika lebte, und nur, wenn sein Vermögen zur Neige ging, zu einer geheimnisvollen Seereise aufbrach, von der er jedes Mal mit dem nötigen Geld für die nächsten Jahre heimkehrte. Ebenso bezeugt ist, dass der Seeräuber Benito Benito, mit bürgerlichem Namen Bennet Graham, einen Teil seiner Millionenbeute auf der Isla del Coco vergrub – und nie wieder abholte.

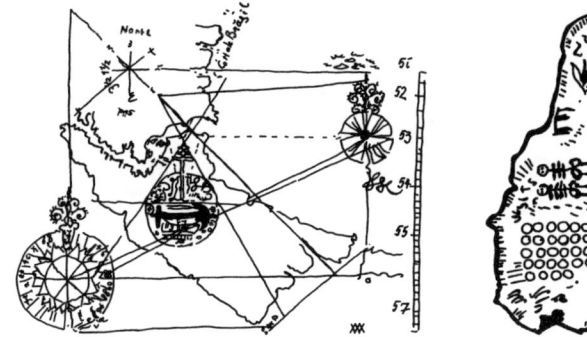 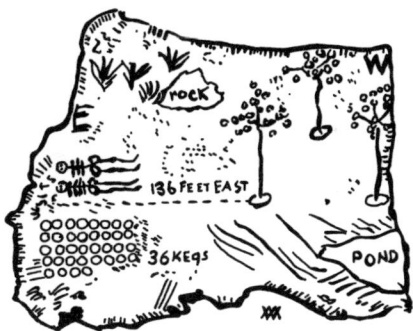

Schatzpläne aus dem Besitz von William Read – einer davon machte seinen Besitzer offenbar zum wohlhabenden Mann.

Zahlreich sind die Plätze an denen versteckte Piratenschätze vermutet werden – keineswegs nur im Pazifik, sondern auch auf Madagaskar, in norwegischen Fjorden, in der Karibik und an der Südwestküste der Türkei. Doch nur höchst selten gelingt es, einen so exakten Plan eines Piratenschatzes in die Hände zu bekommen, wie in den dreißiger Jahren des 20. Jahrhunderts der Bibliothekar und Historiker Charles de la Roncière. Ihm gelang die Entzifferung eines Schatzplanes des auf Réunion gehängten Piraten La Buse. Als de la Roncière wenig später an der bezeichneten Stelle in der Anse de Forbans auf der Seychelleninsel Mahé stand, fand er ein großes, frisch ausgehobenes Loch mit den deutlichen Eindrücken großer Tonkrüge vor. Irgendwer – die Person ist nie festgestellt worden – hatte von der Sache Wind bekommen, und war schneller gewesen. Dem Historiker blieb der etwas magere wissenschaftliche Trost, mit seinen Forschungen vollständig recht gehabt zu haben.

In Abenteuerbüchern und Filmen scheint neben martialischen Überfällen und wilden Orgien eine der piratischen Hauptbeschäftigungen das Vergraben von Schatzkisten gewesen zu sein. Dafür, dass sie so selten gefunden werden, gibt es freilich eine ganz simple Erklärung: Die wenigsten Seeräuber, ob in der Karibik oder sonst wo, hatten je so viel Geld in der Tasche, dass sich die Mühe gelohnt hätte, auch nur ein winziges Löchlein in die Erde zu buddeln. Das heißt, sie »hatten schon«, wenn sie nach einem geglückten Zug an Land gingen – mitunter bis 2000 Pfund, was dem Jahreseinkommen der erfolgreichsten Großkaufleute und Bankiers in England entsprach. Doch was die Piraten zwar gefährlich, doch leicht gewonnen hatten, gaben sie ebenso leicht wieder aus. Sparen lag ihnen nicht. Kaum im Heimathafen angekommen, stürzte sich die ganze Rotte der wohlorganisierten Hintermänner der Seeräuberei, als da waren Schankwirte, Zuhälter, Huren, Schieber, Falschspieler und welch ehrenwerte Berufe diese Schmarotzer an der Verwegenheit anderer sonst noch ausüben mochten, auf die eben Gelandeten und taten, was immer in ihren Kräften stand, um die Seeräuber so schnell als möglich um Geld und Beute zu bringen. Auch die Behörden sammelten tüchtig ihre Beuteanteile ein. Auch heute liegt ein »Piratenschatz« dieser Art noch säuberlich beisammen: In der 1692 versunkenen »sündigsten Stadt der Welt« Port Royal vor der Küste von Kingston auf Jamaika. Seit Jahren sind dort Taucher und Unterwasserarchäologen auf der Suche. Sie haben eine Menge interessanter Dinge wieder ans Tageslicht gefördert, nur kein Gold. Und doch, irgendwo unter Schlamm, Sand, Geröll und den Trümmern der versunkenen Stadt muss es liegen!

Für alle Zeiten verloren dürfte jener Schatz sein, den ein karibischer Buccaneer auf einer Insel versteckte, an die sein Schiff bei Nacht und Sturm verschlagen worden war. In schwärzester Finsternis vergrub er sein Gold irgendwo im Dschungel und segelte noch vor Morgengrauen davon, damit er weder Position noch Aussehen der Insel feststellen konnte – seiner Meinung nach das einzige Mittel, um das schöne Geld vor seiner eigenen Verschwendungssucht zu schützen ...

Indergold und Sklavenjagd

Die Piraten um Afrika und im Indischen Ozean 1690 bis 1756

»O, es war alles ungeheuer einfach! Wir waren kaum eine Woche vor der Straße von Bab el Mandeb gekreuzt, als wir leewärts einen großen Mogulsegler ausmachten. Zwei Stunden später waren wir heran. Als wir unsere Stückpforten öffneten, unsere acht Kanonen ausfuhren und unsere Flagge zeigten, ergaben sich die Inder augenblicklich. Ich ging mit der AMITY längsseits und enterte mit meinen 60 Mann. Der Schrecken vor unseren modernen Kampfmethoden und die Angst vor Vergeltung saß den 300 indischen Soldaten und Seeleuten so sehr im Genick, dass sie es nicht wagten, auch nur einen einzigen Schuss abzugeben. Sie waren glücklich, dass wir nur die Ladung übernahmen und sie ansonsten unbehelligt weitersegeln ließen. Die Beute? Nun, jeder Mann erhielt 1200 Pfund, und, nach Abzug der Kosten für Schiff, Ausrüstung und Offiziere von 25.000, blieben für die Aktionäre volle 100.000 Pfund Sterling zur Verteilung!«

Der Glückliche, dem der Streich gelungen war, Kapitän Thomas Tew, labte sich sichtlich am Staunen seiner Zuhörer. Seine etwas arg hausbackene Ehefrau mit den beiden Töchtern, angetan mit prächtigsten Seidengewändern und behängt mit einem Vermögen an Diamanten, Smaragden und Rubinen, wurde unterdessen von Salon zu Salon der Creme der New Yorker Gesellschaft weitergereicht. Der Gouverneur von New York gar, Colonel Benjamin Fletcher, schenkte dem erfolgreichen Kapitän eine goldene Uhr und lud die Tews zum Dinner zu sich nach Hause ein, wo es ihm, wie er es an die *Lords of Trade* nach England schrieb, »nicht nur eine gewisse Zerstreuung, sondern auch eine Belehrung war, jenen sprechen zu hören«. New York zeigte sich von seiner besten (Geschäfts-)Seite, und in allen Seemannskneipen, wo man die Männer der AMITY großzügig freihielt, gab es nur einen Gesprächsstoff: Afrika und der Indische Ozean!

AUFBRUCH ZU NEUEN UFERN – THOMAS TEW
(verschollen 1695)

Die Geschichte von Kapitän Tew (phonetisch auch oft Too geschrieben) machte indessen die amerikanische Küste auf und nieder die Runde, und drang bald auch jenseits des Atlantiks an die Ohren unternehmungslustiger Kapitäne. Seit dem Untergang von Port Royal war in der Karibik nicht mehr viel zu holen. Das spanische Kolonialreich war wirtschaftlich ausgepumpt, die Silberflotten bekamen Seltenheitswert. Kleine Piraten wie Charles Vane und Calico Jack mochten die abgegrasten Gefilde weiter durchstreifen, für die Tüchtigen und Verwegenen mussten ergiebigere, weniger kontrollierte Jagdgründe her!

Als Thomas Tew im Dezember 1692 zum ersten Mal von Newport in Rhode Island mit der 70-Tonnen-Sloop AMITY ausgelaufen war, hatte er einen Kaperbrief des Gouverneurs der Bermudas, Isaac Richier, in der Tasche, der es ihm gestattete, Niederlassungen Frankreichs, mit dem sich England eben wieder im Krieg befand, an der Westküste Afrikas zu überfallen. Niemand scheint freilich überrascht gewesen zu sein, als Kapitän Tew, kaum in See, die Besatzung zusammenrief und ihr klarmachte, dass ein Angriff auf einen französischen Grenzposten zwar ehrenhaft, jedoch keineswegs lukrativ sei – ein Vorstoß auf die Reichtümer Indiens jedoch genau das Umgekehrte. »Er war der Meinung«, schrieb Captain Charles Johnson, »dass sie ihre Gedanken lieber dem zuwenden sollten, was ihr Los tatsächlich verbessern würde; und wenn sie dazu geneigt seien, so

Thomas Tew eröffnete die Piratenroute nach Ostafrika.

würde er es unternehmen, einen Kurs auszuarbeiten, der sie zu Sorglosigkeit und Wohlstand führen würde, worin sie den Rest ihrer Tage zubringen könnten. Da die Besatzung glaubte, er erwarte ihre Zustimmung, riefen sie mit einer Stimme: ›Eine Goldkette oder ein Holzbein – wir stehen zu Euch!‹« Also war die AMITY um das Kap der Guten Hoffnung in den Indischen Ozean gesegelt und hatte sich am Ausgang des Roten Meeres auf die Lauer gelegt. Man erwischte in all den Monaten der Fahrt zwar nur ein einziges Schiff, doch dieses barg so viele Schätze, dass es reichlich genügte!

Die Südsee hatte sich nur unter größten Mühen und Gefahren als erreichbar erwiesen, so erschien der Indische Ozean nun als ideales Jagdgebiet. 1525 hatte Babur in Nordindien das islamische Mogul-Reich gegründet, das um 1700 mittlerweile fast den ganzen Subkontinent umfasste. Seither segelten alljährlich, angetrieben von den jahreszeitlich wechselnden Monsunwinden, gewaltige Verbände von Handelsschiffen von Indien ins Rote Meer und nach Ostafrika und zurück: die »Mokka-Flotte«. Genannt war sie nach der Stadt Mokka in Jemen, welche die Zufahrt zum Roten Meer, die Seestraße von Bab el Mandeb (»Tor der Trauer«) kontrollierte, damals einem der bedeutendsten Umschlagplätze der Welt. Beladen war die Mokka-Flotte mit chinesischer Seide, malaiischen und indonesischen Gewürzen, indischen Juwelen, Mekka-Pilgern, europäischen Feuerwaffen, Elfenbein, Gold und afrikanischen Sklaven. Da der Sueskanal noch weit in der Zukunft lag, war freilich eine Reise in den Indischen Ozean lang und teuer. Ob von Nordamerika, England, Holland oder Frankreich aus dauerte sie, auch bei günstigem Wetter, viele Monate. Thomas Tew hatte es als erster Freibeuter gewagt, dorthin vorzustoßen, und sein Erfolg zeigte, dass der Gewinn offenbar durchaus den Einsatz lohnte. Vor allem die Nordamerikaner zeigten lebhaftes Interesse. Genau das, was einst die Engländer an Spanien so sehr verärgert hatte, das engstirnige Handelsmonopol zwischen Mutterland und Kolonie, wiederholte Großbritannien mittlerweile in bemerkenswerter Kurzsichtigkeit selbst mit der »Navigationsakte« seinen überseeischen Besitzungen gegenüber! Das förderte zwar die britische Seefahrt, verstimmte aber zumal nordamerikanische Firmen, die schließlich auch ins Geschäft kommen wollten. Preisgünstiger Schmuggel, und, da noch preisgünstiger, Piraterie blühten auf.

Als im Spätherbst 1694 bekannt wurde, Kapitän Tew laufe demnächst mit der AMITY »nach den Bahamas« aus, »wohlausgerüstet mit amtlichen Kaperbriefen« seines Freundes Colonel Benjamin Fletcher, schlugen sich die Männer buchstäblich um einen Platz auf seinem Schiff. Einige Monate später lag die AMITY erneut vor der Straße von Bab el Mandeb anstatt auf den Bahamas – wer hätte das geahnt? Kaperbriefe hatten in jenen Gegenden allerdings wenig Sinn, verliehen allenfalls einen dünnen Firnis von »Wohlanständigkeit«, den sich Thomas Tew trotzdem 300 Pfund kosten ließ. Die Objekte denen man auflauerte, befanden sich in keinem, auch nur irgendwie gearteten, Kriegszustand mit England. Die betroffenen Araber, Inder und Afrikaner hätten nicht einmal den »moralischen« Hintergrund dieser Papiere begriffen. Doch das war egal. Sie waren Heiden, Hindus und Moslems in der Regel – auf keinen Fall Christen. Und selbst wenn, dann Farbige! Das reichte allemal zur Beruhigung des Gewissens. Nur von den Wachschiffen der verschiedenen ostindischen Kompanien, durfte man sich nicht erwischen lassen, denn deren Kontore mussten den Sündenbock abgeben, wenn indische oder arabische Schiffe von Piraten überfallen wurden.

Doch das Unternehmen lief diesmal von Anfang an nicht wie gewünscht: Zunächst war Kapitän Tew in die falsche Jahreszeit geraten und musste wochenlang warten, denn »nur Narren und Christen segeln *gegen* den Wind!«, meinten die arabischindischen Seeleute, die ihre Schiffe vernünftig von den jahreszeitlich wechselnden Monsunen treiben ließen. Als endlich ein Segel am Horizont auftauchte, preschte die Amity los – und musste enttäuscht beidrehen, als das andere Schiff ebenfalls die Piratenflagge aufzog. Es war die Fancy unter Kapitän Long Ben Avary.

Immerhin schien wenigstens das Glück den vereinten Piraten hold: Im September 1695 gelang es ihnen von einer großen Mokka-Flotte auf dem Heimweg nach Indien zwei schöne Schiffe abzuschneiden, die Fateh Mahomet und die Ganj-i-Sawai, mit 62 Kanonen und 400 Soldaten an Bord das größte aller indisch-arabischen Schiffe jener Zeit, das außer bedeutenden Frachtwerten auch zahlreiche hohe Damen und Herren auf der Heimreise von Mekka an Bord hatte. Thomas Tew nahm freiwillig die erheblich kleinere Fateh Mahomet aufs Korn – offenbar zweifelte er inzwischen an seinem Glück. Die Fateh Mahomet wehrte sich energisch, und »in dem Treffen riss ein Schuss Kapitän Tew die Bauchdecke auf, und Tew hielt seine Eingeweide eine kleine Weile mit den Händen fest«, berichtete Captain Johnson. Zwar befahl Tew sogar noch zu entern, doch dann brach er zusammen. Seine Leute brachten die Amity außer Schussweite und bald war sie am Horizont verschwunden. Im Dezember wurde die Amity noch einmal vor der Insel St. Mary gesichtet – dann verschwand sie für immer. Ob die Nachricht stimmte, Kapitän Tew sei tot, weiß niemand. Ein Bauchschuss, der die Eingeweide freilegte, war zu jener Zeit in aller Regel tödlich. Es gab freilich auch Gerüchte – sogar historisch durchaus ernstzunehmende –, dass er überlebt und sich auf Madagaskar, fernab von seiner spießigen Ehefrau und seinen biederen Töchtern, zu einem langen und lustigen Lebensabend niedergelassen habe.

SCHLAUHEIT UND TÄTIGE REUE – HENRY »LONG BEN« AVARY (gestorben um 1710)

Das Schiff war ursprünglich ein amtlicher Kaperfahrer wider Frankreich mit immerhin 46 Geschützen an Bord. Es hatte Charles geheißen, mit Heimathafen Bristol in England. Sein Segelmeister war ein gewisser Henry Avary (auch Avery oder Every geschrieben). Und sein Kapitän, Mr. Gibson, ein so schwerer Alkoholiker, der nicht nur »helle Flecken, Mäusen gleich, Wanten und Pardunen auf- und ab huschen« sah, sondern auch »allein ihm selber sichtbare Männlein« beobachtete, welche schwere Kämpfe auf der Großrah ausfochten und von denen er fürchtete, sie würden das Schiff übernehmen und die Besatzung ermorden, »weshalb er auch mehrfach auf jene Männlein, sein Pistol abgefeuert, um nicht sein Schiff zu verlieren.« Als er dabei auch einen Matrosen aus der Takelage schoss, brach eine Meuterei aus. Mr. Gibson wurde abgesetzt und das Schiff in Fancy umgetauft. Zum neuen Kapitän wählte man den Segelmeister Henry Avary, der sich mit der ihm eigenen Schläue den Piratennamen

»Long Ben« zulegte – offensichtlich in der Absicht einer gewissen Irreführung, denn »Long« Ben war in Wirklichkeit klein und untersetzt. Wenig später war er im Indischen Ozean, wo er sich mit Thomas Tew zusammenschloss.

Als die AMITY mit dem schwerverwundeten Tew abgedreht war, setzte Long Ben mit seiner FANCY an und gab der schon mürben FATEH MAHOMET den Rest. Dann stürzte er sich auf die große GANJ-I-SAWAI, und enterte sie nach zweistündigem Kampf. In manchen Büchern wird Long Ben als einer der humansten Piraten der Geschichte geschildert; nach den Aufzeichnungen indischer Chronisten und der *East India Company* – aber das waren schließlich die Geschädigten – sollen sich die Leute Avarys freilich höchst übel betragen haben. Ein Besatzungsmitglied Long Bens bekannte später in London beim Prozess gegen zwei Dutzend Männer der FANCY: »Wir folterten eine Menge Juwelen heraus, darunter einen Sattel und Zaumzeug voll mit Rubinen besetzt, ein Geschenk des türkischen Sultans für den indischen Großmogul. Und überall lagen unsere Leute mit den Weibern an Deck herum, von denen einige, den Pretiosen und dem Benehmen nach, von besserer Klasse waren als der Rest.« Nun, dieser Mann trat

Der eher kleinwüchsige Henry Avary legte sich schlau den Piratennamen »Long Ben« zu, machte märchenhafte Beute und starb in bitterer Armut.

gegen Straffreiheit als »Kronzeuge« auf, und dafür musste er dem Gericht schon etwas bieten ... Wie dem auch sei, die Seeräuber verließen das zerschossene Schiff unter Mitnahme der Beute und der schönsten Mädchen und Frauen. Nachdem man auf der Île Bourbon (dem heutigen Réunion) die märchenhafte Beute geteilt hatte – jeder Mann erhielt über 1000 Pfund sowie etliche Edelsteine –, zerstreute sich der Großteil der Piraten.

Da sich Long Ben Avary als Meuterer in England nicht mehr blicken lassen durfte, setzte er Segel nach der Karibik. Die Fahrt verlief ereignislos, und gegen Zahlung von 20.000 Pfund versprach der britische Gouverneur von New Providence, Nicholas Trott, einen Gnadenerlass zu beschaffen und den Piraten bis dahin Asyl zu gewähren. Doch dann drangen Nachrichten über den Atlantik, der Großmogul, empört über den Verlust seiner Schätze auf der GANJ-I-SAWAI, habe von den britischen Kaufleuten in seinem Machtbereich eine Entschädigung von 300.000 Pfund erzwungen. Jetzt wünsche London nichts mehr, als der frechen Seeräuber habhaft zu werden, um sie aufzuhängen. Trotz des gezahlten Schmiergeldes hätte Nicholas Trott zweifellos Long Ben und seine Leuten in Ketten nach England geschickt, doch die hatten rechtzeitig davon Wind bekommen und sich dünn gemacht. Henry Long Ben Avary segelte mit zwanzig Mann auf einer kleinen Sloop nach England – ein ebenfalls unbedingt schlauer Schachzug, denn wenn die Obrigkeit es auf seinen Hals als Meuterer und Pirat abgesehen hatte, dann würden sie ihn ganz bestimmt nicht in der Höhle des britischen Löwen suchen. Auch seinen Namen hatte er wieder geändert und nannte sich nun Mr. Benjamin Bridgeman.

Wie berechnet fiel niemandem in London die Ankunft der unbedeutenden Sloop auf, und niemand vermutete hinter dem kleingewachsenen Mr. Bridgeman den Piraten »Long« Ben. Selbst das Ausladen der kostbaren Waren klappte, dank einiger geschickt verteilter Gelder, reibungslos. Und soweit wäre alles gut und schön gewesen, wenn nicht passiert wäre, was in solchen Fällen nur allzu oft passiert: Einige der ehemaligen FANCY-Matrosen begannen erheblich mehr Geld auszugeben als sie eigentlich haben konnten, und rissen in den Kneipen das Maul allzu weit auf. Die Behörden wurden hellhörig. Einige Männer wurden sofort, andere etwas später verhaftet, ein paar schnappte man in Übersee, und so waren es schließlich 24, denen man den Prozess machte. Sechs wurden gehängt, wenige freigesprochen, der Rest zur Zwangsarbeit nach Virginia deportiert.

Long Ben Avary ist nie gefasst worden. Er tauchte als Mr. Bridgeman unter, fiel aber nun, entgegen seiner sonst gezeigten Schlauheit, seinerseits höchst ehrenwerten »Piraten« in die Hände: Eine Quäkergemeinde nahm den reichen, wenn auch etwas zwielichtigen Mr. Bridgeman in ihre Reihen auf, traktierte ihn mit Bibelsprüchen und hielt ihn zu tätiger Reue an, die er in Form kostbarster Juwelen abzuleisten hatte.

Irgendwann um das Jahr 1710 starb Henry Avary alias Long Ben alias Mr. Benjamin Bridgeman in einem armseligen Hinterhaus. Unter frommen Chorgesängen und Bibelworten wurde er zu Grabe getragen – ohne Sarg, denn dazu reichte das Geld, das er hinterlassen hatte, nicht mehr aus.

EIN BEWUSSTER JUSTIZMORD – WILLIAM KIDD
(um 1650 bis 1701)

Es gibt nur wenige Piraten, die es zu solch großer Popularität gebracht haben wie William Kidd. In zahllosen Liedern und Balladen wird er als der Urtyp des freien Seeräubers besungen – zu Unrecht, denn er war keiner!

Man schrieb das Jahr 1696, als in Plymouth die ADVENTURE GALLEY in See ging. Es war eine mit 34 Kanonen bewaffnete Fregatte, die bei Flaute zusätzlich Hilfsriemen einsetzen konnte. Ihr Kapitän war William Kidd ›ein Mann mit bestem Leumund, der mit Freibeuterei niemals etwas zu tun gehabt hatte, dafür als hervorragender Seemann galt. Er war als Sohn eines Pfarrers in Schottland geboren worden, 50 Jahre alt, und wohnte in New York, wo er Ehefrau, Kinder, Haus, Grundbesitz und Schiffe sein Eigen nannte. Bezahlt wurde die ADVENTURE GALLEY von einem New Yorker Reedereikonsortium; außerdem war Seine Majestät William III., König von England, Frankreich (obwohl man Frankreich im Hundertjährigen Krieg verloren hatte, führten die englischen Könige diesen Titel bis 1801), Schottland und Irland beteiligt; ferner der Earl of Bellamont, Gouverneur von New York und New England; der Earl of Romney, Generalfeldzeugmeister Seiner Majestät; der Earl of Orford, Erster Lord der britischen Admiralität; Sir John Somers, der Lord-Siegelbewahrer; und der Duke of Shrewsbury – also ganz wie seit den Tagen Francis Drakes üblich. Bei seiner Ausfahrt knisterten zwei hochkönigliche Freibriefe in der Tasche des Kapitäns: Einer, der ihm erlaubte, die französische Schifffahrt zu belästigen, ein anderer, der ihm auftrug, die Seeräuber im Indischen Ozean, Tew, Avary und Konsorten, dingfest zu machen.

Ein volles Jahr kreuzte William Kidd hinter den gesuchten Piraten her – vergebens. Die Mannschaft begann zu meutern. Kidd schlug den nächststehenden Nörgler mit einem Eimer nieder – der Mann, Geschützmeister Moore, starb anderentags. Obschon William Kidd so die Meuterei im Keim erstickt hatte, konnte er seine Leute nicht länger von dem zurückhalten, weswegen sie angeheuert hatten, vom Beutemachen. Von vier Schiffen, die er nun, immer noch eher zögerlich, anhielt und ausräumte, hatten zwei französische Pässe, zwei andere gehörten Armeniern, und die Beute war äußerst mager. Das fünfte Schiff, die QUEDAH MERCHANT gehörte indischen Kaufleuten aus Surat und hatte einen Pass der französischen Ostindienkompanie, war also auch eine einwandfrei rechtmäßige Prise.

Über die Ladung der QUEDAH MERCHANT ist viel spekuliert und gestritten worden. Die Geschädigten gaben den Wert mit 710.000 Pfund an – eine in der Tat imposante Summe. Was von der Beute real nachgewiesen werden kann, waren 20.000 Pfund: »Da ein Großteil der Männer nicht mehr bereit war mit Kapitän Kidd weiterzusegeln, musste ein Teil der Ladung verkauft, und 10.000 Pfund an jene Leute ausgezahlt werden, die sich fast ausnahmslos dem Piraten Robert Culliford anschlossen.« Der Rest der aufgefundenen Beute, knapp 7000 Pfund, wurde als Kidds eigener, offiziell zugegebener, Anteil betrachtet. Nach der alten Piratenregel von »zwei Anteilen« für den Kapitän errechnen nun manche Historiker, dass die Beute allermindestens 350.000 Pfund betragen haben müsse. Die Differenzsumme von wenigstens 330.000 Pfund wurde niemals tatsächlich nachgewiesen, geschweige denn gefunden, so dass der Schatz von William Kidd selbst in seriösen Historikerkreisen heute noch diskutiert wird.

Was jene dabei übersehen: Weshalb gaben sich die rund 100 Männer, die zu Culliford überliefen, mit bescheidenen 100 Pfund pro Mann zufrieden, wenn ihnen eigentlich rund 3000 oder gar das Doppelte zugestanden hätten? Sie hatten jene ominösen »Schätze« doch gesehen …

Als William Kidd 1699 mit der QUEDAH MERCHANT, die er inzwischen gegen die hoffnungslos lecke und morsche ADVENTURE GALLEY ausgetauscht hatte, vor der karibischen Insel Anguilla Anker warf, war er total verblüfft und entsetzt, als er hörte, er werde als »Pirat« gesucht. Seine Majestät, der ihn in jenem Kaperbrief noch »Seinen Vielgeliebten« genannt hatte, habe ihn ausdrücklich von dem Gnadenerlass für alle Piraten östlich des Kaps der Guten Hoffnung ausgenommen und es seien sogar Schiffe ausgelaufen, um ihn zu fangen. Was war passiert? Noch 25 Jahre früher, als Henry Morgan für seinen Piratenzug nach Panama geadelt worden war, hätte es kein Mitglied der in London regierenden, erzkonservativen Whigs gekümmert, wenn ihm die damals oppositionellen (erst heute als »konservativ« geltenden) Tories vorgeworfen hätten, Anteile an einem Kaperschiff zu besitzen. Nun aber, da, wie früher schon geschildert, die Kaperei nicht mehr in die Machtpläne Großbritanniens passte, ließen die hohen Herren William Kidd fallen wie eine heiße Kartoffel, nannten ihn flugs gar einen »gesetzlosen Seeräuber« und die »Geißel Indiens« – zweifellos nicht zuletzt, weil lukrative Beuteanteile offenbar ausblieben.

Kapitän Kidd ließ in einer stillen Bucht der Karibikinsel St. Thomas sein Schiff zurück und hetzte mit einer Schaluppe nach New York. Doch dort kam seinem Exfreund, Lord Bellamont, der mittlerweile seine Finger allzu tief in allerlei schmutzige Geschäfte gesteckt hatte, der Sündenbock gerade recht. Er wies – seiner eigenen Darstellung gemäß höchst moralisch entrüstet! – 1000 Pfund Schmiergeld zurück. Vielmehr ließ er William Kidd an Land locken, verhaften, in Boston einkerkern, schließlich in Ketten nach London schaffen, bezeichnete ihn als »Ungeheuer« und erklärte: »Nie hat es auf der Welt einen größeren Dieb und Lügner gegeben als Kidd«. Auch in London war man höchst verärgert, den Kapitän mit unschuldigster Miene auftauchen zu sehen. Wenn er einen ordentlichen Profit heimgebracht hätte, die hochgeborenen Earls und Sirs wären zweifellos bereit gewesen zu vergessen, dass es neuerdings nicht mehr als schicklich galt, sich als Aktionäre an Kaperfahrten zu beteiligen. So aber ...

Zwei Jahre zog sich der Prozess hin und wurde zu einem der finstersten Kapitel der englischen Justizgeschichte: Die Dokumente, die jene fünf von Kidd aufgebrachten Schiffe als »feindlich« auswiesen, lagen zwar dem Parlament vor, doch als man sie im Gerichtssaal brauchte, waren sie verschwunden – und tauchten erst Jahrzehnte später in einem obskuren Winkel der Kronarchive wieder auf. Der König, Lord Bellamont und all die anderen hohen Herren, die sich seinerzeit Anteile an der ADVENTURE GALLEY gesichert hatten, litten plötzlich an Gedächtnisschwund. Dafür wurde ein »Zeuge« präsentiert, der Zweite Steuermann der SAPTER, ein gewisser Barlow, der behauptete, sein Schiff habe sich ein Gefecht mit der ADVENTURE GALLEY geliefert – nur stimmte seine Beschreibung der ADVENTURE GALLEY mit dem Schiff Kidds hinten und vorne nicht überein. Trotzdem wurde die Aussage offiziell als »zutreffend« ins Protokoll aufgenommen, da der Zeuge erklärte, Kidd habe bei diesem Überfall »eine rote Flagge ohne Emblem« aufgezogen – eine Piratenflagge nach Meinung der ehrenwerten Richter, tatsächlich aber auch eine damals allgemein gebräuchliche Signalflagge, die alles Mögliche bedeuten konnte. Ob jener Barlow die ADVENTURE GALLEY überhaupt je zu Gesicht bekommen hatte, dafür fehlen bis heute jedwede schlüssigen Beweise. William Kidd, so der Staatsanwalt, »war ein Erzpirat! Ebenso grausam, gefürchtet und verhasst zu Wasser wie zu Lande. Niemand hat in dieser Zeit mehr Unheil der übelsten Art angerichtet, oder hat größere Unordnung und Verwirrung unter unseren indischen und sonstigen Freunden angerichtet, begleitet von allen Umständen der Grausamkeit und Treulosigkeit!«

Kapitän Kidd wehrte sich verzweifelt – auch noch als er längst erkennen musste, dass gegen ihn ein Schauprozess geführt wurde, den er nicht gewinnen konnte, nicht gewinnen *durfte*! Man verwehrte ihm beim Kreuzverhör der »Zeugen« die Hilfe eines Rechtsanwaltes; ließ ihn, der ein guter Seemann, jedoch kein Advokat war, bewusst auflaufen; entlastende Beweisstücke verschwanden; Zeugen, die bereit waren zu seinen Gunsten auszusagen, wurden nicht zugelassen. Man verweigerte Kidd sogar das Recht, in eigener Sache auszusagen! William Kidd kämpfte, ohne Hoffnung, aber tapfer: »Dieser sogenannte Zeuge widerspricht sich selbst in hundert Dingen! Er lügt tausendfach!« beschwerte er sich, als der Staatsanwalt einen seiner ehemaligen Männer als »Kronzeugen« brachte. Der Kronanwalt blaffte dagegen: »Wollt Ihr noch weitere

Fragen stellen?‹ – ›Habt Ihr dem Zeugen sein Leben versprochen, um mir das meine zu nehmen?‹ – ›Das spielt keine Rolle! Wollt Ihr dem Zeugen noch weitere Fragen stellen?‹« – Kidd resignierte: »Nein. Es hat nichts mehr zu bedeuten. Solange er das aussagt, was Ihr hören wollt, werden meine Worte, Zeugnisse und Aussagen nichts gelten ...‹« Das Urteil, das schließlich verkündet wurde, war gewunden wie der Strick, zu dem man William Kidd verurteilte. Es wurde weniger wegen Piraterie, denn aufgrund des Mordes an dem Geschützmeister Moore gefällt, obwohl dieser aus Notwehr gegen einen Meuterer gehandelt hatte und deshalb nach dem geltenden Seerecht unbedingt straffrei sein musste. Die Vereinigten Britischen Königreiche wünschten jedoch ein »Anti-Piraten-Exempel« zu statuieren. Also statuierten sie es.

Die demonstrative öffentliche Hinrichtung wurde auf den 23. Mai 1701 angesetzt. Reverend Paul Lorrain schleppte den Verurteilten am Morgen, sogar nochmals am spä-

Die Leiche William Kidds in Ketten »zum Trocknen« aufgehängt.

ten Mittag jenes Tages in eine Kapelle und redete ihm eindringlich zu, sein Schatzversteck zu nennen, um sich zu retten. Doch der »Sünder« bereute nicht, beteuerte im
Gegenteil immer noch seine Unschuld. Um drei Uhr nachmittags ging es dann in ein-
drucksvoller Prozession zum Richtplatz: Voran die offene Kutsche mit dem stellver-
tretenden Marschall der Admiralität, der den »silbernen Riemen« trug, welcher die
Autorität der Admiralität symbolisierte. Ihm folgte der Marschall persönlich, der die
Verantwortung für die ordnungsgemäße Hinrichtung trug. Und schließlich, von Kon-
stablern flankiert, der Schindkarren mit dem Verurteilten. An der Richtstätte angekommen musste Reverend Lorrain feststellen, dass William Kidd mittlerweile sinnlos
betrunken war – immerhin ein Gnadenakt, auch wenn er den Reverend schockierte.
Dann eine letzte Peinlichkeit: Als man William Kidd die Leiter unter den Füßen weg-
stieß, riss der Strick. Nach geltendem Recht wäre er damit frei gewesen, doch man legte ihm eine neue Schlinge um den Hals und hängte ihn nochmals. Sturzbetrunken, wie
er war, bekam William Kidd von alledem wohl kaum noch etwas mit. Anschließend
wurde sein Leichnam an einen Pfahl angekettet »bis das den Gezeiten unterworfene
Wasser der Themse dreimal in Ebbe und Flut über ihn hinweggegangen war«. Sodann
wurde der Leichnam mit Teer bestrichen, in Eisenbänder gefesselt und an einem eigens für 10 Pfund errichteten speziellen Galgen in Tilbury Point aufgehängt, einem
Platz, den jeder, der die Themse auf- oder abwärts fuhr, passieren musste. Der unmittelbare, der Absicht zweifellos konträre, Erfolg war, dass sich viele Männer, die auf
Kaperfahrt ausfuhren, schworen, sich eher in die Luft zu sprengen als »zum Trocknen
aufgehängt zu werden, so wie Kapitän Kidd«.

Das böse Gewissen über den widerlichen Schauprozess verursacht noch heute
manchem britischen Historiker heftiges Brauchgrimmen. Das britische Volk hat
William Kidd freilich längst zum Helden der »freien See« hochstilisiert wie die
Deutschen Claus Störtebeker:

»Mein Name war William Kidd –
Unter Segel, unter Segel –
Und der Teufel segelte mit,
Wenn mein Entermesser schnitt.

Das Großmogulnschiff –
Unter Segel, unter Segel –
Drehte bei, als ich ihm pfiff
Und das Gold herunterkniff.

Was ich an Gold besaß –
Unter Segel, unter Segel –
Das füllte neunzig Fass,
Und war noch lang nicht das.«

DER GELDBRUNNEN VON OAK ISLAND – KAPITÄN KIDDS SCHATZ?

Und da ist ja auch immer noch sein angeblich vergrabenes Gold auf den Karibikinseln Antigua, St. Thomas oder Jamaika, auf Gardiner's Island (dessen Besitzer, John Gardiner ihm sogar eine Quittung ausgestellt haben soll) oder Oak Island in der Mahone Bay vor der Küste von Neuschottland. Was ganz offensichtlich den Untergang von Kapitän William Kidd besiegelte, war das Gerücht, er habe den gewaltigen Schatz der QUEDAH MERCHANT in aller Heimlichkeit vergraben. Immer wieder in dem zweijährigen Prozess drangen Staatsanwalt und Richter in ihn, er möge das Versteck verraten, was sich dann positiv auf die Höhe des Strafmaßes auswirken würde – mit anderen Worten, er solle sich freikaufen. Dass William Kidd diesen Schatz hartnäckig leugnete, legte man ihm als »Verstocktheit« aus. Die Wahrheit freilich war wohl, dass Kidd nichts verriet, weil es da schlicht nichts zu verraten gab. Trotzdem wurde »Kapitän Kidds Schatz« der legendärste aller Piratenschätze. Auch das Versteck will man mittlerweile zweifelsfrei lokalisiert haben: Es ist der sogenannte »Geldbrunnen« auf dem nur eineinhalb Kilometer langen Oak Island in der Mahone Bay vor der Küste von Neuschottland, das berühmteste und mittlerweile auch wohl berüchtigtste Schatzversteck der Welt.

Es begann im Sommer 1795, als der 16-jährige Daniel McGinnis mit seinem Boot auf einem unbewohnten Inselchen in der Mahone Bay landete, dem wegen seines dichten Eichenbestandes sogenannten Oak Island. In der Mitte des südöstlichen Teils der wie ein Stundenglas geformten Insel entdeckte er unter einer Eiche eine Vertiefung mit einem Durchmesser von etwa 3,5 Metern. Voller Aufregung ruderte der Junge heim in das Städtchen Chester an der Ostküste der Bucht. Am nächsten Tag war er mit Schaufeln und Hacken und zwei Freunden, dem 20-jährigen John Smith und dem 13-jährigen Anthony Vaugham zurück und begann zu buddeln. Wenig später kannten Begeisterung und Eifer keine Grenzen mehr: In was sie sich da hineingruben war nicht nur ein kreisrunder, eindeutig von Menschenhand angelegter Schacht. In 120 Zentimetern Tiefe stießen sie auf eine Lage von Steinplatten »von einer Art, wie es sie auf Oak Island nicht gibt«. In drei Metern Tiefe entdeckten sie eine Plattform aus soliden, 15 Zentimeter dicken Eichenbohlen, die fest in den Lehmwänden verankert waren. Die Jungen holten die Balken heraus und gruben weiter, um in sechs und schließlich in neun Metern erneut auf solche Plattformen zu stoßen. Offenkundig hatte hier jemand mit großer Sorgfalt ein tiefes Loch gegraben und dann wieder verschlossen. Das war kein gewöhnlicher Brunnen. Das war ein Schatzversteck! Ein »Geldbrunnen«! – Der Name war geboren.

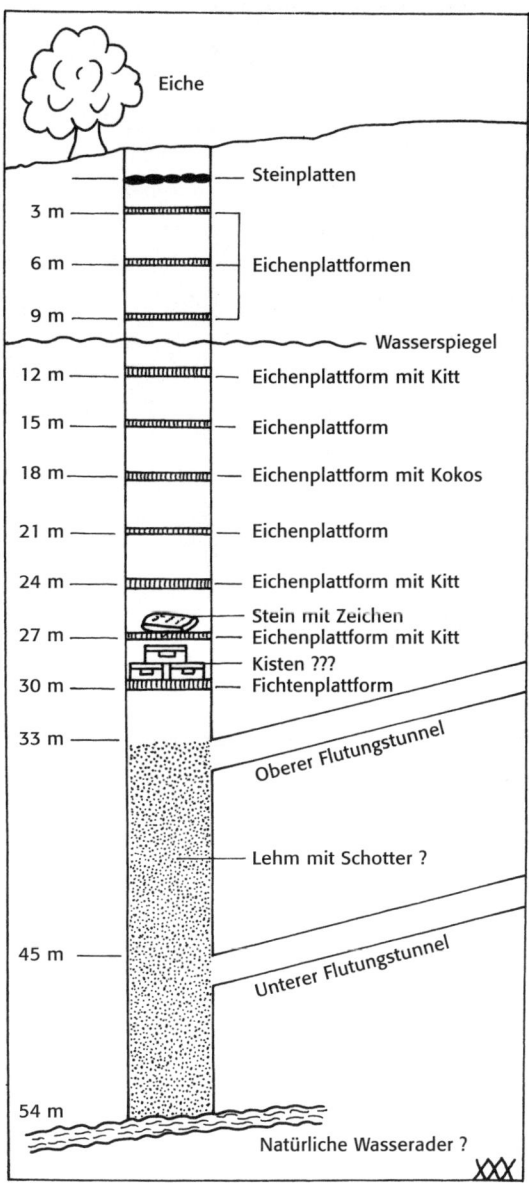

Der Geldbrunnen von Oak Island.

Mit den Werkzeugen, die sie zur Verfügung hatten, kamen die Jungen nicht mehr weiter. Sie kehrten nach Chester zurück, um Hilfe zu holen. Doch zunächst vergingen neun Jahre, ehe sich 1804 Simeon Lynds für die Sache begeisterte und sie zu finanzieren versprach. Das System, als man weiter in die Tiefe stieß, blieb gleich: Alle drei Meter eine Platte aus massiven Eichenholzbalken, manchmal zusätzlich mit Kokosfasern und Kitt abgedichtet. In 27 Metern Tiefe entdeckte man eine Steinfliese mit roh eingekratzten Schriftzeichen. Ein Sprachlehrer wollte entziffert haben: »In drei Metern Tiefe zwei Millionen Pfund« nebst der Jahreszahl 1704. Smith ließ sie später im Kamin seines Hauses einmauern, von wo sie Anfang des 20. Jahrhunderts verschwand. Die Schatzsucher hatten inzwischen beträchtliche Probleme, denn die Erde sog sich derart mit Wasser voll, dass sie bei jeweils zwei Eimern Erde einen mit Wasser nach oben schaffen mussten. Doch dann stießen sie wieder auf Holz, offenbar keinen der gewohnten Balken, sondern auf etwas, dass der Deckel einer Kiste sein musste! Das war an einem Samstag kurz vor Einbruch der Dunkelheit. Aber als sie am Montag zurückkehrten, stellten sie entsetzt fest: Der Schacht war bis zehn Meter unter dem Rand mit Wasser überflutet! Der Versuch das Wasser auszuschöpfen brachte nicht den geringsten Erfolg, eine eilig herangeschaffte Pumpe gab schnell ihren Geist auf.

1849 rückte die eigens zu diesem Zweck gegründete »Truro-Gesellschaft« auf Oak Island an, um den Schatz zu bergen. Das Wasser auszuschöpfen oder abzupumpen war, wie ein Beteiligter später schrieb, »wie wenn man mit einer Gabel Suppe isst«. Mit einem Hohlbohrer, wie er in Bergwerken verwendet wurde, ließ man fünf Probebohrungen niederbringen. Zutage gefördert wurden Metallstückchen, Holzsplitter und Kokosfasern, welche auch die Truro-Leute davon überzeugten, dass dort unten mindestens zwei Kisten, teilweise mit metallischem Inhalt ruhten. Dass dieser Inhalt wertvoll war, schien endgültig bewiesen, als einer der Arbeiter, ein gewisser Pitblado, spurlos verschwand nachdem er etwas aus einem der Bohrköpfe herausgenommen und eingesteckt hatte.

Der Rest der Geschichte ist schnell zusammengefasst: Im Verlauf von gut 200 Jahren haben sich mittlerweile rund zwanzig Einzelpersonen und Firmen am Geldbrunnen versucht – und gaben schließlich entweder völlig entnervt oder bankrott auf. Wie immer man sich auch bemühte zu den »Schatzkisten« vorzudringen, ab einer gewissen Tiefe wurde das Loch gnadenlos von aufsteigendem Wasser überflutet. Man entdeckte schließlich zwei zum Meer reichende Flutungstunnels, welche das Meerwasser eindringen ließen sobald ein gewisser Erddruck nicht mehr gewährleistet war. Man schnitt sie ab, doch an die Schatzkisten kam man nicht heran. Da halfen auch die niedergebrachten Parallelschächte, jeweils modernste Pumpen, Dynamit, ferngesteuerte Unterwasserkameras, Taucher oder ein 21 Meter hoher Schaufelbagger des Geologen Robert Dunfield 1965 nichts. Dafür hatten unterdessen fünf Menschen bei der Schatzsuche den Tod gefunden.

Und was hat das alles mit William Kidd zu tun? Gilbert D. Hedden, Schatzsucher von 1963, hatte in dem 1935 erschienenen Buch des englischen Schriftstellers Harold Wilkins *Captain Kidd and his Skeleton Island* eine Schatzkarte von Oak Island gefunden, nebst genauen Angaben: »18 West und bei 7 Ost am Felsen – 30 Südwest 14 Nord Baum – 7 mal 8 mal 4«. Nun, das Schatzversteck war ja längst bekannt, trotzdem machte sich Hedden mit Feuereifer ans Werk, die anderen Angaben der Karte zu überprüfen – und wer sucht, der findet: Zwei durchbohrte Steine, einige in bestimmter Form ausgelegte Kiesel. Gilbert D. Hedden eilte nach England, um mit Harold Wilkins persönlich zu sprechen. Der hatte allerdings von Oak Island in seinem ganzen Leben noch nie gehört. Die Karte, so gab er zu, hatte er aus dem Gedächtnis nach einem Plan – offenbar echt und 1669 datiert – gezeichnet, den ihm der Antiquitätensammler Hubert Palmer einmal gezeigt hatte. William Kidd war 1669 gerade einmal zwanzig Jahre alt, ein braver, streng calvinistischer Bürger und ganz bestimmt nicht reich genug, um einen Schatz vergraben zu können. Schlimmer noch, jene präzisen Angaben auf der Karte in Wilkins' Buch, die Hedden nachgemessen und so begeistert hatten, waren eine blanke Erfindung des Autors – weshalb Harold Wilkins später felsenfest davon überzeugt war, er sei eine Reinkarnation von Kapitän Kidd.

Wenn man von der Möglichkeit absehen will, dass ein restlos Verrückter Generationen von Schatzsuchern in Verzweiflung und Ruin treiben wollte, dann bleibt nur die Feststellung, dass hier offenbar tatsächlich mit größter Raffinesse etwas höchst Wertvolles versteckt wurde. Von William Kidd? Wohl kaum. Von einem anderen Piraten? Vielleicht. Von sonst jemandem? Ebenso denkbar. Ob jene Schatzkisten nach zahllosen Grabungen, Dynamit und Schaufelbagger noch heil sind, oder ob sich ihr Inhalt mittlerweile zwischen Sand, Schlick und Modder verteilt hat? Niemand weiß es. Ob der finanzielle Einsatz zur Hebung dieses Schatzes – unterdessen gut drei Millionen Dollar – je berechtigt war? Auch das weiß niemand. Auf jeden Fall: Fünf Tote kann er niemals wieder aufwiegen – so er denn jemals gefunden wird. Was er bislang tatsächlich getan hat, das war nur William Kidds Nachruhm beträchtlich zu vermehren.

EIN BEINAHE »HEILIGER« SEERÄUBER – MISSON
(gestorben um 1700)

Captain Charles Johnson hatte sich in seinem schon mehrfach zitierten Buch über die Piraterie des späten 17. und frühen 18. Jahrhunderts als zuverlässiger Berichterstatter gezeigt. Seine Aufzeichnungen erwiesen sich, beim Vergleich etwa mit amtlichen Prozessakten, stets als zuverlässig. Andernfalls wäre man wohl versucht, Kapitän Misson, von dem Lord Byron schrieb »er war der mildherzigste Mensch, der je ein Schiff versenkte, oder eine Kehle durchschnitt«, als ein Produkt der Phantasie abzutun. So aber ist an seiner historischen Persönlichkeit nicht zu zweifeln.

Misson stammte aus einer alten provençalischen Familie und musterte als Leutnant in Marseille auf der Fregatte VICTOIRE an. Auf einem Landurlaub in Rom begegnete er dem Dominikanerpater Caraccioli, der daraufhin die Kutte an den Nagel hängte und Misson auf die VICTOIRE folgte. Mit romantisch-idealistischen Schwärmereien verging die Überfahrt nach Westindien, wo man mit der englischen Fregatte WINCHESTER aneinander geriet. Der Engländer flog im Verlauf des Gefechts in die Luft, doch auch der französische Kapitän war gefallen. Nun trat der ungemein beredte ehemalige Dominikaner Caraccioli in Aktion und beschwor die Besatzung, Misson als neuen Kapitän zu wählen und ihm in ein ideales Leben ohne Pomp und Rangunterschiede zu folgen. Die Männer waren begeistert und Segelmacher Tondu musste eine neue Flagge anfertigen: Weiß mit goldener Inschrift *Pour Dieu et Liberté* (Für Gott und Freiheit).

Misson, ein beinahe »heiliger« Seeräuber aus Idealismus. – Die Holzschnitte von Misson, Tew und anderen wurden häufig kopiert und erscheinen daher oft auch unter anderen Namen.

Kapitän Misson wendete den Bug der VICTOIRE nach Afrika hinüber, hielt auch hin und wieder ein Schiff an, dessen Kapitän vor Staunen den Mund nicht mehr zubrachte, wenn er, statt ausgeraubt zu werden, nur höflich gebeten wurde, etwas Frischwasser und ein paar Lebensmittel herauszurücken. Vor der Küste Afrikas strich die NIEUWSTADT aus Amsterdam, die eine Ladung schwarze Sklaven an Bord hatte, vor den zwar schweigenden, nichtsdestoweniger bedrohlichen Kanonen der VICTOIRE die Flagge. Bei dieser Gelegenheit hielt Kapitän Misson eine Rede, die für damalige Zeiten fast unglaublich klingt: »Der Handel mit unseren eigenen Ebenbildern kann unmöglich den Augen der göttlichen Gerechtigkeit gefallen. Kein Mensch hat Gewalt über die Freiheit des anderen, und wenn jemand Menschen gleich Tieren verschachert, beweist er damit, dass seine Religion nichts ist als eine Grimasse und sich vom Kult der Barbaren nur dem Namen nach unterscheidet. Wie immer auch diese Neger in Farbe und Gebräuchen von den Europäern abstechen, so sind sie doch das Werk desselben allmächtigen Waltens und mit gleicher Vernunft begabt. Und somit sei der Begriff Sklaverei unter uns für immer verbannt!« Die Sklaven wurden in einer prächtigen

Zeremonie befreit, ihre Ketten zerschlagen und ins Meer geworfen. Jene, die zum Christenglauben übertreten wollten, wurden feierlich getauft, jenen, die das nicht wünschten, erlaubt, auf dem Achterdeck der VICTOIRE ein Dankesritual für ihre angestammten Götter abzuhalten. Dann wurden die Befreiten offiziell in die Mannschaft eingegliedert, und auch einige Holländer musterten bei Misson an.

Die schwimmende Republik der VICTOIRE segelte weiter um das Kap der Guten Hoffnung, unterwegs den »kaum gerechtfertigten Besitz« anderer nie mehr als unbedingt erforderlich erleichternd. Als ein englischer Kapitän, trotz der so sanften Methoden Missons, allzu sehr Widerstand leistete und dabei umkam, war Misson untröstlich. Er ließ den Toten an Land bestatten, mit einem Salut von 30 Kanonenschüssen – Pulver war durch Vermeidung sonstigen Gebrauchs überreich vorhanden – und einem Grabstein ehren, auf dem die Inschrift prangte: »Hier ruht ein tapferer Engländer«.

Auf der Insel Juan de Nova, zwischen Madagaskar und Moçambique gelegen, gründete man schließlich einen idealen Freistaat. Misson heiratete die dunkelhäutige Tochter des Inselhäuptlings, Caraccioli dessen Nichte, die Besatzung folgte mit anderen, ebenholzschwarzen Töchtern des Landes dem guten Beispiel. Das Leben in der Gemeinschaft war urchristlich und durchaus manierlich. Zwei Schiffe, ENFANCE und LIBERTÉ genannt, halfen der treuen VICTOIRE – keineswegs bei Seeräubereien, sondern bei der Erforschung der Küsten Madagaskars.

Nun kann der Frömmste nicht in Frieden leben, wenn es dem bösen Nachbarn nicht gefällt. Der »böse Nachbar« in diesem speziellen Fall waren die Piratenhorden, die immer häufiger auf der Insel auftauchten und mit Lärm, Streit und Saufgelagen den Frieden der kleinen Republik störten. Kapitän Misson, dem Gewalt nun einmal zuwider war, wanderte samt seinen Leuten aus und ließ sich mit seiner Kolonie an der Küste Madagaskars nieder, wo er seinen Freistaat *Libertatia* gründete. Die eigenartige Piratensiedlung blühte eine ganze Reihe von Jahren. Man betrieb Ackerbau und Viehzucht, Fischerei, in Notfällen auch ein bisschen höflich-rücksichtsvolle Piraterie, und verständigte sich in einer Art Esperanto, einem Gemisch aller Sprachen dieser verschiedenen Völker, Stämme und Nationen, aus denen die Bürger Libertatias zusammengewürfelt waren.

Aber auch hier währte die Idylle nicht ewig. Versprengte Piratengruppen, erst einzeln, dann in immer größeren Haufen aus den Mannschaften Thomas Tews – vielleicht sogar dieser selbst –, Long Ben Avarys, William Kidds und anderer ließen sich zunächst bescheiden am Rand nieder, wurden bald übergriffig, begannen Mord und Totschlag und hetzten die bislang freundlichen Eingeborenen gegen die »Regierung« auf. Misson und Caraccioli waren entsetzt und verzweifelt. Sie redeten, predigten, beschworen. Doch was konnten sie bei Leuten ausrichten, die Friedfertigkeit ausschließlich als Schwäche oder Dummheit verstanden und als einzige Argumente Pistolenkugeln und

Säbelhiebe akzeptieren mochten. Als auch noch ein beträchtlicher Teil ihrer schwarzen »Bürger« zu den neuen Machthabern überlief, deren »Argumente« ihnen aus ihrer Heimat ja sehr viel vertrauter waren als jene neuen Missons und Caracciolis, wurde die Lage unhaltbar. »Fürst« Misson und »Kanzler« Caraccioli flohen mit einer Handvoll Getreuer aufs Meer hinaus, wo ein Orkan die gute, alte VICTOIRE samt der Idee der freiheitlichen Republik Libertatia verschlang.

EIN GLÜCKSPILZ – CHRISTOPHER CONDENT
(um 1690 bis um 1760)

Irgendwie wehte, auch lange nach dem Untergang seines Freistaates Libertatia, der Geist »Sankt Missons« um die Küsten von Madagaskar, denn nirgendwo haben Piraten so zäh versucht, sich friedlich niederzulassen. Der Matrose Robert Drury berichtete 1711 von solch einer Ansiedlung: »Einer der Leute hieß Jean Pro, war Holländer und sprach gut englisch. Gekleidet war er in einen kurzen Überwurf, den breite metallene Knöpfe zierten; auch das Übrige machte einen annehmbaren Eindruck, nur dass er weder Schuhe noch Strümpfe trug. In seiner Schärpe staken ein Paar Pistolen, und eine hatte er in seiner Rechten. Dieser Jean Pro hauste da in wirklich netter Weise. Sein Haus war gut mit Zinngeschirr versorgt. Es gab da ein richtiges Bett mit Vorhängen und andere Dinge ausgenommen Stühle, aber eine Seekiste diente dem gleichen Zweck hinreichend. Er besaß ein Extrahaus als Küche und zur Unterbringung des Kochs, ein Lagerhaus. Das Ganze war von Palisaden umgeben, wie es bei den Großen dieses Landes üblich ist; denn er war wohlhabend und besaß einen Haufen Rindvieh und Sklaven. Sein Vermögen stammte hauptsächlich von Fahrten in die arabischen Gewässer. Als das Schiff dann alt und brüchig wurde, zog er sich nach Madagaskar zurück und hatte nun schon neun Jahre ohne Piraterie gelebt.« Als freilich im Juni 1720 Christopher Condent (manchmal auch Congdon oder Conden geschrieben) vor Madagaskar erschien, fand er nur noch ein paar arg heruntergekommene Graubärte vor, die letzten Veteranen aus den Mannschaften Tews, Avarys und Missons, die heilfroh waren, wieder an Bord steigen zu dürfen, um als Lotsen zu dienen.

Christopher Condent stammte aus Plymouth in Devonshire und war Quartiermeister auf einer Piratensloop aus New York, die an der amerikanischen Südostküste und in der Karibik operierte und schleunigst das Weite suchte, als Woods Rogers 1718 in New Providence erschien. Man überquerte den Atlantik, machte ein paar magere Prisen, darunter allerdings ein sehr gutes Schiff, auf das ein Teil der Piraten mit Condent als Kapitän überwechselte. Condent taufte das Schiff FLYING DRAGON und segelte in den Indischen Ozean, brachte ein paar Schiffe der *East India Company* auf, und dann, im Oktober 1720 gelang ihm der erhoffte Großfang: In Sichtweite von Bombay fiel ihm ein prächtiges Mogulschiff in die Hände, vollgestopft mit kostbarer Ladung und reichen Fahrgästen, die klug genug waren, den Begleitsoldaten jeglichen Widerstand zu verbieten. Christopher Condent war auch entsprechend höflich, entließ die Damen und Herren, zwar gründlich ausgezogen ansonsten jedoch unbehelligt, aufs Festland, und entschwand mit dem Märchenschiff nach Südwesten. Den Veteranen gingen die Augen über, als bei der Teilung der Beute auf der Île Ste. Marie für jeden Mann über 3000 Pfund Sterling abfielen, und die Masse an Gewürzen, Seide und goldverzierten Musselinstoffen war so groß, dass sie einen Teil davon am Strand zurücklassen mussten.

Kapitän Condent setzte sich mit 40 Mann auf die Île de Bourbon ab, wo bei einer Landegebühr, wie sie nur sehr erfolgreiche Piraten zahlen konnten, niemand nach dem Woher und Wohin fragte. Die Seeräuber begannen, sich häuslich einzurichten. Einer lebte noch, als James Cook 1770 nach Tahiti segelte, um die Venus bei ihrem Durchgang durch die Sonne zu beobachten: Es war der Bootsmann Adam, und er war damals eben 104 Jahre geworden.

Der französische Gouverneur strich seinen Anteil ein und lächelte freundlich. Das Lächeln verging ihm erst, als ihm seine verwitwete Schwägerin gestand, Christopher Condent heiraten zu wollen. »Ich werde diesen Seeräuber samt seiner Bande von der Insel jagen!« – »Dann gehe ich mit ihm!« – Monsieur le Gouverneur verbrachte ein paar schlaflose Nächte. Eine zweite Anne Bonny in der eigenen Familie? Nein, lieber nicht. Der Gouverneur packte Christopher Condent samt frisch angetrauter Ehegattin auf ein Schiff und schickte das Paar nach St. Malo, wo sich der Expirat schnell mit Hilfe von Moguljuwelen und tatkräftiger Hilfe der Verwandten seiner Frau zu einem höchst ehrbaren und reichen Kaufmann mauserte. Als er, viele Jahre später, in hohem Alter verstarb, galt er als angesehener, allgemein beliebter Bürger, betrauert von einer zahlreichen Schar Kinder, Enkel, Urenkel und guten Nachbarn.

EIN PECHVOGEL – EDWARD ENGLAND
(gestorben 1723)

Der irische Bauernsohn Edward England war ein umsichtiger, unerschrockener Kapitän, dessen Ideale Freiheit, Gerechtigkeit und Menschlichkeit hießen. Doch er besaß nicht die Überzeugungskraft eines Misson. Um seine Mannschaft bei Laune zu halten, musste er eine Menge Ausschreitungen stillschweigend dulden, die er in tiefster Seele verabscheute. Mit einem ehemaligen Ostindienfahrer, den er nach dem berühmten Schiff Long Bens FANCY getauft hatte, trieb er sich eine Weile an der afrikanischen Westküste herum, wechselte dann in den Indischen Ozean hinüber, schnappte einige Nachzügler der Mokka-Flotte, und segelte nach der Insel Ste. Jeanne, um die Beute zu teilen. Unterwegs schloss sich ihnen die VICTORY unter Kapitän John Taylor an. Vor der

Insel erwartete sie der englische Ostindienfahrer Cassandra unter Kapitän Macrae, der furchtlos die Fancy unter Feuer nahm – nach mehrstündigem Gefecht dann aber doch die Flagge streichen musste. Edward England überließ Macrae die beschädigte Fancy samt einiger Fracht und wechselte auf die Cassandra über. Macrae erreichte wenige Wochen später Indien, wurde als Held gefeiert und Gouverneur von Madras. Piratische Gepflogenheiten scheinen freilich auch ihm nicht ganz fremd gewesen zu sein, immerhin gelang es ihm, im Verlauf von acht Jahren, bei einem Gehalt von 500 Pfund jährlich über 800.000 Pfund (!) in seinen Sparstrumpf zu stecken.

Kapitän England hatte weniger Glück. Dass er den besiegten Macrae so höflich behandelt hatte, verärgerte seine Mannschaft, die mit seiner offensichtlichen Milde ohnehin kaum einverstanden gewesen war, nun so sehr, dass sie Edward England an der Küste Madagaskars ausbootete und an seiner Stelle John Taylor zum Kapitän wählte. Taylor ging mit der Cassandra und der Victory erneut in See, plünderte zwei »Mohrenschiffe«, hauste erheblich ungenierter als unter den betretenen Blicken Kapitän Englands, raubte einen Konvoi der *East India Company* aus, und kaperte die Cabo, jenes Schiff, das den portugiesischen Vizekönig von Goa, Luis de Meneses, Conde de Ericeira, zusammen mit einem phantastischen Schatz für seinen König bestimmter Juwelen, in seine Heimat zurückbringen sollte. Obwohl sich der hoffnungslos unterlegene Portugiese heldenhaft gewehrt hatte, war der König über den Verlust der Schätze so verärgert, dass er den Edelmann für zehn Jahre von seinem Hof verbannte, obwohl auch der Conde sein gesamtes Vermögen mit der Cabo verloren hatte.

Kapitän England schlug sich unterdessen auf Madagaskar bis zu jenem schäbigen Rest einer Siedlung durch, die von Missons Freistaat Libertatia übrig geblieben war. James Plantain, vormals Matrose bei England, begegnete dem ausgesetzten Kapitän 1723 noch einmal. England, der sich lange vergeblich bemüht hatte wieder ein Schiff zu bekommen, war krank und geplagt von Gewissensbissen über die Untaten seiner Männer, die er nicht hatte verhindern können. »Kapitän England ohne Schiff«, wie man ihn spöttisch nannte, starb wenige Monate nach dieser Begegnung einsam, arm und verbittert.

KÖNIG UND RADSCHA –
JAMES PLANTAIN UND KONADJI ANGRIA
(gest. um 1725 und gest. 1729)

Die neu aufkeimende Piratentätigkeit um 1720 im Indischen Ozean passte den verschiedenen Ostindien-Kompanien – englischen wie französischen oder holländischen – natürlich überhaupt nicht. Sie schrieen lauthals um Hilfe. Und tatsächlich kreuzte ein britisches Geschwader unter Kommodore Mathews auf, um entsprechend für

Ordnung zu sorgen. Viel Erfolg hatte der Kommodore nicht. In einer stillen Bucht fand er eine Reihe versenkter Schiffe, darunter die VICTORY. Christopher Condent saß längst in St. Malo, Edward England war gestorben, John Taylor blieb unauffindbar.

In der Ranters Bay auf Madagaskar stieß Kommodore Mathews auf James Plantain. Der ehemalige Matrose Edward Englands nannte sich jetzt »König der Ranters Bay« und ließ sich von seinen Untertanen mit Majestät anreden. Er hatte sich eine Festung ausgebaut, gespickt mit alten Schiffskanonen, bewacht von einer gut gedrillten Eingeborenenarmee, prächtig eingerichtet mit indischen Teppichen, chinesischem Porzellan und Mobiliar, das seine Verwendung ehedem bei verschiedenen Ostindien-Kompanien nicht verleugnen konnte. In den weiten Gemächern seines Harems regierte »Königin« Eleonore, die blonde, blauäugige Tochter des Piraten Long Dick über eine lange Reihe hübscher Mädchen in den verschiedensten Brauntönen, alle reich behängt mit indischen Seiden und kostbaren Juwelen, »welch selbe am Abend, bekleidet mit schamlos wenig Stoff jedoch umso mehr Schmuck, die gar wollüstigen Tänze ihrer Heimat aufzuführen pflegten«, wie der Kommodore zu vermelden beliebte. Angesichts der zwar alten, jedoch schussbereiten Schiffskanonen der Festung, zog es Kommodore Mathews vor, nach einigen Tagen höflicher Besuche und durchaus lukrativer Tauschgeschäfte, abzusegeln und den König in Frieden zu lassen.

Allzu alt wurde das Königreich des James Plantain freilich nicht. Stammeskriege und Unruhen brodelten aus dem Urwald hervor. Die Geschütze der Festung waren zwar bestens gepflegt, doch mangelte es an Kugeln und Schießpulver. Auch auf die schwarzen Soldaten der »Armee« – schließlich Mitglieder der sich bekämpfenden Stämme – war bald kein Verlass mehr. James Plantain liebte zwar seine königliche Macht. Doch, vernünftig wie er war, liebte er sie nicht mehr als sein Leben oder das Leben der Seinen. So verlud der König der Ranters Bay 1723/24 eines Nachts seine Königin samt Töchterchen, Kronschatz und getreueste Freunde auf eine Schaluppe und segelte gen Osten. Doch im Gegensatz zu Misson wusste er genau, wohin er wollte: An die Malabarküste südlich von Bombay.

Im Sklavengeschäft waren die Anrainer des Indischen Ozeans seit jeher, doch in die Piraterie stiegen sie erst Anfang des 18. Jahrhunderts ein. Angeregt durch die europäisch-amerikanischen Vorbilder, hatte der kriegerische Stamm der Mahratten in Indien Geschmack an der Seeräuberei gewonnen, und bald war kein Schiff der Ostindien-Kompanien, aber auch keines der Mokka-Flotten mehr vor ihnen sicher. Als dann ein tüchtiger Organisator, sein Name war Konadji (auch Kanhoji geschrieben) Angria, die Sache in die Hand nahm, konnte der Indische Ozean in der Unsicherheit der Seewege sehr schnell mit dem Mittelmeer und der Karibik konkurrieren. *Radscha* (Fürst) Konadji Angria ließ an der Malabarküste Festungen und befestigte Häfen errichten, 26 an der Zahl, und gebot über eine Flotte von über 100 schwerbewaffneten

Schiffen, deren Kapitäne nicht selten Europäer waren. Konadji Angria empfing James Plantain mit offenen Armen. Der Exmatrose und Exkönig verbrachte den Rest seiner Lebenstage zwar nicht mehr als souveräner Herrscher, doch immerhin als »Groß-admiral« Angrias, hochgeehrt als »Sieger über gar viele Frachtschiffe der englischen, französischen und holländischen Ostindien-Kompanien und Mehrer des Reichtums seiner Herrn«. Hochgeehrt auch dadurch, dass

xxx

Konadji Angria, Radscha der indi-schen Mahratten, holte sich gerne Europäer als Kapitäne auf seine Piratenschiffe.

schließlich seine Witwe, die blonde, weißhäutige, blauäugige Exkönigin Eleonore nach seinem Tod zur offiziellen Haupt- und Lieblingsgemahlin des Radscha aufstieg; und seine Tochter als Haupt-gemahlin mit dem mächtigen Maharadscha von Khaipur verheiratet wurde.

Prunk und Aufwand der Mahratten – mit juwe-lenglitzernden Palästen, riesigen Harems, Tänzer-innen, Elefanten, protzigen Festen, Umzügen und Gastmählern – wurde weder vor- noch nachher je-mals von irgendwelchen Seeräubern überboten; ebenso wenig wie offenbar der Wert ihrer Beute, auch wenn davon niemals genaue Zahlen bis in für europäische Historiker verwertbare Archive ge-langt sind. Mehr als eine Generation nach dem Tod von Großadmiral James Plantain und Radscha Konadji Angria dauerte die Piraten-herrlichkeit der Mahratten. 1756 gelang es schließlich Kommodore William James den Radscha Tulaji Angria, einen Enkel Konadjis, zu besiegen. Das Monument auf Shoo-ter's Hill in London erinnert heute noch daran:

»*Der Turm, so eindrucksvoll und alt,*
Erinnert an den tapferen Helden
Und Angrias bezwungene Gewalt,
Der plünderte des Ostens Wellen.«

DAS GOLD VON GAMBIA – HOWELL DAVIS
(um 1690 bis 1719)

Der Kampf, zumal der britischen Marine, gegen die euro-amerikanischen Piraten im Indischen Ozean war erfolgreich: Ende 1721 gab es dort nur noch vereinzelte weiße Seeräuber. Die Mehrzahl von ihnen hatte sich nach der Westküste Afrikas aufge-macht, wo ebenfalls lukrative Beute winkte, denn die afrikanische Atlantikküste war schon immer ein Dorado der Sklavenjäger gewesen, die gegen Glasperlen, billigen Kattun und Schnaps von den einheimischen Häuptlingen neben dem weißen Elfenbein vor allem das »schwarze Elfenbein«, Menschen, einhandelten. Zunächst waren es Barbaresken aus Algier, Tunis und Marokko gewesen, die nach dunkelhäutigen Schönheiten für die Harems ihrer Herrscher suchten. Europäer begannen Anfang des 16. Jahrhunderts afrikanische Sklaven als Arbeitskräfte in den neuentdeckten Ländern Amerikas einzusetzen – der »Apostel der Indios«, Bartolomé de Las Casas, hatte ausdrücklich Afrikaner an Stelle der Indios als Sklaven empfohlen. Grundsätzlich vertrugen sich die Sklavenhändler unter Halbmond und Kreuz nicht schlecht, Markt und Angebot waren schließlich groß genug.

In dieses Idyll platzte im Frühjahr 1719 Howell Davis mit seinem Schiff KING JAMES. Davis war mehr durch Zufall als durch Neigung Pirat geworden. Der Sohn eines reichen Reeders hatte in Oxford Jura studiert, doch eines Nachts, nach einer ausgiebigen Studentenfeier, hatte er einen lästigen Polizisten entwaffnet und vor der Tür des Magistrats gefesselt und geknebelt abgeladen. Am nächsten Morgen, wieder einigermaßen nüchtern, zog es der Herr Studiosus vor, nicht abzuwarten bis man ihn wegen groben Unfugs einlochte, sondern er verschwand auf See als Steuermann der CADOGAN unter Kapitän Skinner. Vor der Küste Westafrikas fiel das Schiff dem sanften Edward England in die Hände, verlor im Gefecht seinen Kapitän, wurde nur mäßig ausgeräumt und unter Howell Davis mit dem guten Rat nach Barbados entlassen, der junge Mann möge sich dort in Frieden niederlassen und ein anständiger Mensch bleiben.

Howell Davis wäre dem Rat Edward Englands sicher gern gefolgt, doch das Schicksal wollte es anders. Irgendwer behauptete, er habe versucht mit dem Piraten England zu paktieren, und obwohl dem Exjuristen nichts nachzuweisen war, wurde er eingesperrt und verlor sein Kommando. Nun, wenn man ihn schon als Piraten behandelte, dann war er eben einer – die Leute hatten es ja nicht anders gewollt. Mittellos und abgestempelt gelangte Howell Davis nach New Providence, unterwarf sich dem Gnadenerlass von Woods Rogers und wurde mit der alten, wurmstichigen FREEDOM ausgeschickt, um Lebensmittel für die Insel zu beschaffen. Die FREEDOM kehrte nie nach New Providence zurück. Howell Davis segelte über den Atlantik, lief die Kapverdischen Inseln an, tauschte die lecke FREEDOM gegen die schmucke KING JAMES aus Bristol um, und erschien vor der Küste Gambias. In New Providence hatte man Wunderdinge erzählt von den Mengen Goldes aus dem Sklavenhandel, die Regierungsvertreter in den Festungen Gambias aufgehäuft hätten – mehr als zehn Schiffe bräuchte man, um die Beute wegzuschleppen, so man nur in die Festungen hineinkäme!

Im Juni 1719 ankerte die KING JAMES in der Bucht von Bathurst. Die Hafenbeamten stiegen an Bord, besahen sich die Papiere und die Ladung – nicht allzu gründlich, denn schon auf den ersten Blick in die oberen Decks war klar, dass dieses Schiff randvoll beladen war mit dringend benötigten Gütern aus Merry Old England. So fiel auch nicht auf, dass die KING JAMES überraschend hoch im Wasser lag, ganz so, als ob sich nur oben Kisten, Fässer und Ballen stapelten. Der Gouverneur, der ein günstiges Nebengeschäft witterte, lud Kapitän Howell Davis auf die Festung ein, und der kam auch in Begleitung des Schiffsarztes und des Zweiten Steuermanns, eines gewissen Bartholomew Roberts, alle drei gut gekleidete, gebildete, höfliche Herrn, die geistvoll zu plaudern und höfisch Menuett zu tanzen verstanden. Der Gouverneur war entzückt bis zu dem Augenblick, als die drei artigen Herrn ihre Pistolen hervorzogen und sie ihm, seiner Gattin und seinem Stellvertreter an den Kopf hielten und freundlichst bemerkten, man möge doch die Güte haben, das gestapelte Gold auf ihr Schiff zu verladen. Der Gouverneur wäre ja, angesichts der Umstände, dazu auch gerne bereit gewesen, doch wie sich die wertgeschätzten Gäste bei einem Rundgang überzeugen mussten, war von Gold in der Festung keine Spur zu finden. So wanderte nur eine recht magere Beute an Bargeld und silbernem Tafelgeschirr auf die KING JAMES, mit der Howell Davis am nächsten Morgen, einigermaßen verärgert, wieder in See stach.

Ein paar Monate trieb er sich an der afrikanischen Küste herum, räuberte mit erträglichem Erfolg etliche Schiffe und Kontore europäischer Sklavenhändler aus, und beschloss Ende des Jahres 1719 den Trick von Bathurst an einer portugiesischen Festung nochmals zu erproben. Zunächst lief alles nach Wunsch. Doch dann, als man an der prachtvoll gedeckten Tafel beim Essen saß, fiel hinter den drei Seeräubern ein Vorhang, der einen Trupp Soldaten versteckt hatte. Eine Musketensalve krachte. Howell Davis und der Schiffsarzt brachen, tödlich getroffen, zusammen. Nur dem Zweiten Steuermann, Bartholomew Roberts, gelang die Flucht, sowohl aus dem Saal, als auch mit der KING JAMES aus dem Hafen. Die Portugiesen hätten besser zielen sollen. In ihrem Eifer, den stattlichen Kapitän und den breitschultrigen Schiffsarzt zu erledigen, hatten sie auf den schmalen, graziösen, harmlos aussehenden Steuermann kaum geachtet – wie sich bald herausstellen sollte, war Bartholomew Roberts im Vergleich zu Howell Davis etwa so harmlos wie eine Kobra gegenüber einer Blindschleiche.

DIE *SEALORDS* – BARTHOLOMEW ROBERTS
(um 1682 bis 1722)

In der langen Reihe seltsamer Gestalten, die über drei Jahrtausende die Meere unsicher gemacht haben, war Bartholomew Roberts zweifellos eine der größten und seltsamsten. Er tauchte im März 1719 aus dem Dunkel der Geschichte auf als Zweiter Steuermann des englischen Sklavenhändlers PRINCESS, der von Howell Davis gekapert wurde, und er wäre in diesem Dunkel wohl auch wieder verschwunden, wäre er nicht auf die KING JAMES umgestiegen.

Er stammte aus Wales, doch wer oder was er früher war – Roberts selbst hat nie darüber gesprochen, und historische Nachforschungen sind unmöglich, denn der Name Roberts ist auf den britischen Inseln etwa so selten wie in Deutschland Meier oder Müller. Bartholomew Roberts muss wohl bessere Tage gesehen haben, ehe er auf der PRINCESS anheuerte, denn er sah nicht nur gut aus, er verfügte auch über eine recht umfassende Bildung und tadellose Manieren, war aber auch ein hervorragender Seemann. Dass er in Wirklichkeit eine Frau gewesen sein soll – vieles spricht dafür, nichts ernsthaft dagegen, der letzte Beweis wird immer fehlen. Im Zusammenhang mit Anne Bonny hatte ich geschrieben, dass es auf einem Schiff jener Zeit unmöglich gewesen wäre, seine körperlichen Merkmale zu verbergen. Zwei Ausnahmen davon konnte es trotzdem geben: Zum einen natürlich den Kapitän, der in der Kajüte im Heck residierte. Zum anderen den Steuermann. Landratten halten gewöhnlich den, der am Ruderrad oder der Ruderpinne steht, fälschlich für den Steuermann. In Wirklichkeit ist das der »Rudergänger«, in der Regel ein erfahrener Matrose, mehr aber auch nicht. Der Steuermann, auch Pilot genannt, war der nautische Offizier an Bord, der Navigator, also jener Mann, der mit Log und Sextant den Standort des Schiffes auf hoher See bestimmen, auf einer Seekarte mit Zirkel und Parallel-Lineal den Kurs abzusetzen ver-

mochte. Da bis ins 19. Jahrhundert hinein die Mehrzahl der Kapitäne von Navigation keine Ahnung hatte, waren sie auf Gedeih und Verderb ihrem Steuermann ausgeliefert, was dieser sich nicht nur in Geld, sondern auch mit allerlei Privilegien honorieren ließ, etwa der absoluten Unantastbarkeit seines Gepäcks, Essen am Kapitänstisch, die Benutzung der Kapitänslatrine im Heck und eine eigene Kajüte, die, wenn auch klein, ihm immerhin eine gewisse Privatsphäre garantierte.

Bartholomew Roberts war 37 Jahre alt, als er nach dem Tod von Howell Davis zum Kapitän der KING JAMES gewählt wurde. Er nahm die Wahl an mit der Bemerkung: »Da ich meine Hände schon einmal in schmutziges Wasser getaucht habe und Pirat geworden bin, halte ich es allerdings für besser, oben statt unten zu sein.« Zunächst verschaffte er sich ein neues Schiff, die ROYAL ROVER, ließ die 32 Kanonen auf Hochglanz polieren, kaperte zwei portugiesische Frachter, schoss die Festung, in der Howell Davis den Tod gefunden hatte, zu einem Trümmerhaufen und segelte, nachdem dieserart der Rache Genüge getan war, über den Atlantik nach Brasilien.

Bartholomew Roberts war mit 400 erbeuteten Schiffen der erfolgreichste Pirat der Geschichte – und vermutlich eine Frau.

Auf der langen Überfahrt hatte er genug Zeit, seine Leute zu dem zu machen, was er sich persönlich unter Freibeutern vorstellte, den *Sealords*: »Jeder Mann hat in wichtigen Angelegenheiten das Mitspracherecht; desgleichen hat er das Recht, zu allen Zeiten in Sachen des Frischproviants und des Branntweins davon nach Belieben Gebrauch zu machen, sofern nicht eine Hungersnot zum Wohle aller Einschränkungen notwendig macht. – Wer mit Würfeln oder Karten oder überhaupt um Geld spielt, ist mit dem Tod zu bestrafen. – Kein Mann hat das Recht auszuspringen, bevor er 1000 Livres verdient hat. – Streitigkeiten und Raufereien an Bord sind mit dem Tod zu bestrafen. Zwistigkeiten werden an Land ausgetragen, und zwar mit dem Degen oder mit dem Pistol. – Wer sich ohne Erlaubnis des Kapitäns an Land begibt, ist mit dem Tod zu bestrafen. Wer an Land über vergangene oder geplante Unternehmungen schwatzt, ist gnadenlos mit dem Tod zu bestrafen. – Wer in schmutziger oder abgerissener Kleidung auf dem Schiff oder an Land angetroffen wird, ist mit Aussetzen auf einer einsamen Insel zu bestrafen.« Das sind nur einige Artikel, die jeder aus der Mannschaft unterschreiben musste, und die Matrosen der ROYAL ROVER unterschrieben begeistert. Die spaßige Verwandlung des Wortes *Sailor* in *Sealord*, wie sie vielfach zu hören war, wurde auf der ROYAL ROVER blutig ernst genommen, und es wehte ein Hauch von Größenwahn über diese Männer hin, die sich allesamt den Titel *Lord* zulegten. Für sich selbst ging Bartholomew Roberts noch weiter: Er fluchte nicht (hörte es auch bei seiner Mannschaft höchst ungern), er rauchte nicht, er trank keinen Alkohol, dafür aus silbernem Geschirr Tee, Kaffee und Fruchtsäfte (vermutlich damals ohnehin luxuriöser als Schnaps), und hielt sich ein Bordorchester, das ihm in seinen Mußestunden die Werke von Georg Friedrich Händel vorspielen musste. Zwischen sich und seinen Leuten richtete er eine eiserne Schranke auf. Er schlief allein, er aß allein, niemand durfte ohne vorherige Anmeldung seine Kajüte betreten, Dinge, die unter den Piraten der Karibik augenblicklich zur Meuterei geführt hätten. Doch Bartholomew Roberts war hochintelligent und willensstark. Keiner seiner Männer zweifelte je an einem seiner Befehle. Sogar noch nach seinem Tod wirkte diese Autorität, mit der er befohlen hatte, solle ihm einmal im Kampf etwas zustoßen, habe man seine Leiche samt Kleidern, Waffen und Schmuck unverzüglich ins Meer zu werfen. Von Brutalität in jeder Form, ja sogar von unnötigen Schießereien, hielt dieser Meister der Seeräuberei wenig bis gar nichts. »Das Schwingen entblößter Waffen«, bemerkte Hans Leip in seinem *Bordbuch des Satans*, »martialisches Gebrüll und ungeheuerliche Musik, die Darbietung unabsehbarer Bedrohlichkeit, die unheimlichen Flaggen, dieses Höllenspektakulum wirkte oft zerschmetternder als der Einsatz von Kanonen und veranlasste manches noch so gut bestückte Schiff zu unblutiger Übergabe.«

In Brasilien kam die ROYAL ROVER gerade rechtzeitig an, um vor Bahia mitten in einen portugiesischen Konvoi hineinzusegeln, neben dem Admiralsschiff, der SAGRADA

FAMILIA, längsseits zu gehen und eine Entermannschaft hinüberzuschicken. Nach einer unbedeutenden Meinungsverschiedenheit mit der Stammbesatzung korrigierten die Sealords das Ruder und verschwanden aus dem Hafen ehe noch die übrigen Schiffe den ersten Schuss abgaben. Die Beute betrug etwa 80.000 Pfund. Auf den Îles du Salut, den später berüchtigten Teufelsinseln vor der Küste Guineas, teilte man, überredete den Kapitän einer Korvette aus Rhode Island, sein schnelles, wendiges Schiff gegen die große SAGRADA FAMILIA zu tauschen, nannte das so erworbene Schiff ROYAL FORTUNE und bestimmte es zum Flaggschiff von Roberts. Die ROYAL ROVER machte sich unter einem anderen Sealord selbständig, geriet später auf die Riffe von Nevis und versank samt der Mannschaft bis auf sieben Mann, die von einem englischen Kriegsschiff aufgefischt wurden. Auf Befehl des britischen Gouverneurs von Bridgetown, Mr. Hamilton, wurden sechs von ihnen gehängt, der siebte verschwand im Gefängnis.

Bartholomew Roberts befasste sich unterdessen mit den Schiffen der Sklavenhändler rund um Barbados, segelte dann nach Norden, schnappte sich auf dem Hauptumschlagplatz für Kabeljau, der Reede von Trepassey bei Kap Race, 22 Frachtschiffe ohne einen Schuss abzugeben und reihte danach, auf den Bänken selbst kreuzend, acht englische Kabeljauschoner in die Liste seiner Opfer ein. Zum Abschied aus den nördlichen Gewässern fiel ihm die SAMUEL aus London auf der Fahrt nach New York in die Hände, vollbeladen mit Frachten und Passagieren.

»Wie ein Schub Furien stürmten die Piraten über die Decks«, schrieb später ein tüchtiger Reporter in New York und bemühte sich redlich, seinen Lesern einen packenden Bericht des Überfalls durch den inzwischen allbekannten Meisterpiraten zu bieten. Er musste sich ziemlich anstrengen, denn viel gab die Sache nicht her. Niemand wurde verletzt, nur die Fracht, die guten Anzüge samt Bargeld und Schmuck der Passagiere wechselten die Besitzer. Der Kapitän der SAMUEL, der auf den Gnadenerlass König Georges hinwies, erntete nur Gelächter, und »Lord« Ashplant meinte, sie wollten darauf zurückkommen, falls sie eines Tages genug geerntet hätten. Was dem Geschehen an Dramatik fehlte, ersetzte der tüchtige Journalist durch eine farbige Schilderung von Kapitän Roberts: »Er ist mittelgroß und schlank, mit gut geschnittenem, bartlosem Gesicht und dunklen Haaren. Auch im Gefecht trägt er Damast, Atlas, Brokat und Seide mit reichen Goldlitzen an dem roten Rock, der den höchsten britischen Offizieren nachgebildet ist. An einer schweren, sechsfachen Goldkette hängt ihm ein großes, mit Diamanten besetztes Kreuz um den Hals, das aus der SAGRADA FAMILIA stammt und als Geschenk für den König von Portugal bestimmt gewesen war. Auch die Griffe seiner Pistolen sind mit Juwelen besetzt.«

Wie aus fast all seinen Prisen stiegen auch aus der SAMUEL einige Leute auf die ROYAL FORTUNE über: drei Musiker und der Segelmeister Harry Glasby. Nachschub an Leuten war immer willkommen. In jedem Hafen zogen sich oft ganze Gruppen mit ihrer Beute für immer in ein gesichertes Leben an Land zurück. Roberts ließ sie gehen. Als im Februar 1722 die ROYAL FORTUNE endlich ihr Schicksal ereilte, waren unter den 169 Gefangenen nur noch acht, die einst schon unter Howell Davis dabei gewesen waren.

Bartholomew Roberts drehte nach Süden ab, erschien erneut in der Karibik, plünderte Schiffe aus und griff auch Ortschaften mit Landtruppen an wie einst Morgan oder Grammont. Zu Gewalttätigkeiten kam es nie. Der Alarmruf »Rover Roberts« ließ niemandem das Blut in den Adern gefrieren, man ließ nur die Arme sinken oder nahm sie, nach Aufforderung, über den Kopf und überließ das, was man an Realwerten hatte, den durchaus höflichen »Lords«. Dann erfuhr Kapitän Roberts, dass ein Mann von der ROYAL ROVER noch am Leben sei und in Bridgetown im Gefängnis sitze. Gouverneur Hamilton verlor augenblicklich die Nerven, als die ROYAL FORTUNE aufkreuzte. Die Küstenartillerie begann Feuer zu spucken. Bartholomew Roberts schoss nicht zurück, aber er enterte auf der Reede ein Schiff nach dem anderen und ließ es in Brand stecken. Dann zog er sich zurück und schickte Gouverneur Hamilton folgenden, etwas sparsam interpunktierten Brief: »Royal Fortune den 27. September 1720. Meine Herrn, Dies kommt per express von mir euch wissen zu lassen dass wenn ihr herüber gekommen wärt und ein Glas Wein mit mir und meinen Leuten getrunken, ich nicht eines der Schiffe in eurem Hafen angetastet hätte. Weiter sind es nicht eure Kanonen mit denen ihr gefeuert die mich schrecken oder uns hindern erneut an Land zu kommen, sondern der Wind der nicht unseren Erwartungen gemäß wehte verhinderte es. Die ROYAL ROVER habt ihr verbrannt und einige unserer Leute barbarisch behandelt aber wir haben jetzt ein ebenso gutes Schiff notfalls zur Vergeltung und noch eins meine Herren der arme Bursche den ihr da zu Sandy Point in Gewahrsam habt ist völlig unbelastet was ihm auch unterschoben sein mag und so mit Verlaub macht euch umgehend klar lasst euch erbitten und behandelt jenen Mann als einen anständigen Menschen und nicht als einen Verbrecher wenn wir irgendetwas anderes hören dürft ihr auf keine Gnade für irgendjemand auf eurer Insel rechnen der eure - Barth. Roberts« - Der Gouverneur beeilte sich, den Gefangenen auf freien Fuß zu setzen und Kapitän Roberts segelte davon. Zwischen dem 28. und 31. Oktober 1720 räumte er noch in den Gewässern um Haiti 16 englische, holländische und französische Schiffe aus, dann verschwand er plötzlich.

Ein paar Wochen atmeten die Reedereien beidseitig des Atlantiks auf, ehe aus Westafrika eine erneute Alarmmeldung eintraf. Bartholomew Roberts hatte die Fregatte ONSLOW gekapert, sie gegen die inzwischen etwas leckende ROYAL FORTUNE ausgetauscht und das neue Schiff auf den alten Namen umgetauft; außerdem segelten nun zwei weitere Schiffe mit ihm, die GREAT RANGER und die LITTLE RANGER. Operationsbasis war die geschützte Reede von Widah an der Küste Guineas, nahe Kap Lopez hinter der Barriere des Papageiensandes.

»Hiermit wird bestätigt, dass wir Fortuntasjäger acht Pfund Goldstaub für die Rückgabe des Schiffes HARDY, Kpt. Dittwitt, erhalten haben. Von uns unterfertigt den 13. Januar 1722 - Barth. Roberts.« Irgendein ausgeplünderter Kapitän, das muss so um 1720 gewesen sein, hatte in einem Anfall von schwarzem Humor gemeint, die Räuber könnten ihm wenigstens eine Quittung für die gestohlenen Güter überlassen. Bartholomew Roberts, höflich wie immer, hatte das Papier ausgefertigt. Jener Kapitän hatte das Schreiben wenig später seinem Versicherungsagenten auf den Schreibtisch geknallt – und die Versicherung hatte den Schaden bezahlt. Die Sache machte blitzschnell die Runde, und schon bald flatterten den Versicherungsgesellschaften ganze Bündel solcher Bescheinigungen ins Haus, die in der zierlichen Handschrift des Meisterpiraten stets mit den Worten begannen: »Hiermit wird bestätigt, dass ...« gefolgt von einer detaillierten Aufstellung der geraubten Güter und der Unterschrift »Barth. Roberts«.

Ende des Jahres 1721 war die Liste der von Kapitän Roberts ausgeplünderten Schiffe auf über 400 gestiegen – eine Zahl, die von keinem namentlich bekannten Freibeuter je vorher oder nachher erreicht worden ist! Die Versicherungen in London, Lissabon, Paris, Amsterdam und New York rauften sich die Haare, die Aktionäre schrieen lauthals Zetermordio, und England sah sich gezwungen zwei Kriegsfregatten, die SWALLOW und die WEYMUTH unter Kapitän Chaloner Ogle nach Guinea zu schicken.

Anfang des Jahres 1722 riss der Glücksfaden des Meisterpiraten. Am 9. Februar kreuzte ein Portugiese vor Kap Lopez auf. Die GREAT RANGER ging unter Segel. Der Portugiese floh, das Piratenschiff setzte nach, und schon bald verschwanden beide hinter der Kimmung.

Am 11. Februar sichtete man einen Franzosen und kaperte ihn kampflos. Seine Ladung bestand aus Cognac, der auf die ROYAL FORTUNE und die LITTLE RANGER umgeladen wurde. 18 Männer der französischen Besatzung stiegen zu Roberts über, der Rest segelte unbehelligt weiter. Die Sealords zapften in einer stillen Bucht begeistert die Fässer an. So unbedingt sie ihren Kapitän respektierten, so blind sie jedem seiner Befehle gehorchten, zur Abstinenz hatte er sie nicht bekehren können. Als nach durchzechter Nacht der Tropenmorgen des 12. Februar heraufdämmerte, waren nur noch zwei Mann nüchtern, Bartholomew Roberts und sein Erster Offizier, Harry Glasby, der ebenfalls nichts von Alkoholexzessen hielt. Zwischen den beiden soll es zu folgendem Dialog gekommen sein: »Sir, ich habe gehört, dass die SWALLOW und die WEYMUTH bei Fernando Po liegen, Gerichtsvollzieher spielen und Gelder eintreiben. Wir sollten schleunigst den Ankerplatz wechseln! Schwalben fliegen manchmal schneller als man ahnt.« Bartholomew Roberts nickte: »Ich habe nie Lust gehabt, mich mit Seiner Majestät schlechtbezahlten Fleischhauern anzulegen. Ich bin nicht fürs Blutvergießen, wenn es sich vermeiden lässt. Wenn Kapitän Schirmer mit der GREAT RANGER zurück ist, gehen wir ankerauf.« Harry Glasby deutete nach Nordwesten aufs Meer hinaus: »Ein Segel, Sir! Ist es die GREAT RANGER? Oder?« – »Oder!«, knurrte Bartholomew Roberts wütend, nachdem er ein paar Minuten mit dem Fernglas hinausgestarrt hatte. Sekunden später war auf der ROYAL FORTUNE der Teufel los. Roberts und Glasby brüllten über die Decks, und obschon keiner außer den beiden bei klarem Verstand war, gingen die Segel hoch, die Ankertaue wurden gekappt, die Geschütze bemannt und geladen.

Wo steckte die GREAT RANGER? – Sie steckte auf dem Grund des Meeres. Weit draußen auf See hatte sich der verfolgte Portugiese als die getarnte SWALLOW entpuppt. Mit der ersten Breitseite des Engländers hatte die GREAT RANGER einen Großteil ihrer Takelage eingebüßt, an Absetzen war nicht mehr zu denken, also schoss sie über zwei Stunden lang aus allen Rohren zurück. Kapitän Schirmer, der ursprünglich irgendwo aus Deutschland stammte, wurde schwer verwundet, doch er dachte nicht ans Aufgeben. Der Versuch, die Pulverkammer in die Luft zu jagen, brachte nicht den gewünschten Erfolg, ruinierte das Schiff aber endgültig. Als die englischen Soldaten an Bord stiegen, konnten sie lediglich noch eine Handvoll Leichtverletzter gefangen nehmen und an Bord der SWALLOW schaffen, der Rest der Schwerverwundeten und Toten versank wenig später mit Kapitän Schirmer und der GREAT RANGER in den Wellen des Atlantiks.

Jetzt war die SWALLOW deutlich zu sehen und rauschte mit vollen Segeln durch die enge Fahrtrinne auf den Papageiensand zu. Und die LITTLE RANGER? Dort war man noch besoffener als auf der ROYAL FORTUNE. Als kein Signal half, ließ Roberts einen Achtpfünder hinüberschießen. Leider war auch der Kanonier reichlich blau: Er traf die LITTLE RANGER höchst unglücklich mittschiffs in der Wasserlinie, weckte zwar einen Teil der Mannschaft, jedoch nicht gründlich genug, als dass sie das Absacken des Schiffes hätten verhindern können. Viele ertranken in ihrem Suff, der Rest wurde später von der SWALLOW aufgefischt.

»Raus hier!«, kommandierte Bartholomew Roberts. Für wenige Minuten kamen die beiden Schiffe in der Fahrrinne des Papageiensandes auf Schussweite aneinander heran, und schon schien es, als gelänge der ROYAL FORTUNE die Flucht, da brach Bartholomew Roberts, von einer englischen Kugel in den Hals getroffen, tot zusammen. Für einen Augenblick standen die Piraten erstarrt. Dann befahl Harry Glasby, wie er einst geschworen hatte, den Kapitän über Bord zu werfen. Selbst die sechsfache Goldkette, das Diamantkreuz und die juwelengeschmückten Pistolen, die aus dem Gürtel gerutscht waren, warfen die Sealords hinterdrein. Dann strich die ROYAL FORTUNE die Flagge. Zusammen mit den Überlebenden der beiden RANGER wurden 264 Piraten gefangen genommen. 165 wurden zu Cape Coast Castle im größten bekannten Piratenprozess vor Gericht gestellt.

Am 2. April 1622 erging das Urteil gegen die Sealords: Harry Glasby wurde als »Gezwungener« freigesprochen, ebenso der Bordarzt und seine Helfer, die Musikanten, die 18 Franzosen des zuletzt gekaperten Cognac-Schiffes und weitere 65, denen nichts Ernsthaftes nachzuweisen war. 17 wurden zu Gefängnis und 20 zu Zwangsarbeit in den Minen der *Royal Africa Company* verurteilt. Für 52 jedoch verkündete Kapitän Herdman, Präsident des Gerichts der Vizeadmiralität: »Ihr und ein jeglicher von Euch ist für schuldig befunden, und das Urteil ergeht, dass Ihr zu der Hinrichtungsstätte vor den Toren dieser Festung gebracht werdet, um dort zwischen den Hochwassermarken am Halse aufgehängt zu werden, bis Ihr tot, tot, tot seid. Und möge der Herr Euren Seelen gnädig sein.« Im August 1722 wurde Chaloner Ogle, der Kommandant der Swallow, in London von König George III. für seinen Sieg über Bartholomew Roberts zum Ritter geschlagen.

DER FLIEGENDE HOLLÄNDER
(um 1685 bis um 1725)

»Mit vollen Segeln, wie vom Sturm gepeitscht, naht ein Segler dem entgegenkommenden Ostindienfahrer. Blutrot erscheinen die Segel, blutrot die Flagge, schwarz der Mast, schwer und düster der massive Schiffskörper. Bläuliche Flammen zucken auf den Masten und schlängeln sich an der Flagge nieder. Die Matrosen des Ostindienfahrers befürchten, dass ihr Fahrzeug von dem im Anlauf begriffenen auseinander

»Die Begegnung mit dem Fliegenden Holländer« auf einem Stich um 1900.

gespeißt werde. In diesem Augenblick spielt das Bugsprietwasser des gefürchteten Fahrzeugs den Ostindienfahrer an; Schaumwellen vor sich auftreibend, rauscht es gespensterhaft über diesen hin. Die Mannschaft stößt gellendes Angstgeschrei aus; einige greifen in der Verzweiflung nach dem Tauwerk des unaufhaltsamen Schnellseglers, welcher sich bereits zwischen ihren Schiffsmasten befindet. Aber die es wagen, kräftig und entschlossen anzugreifen – sie erfassen nichts; auch erfolgt kein Stoß, und wiewohl das zauberhafte Schiff durch den Ostindienfahrer mittendurch gesegelt zu sein schien, ist dieses doch ohne Schaden vor sich gegangen. Und wer von dem zu Tode erschrockenen Schiffsvolk das Fahrzeug scharf beobachtet hat, der konnte dessen abgezehrten schwarzen Kapitän, in der Tracht längst vergangener Zeiten, das Sprachrohr unter dem Arm, ja er konnte seine geisterbleichen Matrosen wohl unterscheiden, die sich über die Kanonenlage ihres Schiffes lehnten, als schauten sie mit Behagen das Verderben, das ihr Schiff anrichtete. Seewärts vor dem Wind rast das gespenstige Schiff weiter, ist so rasch verschwunden, als es aufgetaucht war.« So schilderte Franz Otto in seinem um 1890 erschienenen *Märchenschatz* das Zusammentreffen mit dem Fliegenden Holländer.

Zahllose Geschichten und Legenden, Erzählungen und Sagen ranken sich um den Fliegenden Holländer: Ursprünglich war es zweifellos eine echte Volkssage vom »Gespensterschiff«, das mit dem klassischen Erlösungsmotiv kombiniert wurde, die sich um 1700 entwickelt zu haben scheint. Die älteste literarische Fassung ist wohl die des englischen Dichters Samuel Taylor Coleridge *The Rime of Ancient Mariner* von 1798. Bald schon folgten eine ganze Reihe von Romanen, Novellen und dramatischen Bearbeitungen des Stoffes. Für den deutschen Sprachraum entdeckte Heinrich Heine das Thema und verarbeitete es in seinem 1831 erschienenen *Aus den Memoiren des Herren von Schnabelewopski*. Dort fand Richard Wagner die Legende und schuf aus ihr eine seiner schönsten Opern, den 1843 in Dresden uraufgeführten *Fliegenden Holländer*.

Wie so oft in solchen Fällen, mischten sich auch hier historische Realität mit phantasiereichem Beiwerk: Das »Gespensterschiff« ist ein uraltes Motiv in der Seefahrt. Zumal in jener Zeit, als es noch keinen Funk gab, wurden immer wieder auf hoher See Schiffe gefunden, die ohne ersichtlichen Grund verlassen worden waren – die MARY CELESTE von 1872 ist nur das berühmteste davon –, oder auf denen man noch die Skelette der von einer Seuche dahingerafften Besatzung fand. Natürlich bedurfte die Legende eines Motivs für die ruhelose, unfreiwillige Unsterblichkeit des Holländers. Bei Richard Wagner hatte er Gott in frevelndem Übermut gelästert, wie er in seiner großen Arie »Die Frist ist um« erklärt. Nach einer anderen Version hatte er den Fluch auf sich gezogen, als er versuchte, die junge, hübsche Nonne zu entführen, die dann ins Wasser sprang und sich ertränkte. Nach einer dritten Version habe er geschworen so lange zu segeln, bis er das Kap der Guten Hoffnung (oder Kap Hoorn) bezwungen habe …

Historische Kernfigur der Geschichte war wohl ein gewisser Jean (oder Jan) van der Velden aus dem niederländischen Zaandam. Offenbar ein für einen Holländer recht temperamentvoller und ungebärdiger junger Mann. Als seine Verlobte ihm ihr Jawort nicht mehr gab – eher wohl nicht mehr geben durfte, weil er ihren Bruder in einem Anfall von Eifersucht niedergestochen hatte –, entschwand er mit dem Schiff seines Vaters, eines Kleinreeders, in Richtung Indochina, das damals niederländische Kolonie war. Das muss in den 80er-Jahren des 17. Jahrhunderts gewesen sein, als die holländische Seemacht bereits bedenklich zu bröckeln begann. Sehr erfolgreich war jene Fahrt wohl nicht, denn Jean van der Velden verlegte sich auf die Piraterie. Seine rote Flagge ohne sonstiges Emblem wird stets ausdrücklich erwähnt. Die schwarz geteerten Masten und die roten, eher wohl rotbraun gelohten, d.h. imprägnierten, Segel waren wohl eine Mischung aus praktischer Notwendigkeit und schmückendem Beiwerk. Dass er sich selbst bald nur noch in düsteres Schwarz kleidete war allerdings zweifellos berechnende Absicht. Van der Velden schaffte es zwar nie, einer der Großen seines Gewerbes zu werden, dafür war er unbestritten einer der zähesten, der 30, vielleicht sogar 40 Jahre lang durchhielt, und dem es immer wieder gelang, ausgeschickten Wachschiffen zu entkommen – er wurde der »Unsterbliche«, dessen Verschwinden nur noch seinen Ruf mehrte. Dass er sich nie auf ein bestimmtes Jagdgebiet festlegte – er wurde im Indischen Ozean, an der Westküste Afrikas, im Nordatlantik, in der Karibik, vor allem am Kap der Guten Hoffnung, angeblich aber auch in der Nordsee und sogar im Mittelmeer gesichtet – führte zum Ruf seiner »Allgegenwart«. Aus diesen Ingredienzen mischte sich die Legende vom »schwarzen Kapitän, der ruhelos die Meere durchfuhr, anderen den Tod bringend, doch ohne selber den Tod finden zu können«. Bald wurden ihm alle Schiffsverluste, bei denen es keine Überlebenden gab, in die Schuhe geschoben.

Auch die »Erlösungsgeschichte«, ohne die eine gute Legende ohnehin nicht auskommt, scheint einen realen Hintergrund gehabt zu haben: Vermutlich um das Jahr 1725 brachte der Kapitän eines Ostindienfahrers, Danland (»Daland« bei Richard Wagner), einen zwar düsteren, aber schwerreichen Kollegen in sein Haus – ob in Norwegen, oder wie in anderen Fassungen Schottland, bleibe dahingestellt. Seine Tochter Maria (»Senta« bei Wagner) verliebte sich unsterblich in den Fremden, ließ, durchaus mit Unterstützung des wohl ein wenig naiven und auf jeden Fall geldgierigen Kapitän Danland, ihren Verlobten sitzen und entschwand mit dem zwielichtigen Kapitän auf dessen Schiff. Dass dieser Mann tatsächlich Jean van der Velden war, ist ziemlich unwahrscheinlich, eher eine bewusste oder unbewusste Kopie des »Unsterblichen«. Da aber seit etwa dieser Zeit auch das geheimnisvolle Piratenschiff nicht mehr gesichtet wurde, war man sich einig, der Geisterkapitän sei durch das Opfer der jungen Frau »erlöst« worden.

Das Jahrhundert der Korsaren
Die Kaperfahrer von 1680 bis 1815

»Die Offiziere auf dem Kampanjedeck der HERFORDSHIRE, die behäbig durch die See rauschte, trauten wohl ihren Augen nicht: ›Will uns dieser verrückte kleine Franzose tatsächlich angreifen?‹ Kapitän Thomas Smith-Coringliy muss verächtlich gelacht und befohlen haben: ›Lieutenant, lassen Sie die Backbordgeschütze fertig zum Schuss machen. Wir werden ein Exempel statuieren.‹ Der britische Kapitän konnte seiner Sache ja sehr sicher sein, denn sein Ostindienfahrer HERFORDSHIRE verfügte über 30 schwere Geschütze nebst 350 Matrosen und Marinesoldaten, während der Angreifer, unsere Yacht LE FORTUNÉ, es eben auf 10 leichte Kanonen und knapp 45 Mann brachte. Wenige Minuten später brüllte die Breitseite der HERFORDSHIRE und das Bild war für die Briten unmissverständlich: Der Bugspriet der FORTUNÉ knickte weg, zwei Kanonen schienen zerschmettert, Tote und Verwundete stürzten aufs Deck, auf dem Achterdeck schrie der Kapitän irgendwelche Befehle. Aus den Luken des Vorschiffes wirbelte dichter Qualm. Dann donnerte die zweite Breitseite der HERFORDSHIRE – splitternd brach der Mast herunter, das einzige Geschütz, das noch gefeuert hatte, verstummte. Auf der FORTUNÉ rührte sich nichts mehr. ›Lieutenant‹, ordnete Kapitän Smith an, ›holen Sie das Freibeuterschiff längsseits, gehen Sie an Bord und lassen Sie alles von Wert herüberbringen – diese Piraten haben oft kostbare Beute an Bord. Dann legen Sie eine Lunte an das Pulvermagazin und lassen das Schiff wieder abtreiben.‹ Enterhaken flogen und hängten sich an den zertrümmerten Resten der Reling fest, dann spannten sich die Seile und zogen die Yacht an die Seite des Ostindienfahrers.

›Geglückt!‹, flüsterte Yves Trévérec, mein Erster Offizier, leise. – ›Wie hoch sind unsere Verluste?‹, fragte ich ebenso leise zurück. – ›Zehn oder elf Mann‹, flüsterte Trévérec, und mit einem besorgten Blick nach dem Vorschiff: ›Die machen es ein bisschen arg gut mit dem Qualm! Hoffentlich fällt es auf der HERFORDSHIRE keinem auf, dass da nur Rauch und keine Flammen sind!‹

Inzwischen wurden Strickleitern herabgelassen, über welche die englischen Matrosen und Soldaten auf die FORTUNÉ kletterten, während sich der Lieutenant wie ein siegreicher Feldherr auf unserem Deck aufpflanzte. ›Vive l'Empereur!‹, brüllte ich aus Leibeskräften. Gleichzeitig knallte das Pistol Trévérecs und fällte den Lieutenant. Die Engländer wussten wohl nicht, wie ihnen geschah, als all die Toten, die da auf dem Deck und zwischen den Geschützen zusammengebrochen waren, auf die Beine sprangen, ihnen die Entermesser zwischen die Rippen jagten und katzengleich die Strickleitern aufenterten. Gleichzeitig flogen die Lukendeckel auf, und der Großteil unserer Männer, die unter Deck versteckt gewartet hatten, ergossen sich an die frische Luft, sprangen zu dem Ostindienfahrer hinüber, hantelten sich an Rüsten und Wanten hinauf, turnten über das Galion, krochen durch alle Stückpforten ins Innere des großen Schiffes. Wären die Engländer nicht so ungeheuer siegessicher gewesen, sie hätten selbst in diesem Augenblick noch den Angriff zurückschlagen können, denn sie waren uns gut fünf zu eins überlegen. Als ich jedoch, durch mein steifes Bein etwas behindert, an Deck der HERFORDSHIRE hinkte, war schon alles vorbei, und ich hatte nur noch die Mühe, ein halbes Dutzend Degen einzusammeln, die mir die englischen Offiziere als Zeichen, dass sie die Waffen streckten, übergaben.«

Marquis Maurice de Kérazan, Offizier und Freund des großen Korsaren Robert Surcouf, schilderte diesen Überfall in seinen privaten Aufzeichnungen, die dem Autor dank persönlicher Beziehungen zugänglich waren, bislang jedoch noch nicht offiziell veröffentlicht wurden.

DIE *LETTRES DE MARQUE*

Anschlag im Hafen von Saint-Malo 1691: »In See geht das Kaperschiff DANYCAN in 30 Tagen, ein hervorragender Segler, für seine Zwecke speziell gebaut und aufs Beste ausgestattet. Kommandant René DuGuay-Trouin; 14 Kanonen; Besatzung 96 Mann. Versehen mit Kaperbrief! Alle Offiziere, Seeleute und gesunde Männer vom Land, die auf besagtem Kaperschiff anheuern wollen, wenden sich an das Kontor der Reederei Trouin, wo sie jede notwendige Unterstützung erhalten.« Aufrufe dieser Art – nur Schiff, Kapitän und Reederei änderten sich – hingen in allen größeren Hafenstädten Nordwestfrankreichs aus, und in den Reedereikontoren drängelten sich die abenteuerlustigen Männer um einen Platz. Im Fall der DANYCAN meldeten sich 18 Offiziere und 327 Mann – kein Wunder, denn auf Kaperschiffen winkten gute Bezahlung, Beuteanteile und faire Behandlung. Die offiziellen Kriegsflotten hingegen boten lediglich brutalen Drill bei elendem Sold und miserabler Verpflegung, so dass sie oft zu den fragwürdigsten Methoden greifen mussten, um ihre Schiffe einigermaßen bemannen zu können: Betrunkene aus Hafenkneipe zu entführen oder Handelsschiffe des eigenen Landes anzuhalten, um einen Teil der Besatzung in den Dienst für den jeweiligen König zu zwingen, war allgemein üblich; Großbritannien ließ von sogenannten »Pressgangs« gar Männer auf offener Straße zusammenfangen und auf seine Kriegsschiffe verschleppen – kein Kaperfahrer, nicht einmal der primitivste Pirat hatte derlei je nötig!

»Wer immer die See beherrscht, beherrscht den Handel; wer immer den Welthandel beherrscht, beherrscht die Reichtümer der Welt und damit die Welt selbst!«, hatte Ende des 16. Jahrhunderts Sir Walter Raleigh formuliert. Und genau darum ging es bei dem Ringen der europäischen Seemächte im 17. bis 19. Jahrhundert: Spanien und Portugal kämpften um den Erhalt ihrer Kolonien, aus denen sich England, Holland und Frankreich immer größere Stücke herausrissen. Doch so einig sich Großbritannien, Frankreich und Holland im Kampf gegen Spanien und Portugal waren, so heftig zerstritten waren sie untereinander, wenn es um neue Kolonien oder Handelsmonopole ging. Oder auch um den freien Zugang durch Skagerrak, Kattegat und Ostsee zur Basis ihrer Seemacht, dem Schiffsbauholz aus Russland – denn zum Bau eines 55- bis 70-Kanonen-Kriegsschiffes benötigte man rund 6000 Eichen, die längst nicht mehr in England oder Frankreich, geschweige je in Holland wuchsen. Es ist im Rahmen dieses Buches unmöglich all die Kriege, wechselnden Koalitionen, brüchigen Friedensschlüsse und erneuten Kriege auch nur aufzuzählen. Zweifellos spielte Louis XIV., der Sonnenkönig, dabei eine besonders aggressive Rolle – freilich mit einem besseren Grund als manch anderer, denn Frankreich war von Feinden eingekreist: England forderte seit dem Mittelalter die Krone Frankreichs für sich und gab erst 1801 diesen Anspruch auf. Seit Philipp der Schöne, der Sohn Kaiser Maximilians I., Anfang des 16. Jahrhunderts die Erbin von Spanien, Juana die Wahnsinnige, geheiratet hatte, lauerte im Osten und Süden Habsburg, das ebenfalls Ansprüche auf Teile Frankreichs erhob. Die größten französischen Staatsmänner, König François I. in der ersten Hälfte des 16. und Jean Armand du Plessis, Kardinal und Herzog de Richelieu, in der ersten Hälfte des 17. Jahrhunderts hatten vergeblich versucht diesen Ring zu sprengen. Der Sonnenkönig versuchte es erneut, doch seine Aktionen – die versuchte Demütigung Spaniens (der Devolutionskrieg 1667/68), der Holländische Krieg (1672–1678), der Pfälzische Krieg (1688–1697), der Versuch, die aus England vertriebenen, Frankreich-freundlichen Stuarts wieder auf den britischen Thron zu heben (1689–1693) und der Spanische Erbfolgekrieg (1701–1714) – brachten ihm letztlich kaum Erfolge. Dafür machte er sich die drei stärksten Flotten Europas, die von England, Holland und Spanien, zum Gegner. Erst ein Jahrhundert später vermochte Napoléon I. zumindest teilweise diese bedrohliche Konstellation zu durchbrechen.

Die Epoche des Sonnenkönigs war die Stunde der großen französischen Admiräle, Marquis Abraham Duquesne und Anne-Hilarion de Contentin, Comte de Tourville. Und es war die Stunde der meisten großen Korsaren, wie sich die französischen Kaperfahrer nannten. Saint-Malo, Dieppe, Boulogne, Dunkerque, Cherbourg, Nantes, Brest, Le Trépot, Quimper, Vannes, sie alle haben ihre Korsarenhelden, oder, wie Rothéneuve, sogar eine ganze Korsarendynastie. Korsar – französisch *Corsaire* – hat nichts mit der Insel Korsika zu tun, wie meist behauptet, sondern ist abgeleitet von dem lateinischen Wort *cursus* (Lauf, Wettlauf oder auch Streben nach einem Ziel). Das angestrebte Ziel, möglichst rasch möglichst viel Beute zu machen, mag sich mit anderen Freibeutern decken, doch mit gemeinen Seeräubern und Piraten wollten diese Männer keinesfalls verwechselt werden! Sie kämpften zwar wie diese, doch mehr noch als die englischen Staatspiraten des 16. Jahrhunderts fühlten sie sich als Offiziere ihres Landes, denn es war nicht irgendein bestechlicher Provinz- oder Kolonialgouverneur, sondern Seine Majestät persönlich, der ihre Kaperbriefe, die *Lettres de Marque*, ausstellte. Außerdem übernahmen diese Korsaren zwischen ihren Kaperfahrten auch offizielle Aufgaben in der Königlichen Flotte. Im Unterschied etwa zu den Kaperbriefen der karibischen Flibustiers und Boucaniers, die einen Freibrief für beinahe jede Gemeinheit darstellten, verpflichteten die *Lettres de Marque* ihre Inhaber zur genauen Buchführung über Prisen und Beute. Auch die strikte Einhaltung der noch nicht so bezeichneten, doch in der Praxis gehandhabten internationalen Kriegsregeln, welche die schlimmsten Brutalitäten verhindern sollten, wurden darin festgelegt – allerdings weniger aus allgemein humanitären Gründen, sondern aus einem Gefühl der Ritterlichkeit auch einem Feind gegenüber, das damals noch weit verbreitet war. Charakteristisch für die Einstellung des Sonnenkönigs seinen Korsaren gegenüber war, dass er – zweifellos durch das Treiben in der Karibik gewarnt, (man denke nur an L'Olonnois), schärfste Kontrolle über die Reedereien ausübte, denen er seine Kapitäne zu Kaperfahrten auslieh. Mehr noch: Die Reeder mussten vor dem Auslaufen ihrer Schiffe hohe Summen deponieren, die notfalls dazu benutzt werden sollten, Schäden gutzumachen, die unter Missachtung der königlichen Richtlinien angerichtet worden waren – eine Sicherheitsmaßnahme Seiner Majestät, um »seine« Offiziere davor zu schützen, dass sie von ihren Finanziers zu Dingen genötigt wurden, die mit der Ehre eines königlichen Marineoffiziers nicht vereinbar sein mochten.

DER VERWEGENE – RENÉ DUGUAY-TROUIN
(1673 bis 1736)

Eigentlich hieß er René Trouin, Sieur de Guay, und so war er in den Kirchenbüchern von Saint-Malo eingetragen. Er selbst nannte sich DuGuay-Trouin, um sich von seiner zahlreichen Verwandtschaft etwas abzusetzen. Eigentlich hatte man den jungen Mann in ein Priesterseminar gesteckt. Doch er riss aus, ent- und verführte eine junge Dame aus besserer Familie – die empörten Eltern nannten die Sache »Mädchenraub« – und erstach auch noch deren Vetter im Duell. Eigentlich war er mit 18 Jahren noch zu jung, um ein eigenes Schiff zu befehligen, aber sein älterer Bruder, der die Reederei der Trouins übernommen hatte, hielt es mit der Familienehre unvereinbar, dass René von einem Fremden übers Deck gepfiffen wurde.

Den Ruf seiner Kaltblütigkeit und Zähigkeit, aber auch seines Witzes und Einfallsreichtums, begründete 1693 die Eroberung eines englischen Geleitzuges im westlichen

Ärmelkanal. René Trouin verfügte damals über die DANYCAN, die einer seiner Freunde kommandierte, und die kaum größere COETGUEN, die er selbst befehligte. Der Geleitzug wurde von zwei Fregatten bewacht, den gefährlichsten Gegnern der Korsarenschiffe, da sie bei gleicher Schnelligkeit unvergleichlich besser bewaffnet waren. Während DuGuay-Trouin die beiden Kriegsschiffe angriff, das eine in Brand schoss und das zweite in die Flucht jagte, trieb sein Freund die dickbauchigen Frachter wie eine Herde Schafe vor sich her nach Saint-Malo.

René DuGuay-Trouin, einer der verwegensten und tüchtigsten Korsaren des Sonnenkönigs.

Pech, dass in diesem Augenblick ein ganzes Geschwader englischer Kriegsschiffe auftauchte, die Lage augenblicklich übersah und den Konvoi samt den beiden Korsaren einkreiste. Fast jeder andere hätte in dieser Situation die Waffen gestreckt oder sein Heil in der Flucht gesucht. Nicht so DuGuay-Trouin. Die beiden Korsaren schlüpften zwischen die dicken Kauffahrer, kleine Prisenkommandos stürmten die englischen Schiffe, besetzten die Steuerruder und trieben die Mannschaften und besseren Passagiere an die dem Feind zugewandte Reling. So, nun mochten die Kriegsschiffe schießen. Die ersten, welche die Engländer treffen würden, waren ihre eigenen Schiffe, ihre eigenen Leute! Der englische Admiral tobte, doch das Feuer zu eröffnen wagte er nicht – die Korsaren erreichten samt dem Konvoi unbehelligt Saint-Malo.

Ein Jahr später befehligte René DuGuay-Trouin die, 40 Kanonen starke und 250 Mann Besatzung zählende, DILIGENTE, schmuggelte sich in einen britischen Geleitzug, spielte eine Weile unerkannt den braven Wachhund und verschwand dann bei Nacht mit einer fetten Prise. Dass er dabei die englische Flagge gesetzt haben soll, wie manche Historiker behaupten, ist Lüge. DuGuay-Trouin setzte zwar auch nicht die französische Flagge, sondern offenbar überhaupt keine – anderenfalls wäre das ein schwerer Bruch des Seerechts gewesen und ein eindeutiger Akt der »gemeinen Piraterie«, der ihm wenig später den Kopf gekostet hätte. Nach diesen Erfolgen glaubte René DuGuay-Trouin den Engländern jeden Streich spielen zu können und wurde leichtsinnig. Vor der südwestlich von England gelegenen Insel Sorlingues lief er einem britischen Flottenverband in die Falle. Kaum ein anderer hätte bei einer Unterlegenheit von eins zu zehn überhaupt gekämpft. Doch DuGuay-Trouin wagte es. Als ein Teil seiner Mannschaft unter Deck flüchtete, warf er ein paar Handgranaten in den Laderaum, die seine Leute schleunigst wieder an Deck und an die Geschütze trieben. Von den 250 Mann

Besatzung waren 230 tot oder verwundet, doch erst als er selbst von einer Kugel getroffen, bewusstlos zusammenbrach, strich die DILIGENTE die Flagge.

René DuGuay-Trouin erwachte in Gefangenschaft. Der englische Admiral des »blauen Geschwaders«, Sir David Mitchel, dem der Fang geglückt war, ahnte freilich nichts von der Zähigkeit dieses jungen Mannes, ließ den Gefangenen nur lässig bewachen, und musste erleben, dass dieser bei erster Gelegenheit ausriss und nach Frankreich zurückkehrte. Verwundung und Gefangenschaft hatten René DuGuay-Trouin keineswegs verschreckt. Wenig später war er schon wieder in See, diesmal mit dem 48-Kanonen-Schiff FRANÇOIS. Im Januar 1695 schnappte er die beiden britischen Schiffe NONSUCH und BOSTON, die so mit kostbaren Gütern vollgestopft waren, dass die Familie Trouin, die schon vorher als »sehr wohlhabend« gegolten hatte, von nun an als »reich« bezeichnet wurde. 1697 kam es zum »Frieden von Rijswijk« zwischen Frankreich, England und Holland, und der eben 24-jährige René DuGuay-Trouin wurde von König Louis XIV. zum Fregattenkapitän der französischen Flotte ernannt.

Schnell, wendig und gut bewaffnet zählten Fregatten zu den Lieblingsschiffen aller Korsaren. Hier LA RENOMMÉE, Modell des Verfassers im Deutschen Technikmuseum, Berlin.

1701 brach der Krieg erneut aus – diesmal um die spanische Erbfolge – und DuGuay-Trouin stürzte sich, nach der erzwungenen Ruhepause als Befehlshaber von 14 Kaperschiffen, erneut ins Abenteuer. 1703 geriet er in dichtem Nebel im englischen Kanal unversehens in einen Flottenverband der Holländer. Als der Nebel etwas aufriss, schaukelten rings um das Schiff DuGuay-Trouins 15 schwere niederländische Kriegs-schiffe, die sofort ihre Geschütze klar machten, um den Franzosen auf den Grund des Meeres zu schicken. Was tun? Das Korsarenschiff drehte bei und machte sich fertig zum Schuss, ganz so, als wolle es den ungleichen Kampf aufnehmen. Die Holländer formierten also ihre Schlachtlinie anstatt ihm den Fluchtweg zu verlegen, und ehe sie begriffen hatten, was der Franzose tatsächlich vorhatte, war dieser abgedreht und im Nebel verschwunden. Verärgert ließ der niederländische Admiral seine Schiffe wieder Marschordnung einnehmen, als neben seinem Flaggschiff ein schwarzer Schatten aus dem Nebel auftauchte, und Minuten später wimmelte es auf seinem Deck von Franzo-sen. Der Admiral wurde höflichst gebeten, seinen Degen als Zeichen der Übergabe ab-zuliefern, was er auch tat, dann verschwanden der Korsar nebst Prise Seite an Seite im Nebel – diesmal endgültig. René DuGuay-Trouin trug dieser Streich höchste Ehrungen ein. Er wurde vom König geadelt, zum Kapitän zur See ernannt und zum Ritter des *Order Royal et Militaire de Saint-Louis* geschlagen – den damit verbundenen Ehrensold trat DuGuay-Trouin an einen Kameraden ab, der auf seinem Schiff zum Krüppel ge-schossen worden war. 1707, auf dem Höhepunkt des Spanischen Erbfolgekriegs, be-mächtigte er sich 60 Schiffe einer 80 Schiffe umfassenden Versorgungsflotte der Eng-länder, die den in Spanien kämpfenden Österreichern zu Hilfe kommen sollte. Ludwig Bühnau schrieb in seinem Buch *Schwarze Flagge am Mast* dazu: »Man war im sechsten Kriegsjahr, keiner der Staaten, die an dem Krieg beteiligt waren, konnte solch einen Verlust verschmerzen, keiner ihn ersetzen. 60 Schiffsladungen waren zu diesem Zeitpunkt so viel wert wie 120 in Friedenszeiten.« Es muss ein wahrhaft schwarzer Tag für die Höfe in London und Wien gewesen sein, als diese unglaubliche Nachricht ein-traf.

1711 gelang René DuGuay-Trouin der Sprung zum Flottenchef. Rio de Janeiro, im 16. Jahrhundert von Franzosen gegründet, hatte sich zwölf Jahre lang gegen die Portugiesen zur Wehr gesetzt, ehe es 1567 kapitulieren musste. Im 17. Jahrhundert war Brasilien an die Holländer gefallen, und wieder wehrten sich die französischen Siedler von Rio, schlugen 1699 einen niederländischen Flottenangriff zurück, wollten aber auch die Portugiesen nicht mehr in die Stadt lassen. Als die Truppen Portugals 1710 die Stadt schließlich eroberten, richteten sie ein Blutbad unter den Siedlern an. Frankreich war zu Recht empört und schickte 1711 DuGuay-Trouin mit einem kleinen Verband von Kaperschiffen zu einer Vergeltungsaktion los. Mit seinen schwachen Kräften hätte sich DuGuay-Trouin niemals für längere Zeit in Rio festsetzen und die französischen Siedler verteidigen können, doch als Rache- und Beutezug war es ein voller Erfolg, fielen ihm doch neben fünf Kriegsschiffen nicht weniger als 60 portugiesische Frachter in die Hände, dazu eine Summe von 610.000 Crusadas in bar. Der Dank des Vaterlandes war René DuGuay-Trouin sicher und an Ehrungen wurde auch nicht gespart. 1728 ernannte ihn der König zum Vizeadmiral. Man holte ihn an den Hof und betraute ihn mit einem ruhmvollen Kriegszug ins Mittelmeer zur »Züchtigung der Barbaresken-Piraten«. Doch um seinen Beuteanteil scheint man ihn nach Strich und Faden betrogen zu haben, denn 1736 starb René DuGuay-Trouin als beinahe armer Mann.

DER MUTIGE – MONSIEUR MONTAUBAN
(verschollen um 1698)

Wie auch unter den Piraten der Karibik nicht selten, nannte sich Monsieur Montauban nach seiner Heimatstadt – sein Geburtsname war in Vergessenheit geraten. Seine Lehrjahre hatte er unter den Boucaniers auf Tortuga absolviert, und sich auch dort schon den Beinamen »der Mutige« verdient. Ins Licht der Geschichte rückte er, als er mit einer Rotte Flibustiers an der afrikanischen Westküste aufkreuzte. Drei Jahre trieb er sich zwischen den Kapverdischen Inseln und der Kongo-Mündung herum, schädigte Engländer, Spanier, Portugiesen und Deutsche, trieb nebenbei kräftig Sklavenhandel und pendelte ein paarmal über den Atlantik, um die schwarze Ware abzusetzen.

1694 gelang ihm vor den Bermudas der große Fang. Mit zwei englischen Frachtern lief Monsieur Montauban in Bordeaux ein und zeigte der Stadt, wie man auf Tortuga Siege zu feiern pflegte: Nächtelang hallten die Straßen vom Gegröle betrunkener Piratentrupps wider und die Stadtwachen machten einen großen Bogen um die rauflustigen, mit Schmuck und Goldlitzen herausgeputzten Überadmiräle, die sich in Sänften von Taverne zu Taverne, von Bordell zu Bordell schleppen, sich sogar bei strahlendem Sonnenschein brennende Fackeln vorantragen ließen, damit auch jeder sehen konnte, wer da kam. Als Montauban zwei Wochen später die ganze Bande wieder auf sein Schiff verfrachtete, waren Mannschaft und Kapitän restlos abgebrannt. Also segelte man mit gutem Wind in den Golf von Guinea zurück. Wieder ging das Geschäft prächtig bis Montauban die britische Fregatte Lion über den Kurs segelte. Es kam zu einem wütenden Kampf, bis der Engländer die Flagge strich. Der Siegesjubel der Männer Montaubans ging in einem fürchterlichen Donnerknall unter, als die Lion in die Luft flog ehe sich der britische Kapitän absetzen konnte – die Lunte an der Pulverkammer hatte er wohl allzu kurz bemessen. Von den rund 400 Beteiligten dieses Ereignisses überlebte kein Engländer und nur neun Franzosen, darunter Montauban – »er wurde in die Luft geschleudert und klatschte Sekunden später ins Meer«. Mit einem noch halbwegs tauglichen Beiboot erreichte er die Küste, wurde von einem schwarzen Häuptling, mit dem er früher schon Geschäfte gemacht hatte, freundlich aufgenommen und heiratete dessen beide Töchter. Auf Umwegen gelangte er 1697 schließlich, bettelarm aber wohlbehalten, wieder in seine französische Heimat, wo sich seine Spur verliert.

DER ZWIELICHTIGE – LUDWIG DEMEL ALIAS LOUIS LE MEL
(gestorben nach 1715)

Woher er kam, ist ungewiss, allerdings spricht vieles dafür, dass seine Wiege irgendwo an der deutschen Nordseeküste gestanden hatte. Als er 1695 im französischen Dünkirchen auftauchte, sprach er Plattdeutsch und Holländisch ebenso gut wie Französisch und Dänisch. Das deutsche »Ludwig« änderte er in »Louis«, da man ihm aber die naheliegende, jedoch adelige Schreibung seines Namens »de Mel« nicht gestattete, allenfalls das bürgerliche »De Mel«, nannte er sich trotzig fortan »Le Mel«.

Mit einem altersschwachen Kutter und 30 Mann schlüpfte er die Themse bis Woolwich hinauf, mogelte sich an 30 Kriegsschiffen vorbei, enterte lautlos fünf dicke Kauffahrer und ging mit dieser Beute so unauffällig unter Segel, dass die Engländer den Diebstahl erst bemerkten, als Le Mel bereits wieder in Richtung Dünkirchen verschwunden war. Über eine halbe Million Livres erbeutete Le Mel in den nächsten Monaten, und in dem Maß, in dem sein Ruhm wuchs, wurden auch die Feste prächtiger, die er nach jeder Fahrt Gott und der Welt gab, und die das Gewonnene noch schneller zerrinnen ließen, als es erobert war. In dieser Zeit heiratete er auch – wohl nicht ganz freiwillig – die Kellnerin seiner Stammkneipe, weil sie von ihm ein Kind bekam. Der Versuch die Soldgelder für die brandenburgische Garnison in Emden abzufangen, ging freilich schlief. Fast die Hälfte seiner Mannschaft war tot, als Le Mel die Flagge streichen musste. Die Bürger von Emden ließen sechs der Korsaren sofort fülisieren und hätten auch mit dem Kapitän kurzen Prozess gemacht, wenn nicht der Korsar Jean Bart aufgekreuzt wäre und den Stadtrat von Emden gezwungen hätte, Le Mel freizulassen.

Es scheint so, als habe Louis Le Mel nach dieser Erfahrung versucht, zur Spionage zu wechseln. Zu diesem Zweck bändelte er intim mit einer Schwedin an – seine Angetraute bekam eben das zweite Kind – und benutzte die weißblonde Nordländerin dazu, ihm Pläne über die Angriffsmöglichkeiten auf Texel, Vlieland und Borkum zu verschaffen. Das Marineministerium, dem er seine Ausbeute vorlegte, winkte ab und bedeutete Le Mel, er möge sich besser wieder der Kaperei zuwenden, man bedürfte keiner Pläne, die man längst in der Schreibtischschublade liegen habe. Also segelte er im Jahr 1700 erneut nach England. Mit drei fetten Prisen und einer Verwundung kam

Le Mel nach Dünkirchen zurück und – wurde augenblicklich festgenommen. Angeblich hatte er hinter dem Rücken seiner Reeder fremde Geldgeber an seinem Unternehmen beteiligt und Beutegelder unterschlagen. Ein Ehrendegen des Sonnenkönigs – und an seiner Tüchtigkeit als Korsar kann nicht gezweifelt werden – rettete ihn aus dem Gefängnis. DuGuay-Trouin und Jean Bart besorgten ein neues Schiff und eine ganze Weile ging nun auch alles gut.

1710 stolperte Louis Le Mel erneut hinter Gitter, diesmal allerdings in die Bastille, das Nobelgefängnis der französischen Aristokratie. Für Le Mel war dies unbestreitbar ein gesellschaftlicher Aufstieg, denn die etwa 30 Gefangenen der Bastille brachten für gewöhnlich ihre eigenen Möbel, ihre Köche, Kammerdiener und Lakaien, ihre Mätressen und all den Luxus mit, den sie gewöhnt waren. Man war elegant, geistvoll, witzig, gab Einladungen und tanzte Menuett. Schmerzlich war allein die fehlende Freiheit und die, gelegentliche, Aussicht auf das Schafott. In die Bastille geraten war Le Mel durch seine Frau: Dass ihr Göttergatte in fast jedem Hafen der nordfranzösischen Küste ein Techtelmechtel hatte, war sie inzwischen gewöhnt. Als ihr aber zugetragen wurde, dass Louis mit seiner neuesten Flamme in Richtung Marseille unterwegs war, offenbar in der Absicht, sich auf einen gutdotierten Renegatenposten bei den Barbaresken abzusetzen, zeigte sie ihn wutschnaubend an. Auch das Marineministerium äußerte sich wenig günstig: »Le Mel, unternehmungslustig, aber ein kühner Lügner, ein Meister jeder Schurkerei, ist nur deshalb nicht dem Strange zu empfehlen, weil er als Korsar schätzenswerte Dienste leistete. Bedenklich ist, dass er bei mehrmaliger Gefangennahme durch die Feinde Seiner Majestät stets wieder freikam. Man hat an auswärtige Mächte gerichtete Briefe von ihm abgefangen, die, sichtlich als Entgelt für seine Entlassung, Angaben von den Seehäfen Rochelle, Calais und Saint-Malo enthalten. Es sind höchst belanglose Hinweise allerdings, immerhin trotzdem an der Grenze des Hochverrats.«

Vier Jahre saß Louis Le Mel in der Bastille, bis ihm das Geld für seinen luxuriösen Lebensstil ausging und er bat, nach Haiti auswandern zu dürfen. Dem König kam dieser Vorschlag ganz gelegen, denn wenn dieser Mann ohne Aufsehen aus Frankreich verschwand, brauchte Seine unfehlbare Majestät nicht zuzugeben, einen Ehrendegen vielleicht einem »Unwürdigen« überreicht zu haben. Woran der Sonnenkönig allerdings nicht gedacht hatte, war, dass Le Mel noch unter dem Tor der Bastille erneut verhaftet und von einer Meute empörter Reeder und anderer Gläubiger in das weit weniger feudale Schuldgefängnis gesteckt wurde. Nahezu ein Jahr saß Le Mel bei Wasser und Brot und sehnte sich nach der Bastille, ehe es ihm im allgemeinen Durcheinander beim Tod des Sonnenkönigs 1715 gelang zu entwischen. Louis Le Mel verschwand im Nebel der Anonymität, aus dem er 1695 aufgetaucht war. Nach einigermaßen gesicherten Quellen scheint er nach Amerika gelangt zu sein und dort als freier Pirat das weiterbetrieben zu haben, was er vordem mit königlicher Genehmigung getan hatte.

Den Schaden hatte seine Frau: Sie musste den Ehrendegen wieder herausgeben und zudem erleben, wie der Name ihres Gatten offiziell aus der Liste der französischen Seehelden gestrichen wurde.

FALSCHE FARBEN, ECHTE FLAGGEN

Immer wieder kann man lesen, dass etwa DuGuay-Trouin, Le Mel oder auch Sir Francis Drake die gegnerischen Flaggen bei ihren Unternehmen gesetzt hätten. Das ist absoluter Unsinn! Kaperfahrer segelten immer unter der Flagge jenes Landes, das ihren Kaperbrief ausgestellt hatte. Piraten hatten auch Phantasieflaggen mit Totenköpfen, Knochen, Säbeln, Gerippen oder ganz ohne Emblem. Jedoch die Farben des Feindes aufzuziehen wäre nicht nur eine unverzeihliche Missachtung des seit dem Mittelalter allgemein anerkannten Seerechts gewesen, sondern auch ein unverzeihlicher Verstoß gegen den Ehrenkodex zur See. Für einen Kaperfahrer hätte solch ein Verstoß nicht nur den Schutz seines Kaperbriefes schlagartig zunichte gemacht, selbst im eigenen Land wäre er zum Ausgestoßenen geworden, der im günstigsten Fall nie wieder ein Kommando erhalten hätte, so man ihn nicht sogar an den Gegner ausgeliefert oder selbst als Pirat aufgehängt hätte. Und auch Piraten, selbst die übelsten Typen, hielten sich um ihrer Selbstachtung willen an diesen Ehrenkodex: Sie haben ihre Gegner und Opfer mitunter unmenschlich gefoltert und ermordet, aber kaum je belogen, und niemals – zumindest gibt es keinen einzigen nachweislichen Fall dafür! – die gegnerische Flagge gesetzt.

Auf einem ganz anderen Blatt stand die Möglichkeit, Gegner oder potentielle Opfer mit allen denkbaren Tricks zu täuschen – hierin waren Kaperfahrer wie Piraten teilweise wahre Meister. Die gängigste Methode war zweifellos gar keine Flagge zu setzen, oder die eigenen Farben erst im allerletzten Augenblick zu zeigen. Dann und wann auf dem Marsch mochte es auch erlaubt sein, sich hinter der Flagge eines neutralen Staates zu verstecken – doch auch dies niemals im Angriff oder Gefecht!

Ebenso wenig stand es im Gegensatz zu jenem Ehrenkodex sein Schiff so weit als irgend möglich zu tarnen und in seinem Aussehen denen des Gegners anzugleichen (oder sich als neutrales Fahrzeug auszugeben).

Die GOLDEN HIND Francis Drakes gehört zu den zweifellos bekanntesten Schiffen der Geschichte. Bunt bemalt in Grün, Weiß und Rot wie zur Zeit Königin Elizabeth's I. in England üblich, das Staatswappen am Heck, so kann man ihre Modelle in zahlreichen Vitrinen bestaunen. Und so sah die GOLDEN HIND auch tatsächlich aus – Anfang April 1581, als sie gründlich überholt ihren Kapitän nach Deptford zum Ritterschlag brachte. Auf ihrer Weltumseglung freilich war von diesen Wappenfarben keine Spur zu finden, denn Francis Drake hatte sein Schiff selbstverständlich höchst »spanisch«

anpinseln lassen, um an den Küsten, an denen er zu räubern gedachte, nur ja kein Misstrauen aufkommen zu lassen. Tatsächlich waren sich die Spanier lange Zeit im Unklaren, woher dieser dreiste Pirat überhaupt stammte, ja in Valparaiso, Arica und Lima wurde die GOLDEN HIND freudig als »Spanier« begrüßt. Oder denken wir an Le Mel. Wäre es ihm mit einem »französisch« blaugrau oder graugrün (ein richtiges Blau als Schiffsanstrich gab es damals noch nicht) gestrichenen Schiff je geglückt, sich bis nach Woolwich die Themse hinaufzumogeln? Ganz gewiss nicht. Sein Kutter war schön »englisch« schwarz gestrichen und fiel so unter den zahlreichen kleinen Schiffen auf der Themse keinem Menschen auf.

Die deutschen Hilfskreuzer des Ersten und Zweiten Weltkrieges waren umgebaute Handelsdampfer, die man mit Maschinenwaffen und leichten Geschützen, manchmal auch mit stärkeren Schiffsmaschinen ausgerüstet hatte. Bei einzelnen dieser Hilfskreuzer war die Tarnung so vollkommen, dass sie die britischen Durchsuchungskommandos höflich an Bord empfingen und von den Engländern, trotz allen Misstrauens, tatsächlich für neutrale Handelsfahrzeuge gehalten wurden. Am tollsten trieb es Kapitän Bernhard Rogge im Zweiten Weltkrieg mit seinem Hilfskreuzer ATLANTIS. Als Norweger, als Russe, sogar als Japaner durchkreuzte die ATLANTIS die Meere. Den Durchbruch durch die englische Blockade fuhr das Schiff als »Russe«, und auf die vorsichtige Bemerkung eines Offiziers, dass kein Mann an Bord russisch sprechen könne, soll Kapitän Rogge lakonisch abgewinkt haben: »Ich möchte gerne einmal wissen, wie viele Engländer russisch sprechen ...«

Am tollsten freilich trieb es wohl der große Korsar Robert Surcouf, als er 1807 im Indischen Ozean mit nur fünf eher kleinen Schiffen und jeder Menge an Latten, Bambusstangen und bemalter Leinwand den Engländern eine ganze, schwerbewaffnete »französische Flotte« vorgaukelte.

Von Francis Drakes GOLDEN HIND – und längst vor ihm – bis zur ATLANTIS blieb für jede Art von Freibeutern Tarnung eines der wichtigsten Hilfsmittel. Doch so vielfältig und manchmal höchst phantasievoll diese Tarnungstricks sein mochten, es ist, wie schon gesagt, kein einziger Fall glaubhaft belegt, dass ein Freibeuter je die Flagge seines Gegners aufgezogen hätte, um diesen zu täuschen.

DIE UNERMÜDLICHEN – JEAN BART UND CLAUDE DE FORBIN
(1650 bis 1702 und 1656 bis 1733)

Es gibt wenige Männer von solch unterschiedlicher Herkunft und so verschiedenen Charakters, die sich trotzdem so viele Jahre hervorragend ergänzten wie die Korsaren Jean Bart und Comte Claude de Forbin-Gardane. Dass Jean Bart in der Beliebtheit Frankreichs noch René DuGuay-Trouin überflügelte, mag an seiner Herkunft aus dem

einfachen Volk liegen. 1650 wurde Jean Bart als Sohn einer Fischer- und Matrosen-
familie in Dünkirchen geboren, war mit zwölf Jahren Schiffsjunge auf einem Küsten-
wachschiff, trat in holländische Dienste und kämpfte unter dem großen Michiel de
Ruyter 1666 in der blutigen Seeschlacht der »Vier Tage«. Als 1672 der Krieg zwischen
Frankreich und Holland ausbrach, kehrte Jean Bart unverzüglich heim und heuerte
auf dem Korsarenschiff des sonst unbedeutenden Willem Dorne an. Ein Jahr später
war er Leutnant und kommandierte die ROY DAVID, eine notdürftig umgebaute Fischer-
galiot von nur 35 Tonnen mit zwei Kanonen und 34 Mann. Mit diesem lächerlichen
Schiffchen kaperte Jean Bart zehn englische Frachter und brachte eine Beute von
260.000 Livres nach Dünkirchen.

Jean Bart, Fischersohn aus Dünkirchen, war
einer der tüchtigsten und ohne Zweifel der
populärste aller französischen Korsaren.

Comte Claude de Forbin-Gardane, Freund und
Waffengefährte Jean Barts, war zeitweilig
Großadmiral von Siam.

Sehr schnell begriffen die Reeder, was für ein hervorragender Kapitän dieser
Fischersohn war. Größere, schnellere, besser ausgerüstete Schiffe wurden ihm zur
Verfügung gestellt. Jean Bart verlegte sich auf das Gebiet zwischen Dünkirchen und
Hamburg. Für die französischen Korsarenkapitäne war es eigentlich weit einfacher,
an der südenglischen Küste, vor Irland oder rund um Schottland zu kreuzen, wo die
vielen Inseln und Buchten ideale Verstecke boten, aus denen man mit blitzschnellen
Vorstößen gegen die Schiffe des Gegners operieren konnte. Vor der holländischen

und deutschen Küste hingegen war das Fahrwasser unsicherer, die Schiffsbewegungen unübersichtlich und die Überwachung des Handelsverkehrs weitaus gründlicher. Gerade hier aber sah Jean Bart seine Aufgabe, in einem Gewässer, das er von Jugend auf kannte. Um 1670 segelten noch alljährlich vier große Geleitzüge von Holland in die Ostsee. Als sich Jean Bart, rund 30 Jahre später, von der aktiven Seefahrt zurückzog und ihm seine Söhne im Kommando folgten, gelang es höchstens noch *einem* dieser Konvois von den Niederlanden nach den deutschen oder schwedischen Ostseehäfen durchzubrechen. Zuerst mit nur einem Schiff, später mit einem kleinen Geschwader war es Jean Bart gelungen, eine ganze Handelsroute lahmzulegen.

Dass König Louis XIV. auf diesen überaus tüchtigen Korsar aufmerksam wurde, war unvermeidlich. 1776 überreichte er dem 26-jährigen eine goldene Ehrenkette und ernannte ihn zum Kapitän einer königlichen Fregatte. Manch anderem wären derlei Ehrungen zu Kopf gestiegen, doch bis zu seinem Tod blieb Jean Bart einfach, offen, aufrichtig, etwas ungelenk und bisweilen derb. Am Hof zu Versailles litt er Höllenqualen, wenn er gezwungen war, in seinem breiten Seemannsgang durch die Salons zu schaukeln und mit irgendwelchen Hofschranzen Komplimente zu tauschen. Selbst die Möglichkeiten »galanter Abenteuer« machten ihn allenfalls verlegen. Dabei hatte Jean Bart nichts gegen Frauen einzuwenden, wie seine zwei Ehen und 13 Kinder beweisen.

Ausgerechnet dieser bodenständige Mann war mit dem eleganten, redegewandten und zweifellos eitlen Comte Claude de Forbin-Gardane befreundet. Der aus Südfrankreich stammende Graf war 29 Jahre alt, als er 1685 mit einer Delegation des Sonnenkönigs nach Bangkok zum König von Siam – dem heutigen Thailand – geschickt wurde. Der Souverän fand Gefallen an dem Comte und bat den Leiter der Delegation, Monsieur de Chaumont, den jungen Mann als Botschafter in Bangkok zu belassen. Claude de Forbin blieb, und bald fand der König heraus, dass dieser noch weit nützlichere Dinge beherrschte als diplomatische Reden zu drechseln: Der südfranzösische Graf wurde Großadmiral von Siam, Oberbefehlshaber der siamesischen Armee und Gouverneur von Bangkok – *Opra Sac Disom Cram* – mit 36 Sklaven, zwei Elefanten, sieben Tänzerinnen und täglich zwei Wachskerzen zu seiner persönlichen Verfügung. Weshalb er dieses feudale Leben relativ bald wieder aufgab, ist nicht ganz geklärt, auf jeden Fall wurde er, nach Frankreich zurückgekehrt, 1689 als Kapitän der Fregatte Les Jeux dem Geschwader Jean Barts zugeteilt, der seinerseits die La Ravailleuse befehligte.

Gleich der erste gemeinsame Auftrag war ein halbes Himmelfahrtskommando. Zwei Frachter mit 30.000 Pfund Schießpulver sollten an sechs holländischen und sechs englischen Kriegsschiffen vorbei sicher von Calais nach Brest gebracht werden. Die erste Etappe bis Le Havre ging glatt, doch auch für den zweiten Teil der Fahrt das gleiche Glück zu verlangen, wäre zuviel gewesen. Südlich der Isle of Wight lief der kleine Verband zwei englischen Kriegsschiffen in die Arme. Bedenkenlos stürzte sich Jean Bart mit der LA RAVAILLEUSE auf die mächtige NONSUCH – sechs Jahre später wurde sie von DuGuay-Trouin gekapert –, doch durch einen plötzlichen Windstoß geriet der Bugspriet des Franzosen in die Großmasttakelage des Engländers und verfing sich. Claude de Forbin zögerte keinen Augenblick, dem Freund zu Hilfe zu kommen. »Ich war mir klar«, schrieb er später in seinen Memoiren, »dass wir Gefahr liefen, gefangen zu werden, aber ich riskierte lieber mein Leben als die anderen im Stich zu lassen.« Auf völlig zusammengeschossenen Schiffen mussten sich Jean Bart und der verwundete Claude de Forbin schließlich ergeben und hatten nur die Genugtuung, die beiden Pulverfrachter unbehelligt am Horizont verschwinden zu sehen. Die beiden Gefangenen wurden zusammen mit zwei Schiffsjungen in einem Raum mit vergitterten Fenstern eingesperrt bis man Zeit haben würde sie auf die berüchtigten *Pontons* zu bringen. Diese morschen, verrotteten Kähne waren ausgediente Kriegsschiffe, die vor Portsmouth und anderen Häfen fest verankert lagen und als schwimmende Zuchthäuser und Kriegsgefangenenlager verwendet wurden. Jean Bart und Claude de Forbin entgingen diesem Schicksal dank einer Feile, die eine Verwandte Jean Barts in die Arrestzelle schmuggelte. Die beiden Korsaren sägten das Gitter durch und türmten: »Zusammen mit den zwei Schiffsjungen fanden wir ein Boot und auch zwei Riemen, die allerdings nicht gleich lang waren. Da meine Wunde noch offen war, konnte ich kein Ruder nehmen, so taten das Jean Bart und ein Schiffsjunge. Zum Glück war die See ruhig und das Wetter dunstig. Während der ganzen Fahrt von etwas mehr als einem und einem halben Tag ruderte Jean Bart ohne Unterbrechung, außer, wenn er eine Kleinigkeit aß, und die beiden Schiffsjungen lösten sich am anderen Riemen ab, während ich steuerte.« In Paris wurden die Korsaren begeistert empfangen und vom König mit Ehrungen überschüttet.

Wie bei kaum anderen Kaperfahrern verwischten sich bei Jean Bart und Claude de Forbin in den Folgejahren die Grenzen zwischen dem Dienst als Offiziere der königlichen Marine und Korsaren. So kommandierte Jean Bart beispielsweise am 29. Mai 1692 als königlicher Kapitän zur See das 74-Kanonen-Linienschiff 2. Ranges LE GLORIEUX in der Schlacht bei Barfleur – und brachte im November des gleichen Jahres als Korsar zwanzig Handelsschiffe, die auf dem Weg aus der Ostsee nach Holland waren, in seine Gewalt. Zum unumstrittenen Helden und Liebling des Volkes wurde Jean Bart 1694.

In diesem Jahr war in Frankreich eine Hungersnot ausgebrochen und alles hing davon ab, ob ein Konvoi von 130 Schiffen mit Getreide aus Russland heil die französischen Häfen erreichte. Mit sieben Schiffen segelte Jean Bart dem Geleitzug entgegen und kam gerade recht, als ein zwölf Schiffe starkes holländisches Geschwader die Getreidefrachter angriff, auseinandersprengte und zu kapern versuchte. Einen Konvoi auseinanderzureißen ist relativ leicht. Einen Konvoi zusammenzuhalten und zu vertei-

digen weit schwerer. Aber einen schon auseinandergejagten, von zahlen- und kampf-
kraftmäßig überlegenen Gegnern verfolgten Konvoi noch zu retten, ist eigentlich unmöglich. Und doch, das Unmögliche gelang: In einem mehrere Tage dauernden, pausenlosen Einsatz seiner Schiffe kämpfte Jean Bart die holländischen Angreifer nieder,
erbeutete dabei drei ihrer Schiffe, sammelte den versprengten Geleitzug wieder zusammen und dirigierte ihn wohlbehalten in den Hafen seiner Heimatstadt Dünkirchen.
Als König Louis XIV. ihm daraufhin den Adel verlieh, ihn, zusammen mit Claude de
Forbin, in den *Ordre Royal et Militaire de Saint-Louis* aufnahm, und eine Erinnerungs-
medaille für ihn schlagen ließ, waren dies Dank und Anerkennung für unzählige verwegene Taten: Die geretteten Getreideschiffe, die über 80 Prisen, die er im Lauf der Zeit
als Kommandant des »Geschwaders von Dünkirchen« eingebracht hatte … Es ist hier
unmöglich, all die Prisen und mehr als 100 Schlachten, Gefechte und Handstreiche
auch nur aufzuzählen, die dem Gespann Jean Bart und Claude de Forbin im Dienst des
Sonnenkönigs glückten.

Legendär wurde eine Episode im Hafen des norwegischen Bergen, von der
A. Richer in *Vies des Plus Célèbres Marins* berichtete: »Während Jean Bart in Bergen
war, landete dort ein Engländer, der das Kommando über zwei Schiffe führte. Als er zu
dem öffentlichen Platz kam, wo Ausländer Erfrischungen einnahmen, bemerkte er
einen Mann, dessen stolze und entschlossene Miene und dessen großer und kräftiger
Körperbau ihm auffiel. Als er hörte, dass dieser Englisch ohne Schwierigkeiten sprach,
hatte er den Wunsch, den Mann kennen zu lernen, und als er fragte, wer er sei, bekam
er zur Antwort, es sei Jean Bart. ›Das ist der Name des Mannes, den ich suche‹, sagte
der Engländer darauf. Der Engländer begann eine Unterhaltung mit Jean Bart und erklärte ihm, dass er ihn zu einem Kampf auffordern wolle. ›Das ist einfach‹, antwortete
Jean Bart, ›ich benötige Munition und werde segeln, sobald ich sie erhalten habe.‹ –
›Ich werde auf Sie warten‹, entgegnete der Engländer daraufhin. Nachdem Jean Bart
alle Vorbereitungen für seine Abfahrt getroffen hatte, unterrichtete er den englischen
Kapitän, dass er am folgenden Tag lossegeln wolle. Der Engländer antwortete, dass sie
auf offenem Meer kämpfen würden. Da sie sich aber in einem neutralen Hafen befän-
den, sollten sie einander freundlich behandeln. Deshalb lud er ihn für den folgenden
Morgen auf sein Schiff ein, um vor der Abfahrt noch eine Erfrischung einzunehmen.
›Wenn sich zwei Feinde wie Sie und ich begegnen‹, antwortete Jean Bart, ›sollten ihre
Erfrischungen Kanonenschüsse und Schwertstreiche sein!‹ Der englische Kapitän
beharrte jedoch auf seiner Einladung. Außerdem schätzte Jean Bart das Herz des
Engländers nach seinem eigenen ein, nahm daher die Einladung an und ging an Bord
des Schiffes. Nachdem er ein Glas Rum getrunken und eine Pfeife geraucht hatte, sagte er zu dem englischen Kapitän: ›Es wird jetzt Zeit zu gehen.‹ – ›Sie sind mein Gefangener‹, antwortete der Engländer. ›Ich habe das Versprechen gegeben, dass ich Sie

gefangen nehmen und nach England bringen werde.‹ Jean Bart warf ihm einen Blick voller Verachtung zu. Er zündete eine Lunte an, rief: ›Zu mir!‹, schlug einige Engländer nieder, die sich auf Deck befanden, und mit der Lunte in der Hand warf er sich gegen eine Tonne Schießpulver, die eben aus der Munitionskammer gebracht worden war. Die Franzosen auf Jean Barts Schiff hatten seinen Ruf gehört. Sie gingen sofort in die Boote, enterten und eroberten das Schiff. Vergeblich machte der englische Kapitän geltend, dass er in einem neutralen Hafen sei. Jean Bart brachte ihn mit nach Dünkirchen. Das andere englische Schiff, das nicht an dem Verrat des Kapitäns teilgenommen hatte, ließ er unbehelligt im Hafen von Bergen.«

Das Jahr 1697 brachte mit dem wackeligen »Frieden von Rijswijk« das Ende der Korsarenkarriere Jean Barts. Berühmt wurde seine Antwort an Louis XIV., als dieser ihm verkündete: »Jean Bart, Wir haben Sie zum Flottenchef ernannt.« – »Sire, da haben Sie recht daran getan!« Fünf Jahre später starb der nie verwundete, in Sturm und Wetter unverwüstliche Jean Bart mit 52 Jahren an einer simplen Erkältung.

1733 starb Comte Claude de Forbin-Gardane im Alter von 77 Jahren. Nach einem glänzenden Feldzug gegen die nordafrikanischen Barbaresken und einem eher unglücklichen Zug nochmals gegen England, hatte er sich, von Paris fast vergessen, auf seine Güter an der Riviera zurückgezogen und seine Memoiren geschrieben. Lebendig geblieben ist das Wort Jean Barts kurz vor seinem Tod – und wie er, so dachten und sprachen sie fast alle, die großen Korsaren Frankreichs: »Mir ist das Glück hold gewesen. Meine Kameraden haben genauso viel Verdienst wie ich.«

DER VATER DER US-MARINE – JOHN PAUL JONES
(1747 bis 1792)

Das Jahrzehnt des Ringens um die Unabhängigkeit der Vereinigten Staaten zwischen 1773 und 1783 war auch ein Jahrzehnt der Freibeuter, die ihrem neugegründeten Staat eine noch nicht existierende Kriegsflotte zu ersetzen versuchten. Am 23. März 1776 erklärte der Kongress »alle Schiffe und anderen Boote, deren Takelage, Ausrüstung und Gerätschaften, alle Güter, Besitztümer und Handelswaren, die einem oder mehreren Einwohnern Großbritanniens gehören« zu rechtmäßigen Prisen und stellte in der Folgezeit 1.697 Kaperbriefe aus, wozu nochmals über 2.100 Kaperbriefe der einzelnen Bundesstaaten kamen. Den Engländern galten diese Kaperfahrer ausnahmslos als gemeine Piraten, womit sie juristisch sogar recht hatten, denn Kaperbriefe können nur von einem völkerrechtlich anerkannten Staat ausgestellt werden, und das waren die USA zu dieser Zeit noch nicht. In der Praxis waren zweifellos auch Existenzen darunter, auf die der Begriff »Pirat« durchaus passte, und denen es allein um Raub und Beute ging, doch die Mehrzahl waren tatsächlich überzeugte Patrioten und Freiheitskämpfer, die sich nicht nur auf Handelsschiffe stürzten, sondern sich auch mit englischen Kriegsschiffen anlegten, auf denen es außer Ehre nichts zu erbeuten gab. Die Ausrüstung dieser Aufständischen war teilweise fast lächerlich, und wenn ein englischer Beamter die Mannschaft eines amerikanischen Schiffes einen »Haufen von Kesselflickern, Schustern und Reitknechten« nannte, so hatte er zweifellos damit recht. Doch diese Kesselflicker, Schuster und Reitknechte bezogen ihren Mut aus einer großen Idee – die britischen Rotröcke lediglich aus einer doppelten Schnapsration. So kam es, dass die hochnäsige *Royal Navy* höchst empfindliche Schlappen einstecken musste, die peinlichste wohl in der Nacht vom 23. zum 24. September 1779 vor der Küste von Yorkshire – vor ihrer eigenen Haustür und vor den Augen einer großen Menschenmenge, die von den Kreidefelsen von Flamborough Head aus zuschaute.

John Paul Jones war gebürtiger Schotte, hatte sich in jungen Jahren auf Sklavenschiffen und Schmugglern herumgetrieben, war 1761 nach der Neuen Welt ausgewandert und schnell ein überzeugter »Amerikaner« geworden. Mit der Korvette RANGER war er als Kaperfahrer nach Europa zurückgekehrt und befehligte nun 380 Mann, davon 150 französische Freiwillige, auf einem schon leicht wurmstichigen, ehemaligen Ostindienfahrer mit 40 Kanonen, den er BONHOMME RICHARD getauft hatte. Da sich Frankreich inzwischen offen auf die Seite der aufständischen Neuengland-Staaten gestellt hatte – zwei Jahre später würde Frankreich die Entscheidungsschlacht in der Chesa-

John Paul Jones, der berühmteste Korsar der jungen USA.

peake Bay für die entstehende USA schlagen und gewinnen – gehörten zu dem kleinen Kapergeschwader auch zwei französische Fregatten, die PALLAS und die ALLIANCE. Das Geschwader hatte sich schon eine Weile in der Irischen See und an der Küste Schottlands herumgetrieben, als man am Spätnachmittag des 23. Septembers einen großen Geleitzug von 41 Frachtern sichtete, der von der fast werftneuen 44-Kanonen-Fregatte SERAPIS unter Kapitän Richard Paerson und der, allerdings nur mäßig bewaffneten, Fregatte COUNTESS OF SCARBOROUGH beschützt wurde. Gegen 19.30 Uhr fielen die ersten Schüsse. Die PALLAS trat gegen die COUNTESS OF SCARBOROUGH an und eroberte sie, dank ihrer überlegenen Bewaffnung, ziemlich schnell. So standen die BONHOMME RICHARD und die ALLIANCE gegen die SERAPIS. Auch hier wäre der Kampf schnell vorüber gewesen, wenn sich Kapitän Landais mit seiner ALLIANCE zu mehr hätte entschließen können, als die beiden ineinander verbissenen Schiffe vorsichtig zu umkreisen.

John Paul Jones stand also de facto allein mit seiner alten Bonhomme Richard gegen die kampfstarke Serapis. Zum Unglück des Amerikaners explodierten unmittelbar nach Eröffnung des Feuers auch noch zwei seiner Geschützrohre, wobei es Tote und Verwundete gab, womit klar wurde, dass seine einzige Chance im Enterkampf lag: Kapitän Jones manövrierte sein Schiff an die Serapis heran, als seine Flagge von einer Kugel weggefetzt wurde. Der englische Kapitän Pearson erkundigte sich höflich: »Haben Sie die Flagge gestrichen?«Doch Jones brüllte zurück: »Ich habe noch gar nicht zu kämpfen angefangen!«

Als die Serapis hinter der Bonhomme Richard vorbeizulaufen versuchte, verfing sich ihr Bugspriet in der Besantakelage des Amerikaners, und Kapitän Jones soll ihn eigenhändig am Besanmast festgelascht haben. Nun lagen also die beiden Schiffe Seite an Seite. Immer noch feuerten die Geschütze, Scharfschützen fegten aus den Marsen die gegnerischen Decks leer, und einem Amerikaner namens William Hamilton gelang es sogar, mit einem Kübel Handgranaten auf die Großrah der Serapis zu gelangen und von dort durch eine Luke einen Stapel Pulverkartuschen zu treffen. Die Explosion »schien das Deck der Serapis hochzuheben« und brachte die meisten Geschütze zum Verstummen. Doch auch die Bonhomme Richard war am Ende und begann sich mehr und mehr auf die Seite zu legen, worauf ein Stückmeister entsetzt brüllte: »Gebt Pardon! Um Gottes willen Pardon!« und losrannte, um die Flagge herunterzureißen – John Paul Jones schlug ihn mit dem Knauf seines Pistols nieder. Als Kapitän Pearson anfragte, ob der Ruf ernst gemeint sei, antwortete Jones: »Nein, Sir, ich denke gar nicht daran. Sie vielmehr sind es, der die Flagge streichen wird!« Angesichts der beiden nahezu kampfunfähigen Schiffe war es freilich dann fast nur ein Zufall, dass der Engländer tatsächlich als erster die Flagge einholen ließ. Doch als Kapitän Pearson seinen Degen Jones als Zeichen der Übergabe anbot, lehnte dieser ab und lud ihn sogar zu einem Glas Wein in seine verwüstete Kajüte ein.

Gegen 10 Uhr des nächsten Tages sackte die Bonhomme Richard weg. Auf der eroberten Serapis gelangte Kapitän Jones nach Frankreich, wo ihm der König einen Ehrendegen überreichen ließ mit der Aufschrift: *Vincidati maris Ludovicus XVI remunerator strenuo vindici* (Louis XVI. dankt dem tapferen Kämpfer für die Freiheit der Meere). Der gefangene Kapitän Pearson wurde bald darauf ausgetauscht, vor ein Kriegsgericht gestellt und mit Glanz freigesprochen, da er »durch seine sehr hartnäckige Verteidigung gegen die weit überlegenen Kräfte der Piraten alle Ehre eingelegt« habe. Von den Kaufleuten, deren Schiffe er gerettet hatte, erhielt er ebenfalls einen Ehrendegen, und König Georges III. schlug ihn gar zum Ritter. John Paul Jones soll, als er dies erfuhr, gesagt haben: »Sollte ich noch einmal das Glück haben, mit ihm die Klingen zu kreuzen, werde ich ihn beim nächsten Mal zum Lord machen!« John Paul Jones kehrte nach Amerika zurück und gilt dort als »Vater der US-Marine«, obwohl er nie wieder ein Kommando erhielt. Die amerikanischen Freibeuter bezeichneten sich meist als *Privateers*, sinngemäß etwa als »Privatunternehmer« zu übersetzen; der Begriff hat sich bis heute in der Bezeichnung *Private* für den einfachen amerikanischen Soldaten erhalten.

DIE BORDKATZE

Die Ägypter verehrten sie als hochheilig – im späten Mittelalter wurde sie mitunter als »Hexentier« offiziell hingerichtet. Anders als der Hund, wurde die Katze zwar gelegentlich bis zur Abartigkeit gezüchtet, doch niemals wirklich domestiziert. Das Verhältnis Mensch-Katze ist im Optimalfall ein *Gentleman's Agreement*, niemals jedoch eine »Herr-Diener«-Beziehung.

In der Zeit der großen Segelschiffe waren Katzen auf Schiffen integrale und gleichberechtigte Mitglieder der Besatzungen: Felix (Felice, Félicie oder Felicity) und Mio (Miou, Míaou, Miow); auf französischen Schiffen Bijou, Maréchal und Aventurier; auf englischen Schiffen Diamond, Love, Master oder Dream; Slagskämpe (Raufbold) auf einem schwedischen; Gina, Vulcanus oder Artglio (Kralle) auf italienischen Schiffen sind einige der überlieferten Namen. Wie immer sie heißen mochten, ihr Anteil an Verpflegung war unter allen Umständen gesichert: Die notwendige Ration Süßwasser und, wenn irgendmöglich, ein Schälchen Milch.

Wenn man im Tagebuch Maurice de Kérazans liest, dass »Madame Bijou« für fast drei Wochen die Koje Robert Surcoufs für sich und ihren Nachwuchs beschlagnahmte, so dass der große Korsar auf dem Boden nächtigen musste, so mag sich dies amüsant anhören. Nicht ganz so amüsant war die Realität: Bordkatzen und Bordkater waren nämlich alles andere als überzüchtete Edelkatzen oder flauschig-weiche Kuscheltiere! Felix, Mio und Vulcanus waren verwegene, ja ausgesprochen wilde Gesellen, Gina und Bijou grimmige Amazonen mit rasiermesserscharfen Krallen und Fangzähnen vom Stamm der »Europäisch Kurzhaar« – gemeinhin als »gewöhnliche Hauskatze« bekannt – oftmals mit zerfledderten Ohren und Dutzenden von Bissnarben an ihrem Körper. Hart wie die Männer, auf deren Schiffen sie fuhren, lagen sie im beständigen Kampf mit ihrer Beute: Aberhunderten von Ratten, die auf den Schiffen jener Tage in unzugänglichen Winkeln hausten, um ungeniert über die Vorräte, ja sogar die Menschen selbst herzufallen. Die Katzen und Kater an Bord verfolgten diese Ratten, lauerten ihnen auf, schnappten sie sich mit eben jener List und Geschicklichkeit wie ihre menschlichen Vorbilder spanische Galeonen und englische oder niederländische Ostindienfahrer. Und wie diese waren sie keineswegs gefeit gegen eventuelle wütende Abwehr, nur dass sie es anstatt mit Kanonenschüssen und Säbelhieben mit wütenden Bissen in die Enge getriebener Ratten zu tun bekamen. Da ihre Beute nicht aus Gold bestand, sind nur von den wenigsten dieser vierbeinigen Kämpfer die Erfolge überliefert. Immerhin soll es Slagskämpe, der Bordkater der schwedischen Freibeuterfregatte Neptunus auf einer dreimonatigen Fahrt auf über 60 erlegte Ratten gebracht haben, und Diamond, der auf der Royal Fortune des Meisterpiraten Bartholomew Roberts fuhr, in etwa dem gleichen Zeitraum auf rund 100 – Erfolg ist offenbar ansteckend ...

»Ich habe heute einen türkischen Ruderklaven über Bord werfen lassen, weil er bösartig nach Vulcanus trat, als dieser seinen mehrmals täglichen Kontrollgang von Bug nach Heck machte«, vermerkte 1578 der deutsch/genuesische Kapitän Josef Furtenbach in seinen privaten Aufzeichnungen. »Da wir nahe der Küste ankerten mag der Mann sein Leben gerettet haben. Doch wenn ich derlei Gemeinheiten gegen unseren Kater durchgehen ließe, dann wären bald all unsere Nahrungsmittel verloren.« Wie sehr geschätzt und geachtet die Bordkatzen waren, belegt auch ein Artikel in etlichen der Heuerverträge, die jeder Mann vor Antritt der Fahrt zu unterschreiben hatte, der besagte, dass jeder Mann, der die Bordkatze mutwillig quälte oder gar tötete mit 10 bis 30 Hieben mit der »Neunschwänzigen Katze« zu bestrafen sei.

DIE ERFOLGREICHEN –
ROBERT SURCOUF UND MAURICE DE KÉRAZAN
(1773 bis 1827 und 1772 bis 1841)

Erst knapp ein Jahrhundert nach DuGuay-Trouin, Jean Bart und Comte de Forbin begann der kometenhafte Aufstieg des letzten »Klassikers« seines Gewerbes. Robert Surcouf, 1773 in Saint-Malo geboren, entstammte einer angesehenen, gutbürgerlichen Familie. 1791, gerade einmal 18 Jahre alt, ging er als Kapitän der Brigg Créole zum ersten Mal auf große Fahrt in den Indischen Ozean: Eineinhalb Jahre blieb in Saint-Malo jede Nachricht von ihm aus. Gleichzeitig häuften sich in London Berichte, nach denen im Indischen Ozean ein Freibeuter mit solchem Glück und solcher Unverschämtheit sein Unwesen treibe, dass sich die Versicherungsgesellschaften in England weigerten, Schiffe noch zu versichern, die in dieses Gebiet ausliefen. »Im September 1792 meldete die Küstenwache von Saint-Malo eine offenbar schwer havarierte Jacht. Als sich das Schiff mühsam in den Hafen schleppte, trauten die Zuschauer ihren Augen nicht: Die Jacht war in Wirklichkeit die Brigg Surcoufs, die nur ihren Fockmast eingebüßt hatte. Zudem verfügte sie über kein einziges Geschütz mehr, und die ausgemergelten, halb verhungerten Gestalten, die über das Deck taumelten, hatten kaum noch Ähnlichkeit mit jenen verwegenen Männern, die vor rund 18 Monaten in den Indischen Ozean ausgelaufen waren. Das Unternehmen hatte offensichtlich mit einer Katastrophe geendet.

Katastrophe? Es war einer der größten Fischzüge, die ein einzelnes Korsarenschiff bis dahin gemacht hatte! Als erstes hatte man den Ballast über Bord geworfen und im untersten Raum Goldbarren gelagert. Darüber stapelten sich in den Laderäumen, den Mannschaftsunterkünften, der Kombüse und der Kapitänskajüte die Kisten, Fässer und Ballen mit allen Kostbarkeiten des Orients. Schließlich flog der Fockmast über Bord, um das Schiff so weit zu erleichtern, dass man weitere Tonnen Seide an Bord nehmen konnte. Die Geschütze waren gefolgt, um Kisten mit chinesischem Porzellan und Gewürze laden zu können. Kochkessel und Kombüsenherd hatte man den Fischen geopfert für Edelsteine und Perlen, und endlich hatte sich die Mannschaft bereit erklärt, mit einem Drittel der Tagesrationen an Essen und Süßwasser vorliebzunehmen, um den so frei gewordenen Raum mit Ambra und anderen kostbaren Duftstoffen vollstopfen zu können.« Kapitän Robert Surcouf machte das Unternehmen zum reichen Mann. Und schon am nächsten Tag ging er daran, weiteren Gewinn aus seiner Beute zu schlagen: Er gründete in seiner Heimatstadt eine Reederei, die freilich eine spezielle Eigenheit hatte, denn ihre Schiffe dienten keineswegs nur dem friedlichen Handel, sondern hauptsächlich dem Zweck der Freibeuterei. Auch dachte Robert Surcouf gar nicht daran, ein harmloser Bürger zu werden. 1795/96 war er mit der 14-Kanonen-Brigg CLARISSE wieder im Indischen Ozean unterwegs, kaum weniger erfolgreich als das erste Mal.

Robert Surcouf, der letzte »Klassiker« der Korsaren. Für seine Erfolge wurde er mit Ehrendegen, höchsten Orden und Adelstitel ausgezeichnet – und von seinen englischen Gegnern mit der höchsten Kopfprämie, die je auf einen Freibeuter ausgesetzt wurde.

Im Oktober 1797 kam es zu der Begegnung mit jenem Mann, der das weitere Leben Surcoufs bestimmen sollte: »General Bonaparte, der gefeierte Sieger von Italien, ist klein, mager, mit gelblicher Haut, strähnigen Haaren und unglaublich intensiven blauen Augen. Bonaparte erklärte: ›Europa besteht aus Hunderten verfeindeter kleiner Staaten, und die Fürsten begreifen nicht, dass sie zur Bedeutungslosigkeit heruntersinken werden, wenn sie sich nicht zusammenschließen! Sehen Sie sich Amerika an, oder Russland: Riesige Länder mit ungeahnten Möglichkeiten! Sie werden Europa beherrschen, wenn sich Europa nicht einigt! Preußen, Österreich, sogar Russland kann man mit einer Armee erreichen, nur England nicht. England ist durch das Meer geschützt, aber man kann Europa nicht vereinen, solange man England nicht hat. Wie also kann man England besiegen?‹ – ›Krieg kostet Geld, General, und das Geld Englands stammt aus seinen Kolonien und aus seinem Handel. Man muss England in seinen Kolonien treffen und seinen Handel mit pausenlosem Kaperkrieg zu ruinieren versuchen.‹ Das Gespräch hatte zwei unmittelbare Folgen: Die eine spektakulär doch wenig erfolgreich, der Zug Bonapartes nach Ägypten. Die andere, weniger bekannt, aber höchst gewinnbringend, eine dreijährige Kaperfahrt Surcoufs in den Indischen Ozean.«

Dieses Zitat, wie die anderen in diesem Abschnitt, entstammt den, leider nie veröffentlichten und inzwischen angeblich verschollenen (möglicherweise will die heutige Familie nichts mit einem »Piraten« zu tun haben) Tagebüchern des Marquis Maurice de Kérazan – wir lernten ihn zu Anfang dieses Kapitels als Eroberer der Herfordshire bereits kennen. Trotz seines Adelstitels hatte sich Maurice der Kérazan für die Ideale »Freiheit, Gleichheit, Brüderlichkeit« der Französischen Revolution begeistert und war als Major der »Freihusaren von Paris« 1792 in der Schlacht von Valmy schwer verwundet worden. Mit einem steifen rechten Bein untauglich für den weiteren Dienst als Kavallerist war er in seine bretonische Heimat zurückgekehrt, in die Reederei Surcoufs eingetreten, und wurde bald schon zum unentbehrlichen Mitstreiter, Helfer und Freund Surcoufs.

Marquis Maurice de Kérazan, der beste Kapitän, Freund und Biograph Robert Surcoufs.

Höhepunkt dieser Fahrt von 1798 bis 1801 Surcoufs in den Indischen Ozean war die Eroberung des englischen Ostindienfahrers Kent. Die Briten hatten die ganze Ausbeute eines Jahres ihrer indischen Besitzungen auf dieses 1200 Tonnen große, von 38 Kanonen, 287 Matrosen und 150 Marinesoldaten beschützte Schiff verfrachtet, während Robert Surcouf lediglich über die 18-Kanonen-Korvette La Confiance und 160 Mann verfügte. »Am 7. Oktober 1800 sichteten wir im Golf von Bengalen die Kent. Sie lief unter Mars- und Bramsegeln auf Südkurs, während wir, Nordkurs steuernd, außer unserer Flagge, jeden Lappen an den Rahen befestigt hatten, der sich auftreiben ließ. Von unseren arabischen Gewährsleuten informiert, hatten wir dem Ostindienfahrer vor dem Hafen von Visigapatam aufgelauert, waren ihm zwei Tage, knapp unter dem Horizont, gefolgt, hatten ihn letzte Nacht überholt und braulsten ihm jetzt mit vollen Segeln entgegen. Die Kanonen waren fertig zum Schuss, aber nicht ausgerannt und die Stückpforten noch geschlossen – je später der Brite unsere Absicht erkannte, desto besser! Robert Surcouf, wie immer im tadellosen dunkelblauen Frack mit schneeweißem Hemd und Halstuch, winkte mich auf das Kampanjedeck: ›Du übernimmst jetzt das Kommando auf der Confiance – schade, dass du wegen deinem steifen Bein beim Entern nicht mitmachen kannst.‹ Ich schaute durch das Fernglas zur KENT hinüber, doch dort schien alles ruhig. Wir waren fast auf Schussweite heran und steuerten einen Kurs, der uns knapp 50 Meter rechts an der Leeseite der KENT vorüberführen musste. Minuten später liefen die Schiffe aneinander vorbei. ›Wer sind, Sie? Geben Sie sich zu erkennen!‹ rief eine Stimme von der KENT herüber. Surcouf griff nach dem Sprachrohr und brüllte zurück: ›Hier die französische Korsarenkorvette LA CONFIANCE, Kapitän Robert Surcouf!‹ gleichzeitig entfalteten sich am Heck und im Großtopp rauschend unsere Trikoloren. ›Stückpforten auf! – Geschütze ausrennen! – Feuer!‹ Unsere Kanonen krachten. Am Bug hockten zehn Matrosen, die Enterhaken

Die Eroberung des englischen Ostindienfahrers KENT durch die Korsarenkorvette CONFIANCE am 7. Oktober 1800.

wurfbereit in den Händen. Auf der KENT ging es jetzt drunter und drüber. Einzelne Geschütze wurden ausgefahren, aber sie feuerten blindlings und überstürzt in die Gegend, Marinesoldaten drängelten sich vor den abgeschlossenen Waffenschränken, vor der Pulverkammer stauten sich die Munitionsträger in den mit Kisten und Ballen der Ladung verstellten Durchgängen. Dann waren wir heran. Die Enterhaken flogen und schon sprangen die ersten unserer Männer auf das feindliche Schiff hinüber. Wieselflink enterten unsere Matrosen in die Wanten, rannten über die Rahen und sprangen auf das Deck des Engländers hinunter. Pistolen und Gewehre knallten. Pulvergefüllte Flaschen prasselten explodierend zwischen die Verteidiger. Aus den Marsen knatterte pausenlos das Feuer der Scharfschützen. Enterbeile und Säbel klirrten aufeinander. Zwanzig Minuten später hatten wir die KENT fest in unserer Hand.«

Die Eroberung der KENT war wohl die reichste Beute, die ein Freibeuterschiff je auf einen Schlag gemacht hat: etwa zwei Millionen Pfund Sterling an Ladung. Im Kampf waren etwa 70 Engländer gefallen, auf Seiten der Franzosen nicht mehr als 20. Die englischen Matrosen und Soldaten wurden in Ceylon nahe Trincomali an Land gesetzt und freigelassen. Angeführt wurden sie dabei von ihrem tapferen Generalmajor, Sir Frederick Saint John, und zwar auf ausdrücklichen Befehl Surcoufs genauso wie man ihn nach der Eroberung der KENT aus dem Kabelgatt gezogen hatte: In Frauenkleidern!

Selbstverständlich blieben die Ehrungen in Frankreich nicht aus: Napoleon Bonaparte überreichte Robert Surcouf einen Ehrendegen und ernannte ihn zum Ritter der *Légion d'Honneur*; 1808 folgten Offizierskreuz und Adelstitel. Und auch die Engländer ehrten ihn auf ihre Weise mit einer Kopfprämie – tot oder lebendig – von 100.000 Pfund, der höchsten Summe, die je auf einen Freibeuter ausgesetzt worden ist. Berechtigt waren diese Ehrungen ohne Zweifel – nicht nur für die großen Kaperfahrten, mehr vielleicht noch für die ununterbrochenen Schläge, die England fast 20 Jahre lang vor seinen eigenen Küsten hinnehmen musste. In der Zeit von 1793 bis 1797 verloren die Engländer nicht weniger als 2.266 Schiffe an die französischen Korsaren, rund 450 Schiffe pro Jahr. Und die Zahlen stiegen: 507 Schiffe im Jahr 1807, oder beispielsweise 619 im Jahr 1810, und der Löwenanteil dieser Verluste entfiel auf die Reederei Surcoufs in Saint-Malo. Fast ein Jahrzehnt ersetzten die französischen Korsaren, Robert Surcouf an ihrer Spitze, Napoleon die 1805 bei Trafalgar verlorene Flotte und hinderten England an einer Invasion.

Im Januar 1807 gingen Robert Surcouf und Maurice de Kérazan erneut ankerauf Richtung Indischen Ozean. Sie verfügten über fünf Schiffe, die beiden Korvetten REVENANT und CONFIANCE unter dem Kommando von Surcouf und dem Marquis de Kérazan, dazu die Brigg NAPOLEON, den Schoner EDOUARD und den Kutter RENARD unter dem Befehl von Corinne, »Coco«, Albert.

Bislang hatten die Korsaren das fast Unmögliche erreicht, diesmal sollten sie Wunder wirken! Die verheerende Niederlage seiner Flotte bei Trafalgar 1805 hatte die Hoffnungen des Kaisers einer Invasion Englands brutal zerschlagen – aufgegeben hatte er diese Hoffnungen freilich nicht. Nun sollte es also den Korsaren gelingen, möglichst viele englische Kriegsschiffe von den heimischen Küsten weit fort in den Indischen Ozean zu locken. Dass dazu kein kleines Korsarengeschwader ausreichte, selbst wenn sein Kommandant Robert Surcouf hieß, sondern eine veritable französische Flotte benötigt wurde, war allen Beteiligten klar. Und so »schuf«, nach einem mehrwöchigen, von hektischer Arbeit erfüllten Zwischenaufenthalt auf Réunion, Robert Surcouf diese Flotte: Mit Bambusstangen, Holzlatten und viel bemalter Leinwand vermochten sich seine Schiffe binnen Stunden zu verwandeln – bis zur schweren Fregatte und gar zum imposanten Linienschiff. Sehr wohl war Marquis Maurice de Kérazan bei der Sache nicht: »›Ein einziger Treffer, und nicht nur dieser ganze Latten- und Leinwandkram, sondern unser ganzer Feldzugsplan fliegt uns um die Ohren!‹ Surcouf lachte nur: ›In der Dämmerung oder auf gute Entfernung bei Gegenlicht sehen die Einheiten doch ganz glaubwürdig aus! Zumal wenn einem die Angst im Genick sitzt.‹«

Einen der nun folgenden Überfälle, schilderte Maurice de Kérazan so: »Zahlreiche Fischerboote waren entsetzt vor der ›Vorhut‹ unserer ›Flotte‹ ausgerissen, als sich diese mit den letzten Strahlen der untergehenden Sonne Visigapatam näherte. Es waren dies der Kutter PANDOURE alias RENARD, die GENIE alias Schoner EDOUARD, welche als Brigg nun auch am Großmast Rahsegel führte, die schwere Fregatte FURIEUSE alias Brigg NAPOLEON, bereichert um einen Besanmast, und die als mächtige Zweidecker maskierten Korvetten VAILLANT alias REVENANT und PLUTON alias CONFINACE. Exakt wie berechnet, brach die Nacht mit der in den Tropen üblichen Plötzlichkeit herein, als unsere ›Vorhut‹ von Visigapatam aus sichtbar wurde. Drei Stunden ließen wir uns Zeit, um ›die Flotte zu formieren‹, dann begann der Beschuss aus allen Rohren – freilich keine Breitseiten, denn mit den 18 Geschützen einer Korvette kann man nun einmal nicht die Breitseite eines 74ers darstellen, sondern Einzelfeuer, das allerdings in einem Drittel der Zeit, welche die großen Brocken auf einem Linienschiff jeweils zum Nachladen bräuchten. Zudem wechselten wir ständig die Position nach einem genau festgelegten Plan – und, beim Himmel, es sah wahrhaftig aus, als würde da eine ganze Flotte Hafen und Stadt unter Feuer nehmen! Eine Stunde vor Morgengrauen stellten wir das Bombardement ein, und gegen die ersten Strahlen der aufgehenden Sonne konnten die Briten die ›Schlussschiffe‹ unserer ›ablaufenden Flotte‹ bewundern, die Zweidecker MARSEILLAISE und BRILLANT, die Fregatte GLOIRE, die EDOUARD als Schoner SERPENT, und den Kutter RENARD, diesmal mit einem zusätzlichen Besanmast, als Bombenketsch VULCAN.«

Finanziell war Surcouf der gleiche Erfolg wie auf seinen früheren Fahrten beschieden – doch das strategisch Unmögliche zu erreichen war auch ihm verwehrt. Zwar setzten die Engländer tatsächlich beträchtliche Flottenverbände in den Indischen Ozean in Marsch, doch zu einer französischen Invasion der Britischen Inseln kam es trotzdem nicht mehr. Unaufhaltsam brach das Unheil über den Kaiser herein: Der unglückliche Feldzug nach Russland 1812, die Völkerschlacht bei Leipzig 1813, die erste Abdankung, die Verbannung nach Elba und die Rückkehr für die »hundert Tage« 1815, die Niederlage bei Waterloo am 18. Juni und die zweite Abdankung am 22. Juni 1815. Am 15. August 1815 verließ das britische Kriegsschiff BELLEROPHON den Hafen von Plymouth, sein Ziel die Insel St. Helena im südlichen Atlantik. An Bord der BELLEROPHON der gestürzte Kaiser der Franzosen, Napoleon. Zu Ende der Traum von einem vereinten Europa, gescheitert an der sogenannten »nationalen Besinnung«, die, zum »Nationalismus« gewandelt, noch furchtbares Unheil über Europa bringen sollte; gescheitert am Standesdünkel der Königsdynastien, von denen die meisten ein Jahrhundert später sang- und klanglos verschwinden würden, Europa in einem Chaos zurücklassend.

Seit jenem Tag wurde es still um Robert Surcouf und Maurice de Kérazan. Sie waren die letzten der großen französischen Korsaren gewesen. Britische Autoren versuchten und versuchen bis heute Robert Surcouf irgendwelche »Schandtaten«, beispielsweise Sklavenhandel, anzuhängen – ohne historisch nachweisbare Relevanz. Die Tatsache, dass er einem britischen Kapitän, der ihm vorwarf, die Franzosen kämpften allein um Geld während die Engländer dies um der Ehre willen täten, geantwortet hatte: »Dann kämpft jeder von uns offenbar für das, was er nicht hat!« schmerzt wohl immer noch.

Maurice de Kérazan zog sich, nachdem er das Angebot des neuen Bourbonen-König Louis XVIII. ihn zum Admiral zu ernennen verächtlich ausgeschlagen hatte, auf seine Güter zurück, schrieb seine Memoiren und verstarb friedlich 1841. Schon am 8. Juli 1527 war Robert Surcouf, erst 54 Jahre alt, gestorben, sechs Jahre nach Napoleon, »seinem« Kaiser, dem einzigen Menschen, den er jemals über sich anerkannt hatte. Für ihn hatte er im August 1815 auch die letzte siegreiche Schlacht des Kaiserreiches geschlagen: Als Surcouf hörte, wie sich ein Dutzend Offiziere der siegreichen Truppen der Alliierten abfällig über den gestürzten Kaiser äußerte, forderte er sie zum Duell. Maurice de Kérazan berichtete weiter: »Am nächsten Morgen standen wir draußen im Watt. Und sie kamen, alle zwölf – Flegel mochten sie sein, Feiglinge waren sie nicht. ›Pistole oder Säbel?‹ – ›Säbel, wenn ich bitten darf.‹ – Die ›Sieger‹ hatten nicht die geringste Chance gegen Robert Surcouf, der mit allen Kniffen des Fechtens im Enterkampf auf schwankenden Schiffsdecks vertraut ist. Die Preußen, Engländer, Russen und Österreicher kämpften tapfer, aber nach knapp einer halben Stunde lagen elf tot oder schwer verwundet im Sand des Watts. Der zwölfte, ein blutjunger Fähnrich, trat blass aber mutig vor. Nur einmal klirrten die Säbel aufeinander, dann wirbelte die Waffe des Fähnrichs durch die Luft davon. Robert Surcouf steckte seinen Säbel in die Scheide: ›Ich kämpfe nicht mit halben Kindern. – Lauf heim und erzähl all deinen Leuten: So schlägt sich ein Soldat Napoleons!‹«

Samurai, schöne Frauen und Kopfjäger

Die japanischen und chinesischen Piraten
des 14. bis 19. Jahrhunderts

Die BREDA aus Middelburg, eines der vielen prächtigen Schiffe der schon fast legendären niederländischen VOC (*Vereenigde Oostindische Companie*), hatte ihr Ziel Batavia, das heutige Djakarta, beinahe erreicht, als am Abend des 16. Januar 1652 ihr Kapitän, Cornelis van Borgerhout, vor der Prinsen Insel nochmals Anker werfen ließ. Die BREDA hatte eine gute, verhältnismäßig schnelle Reise hinter sich, auf ein paar Stunden kam es nun wirklich nicht an und van Borgerhout, der den Ruf eines ausgesprochen umsichtigen Kapitäns hatte, wollte die Sunda-Straße lieber bei Tageslicht passieren. Zwar galten die Gewässer rund um den Südosten Sumatras und den Westteil Javas, Herzstücke des sich entwickelnden niederländischen Kolonialreiches in Südostasien, als »sicher«, doch da van Borgerhout eben ein umsichtiger Mann war, ließ er für die Nacht die Kanonen laden und die Deckswachen verstärken und bewaffnen.

Die Nacht verlief, erwartungsgemäß, ereignislos, doch als der Morgen graute »sahen wir uns umringt von gewiss 60 bis 70 Dschunken, die ihre Geschütze auf uns gerichtet hatten, und deren Decks von schwerbewaffneten Männern wimmelten«, berichtete der entsetzte Kapitän später, »Widerstand war zwecklos, da es ihrer allzu viele waren. So ließ ich schweren Herzens die Flagge niederholen und wurde mit meinen Offizieren und vornehmen Passagieren wenig später auf das Schiff des Anführers der Piraten gebracht. Wir waren nicht wenig erstaunt, als wir gewahr wurden, dass dieser eine Frau war. Obwohl sie auf einem reich geschnitzten Stuhl thronte, sahen wir, dass sie sehr klein und zierlich und für eine Chinesin wohl auch recht hübsch zu nennen war. Gekleidet war sie in feinste

Gedrungen, schwerfällig und meist nicht allzu gut bewaffnet waren chinesische Dschunken auch europäischen Kriegsschiffen allein durch ihre Masse meist überlegen.

Seidengewänder und trug kostbaren Schmuck. Auch die übrigen Piraten machten eigentlich einen durchaus sauberen und adretten Eindruck. Durch einen Dolmetscher, der sehr gut holländisch sprach, ließ die Piratin uns zunächst dafür danken, dass wir unnötiges Blutvergießen vermieden hätten. Dann ordnete sie an, unser Schiff auszuräumen, was ihre Männer leider so gründlich besorgten, dass nicht nur sämtliche Waren, Waffen und Pretiosen von der BREDA auf ihre Dschunken umgeladen wurden, sondern sogar die Geschütze von Großdeck, Back und Kampanje. Dies dauerte den ganzen Tag und einen Großteil der Nacht. Nur unsere Eheringe erlaubte sie uns zu behalten, nachdem wir ihr deren Bedeutung erklärt hatten. Am nächsten Nachmittag erreichten wir, restlos ausgeraubt, jedoch heil an Leib und Leben, Batavia.«

DIE SIEBEN SAMURAI – YOSHITOKI
(um 1250 bis 1284)

Temüdschin, der später Dschingis Khan genannt wurde, hatte im frühen 13. Jahrhundert die mongolischen Stämme geeinigt und mit ihnen ein Weltreich erobert, das vom heutigen Belarus (Weißrussland) im Westen bis Korea im Osten reichte. Doch auch das gewaltigste Reich stößt irgendwann an Grenzen, wenn auch letztlich nur der unerwartete Tod des Dschingis Khan-Nachfolgers Ögödäi 1241 trotz heldenhafter Abwehrversuche der Russen, Polen und Deutschen Europa rettete. Im Osten war es Japan, das sich nicht unterwerfen wollte. In Europa schrieb man das Jahr 1271, als Hubilai (Kublai) Khan – seit 1260 Großkhan der Mongolen und seit 1280 Kaiser von China – eine Gesandtschaft nach Japan schickte mit der Aufforderung, ihm als Oberherrn zu huldigen. Der Zeitpunkt war nicht ungeschickt gewählt, denn im »Land der aufgehenden Sonne« tobte eine erbitterte Fehde zwischen den Sippen der Minamoto und der Hōjō um das Amt des *Shōguns*, des erblichen Reichsfeldherrn, und des *Shikken*, des Reichsregenten, welche seit den Tagen der Fujiwara die eigentliche Regierungsgewalt in Händen hielten, während der *Tennō*, der Kaiser, zu einer machtlosen Repräsentativfigur abgesunken war. Doch so blutig man sich intern bekämpfen mochte, gegen Außenstehende war man sich unerschütterlich einig. Die Aufforderung des Khans wurde zurückgewiesen. Also schickte Hubilai Khan drei Jahre später eine Flotte von 150 Schiffen mit 25.000 Mongolen und 15.000 Koreanern gegen Japan, doch nach einigen Anfangserfolgen scheiterte sie am erbitterten Widerstand der Japaner. Von einer erneuten mongolischen Gesandtschaft kehrten 1276 nur deren abgeschlagene Köpfe als Antwort auf die Forderung nach Unterwerfung an den Hof des Khans zurück. Der Mongole war nun ernsthaft wütend. Nach gründlichen Vorbereitungen ging im Juli 1281 eine in Korea gebaute Flotte von 1000 Schiffen, bemannt mit 50.000 Mongolen, 20.000 Koreanern und 100.000 Chinesen, in See; sie eroberten Tsushima, verwüsteten

Ikishima und Hirado, und landeten an der Küste von Chikuzen, wo sich die Japaner in der Bucht von Hakozaki verschanzt hatten. Die Verteidiger mussten zwar schwere Verluste durch die Pulverwaffen der Mongolen und Chinesen hinnehmen, doch die Steinwälle ihrer Verschanzungen hielten dem Beschuss stand, andererseits vermochten sie freilich die Invasoren auch nicht wieder zu vertreiben. Die Partie stand patt.

Dies war die große Stunde des Yoshitoki und seiner »sieben Samurai«.

Yoshitoki war eigentlich ein Vasall der Minamoto, vielleicht sogar ein Mitglied der Familie. Schon beim ersten Angriff der Mongolen 1274 hatte er eine Gruppe von *Rōnin* (Vagabunden, also herrenlose Samurai) um sich versammelt, innige Kontakte zu den *Wako*, den japanischen Piraten, geknüpft und beim Abzug der Mongolen und Koreaner beträchtliche Beute gemacht. In den Folgejahren wurde Yoshitoki zu einem der berühmtesten Wakos, der nicht nur über die Handelsschiffe der Feinde von außen herfiel, vorzugsweise koreanische Dörfer und sogar Städte plünderte, sondern auch an den Küsten Japans sein Unwesen gegen die Hōjō trieb. Nur erwischen lassen durfte man sich dabei auf keinen Fall, denn während man in Japan gefangene Seeräuber lediglich relativ human enthauptete, pflegten die Chinesen diese Leute in einen Kessel voll Wasser zu stecken und langsam zu Tode zu kochen. Seine »sieben Samurai« waren zweifellos nicht nur sieben Männer, eher sieben Kapitäne – selbst die Zahl Sieben mag Legende sein. Bei dem neuerlichen Invasionsversuch setzen sie sich in den Rücken der Angreifer, plünderten und verbrannten vor allem die Schiffe der Chinesen und Koreaner und lösten eine derartige Unsicherheit aus, dass diese Hilfstruppen Hals über Kopf auf ihre Schiffe flüchteten, als sie auch noch einen Sturm heraufziehen sahen. *Kamikaze* (Götterwind) nannten die Japaner jenen Taifun, der am 14. August über die Invasoren hereinbrach, ihre Flotte vernichtete, Hunderte von Schiffen auf die Klippen trieb, Tausende von Männer ertränkte; wer überlebte geriet in Gefangenschaft, wurde nach Hakata geschleppt und dort hingerichtet – nur drei wurden verschont, damit sie die Nachricht von der kläglichen Niederlage zu Hubilai Khan bringen konnten.

Der Shikken Hōjō Tokimune, der die Verteidigung zu Land, und Minamoto-Vasall Yoshitoki, der die Angriffe zu Wasser, geleitet hatte, waren die strahlenden Helden des Tages. Der wirkliche Sieg freilich wurde verschenkt. In der Stunde der Gefahr hatten die rivalisierenden Fürsten und Sippen ihre Streitereien vergessen, doch kaum war der äußere Gegner verschwunden, flammten die Fehden mit unverminderter Heftigkeit wieder auf, stürzten Japan erneut in rund drei Jahrhunderte der Bürgerkriege. Das weitere Schicksal Yoshitokis ist unbekannt. Aller Wahrscheinlichkeit nach fuhr er wieder aus gen Korea und China, trieb sein Geschäft als Wako weiter und mag dabei irgendwann umgekommen sein. Die »sieben Samurai« jedoch wurden als Gegenstand zahlloser Legenden berühmt, auch solcher, die mit Hubilai Kahn und dem Meer nicht mehr das geringste zu tun hatten, etwa in dem gleichnamigen Film des großen japanischen Regisseurs Kurosawa Akira und dessen Western-Adaption *Die glorreichen Sieben* mit Yul Brynner in der Hauptrolle.

EIN ZWEITES NIPPON – HŌJŌ TOKIMORI (1295 bis 1333)

Angeblich führte der *Shikken* (Reichsregent) Hōjō Takatoki, ein Enkel des Mongolenbezwingers Tokimune, ein »ausschweifendes Leben«, hatte lediglich Interesse an Tänzen und Hundekämpfen. So zumindest behaupteten später die Sieger. Tatsächlich war Takatoki ein ausgesprochen tatkräftiger Mann mit weitreichenden Visionen, dessen Familie freilich längst viel zu tief hineingeraten war in den Strudel der Intrigen und Machtkämpfe rivalisierender Großfamilien, welche mit fast pausenlosen Bürgerkriegen das Zeitalter der »Streitenden Reiche« in Japan bestimmten. Überbevölkerung war im »Land der Aufgehenden Sonne« schon seit Jahrhunderten ein gravierendes Problem ehe der Begriff in Europa überhaupt erst erfunden wurde. Sie führte zum einen zu einem Zeremoniell, das bis in den privatesten Raum jede Handlung streng vorschrieb und ritualisierte, um das Zusammenleben so vieler Menschen auf so engem Raum überhaupt möglich zu machen, zum anderen schienen die ununterbrochenen Bürgerkriege wenigstens für einen gewissen Aderlass zu sorgen. Doch eine räumliche Ausdehnung stieß auf unüberwindbare Probleme: Nach Norden zu wurde das Klima und damit die Lebensbedingungen allzu unwirtlich, nach Osten dehnte sich endlos der Pazifik und nach Westen waren Korea und China viel zu dicht besiedelt.

Wie weit man Hōjō Tokimori, den jüngeren Bruder des Shikken, als Piraten bezeichnen mag, bleibe dahingestellt – Begriffe wie Staatspirat oder Kaperfahrer sind wohl zutreffender. Auf jeden Fall war er ein hervorragender Seefahrer. Fast ein Jahrzehnt hatte er koreanische und chinesische Dschunken überfallen und die Küsten Chinas geplündert. Immer weiter war er nach Süden vorgedrungen, bis er schließlich auf die Philippinen stieß. Diese fruchtbaren Inseln, beinahe von der Fläche Japans, waren niemandes Eigentum und mit einer kleinen, militärtechnisch hoffnungslos unterlegenen Bevölkerung gesegnet. Tokimori eilte in heller Aufregung zurück nach Kamakura, der Residenzstadt der Hōjō-Shikken, um seinem Bruder von der Entdeckung zu berichten und umgehend die Eroberung und Besiedlung der Inseln in Gang zu setzen. Doch der Reichsregent Takatoki zögerte zuzustimmen. Zum einen gefiel es ihm nicht sonderlich, dass sein jüngerer Bruder den Titel eines Shikken und Shōgun dieses »zweiten Nippon« für sich beanspruchte; entscheidender war jedoch, dass er seine treuesten Vasallen und Samurai hätte dorthin schicken müssen – und diese brauchte er im eigenen Land inzwischen mehr als dringend!

Man schrieb, nach europäischer Rechnung, das Jahr 1332, und der Shikken Takatoki hatte mittlerweile nicht nur so viel Macht in seiner Hand vereint, dass er von einem Heer von Neidern umgeben war, auch hatte er versucht den *Tennō*, den Kaiser, abzusetzen. Go-Daigo-Tennō wurde zwar nicht berühmt für irgendwelche heroischen Taten, aber er war ein Intrigant von höchstem Format, der es mit glänzenden Versprechungen verstand, alle Opportunisten in sein Lager zu locken, allen voran Ashikaga Taka'uji, den er zum Shōgun ernannte, und den überaus tüchtigen General Nitta Yoshisada, dem er alle Besitztümer der Hōjōs, die er zu erobern vermochte, zusicherte. So war es auch Nitta Yoshisada, der Kamakura angriff, überrannte und in Flammen aufgehen ließ. Tokimori hatte seinen Bruder beschworen das »alte« Nippon aufzugeben, und mit ihm und den wahrhaft Getreuen ein zweites Leben im »neuen« Nippon zu beginnen – die Schiffe, die er unterdessen habe bauen lassen, böten für alle reichlich Platz. Doch als sich Takatoki stolz weigerte zu fliehen, blieb Tokimori unerschütterlich treu an der Seite seines Bruders. Während rund 500 Vasallen des Shikken im brennenden Kamakura *Seppuku* begingen – die seit dem 12. Jahrhundert den Samurai vorbehaltene Art des rituellen Selbstmordes –, zogen sich Takatoki und Tokimori mit ihren Familien und den letzten Getreuen in eine Höhle

Rüstung eines hochrangigen Samurai, angeblich von Hōjō Tokimori getragen.

des Hōjō-Ahnenfriedhofs beim Tempel Tōshō-ji zurück. Dort deklamierten sie ihr Totengedicht und leerten eine letzte Schale Sake, ehe sie sich das Schwert in den Leib stießen und den Bauch aufschlitzten. Ehe ihnen die allzu große Qual einen Schmerzensschrei entlocken konnte, welcher sie hätte ihr Gesicht verlieren lassen, schlug ihnen ein Sekundant mit dem Schwert den Kopf ab. Mehr als 300 starben so – Kinder, Greise, Frauen und Männer – die einfachen Samurai zuerst, dann aufsteigend in der Rangfolge.

Schließlich waren nur noch zwei übrig, der Shikken Takatoki und der »Admiral« Tokimori. Beide hatten ihren Gemahlinnen, ihren Konkubinen und ihren Kindern als Sekundanten mit der Enthauptung einen gnädig schnellen Tod verschafft.

»Ein loses Blatt im Wasser treibend,

niemals die Gestade

seiner Hoffnung erreichend«,

war das letzte Gedicht Hōjō Tokimoris. »Dies gibt dem Wein den schönsten Geschmack«, soll er gesagt haben, als er seine letzte Schale Sake leerte. Dann stieß er sich sein Schwert, ein Erbstück seines Großvaters, des Siegers über die Mongolen Tokimune, in den Leib während ihm sein Bruder den Kopf abschlug. Als Ranghöchster und damit Letzter starb der Shikken Takatoki. Allein und nunmehr ohne Sekundanten musste er sein Schwert in dem rituell Z-förmigen Schnitt durch seine Bauchdecke ziehen, seine Gedärme herausnehmen und vor sich platzieren, ehe er zum »dritten Schnitt« quer über seine Kehle ansetzen durfte. In jener Höhle nahe Kamakura wird heute noch das Andenken des Shikken Hōjō Takatoki ob seines heldenhaften Todes geehrt. Sein Piraten-Bruder Hōjō Tokimori gilt nach seinem Seppuku in Japan Vielen als einer der »Zwölf heiligen Generäle«.

KAUM CHANCEN FÜR »LANGNASEN« – ANDRADE, FARIA UND PINTO
(Pinto, 1509 bis 1583)

65 Jahre hatte Portugal einen Seeweg nach Indien gesucht, ehe es 1497 Vasco da Gama gelang, um das Kap der Guten Hoffnung herum das gesteckte Ziel zu erreichen. Zwanzig Jahre später waren beinahe alle wichtigen Küstenstädte der indischen Westküste in portugiesischer Hand, 1533 eröffneten sie im chinesischen Ning-Po, südöstlich von Nanking, ein Kontor, erreichten 1541 Japan und setzten sich 1551 auf Macau fest. Wie die Haie, so folgten den Entdecker- und Handelsschiffen im Kielwasser die Piraten. Doch das Chinesische Meer war nicht die Karibik und Formosa nicht Madagaskar. Der einheimische Konkurrenzdruck war für die als »Brathähnchen« und »bärtige Weiber« verspotteten »Langnasen« einfach zu brutal. Selbst ihre zunächst noch

überlegenen Kanonen und Arkebusen nützten nur kurzfristig. Die Chinesen begriffen schnell, dass man das Zeug nicht nur zu pyrotechnischen Vergnüglichkeiten verwenden, sondern damit auch, in ein Rohr gestopft, zum Schaden des Gegners harte Gegenstände verschießen konnte. Die Japaner stellten Arkebusen bald in Massenproduktion her, um damit die Schützenregimenter ihrer Samurai auszurüsten.

Einer der wenigen »Langnasen«, der sich etwas dauerhafter in jenen Gewässern halten konnte, war ein gewisser Simão Andrade, der die Beute auf chinesischen Dschunken allzu mager fand und sich deshalb 1521 in Macau niederließ, um einen schwungvollen Handel mit entführten Chinesen aufzuziehen. Den Quellen nach scheint er sich vor allem auf Buben und Mädchen spezialisiert zu haben, die er als kindliche Sex-Sklaven in den indisch-arabischen Raum und an reiche Chinesen verschacherte. Wenn man den Quellen gründlich genug nachgeht, muss man feststellen, dass nicht wenige dieser unglücklichen Kinder sogar ihren Weg in europäische Bordelle fanden.

Ein anderer, Antonio de Faria, gab sich ebenfalls nicht nur mit irgendwelchen Dschunken zufrieden, sondern stieß weit bis ins Landesinnere vor, wo er sogar die Kaisergräber unweit von Beijing (Peking) beraubte. Als er schließlich ein goldenes Drachenbild aus einem Tempel zu stehlen versuchte, wurde er geschnappt und im Verlauf von drei Tagen überaus sorgfältig zu Tode gefoltert.

Wieweit die erhaltenen Aufzeichnungen eines gewissen Fernam Mendez Pinto aus Coimbra den Tatsachen entsprechen, mag dahingestellt bleiben. In seinem 1614 erschienenen Buch *Peregrinaçoes* mag viel kräftig geschönt sein. Seinen eigenen Darstellungen nach wurde sein Schiff von dem chinesischen Piraten Guiay Panian – wie immer er wirklich geheißen haben mag –, angehalten, jedoch nicht ausgeraubt, sondern dazu vergattert, dem Chinesen zu helfen, einen lästigen Konkurrenten namens Acem an der Malabarküste auszuschalten. Pinto lieferte in seinen Erinnerungen dann einen dramatischen Bericht darüber, wie die beiden Schiffe unter dem Dröhnen der Alarmtrommeln, Glocken, Gongs und Kanonen etliche Dutzend Dschunken versenkten, während Acem – »gar fürchterlich anzusehen in Kettenpanzer und karmesinrotem Satinrock mit goldenen Fransen« – zum Zweikampf mit Panian antrat, der so ausging, dass der zwei Schwerter schwingende Chinese seinem Konkurrenten mit dem einen Schwert das Haupt spaltete und ihm im Gegenschwung mit dem anderen Schwert die Beine unter dem Leib weghackte. Anschließend ging man an Land, fand in einer »ganz aus Holz erbauten Pagode über 100 Verwundete, darunter auch zwei seiner Brüder«, verrammelte die Ausgänge und zündete das Ganze an. Man mag Pinto sein Mitleid glauben oder auch nicht, wenn er das jämmerliche Geschrei, das aus den Flammen drang, schilderte, oder wie die leichter Verletzten verzweifelt aus den Fenstern sprangen, um drunten von den Spießen der Sieger aufgefangen zu werden.

DIE SILBERNE GLOCKE – ANJIRO
(um 1550)

Anjiro – manchmal auch Yarjiro genannt – war als Fischersohn am Biwa-See, nicht weit entfernt von der alten Kaiserstadt Kyôto aufgewachsen. Eines Tages fing er einen besonders prächtigen Fisch und brachte ihn zum Haus seiner Angebeteten, doch die Eltern des Mädchens verweigerten das Geschenk, denn ein anderer Fischer hatte kurz zuvor ein noch prachtvolleres Exemplar abgeliefert. Als er traurig davontrottete, lachte sein Nebenbuhler höhnisch hinter ihm drein. Anjiro war, nach allem was man von ihm weiß, eigentlich ein freundlicher Mensch, doch er besaß auch den Stolz und das Temperament seines Volkes, und so fiel er über den Konkurrenten her und prügelte ihn mit dem verschmähten Fisch tot. Wäre Anjiro Samurai gewesen, er hätte ehrenvoll auf der Schwelle des Hauses seiner Angebeteten Seppuku begehen können, doch als Bürgerlichem war ihm dieser Ausweg verwehrt. Also floh er ans Meer, stahl einen Kahn und ruderte auf die unendliche Weite hinaus, um so den Tod zu finden. Doch die Götter wollten es anders: Eine Piratendschunke fischte den halb verdursteten jungen Mann auf, gliederte ihn in die Mannschaft ein, und wenig später galt Anjiro als einer der gefährlichsten Kapitäne der Wako, den seine Beutezüge bis an die Küsten Chinas und Malakkas führten.

1549 begegnete er im Hafen von Singapur einem Mann in schwarzer Mönchskutte mit Namen Francisco de Jassu y Xavier, einem nahen Freund des Ignazio de Loyola und Mitbegründer des Jesuitenordens, den seine Ordensbrüder später gern den »Apostel Asiens« nannten. Anjiro war tief beeindruckt von dem Mann und der Lehre des Christentums, das seiner eigentlich sanften Seele weit besser entsprach als Kampf, Raub und Totschlag. Anjiro wurde Christ. Als ihn wenig später Francisco Xavier fragte, ob er bereit sei, ihn nach Japan zu bringen, erklärte Anjiro, wenn er dort vielleicht auch seine Tat büßen müsse, so werde er dies als gerechte Sühne auf sich nehmen und als Christ sterben. Er rüstete sein altes Schiff DSCHUNKE DES DIEBES und landete am 15. August 1549 in Kagoshima im äußersten Südwesten der Insel Kyōshō. Shimazu Takahisa, der ortsansässige *Daimyō* (Fürst) zeigte sich zunächst recht interessiert, erlaubte Francisco Xavier zu predigen und eine Christengemeinde zu gründen. Shimazu Takahisa reagierte freilich höchst vorsichtig, als ihm klar wurde, dass der Missionar eigentlich nur die Vorhut der machtsüchtigen Spanier und Portugiesen darstellte. Nicht dass er gegen deren »westliche Reichtümer« etwas einzuwenden gehabt hätte, aber ihrem sichtlichen Machthunger misstraute er keineswegs zu Unrecht. Also schob er den Jesuiten ab. Francisco Xavier durchreiste noch bis in den November 1551 Japan, plante nach China zu gehen und starb im Dezember 1552 nahe Macau, ohne, entgegen der von seinem Orden eifrig gepflegten Legende, irgendwo nennenswerte missionarische Erfolge gehabt zu haben.

Ehe er zu seiner weiteren Reise aufbrechen musste, hatte Francisco Xavier den Expiraten Anjiro als Gemeindevorstand in Kagoshima zurückgelassen, den man nun, wegen seiner sanften, reinen Stimme, mit der er die Choräle anstimmte, gern die »Silberne Glocke« nannte. Und so wäre alles wahrhaft gut gewesen, wenn Daimyō Shimazu Takahisa nicht doch noch seine Stadt den Portugiesen, wenn auch unter strengen Auflagen, geöffnet hätte. Und mit diesen kamen natürlich auch europäische Mönche, die keineswegs die Absicht hatten, sich von einem Einheimischen etwas vorschreiben zu lassen. Anjiro, in seiner Ehre verletzt, schmiss den Pfaffen den »Christenkrempel« vor die Füße, kehrte auf sein Piratenschiff zurück und trieb es ärger als je zuvor. Im Kampf mit einigen chinesischen Dschunken soll er ums Leben gekommen sein.

DIE LIEBLICHE BLUME – CHIAO KUO-FU-JEN
(um 1640)

Wenn ein europäischer oder amerikanischer Piratenchef 300 Männer unter seinem Kommando hatte, so war er in seinen Kreisen eine durchaus bedeutende Persönlichkeit. Wenn ein chinesischer Piratenchef 300 Schiffe (!) befehligte, zählte er nicht einmal zu den wirklich Großen. Piraterie hatte im »Reich der Mitte« eine lange, ruhmvolle Tradition – mitunter sogar, wenn sie sich gegen die verhassten Europäer richtete, auch noch einen höchst patriotischen Aspekt. Auffallend ist, dass die Anführer der chinesischen Piraten immer wieder Frauen waren. Manchmal waren es Witwen, die einschlägige Unternehmen von ihren Männern geerbt und weitergeführt hatten, oftmals aber hatten sie sich auch völlig ohne familiäre Hilfe zu ihrer Position hinaufgearbeitet. Als Mitte des 17. Jahrhunderts die Ming-Dynastie in Volksaufständen zerbrach, rissen die Mandschu die Macht an sich und etablierten sich als Ts'ing-Dynastie auf dem Kaiserthron. Doch in den über 250 Jahren ihrer Regentschaft blieben die Mandschu ein Fremdkörper in China, gehasst und verachtet, was schließlich 1911 nicht nur mit dem Sturz der Dynastie, sondern mit dem des gesamten Kaisertums in China endete. Während dieser ganzen Zeit galt es vielen Chinesen auch als eine Tat edelsten Bürgersinns die Mandschu, ihre Beamten und Vasallen zu bekämpfen und zu schädigen, wo immer sie konnten. Räuberbanden zu Land und zu Wasser schossen aus dem Boden wie die Pilze nach einem warmen Sommerregen, und natürlich versteckte mancher private Beuteinteressen hinter nationaler Gesinnung.

Was für Frau Chiao Kuo-Fu-Jen der persönliche Anlass zu ihrer Karriere als Piratenführerin war, ist unbekannt, wie man eigentlich überhaupt recht wenig von ihr weiß, da sie in der Regel europäische Schiffe mied, und sich fast ausschließlich auf Fahrzeuge konzentrierte, die im Dienst der verhassten Thronräuber standen – das dafür allerdings mit offenkundigem Erfolg. Berühmt wurde Frau Chiao Kuo-Fu-Jen, die in ihrer Glanzzeit über 500 bewaffnete Dschunken befehligte, vor allem durch etliche Dichter, die sich nicht genugtun konnten die Piratin als »liebliche Blume« anzuhimmeln. Die Zartheit ihres Gesichtes, die Kleinheit ihrer Füßchen, (die darauf schließen lässt, dass sie aus einer guten Familie stammte), aber auch ihre Klugheit, Tüchtigkeit und Tapferkeit wurden in zahllosen Versen besungen und ein Kranz romantischer Legenden um sie zu gewoben.

Ihr persönliches Schicksal ist nahezu unbekannt. Eine ganze Weile operierte sie im Gelben Meer, im Golf von Chili und im Golf von Liau-Tung, sozusagen direkt vor der Haustüre der neuen Machthaber und verschmähte auch Beutezüge an der koreanischen Westküste nicht. Als die Kriegsschiffe der Mandschu allzu zahlreich wurden, zog sie sich weiter nach Süden zurück – und verschwand eines Tages. War sie in einem der zahllosen Gefechte ums Leben gekommen? Hatte sie sich, wie manch andere Piratin, irgendwann ins Privatleben zurückgezogen? Man weiß lediglich, dass sich später etliche ihrer Dschunken dem berühmten Cheng Chih-Lung angeschlossen haben.

Chiao Kuo-Fu-Jen, von Dichtern besungen, eine der großen chinesischen Piratenführerinnen.

AUFSTIEG UND VERFALL – DIE FAMILIE CHENG
(um 1600 bis um 1700)

Wie sooft in der Geschichte genügten knapp vier Generationen vom Aufstieg aus dem Nichts bis zur Rückkehr ins Nichts. Und wie in vielen derartigen Fällen ist auch die Geschichte der Familie Cheng von zahlreichen Legenden umwoben. So viel mag immerhin als gesicherte Tatsache gelten:

Cheng Chih-Lung, der Gründer und Patriarch der Familie, war der Sohn eines kleinen Beamten aus Ch'üan-chou. Doch obwohl er damit über eine gewisse soziale Stellung verfügte, ging er nach Macau und trat dort in die Dienste der Europäer. Cheng Chih-Lung war nicht nur ehrgeizig, sondern auch hochintelligent. Dank seines brillanten Gedächtnisses erlernte er nicht nur schnell die Sprachen der Fremden und machte sich ihnen als Dolmetscher unentbehrlich, sondern er kannte auch bald jeden Hafen, jede Bucht, jedes Riff und jede Untiefe rund um Formosa, welches Holland 1624 seinem Kolonialreich einverleibt hatte. Das ließ ihn schnell zum relativ wohlbestallten Steuermann aufsteigen – freilich erst, nachdem er sich artig zum Christen hatte taufen und Nikolaus Kaspar nennen lassen. Doch bald musste Cheng Chih-Lung erkennen, dass, trotz Taufe, hier die Karriereleiter für einen Mann mit Schlitzaugen und schwarzem Zopf endete.

Cheng Chih-Lung nutzte eine Trampfahrt nach Japan, um sich zu seinem dort als Kaufmann ansässigen Onkel abzusetzen, trat in dessen Geschäft ein, wurde Kapitän eines seiner Schiffe und heiratete eine Japanerin namens Tagewa. Zweifellos gut gemeint, doch erneut das Ende der Karriereleiter. Also kehrte Cheng Chih-Lung mit einem reichbeladenen Schiff des Onkels nicht nach Japan zurück, sondern schlug die Fracht auf eigene Rechnung los und kaufte sich auf der Insel Hia-men, die auch Amoy genannt wird, ein. Amoy, genau gegenüber von Formosa gelegen, war seit alters ein Tor Chinas in die große Welt gewesen, in welchem Handel ebenso wie Piraterie gediehen. Es scheint, als habe man dort nur auf Cheng Chih-Lung gewartet. Binnen weniger Jahre hatte er sich, dank der im Dienst der Holländer und seines Onkels erworbenen Kenntnisse wo es etwas zu holen gab, zum Herrn nicht nur Amoys nebst 3000 Dschunken (in denen freilich kleinere Boote und Flussdschunken mitgerechnet sind), sondern zum faktischen Beherrscher des Südchinesischen Meeres gemacht. Auch »politisch« war er geworden, gab sich als verfolgter Anhänger der Ming aus und schlug in deren Namen sogar eine gegen ihn ausgeschickte Mandschu-Flotte ganz erbärmlich.

Cheng Chih-Lung war ohne jeden Zweifel ein Genie, doch der jahrtausendealten Kunst chinesischer Diplomatie war er nicht gewachsen. Als Gewalt nichts half, köderten ihn die Mandschu mit dem Titel »Friedensfürst«, ernannten ihn zum »Vizekaiser des Südens« und luden ihn offiziell ein zur Audienz in die »Verbotene Stadt«. Cheng Chih-Lung, total geblendet von solchen Ehrungen, eilte nach Beijing (Peking), wurde unverzüglich verhaftet, 14 Jahre eingekerkert und, als er niemandem mehr nützen konnte, erdrosselt.

Doch Cheng Chih-Lung hatte in Japan einen Sohn hinterlassen, Cheng Ch'eng-Kung, dem er beim Schmusekurs mit den Mandschu den Ehrennamen *Kog-Seng-Ya* (Kaiserprinz) verschafft hatte. In europäischen Chroniken und Berichten erschien er als »Koxinga«. Kog-Seng-Ya war allen Berichten zufolge eigentlich ein Mensch, der jede Gewalttat ablehnte und nur seinem erlernten Beruf als Schneider nachgehen wollte. Als sich Beijing jedoch weigerte seinen Vater freizulassen, schlug die andere Seite seines Wesens durch, welche die Mandschus den Tag verfluchen ließ, an dem sie Cheng Chih-Lung festgesetzt und nicht wieder herausgegeben hatten: Cheng Ch'eng-Kung alias Kog-Seng-Ya wurde zu ihrem bluttriefenden Dämon. Zunächst vermehrte Kog-Seng-Ya die ohnehin nicht eben kleine Flotte seines Vaters um weitere 1000 Fahrzeuge, errichtete in der Provinz Fukien 72 Militärposten und schlug sich 1656 offiziell auf die Seite der Min, die ihm dafür den Titel eines »Prinzen von Yen-p'ing« zugestanden. Mit seinen Piratenbanden fiel er über die Küsten Chinas mit derartiger Vehemenz her, dass der *Sohn des Himmels* Schun-tschi nicht nur Dörfer, sondern ganze Städte von der Küste weit ins Landesinnere zurückverlegen und die leeren Häuser niederbrennen ließ, um jeden weiteren Kontakt mit dem fürchterlichen Seeräuberkönig zu vermeiden.

Allen Berichten seiner Epoche zufolge war Kog-Seng-Ya eine zutiefst gespaltene Persönlichkeit, und dies nicht nur im umgangssprachlichen, sondern durchaus im medizinisch-psychologischen Sinne: Einerseits wurde er als äußerst freundlicher, höflicher und sogar friedfertiger Mann geschildert, andererseits war er einer der blutigsten Kriegsherren seiner Zeit. In einem Moment überschüttete er nicht nur seine Unterführer, sondern die einfachsten Matrosen mit

Der glückverheißende Drache war ein beliebtes Symbol chinesischer Piraten – selbstverständlich mit fünf (!) Klauen, was eigentlich nur dem Kaiser vorbehalten war.

protzigen Geschenken, im nächsten löste er beinahe eine Meuterei aus, weil er sich mit der Kriegskasse viele Tage lang einsperrte, keinen Silber-Yuan für den Kauf von Proviant herausrücken wollte und jeden mit dem Tode bedrohte, der sich zu nähern wagte. Obwohl er ein zärtlicher Liebhaber und Vater gewesen sein soll, ließ er Dutzende seiner Konkubinen auf abscheulichste Art umbringen, weil er sie plötzlich verdächtigte, ihn betrogen zu haben. In hochtrabenden Briefen forderte er den Sohn des Himmels und den japanischen Tennō zur sofortigen Unterwerfung auf, und hockte dann wieder tagelang in einem winzigen Kämmerchen, stichelte an einem Stück Stoff herum und erklärte, er werde zu seinem ursprünglichen Beruf als Schneider zurückkehren. Es wird berichtet, einmal sei er bei der Landung in einem Fischerstädtchen Zeuge einer Beerdigung geworden. Obwohl er den Toten nicht gekannt hatte, habe er sich laut heulend und jammernd unter die Trauernden gemischt, habe sie, um deren Schmerz zu lindern, überreich beschenkt. Am nächsten Tag überfiel er das Städtchen, ließ alle Menschen, von der Urgroßmutter bis zum Säugling, abschlachten, dazu auch noch Schweine, Hühner und sonstiges Getier, habe sogar befohlen die Ameisen, Käfer und Fliegen, kurz jegliches irgendwie geartete Leben, auszurotten, »da es ihm gefährlich werden könne«.

Zwar musste Cheng Ch'eng-Kung 1659 bei Nanking eine Niederlage gegen die Mandschu hinnehmen, doch schon 1661 holte er zu seinem wichtigsten Schlag aus, indem er das holländische Formosa angriff, nach schweren Gefechten das Fort Zeelandia eroberte und die Insel in Tai-wan umbenannte. Er soll lange Tage damit zugebracht haben, Männer, Frauen und Kinder zu Tode schinden zu lassen und, wenn seine Henker ermüdeten, selbst Hand angelegt haben. Andererseits ließ er in großem Stil Siedlungen und Straßen auf der Insel bauen, Zuckerrohr- und Reisfelder anlegen, ausgedehnte Haine des Kampferbaumes pflanzen, damit jedermann zu »essen habe und man auch entsprechend Handel treiben könne«. Vielen chinesischen Patrioten gilt Kog-Seng-Ya daher als hochverehrter Nationalheld – und in manchem Sinne war es das wohl auch.

Im Hochgefühl seines Triumphes rief Kog-Seng-Ya seinen Sohn Cheng Ching nebst dessen neugeborenem Sohn nach Tai-wan, um dort »für alle Zeiten« die Herrscherdynastie der Cheng zu etablieren. Cheng Ching freilich hütete sich Amoy zu verlassen, und er tat gut daran. Als Kog-Seng-Ya erfuhr, dass die Mutter jenes Enkels ausgerechnet seine Lieblingskonkubine war, die er in Amoy zurückgelassen hatte, drehte er endgültig durch. Fünf Tage tobte er durch den Palast, den er für sich, seinen Sohn und Enkel hatte errichten lassen. Er erschlug etliche seiner Getreuen und Diener, ehe er schließlich am Schaum der Tobsucht erstickte.

Sein Sohn Cheng Ching wollte von blutigem Ruhm und Macht nichts wissen, versöhnte sich mit den Mandschu, die froh waren damit auch den letzten Hauch der Ming getilgt zu haben, wurde zum Mandarin ernannt und lebte als stiller Gelehrter noch lange in Frieden, während die Mandschu 1683, von ihm ungehindert, Tai-wan übernahmen und in ihr Reich eingliederten. Sein Sohn wiederum, der den Namen Cheng Chih-Lung von seinem Urgroßvater geerbt hatte, brachte binnen weniger Jahre das immer noch gigantische Vermögen der Cheng durch und verschwand in jenem Nichts, aus dem sich jener erhoben hatte. Der Name Kog-Seng-Yas hingegen lebt bis heute weiter als geheimes Siegel chinesischer Piraten.

EIN STAAT IM STAAT – CHING CH'I UND CHING I
(1760 bis 1802 und 1765 bis 1807)

Vietnam, Chinas südlicher Nachbar, wurde Ende des 18. Jahrhunderts offiziell von der Lê-Dynastie beherrscht. Der damals regierende Herrscher war Phuc Anh. Die reale Macht lag freilich in den Händen zweier rivalisierender Feudalgeschlechter: Der Trinh im Norden mit Sitz in Hanoi und der Nguyên im Süden mit der Hauptstadt Huê. 1773 versuchten drei Brüder aus einer Nebenlinie der Nguyên – Nguyên Van Lu, Nguyên Van Nhac und Nguyên Van Huê – im Tây-So'n-Aufstand, genannt nach der Heimatstadt der Brüder, die totale Macht an sich zu reißen. 1775 besetzten sie Huê, zwangen den Phuc Anh zur Flucht, verjagten 1785 die Trinh, eroberten 1786 Hanoi und proklamierten Nguyên Van Huê zum neuen Herrscher von Vietnam.

Fast von Anfang an hatten die Tây-So'n chinesische Piraten als Hilfstruppen angeworben. Richtig in Schwung kam die Sache allerdings erst, als sich ihnen ein gewisser Ching Ch'i, Sohn einer Familie, die schon seit zwei Generationen Piraterie betrieb, anschloss. Bis 1792 hatte er von seinem Hauptstützpunkt Chiang-p'ing aus eine Streitmacht von 100 hochseegängigen Dschunken und drei Divisionen unter 12 »Brigadegenerälen« aufgebaut. Vor dem Angriff der Truppen des wieder erstarkten Kaisers Phuc Anh vermochte er die Tây-So'n freilich nicht zu retten. Nach der verheerenden Niederlage der Tây-So'n bei Qui Nhon 1801 floh Ching Ch'i zunächst nach China, wo er in Kwangtung sein neues Hauptquartier errichtete. Ein Jahr später stürzte er sich auf Seiten der Tây-So'n nochmals in den Kampf, doch seine 40 Kriegsdschunken, die ihn begleiteten, vermochten dem Ansturm der Truppen Phuc Anhs auf Hanoi nicht standzuhalten, er selbst geriet in Gefangenschaft und wurde wenig später enthauptet.

Doch die Piraten waren mittlerweile zu gut organisiert, als dass sie die Niederlage der Tây-So'n und der Tod ihres Anführers ernsthaft aus dem Gleichgewicht bringen konnte. Auch hatten sie allzu sehr Geschmack an ihrem Gewerbe gefunden, als dass sie in die Reihen der Gesellschaft zurücktreten mochten, aus der sie gekommen waren. Ihr unumstrittener Anführer wurde Ching I, Sohn des Tempelbaumeisters Ching Lien-ch'ang, ein Verwandter Ching Ch'is, an dessen Seite er auch eine Weile gekämpft hatte. 1801 war er nach China zurückgekehrt und hatte dort die nicht nur schöne, sondern auch ausnehmend kluge Prostituierte Shih Yang geheiratet. Seine wichtigste Tat war, die rivalisierenden und sich untereinander bekämpfenden chinesischen Piraten-banden zu versöhnen und in einer 1805 von den sieben wichtigsten Piraten-Chefs in Kwangtung unterzeichneten schriftlichen Vereinbarung *(li-ho-yüeh)* zu vereinen. Damit gebot er über rund 400 große Kriegsdschunken mit 70.000 Mann Besatzung. Und immer mehr der kleinen, bislang unabhängigen Piraten schlossen sich an, so dass binnen Kürze eine militärische Großmacht mit eigenen Regeln und Gesetzen entstand – ein Staat im Staat.

DIE GOLDENEN DRACHEN – DIE WITWE CHING
(um 1785 bis um 1865)

Chun-Li, der große Weise, sagte einmal: »China gleicht einem fetten Mann – von Zeit zu Zeit bedarf es der Blutegel!« Einer dieser Blutegel war ohne jeden Zweifel Ching I. Ähnlich wie einst bei Cheng Chih-Lung versuchte daher der Sohn des Himmels in Beijing den Piratenadmiral durch den Ehrentitel »Goldenen Drachen des Herrschafts-stabes« wenigstens von den heimischen Küsten abzulenken. Geschmeichelt wandte Ching I den Bug seiner Dschunken Richtung Süden, geriet in einen Hinterhalt der drangsalierten Bevölkerung und einiger französischer Kanonenboote, wurde gefan-gengenommen und langsam – sehr langsam, Chinesen verstanden sich seit Jahr-hunderten vorzüglich auf dergleichen – vom Leben zum Tode gebracht.

Als die geschlagenen Reste seiner Leute die im Hintertreffen wartenden Schiffe seiner Flotte mit knapper Not erreichten und Shih Yang, seiner Gemahlin, die Nach-richt überbrachten, soll sie gesagt haben: »Unter einem Mann seid Ihr geflohen. Ich will sehen, wie Ihr Euch unter der Hand einer Frau bewährt.« Die ehemalige Prosti-tuierte Shih Yang – Ching I Sao (Frau von Ching I) oder »Witwe Ching«, wie sie in der Folgezeit genannt wurde, war nicht nur eine von Dichtern gepriesene Schönheit, sie muss auch eine absolut überragende Persönlichkeit gewesen sein. Sie übernahm das Kommando, brachte wieder Ordnung in die zerrüttete Flotte, vervollständigte sie und teilte sie in sechs große Geschwader mit eigenen, jeweils in der Farbe verschiedenen, Flaggen. Ihr persönliches Hauptgeschwader führte einen goldenen Drachen im roten Feld. An ihre Unterführer verlieh sie Ehrentitel wie »Mahlzeit der Frösche«, »Kleinod der ganzen Mannschaft«, »Fester aller Festen«, »Vogel und Stein«, »Geißel des östli-chen Meeres« oder »Messer im Genick«. Und sie erließ eiserne Disziplinarregeln, die jenen der Kilikier, der Boucaniers oder der Sealords des Bartholomew Roberts – von denen sie zweifellos noch nie gehört hatte – verblüffend ähneln. Gleiche Verhältnisse erschaffen offenbar gleiche Spielregeln: »Nicht der kleinste Gegenstand darf von der Beute privat beiseite gebracht werden. Alles muss genau registriert werden. Den

Männern stehen persönlich von zehn Teilen nur zwei zu. Acht Teile kommen ins allgemeine Lagerhaus, in den Grundvorrat für alle. Wer daraus etwas ohne Erlaubnis nimmt, wird mit dem Tode bestraft. – Geht irgendjemand der Besatzung eigenmächtig an Land, sollen seine Ohren vor der ganzen Flotte durchlöchert werden. Bei nochmaliger Übertretung soll er den Tod erleiden. – Niemand soll seine Lust an gefangenen Frauen in den Dörfern oder auf offenen Plätzen stillen. An Bord muss er erst die Erlaubnis des Zahlmeisters einholen und sich dann beiseite in den Schiffsraum verfügen. Gegen eine Frau Gewalt anzuwenden ohne Genehmigung des Zahlmeisters, wird mit dem Tode bestraft.«

Die Witwe Ching war ein Organisationstalent, und im Gegensatz zu vielen ihrer westlichen Kollegen überließ sie nichts dem Zufall, weder was Stützpunkte und Nachschub für ihre Flotte, noch was die Vorsorge für nicht so fette Jahre anging. Zudem war sie klug genug, nur die Reichen auszuplündern und die Armen, also die Masse des Volkes, in Ruhe zu lassen. Auch wenn dies keineswegs aus sozialen Gründen geschah, wie manchmal zu lesen, sondern aus der schlichten Überlegung, dass es bei einem Kuli ohnehin nichts an Beute zu holen gab, vermehrte dies ihren Ruhm und die Sympathien im Volk. Frau Ching sprach selbst übrigens nie von »Beute«, sondern stets nur von »übernommenen Gütern«. Natürlich wurde jedes Schiff überfallen, das in die Reichweite der Piraten geriet. In der Regel wurde es einfach eingekesselt, was auch dem bestbewaffneten Europäer angesichts der Übermacht schnell die Lust am Kämpfen verleidete. Städte wurden bis weit die Flussläufe hinauf geplündert. Mit geraubten jungen Chinesinnen wurde ein schwungvoller Handel aufgezogen – diese »zierlichen Transporte« gingen auf die Harems- und Bordellmärke von Singapur, Bombay, Port Said, und weiter bis Rio de Janeiro und San Francisco. In ihrer Glanzzeit, etwa zwischen 1805 und 1850, verfügte die Witwe Ching über rund 600 Kriegsdschunken, die teilweise mit bis zu 25 Geschützen bestückt waren, dazu fast ebenso viele Transporter, Aufklärer, Versorgungs- und sogar eigene Küchenschiffe mit insgesamt über 60.000 Mann an Bord. Sie war die unumstrittene Herrscherin vom Nordzipfel des Gelben Meeres bis zur Straße von Malakka hinunter.

Das »Reich der Mitte« war nie berühmt für schnelle Reaktionen, dafür umso mehr für sein Beharrungsvermögen. Doch schließlich wurde dieser Staat im Staat auch für den Sohn des Himmels Hsüan-Tsung zu viel, und so segelte 1808 eine gewaltige kaiserliche Flotte los, um mit der Piratenherrlichkeit aufzuräumen. Die kaiserliche Flotte wurde jämmerlich geschlagen, und ihr Admiral, Herr Kuo-Lang, geriet in Gefangenschaft. Hätte man den Unglücklichen nun all jenen raffinierten Foltern unterworfen, für die China berühmt geworden ist, er hätte dies stolz lächelnd ertragen. Doch dass Frau Ching »freundlich und sanft« mit ihm redete, ihn gar über seine Niederlage zu trösten versuchte, drohte ihn sein Gesicht verlieren zu lassen, so dass ihm allein der

Ausweg blieb, sich seinen Dolch, den man ihm gelassen hatte, in die Kehle zu stoßen und zu Füßen der Siegerin zu verbluten. Der Unteradmiral »Fester aller Festen« soll angesichts des Toten gesagt haben: »Wir sind nur Rauch im Wind, nur wie Wogen der See im Taifun, wie zerbrochene Bambusstäbe, hinfließend und versinkend, auf und ab, ohne der Rast zu gedenken. Der Tod dieses tapferen Admirals wird über uns kommen. Wer wird glauben, dass er sich selber tötete? Man wird uns vorwerfen, wir seien so ruchlos gewesen, ihn umzubringen, nachdem er sich ergeben hatte ...«

In vier Feldzügen versuchte die kaiserliche Flotte der Piratenmacht Herr zu werden. Mit wenig Erfolg. Da Gewalt nichts nutzte, versuchte es Beijing um 1850 mit »Gnade«, doch nur der Unteradmiral der »Schwarzen Flagge« nahm den Pardon an und unterwarf sich mit den 8000 Mann seines Geschwaders nebst den dazugehörigen 160 Dschunken, 500 großen Kanonen und 5600 sonstigen Waffen. Beijing überließ ihnen zwei große Siedlungen mit reichlich Ackerland – die bisherigen Bewohner und Besitzer wurden kurzerhand auf die Straße gesetzt. Doch erst als der Sohn des Himmels drohte, er werde Engländer, Franzosen und Holländer einschalten, verlegte sich die Piraten-Witwe aufs Verhandeln und ließ wissen: »Ich bin zehnmal so stark wie diese schwarze Ratte von Verräter. Wie viele Städte hat man mir denn zu bieten?« – Nun, »Städte« bekam sie nicht, trotzdem waren die Bedingungen außergewöhnlich großzügig: Generalpardon und Generalamnestie für alle Piraten, gleichgültig was gegen sie vorliegen mochte. Alle bisherige Beute blieb als rechtmäßiger Besitz in den Händen der Piraten. Anführer und Mannschaften konnten in die kaiserliche Armee eintreten oder wurden großzügig mit enteigneten Häusern und Ackerland abgefunden. Der Kaufpreis für Frau Ching wurde nie bekannt – er muss horrend gewesen sein! – denn sie löste ihre Flotte tatsächlich freiwillig auf. Die Mehrzahl ihrer Unteradmiräle folgte ihrem Beispiel: »Geißel des östlichen Meeres« und »Fester aller Festen« wechselten in den Staatsdienst; »Mahlzeit der Frösche« setzte sich nach den Philippinen ab, trieb sein Gewerbe dort im kleineren Stil noch eine Weile weiter und ergab sich, gegen vollen Pardon, endlich mit 86 Dschunken und gut 4000 Mann im Hafen von Manila.

Shih Yang-Ching I Sao hatte sich unterdessen nach Macau zurückgezogen, wo sie die Leitung eines Schmuggelunternehmens übernahm, das sie – wie hätte es anders sein können – binnen Kurzem zu einem der größten Konzerne seiner Art entwickelte. Ein junger, englischer Kolonialbeamter, den sie 1861 zur Audienz empfing, schilderte die große Expiratin so: »Ihrem Ruf und Ansehen nach, wie auch der Einrichtung ihres Hauses nach, muss sie schier unermesslich reich sein. Kostbarste Kunstgegenstände aus West und Ost schmückten ihr Heim, und Juwelen von unschätzbarem Wert zierten sogar den geringsten ihrer Diener. Obschon sie gewiss gut über 70 Lebensjahre zählt und beträchtlich fett ist, sind Auge und Verstand immer noch von unerbittlicher

Schärfe, und in ihrer Stimme, so freundlich zwitschernd sie in der Art ihres Volkes klingt, vermeint man doch immer wieder das Grollen eines gereizten Tigers zu hören.«

SCHUTZGELDER

Die Piraten in aller Welt verschafften sich Geld und Beute indem sie Schiffe oder Küstenorte überfielen und ausplünderten. Die chinesischen Piraten gingen, wenn irgend möglich, den umgekehrten Weg indem sie ihre Opfer in Frieden ließen, wofür diese entsprechende Schutzgelder zahlten. Das System war alt, doch die Witwe Ching entwickelte es zur Perfektion: Es wurden exakte Register geführt und Verträge schriftlich festgehalten; standardisierte Preise wurden festgelegt – für ein europäisches Schiff in der Regel 200 mexikanische Silber-Dollar; Drohbriefe erinnerten die Opfer an ihre Zahlungspflicht; Schutzbriefe galten als Quittung für die Entrichtung der Schutzgelder. Das Prinzip solcher Schutzgelder war so ausgefeilt, dass es später nicht nur von anderen chinesischen Piratenorganisationen übernommen wurde, sondern im 19. Jahrhundert auch von den europäisch-amerikanischen Verbrechersyndikaten.

EINE BOOTSLADUNG SEERÄUBERISCHER SCHURKEN

Parallel zu den Großen des Gewerbes gab es unausrottbar an den Küsten Chinas, zumal im Süden, eine blühende Kleinpiraterie. Für viele Fischer, bescheidene Bauern und kleine Gewerbetreibende stellte dies die einzige Möglichkeit dar, um ihre finanzielle Situation ein wenig zu verbessern, oder auch nur die auferlegten Steuern zu bezahlen. Die Anführer dieser Kleinpiraten waren fast immer Fischer, da sie über ein Schiff und die notwendigen nautischen Kenntnisse verfügten. Zudem vertrug sich die Piraterie ausgezeichnet mit der Fischerei zumal an den Küsten des Südchinesischen Meeres. In den Sommermonaten, wenn der Fischfang ohnehin wenig Ertrag brachte, segelten sie mit dem Südwest-Monsun nach Norden, überfielen Schiffe und Küstenorte, und kehrten im Herbst mit dem Nordost-Monsun in ihre Heimatdörfer zurück, um sich wieder friedlich dem Fischfang zu widmen. Beschloss solch ein Fischer auf Raubzug zu gehen, drängten sich über das Netzwerk von Verwandten und Freunden binnen Tagen, mitunter binnen Stunden, eine entsprechende Anzahl von Leuten auf seinem Boot – zwischen 20 und 40 Mann in der Regel. Bewaffnet mit Messer, Bambusspeeren und verschiedensten Hauklingen versuchte man dann ein Handelsschiff oder ein anderes Dorf zu überrumpeln. War der Streich geglückt, eilte man in den Heimathafen zurück und teilte die Beute: einen Anteil für jeden Mann – durchschnittlich 10 bis 15 Silber Yuan, immerhin gut das dreifache Monatseinkommen eines Landarbeiters –, für Anführer und Schiffseigner zwei; darüber hinausgehende Bordregeln gab es kaum. Und so schnell, wie die Bande zusammengekommen war, so schnell löste sie sich wieder auf.

Manche Anführer dieser Kleinpiraten brachten es zu gewisser Macht und einigem Ruhm. Sie bauten eine nicht nur zeitweilige, sondern, nach dem Vorbild der »Großen«, stehende Piratenflotte auf. Shap-'ng-tsai und der ehemalige Barbier aus Hongkong Chui Apoo, die kurz vor der Mitte des 19. Jahrhunderts ihr Unwesen trieben, sind die bekanntesten unter ihnen. Doch sie machten, wie etliche ihrer Kollegen, den Fehler, dass sie nicht nur chinesische Dschunken, sondern auch Schiffe der Europäer überfielen. In diesem Fall schlugen deren Fregatten, Korvetten und Kanonenboote sehr schnell und brutal zurück. Am 1. Oktober 1849 griff die *Royal Navy* den Stützpunkt Chui Apoos in der Bias-Bucht nahe Hongkong an und tötete über 400 Piraten. Chui Apoo konnte zunächst verwundet entkommen, wurde jedoch verraten und eingekerkert. Einem Gerichtsurteil entzog er sich durch Selbstmord. Noch blutiger war das Gemetzel bei Cochin im Golf von Tonkin ebenfalls im Oktober 1849, bei dem Shap-'ng-tsai 85 seiner Dschunken und nahezu 2.000 Mann verlor. Doch Shap-'ng-tsai selbst konnte nicht nur entkommen, sondern wurde später begnadigt und von den chinesischen Behörden mit einem Beamtenposten ausgestattet.

DIE KOPFJÄGER – RAGA UND GURA
(um 1790 bis um 1850)

Lange standen sie im Schatten der chinesischen Piraten. Dabei waren sie keineswegs untüchtig in ihrem Gewerbe, und schon die ersten Europäer, die von Indien aus weiter nach Osten vordrangen, hatten mit ihnen reichlich Ärger bekommen: »Sie rauben alles, was nicht niet- und nagelfest ist«, klagten portugiesische Seefahrer schon um 1530. »Sie brennen nach ihrem Raubzug sämtliche Wohnstätten nieder. Vor allem bringen sie Greise, Kinder und Behinderte um. Die Männer nehmen sie gefangen, um sie dann wieder gegen ein Lösegeld freizugeben. Die Frauen bewahren sie für ihre Orgien auf. Nach der Völlerei verkaufen sie dann die Frauen.«

Die Rede ist von den Malaien und den Dayaks, der Urbevölkerung jener Gegend. Dass sie bis ins 19. Jahrhundert relativ unberührt blieben, mag vor allem daran liegen, dass sich die beiden Volksgruppen in erster Linie gegenseitig bekämpften, sofern sie nicht gemeinsam Jagd auf die Papuas in Neuguinea machten – diese hatten nämlich die »schönsten« Köpfe, welche, sorgsam geschrumpft und präpariert, ihre liebste und kostbarste Beute darstellten. Das Bild änderte sich erst, als ein paar tüchtige Anführer – ein gewisser Gura auf malaiischer Seite, und vor allem »Fürst« Raga auf Seiten der Dayaks – die Sache in ihre Hände nahmen. Nicht dass sie ihre uralte Fehde vergessen hätten, aber man kam überein, dass schließlich Platz und Beute genug für alle vor-

handen sei. Gura, der weniger bedeutende, jedoch fortschrittlichere und geschäfts-
tüchtigere, legte sich mit seinen Malaien in den Engpässen zwischen Indischem Ozean
und Südchinesischem Meer – der Sundastraße zwischen Java und Sumatra, und der
Malakka-Straße zwischen Sumatra und der Malaiischen Halbinsel – auf die Lauer. Die
Europäer hatten zwar keine schönen Köpfe, dafür reiche Schiffe, und wenn man sie als
Geiseln verwendete, brachten sie erfreuliche Summen Lösegeld in die Piratenkasse.
Fürst Raga, entschieden mehr den Traditionen verbunden, war offenbar eine bemer-
kenswerte Persönlichkeit und ein glänzender Organisator. Mit seinen Dayaks baute er

Links der Dayak-Fürst Raga und rechts sein malaiisches Pendant Gura, beides höchst erfolgreiche
Piratenchefs.

in der Celébes-See ein Piratenreich auf. Auch er lernte europäische Schiffe zu schät-
zen, allerdings nur die Schiffe, denn die Besatzungen wurden stets bis zum letzten
Mann niedergemacht und Raga erwies gefangenen Kapitänen dabei die zweifelhafte
Ehre, ihnen persönlich die Köpfe abzuschlagen. Gemeinsam betrieben Gura und Raga
einen Sklavenmarkt auf der Insel Sarangani, südlich von Mindanao, von wo hübsche
Europäerinnen vor allem an den Sultan von Brunei verkauft wurden; gefangene
Chinesinnen und Malaiinnen wurden nach Batavia (Jakarta) geliefert, wo sie reißenden Absatz vor allem bei den wohlhabenderen Europäern fanden, die ja in aller Regel
unbeweibt in ihren dortigen Kontoren hockten.

Fast zwanzig Jahre lief das Geschäft so prächtig, dass sich sogar noch einige kleinere Piratenhäuptlinge daran beteiligen konnten: Etwa der Sultan der kleinen Insel

Balabac im Norden von Borneo, gegen den die Holländer einen regelrechten Feldzug führten. Allerdings mit wenig Erfolg, denn kaum war der Sultan tot, übernahm seine Tochter, Ato Dato genannt, das Kommando über die Seeräuber und Kopfjäger der Insel und trieb es ärger denn je.

Man schrieb das Jahr 1831, als Gura der Fehler unterlief, den Schoner FRIENDSHIP aus Salem/ New Jersey, der im Hafen Kualah Battu im Westen von Sumatra eben eine Ladung Pfeffer an Bord nahm, zu überfallen, und den Kapitän in einem kleinen Beiboot entkommen zu lassen. Zwar dauerte es zwei Jahre, doch dann dampfte der US-Kreuzer POTOMAC von Manila aus nach Süden, schoss Kualah Battu in Schutt und Asche und verfolgte mit seinen Landungstrupps, trotz wildem Widerstand, an dem sich auch Frauen und Kinder beteiligten, die Piraten bis tief in den Dschungel. Natürlich war die POTOMAC nicht stark genug, um in der Region wirklich aufzuräumen, aber sie hatte ein unmissverständliches Signal gesetzt.

1842 gelang es dann dem britischen, durch und durch romantischen Gentleman-Abenteurer James Brooke zum Radscha von Sarawak im Nordwesten von Borneo zu werden. Er war es, der es in zwei groß angelegten Feldzügen 1844 und 1849 schaffte, Gura und Raga samt ihren Banden zu schlagen, ihre Forts zu zerstören, ihre Schiffe zu verbrennen, die meisten Piraten zu fangen und hinrichten zu lassen und weitgehend für Ruhe und Ordnung in diesem Gebiet zu sorgen – auch wenn ein britischer Unterhaus-Abgeordneter nörgelte, das für jenen abgeschlagenen Piratenkopf ausgesetzte »head money« von einem Pfund Sterling habe das britische Schatzamt eine halbe Million gute englische Pfund gekostet, wofür man nicht mehr als »ein paar dreckige Dayak-Köpfe« erhalten habe. Solche und ähnliche durchaus spektakulären Erfolge europäisch/ amerikanischer Kriegsschiffe ließ die Sieger immer wieder stolz verkünden, man habe die Piraterie in den ostasiatischen Gewässern im Griff, ja man habe sie endgültig ausgerottet. Das erwies sich als dramatische Fehleinschätzung! Im Gegenteil: Heute, zu Beginn des 21. Jahrhunderts, sind ganz besonders die Nachkommen von Raga und Gura die gefürchtetsten – und erfolgreichsten – Piraten weltweit ...!

Das Ende einer Ära

Die Piraten des 19. Jahrhunderts

New York Gazette, 8. Mai 1825:

»Endlich wurde erreicht, dass zehn bewaffnete Marineschaluppen die Piratenpest rund um Kuba unter Aufsicht nahmen. Der letzte Anstoß zum Eingreifen unseres Kongresses wurde gegeben durch die viehische Abschlachtung von Schiffbrüchigen der Brigg BETSY. Wären nicht zwei der Mannschaft, obwohl schwer verletzt, wie durch ein Wunder entkommen, und hätte nicht einer davon den Obmann der Fischer in Matanzas erkannt und angezeigt, das furchtbare Verbrechen wäre wohl nie ans Tageslicht gekommen. Die Mordbande wurde gefasst und gehenkt. In ihrem Raublager fand man 13 Skelette anderer hingemordeter Seeleute.«

DIE NEUEN STAATEN

Im Mittelalter war die Trennung zwischen Kaperfahrern und »gemeinen« Piraten noch sehr schwer, zumal die Protagonisten dieser Szene oft recht fließend von der einen Gruppe in die andere und wieder zurück wechselten. Frankreich vor allem war es schließlich zu verdanken, dass seit dem späten 17. Jahrhundert die juristische Seite eindeutig geklärt war: Es gab die Kaperfahrer oder Korsaren, die Offiziere ihres Landes waren, wie dies ihre Kaperbriefe genau festlegten. Sie kämpften unter der Landesflagge und hatten sich an die Vorschriften des allgemein anerkannten Kriegsrechtes zu halten mit dem einzigen Unterschied zur staatlichen Kriegsmarine, dass ihre Schiffe privat finanziert wurden. Alle anderen Personen, die auf private Rechnung irgendwelche aggressiven Handlungen gegen Schiffe oder auch Küsten durchführten, waren schlicht Seeräuber und Piraten und mit aller Strenge des Gesetzes zu bestrafen.

Soweit hätte nun alles seine gute Ordnung gehabt, doch im 19. Jahrhundert taten sich erneut beträchtliche Grauzonen auf: Wo waren all jene Leute einzuordnen und wie war mit ihnen zu verfahren, wenn sie an der Gaffel oder im Topp die Flagge eines Landes führten, das es offiziell (noch) gar nicht gab? Seit dem späten 18. Jahrhundert versuchten mehr und mehr Länder ihre Selbständigkeit zu erkämpfen. Den Anfang machten die dreizehn Neuengland-Staaten: Die Bewohner der nordamerikanischen Ostküste waren nicht gewillt, sich auf Dauer von Großbritannien herumschubsen zu lassen. Die Kolonisten erhoben sich am 16. Dezember 1773 mit der *Boston Tea Party*, bei der man aus Protest gegen die Importzölle große Mengen britischen Tees in den

Hafen von Boston kippte. Am 4. Juli 1776 erklärten sie dann offiziell die Unabhängigkeit der »Vereinigten Staaten von Nordamerika«. Allerdings dauerte es noch bis 1783, ehe nach langen Kämpfen auch Großbritannien im Frieden von Versailles den neuen Staat schließlich offiziell anerkennen musste.

Das Beispiel machte Schule: 1810 erhoben sich große Teile Lateinamerikas gegen die spanische Kolonialherrschaft, vereinigten sich unter Simon Bolivar zur Republik Großkolumbien, die 1830 wieder in die Teile Venezuela, Neugranada (seit 1861 wieder Kolumbien genannt) und Ecuador zerfiel. Uruguay folgte 1811. Argentinien 1816. Mexiko, in dem es schon seit 1812 gegärt hatte, 1820. Um die spanische Seemacht, auf der letztlich die Herrschaft über diese Länder fußte, zu brechen, stellten all diese Länder großzügig, manchmal auch allzu großzügig, Kaperbriefe aus. In Europa erhoben sich 1821 die Griechen gegen die türkischen Unterdrücker – und hier war es ebenso ein hoher Anteil Korsaren, der zum Erfolg des Freiheitskampfes beitrug. Dass eine vereinigte Flotte Englands, Frankreichs und Russlands bei Navarino 1827 den Hellenen schließlich endgültig die Freiheit erkämpfte, hatte auch damit zu tun, dass man dem Piratenunwesen in jenen Gewässern endgültig einen Riegel vorschieben wollte. Und schließlich waren es die »Konföderierten Staaten«, die sich von den USA zu lösen versuchten, die in der Zeit zwischen 1861 und 1865 Scharen von Kaperfahrern auf die bald übermächtige »Union« losließen und für eine letzte Blüte dieses Gewerbes sorgten.

DIE POLIZISTEN IM MITTELMEER –
EDWARD PREBLE UND STEPHEN DECATUR
(1761 bis 1807 und 1779 bis 1820)

Offiziell nannten die europäischen Seemächte die Piraten der Barbareskenküste zwar nur »Sandhaufenbanditen«, aber gleichzeitig war jedem klar, dass es keine Seefahrt im Mittelmeer ohne deren Duldung gab, und dass diese Duldung nur durch entsprechende Tributzahlungen zu erreichen war. Zwar hatte man mehrfach versucht diesem Unwesen ein Ende zu bereiten, doch vergeblich. Und so zahlten seit den Tagen von Azor Chair-Ad-Din und Ali el-Uluji die seefahrenden Nationen artig ihre jährlichen »Subsidien«, Frankreich und Holland ebenso wie Spanien, die italienischen Staaten und sogar Großbritannien.

Nur die jungen USA widersetzten sich und Präsident Thomas Jefferson erklärte: »Das Geld wäre hinausgeworfen, denn die Forderungen dieser Mächte kennen kein Ende, und ihre Versprechungen bieten keine Sicherheit. Die eigentliche Frage ist vielmehr, ob wir das Mittelmeer aufgeben, oder es weiterhin befahren wollen.« Zwar wollten die USA eigentlich keinen Krieg mit Pascha Jussuf Karamanli, dem Herrscher von

Tripolis und starken Mann der Region, trotzdem setzte der Kongress schließlich die Fregatten PRESIDENT mit 44, PHILADELPHIA mit 36 und ESSEX mit 32 Kanonen sowie den Schoner ENTERPRISE mit 12 Geschützen unter dem Kommando von Richard Dale am 2. Juni 1801 in Richtung Tunis in Marsch. Ihr Auftrag war, keine Kriegshandlungen zu beginnen, jedoch den Hafen von Tripolis so zu blockieren, dass kein Piratenschiff mehr hinein- oder herausschlüpfen konnte. Richard Dale erfüllte seinen Auftrag tadellos bis er im April 1802 von Richard Valentine Morris abgelöst wurde und mit der PRESIDENT heimkehrte. Während die PHILADELPHIA in einer versteckten Bucht ein Dutzend für Tripolis bestimmte Getreideschiffe aufstöberte und versenkte, unterbreitete Kommodore Morris Pascha Jussuf Karamanli einen »Friedensplan«, der faktisch alles beim Alten beließ. Präsident Jefferson beorderte Morris daraufhin umgehend zurück, enthob ihn seines Offiziersranges und ersetzte ihn durch den sauertöpfischen, von Magengeschwüren geplagten, ungemein tüchtigen Kommodore Edward Preble auf der 44-Kanonen-Fregatte CONSTITUTION.

Gut zwei Jahre hatte die Belagerung von Tripolis bereits gedauert, als am 31. Oktober 1803 Bewegung in die Sache geriet: Der Beobachtungsposten der PHILADELPHIA sichtete zwei Barbareskenschiffe, die aus dem Hafen von Tripolis zu schlüpfen versuchten. Kapitän Bainbridge jagte mit seinem Schiff los, um sie abzufangen, und krachte auf ein in der Karte nicht verzeichnetes Riff. Die PHILADELPHIA saß fest und das in einer so unglücklichen Schräglage, dass sie ihre Geschütze nicht gegen die eilends heransegelnden Tripolitaner zum Einsatz bringen konnte. So strich der Kapitän

Der sauertöpfische Edward Preble (links) und der verwegene Stephen Decatur (rechts) räumten endgültig mit der nordafrikanischen Piratenherrlichkeit auf.

die Flagge und ging mit seinen 300 Männern in Gefangenschaft. Kommodore Preble tobte: »Wollte Gott, die Offiziere und Mannschaften der PHILADELPHIA hätten allesamt den Tod der Sklaverei vorgezogen!« Als er später den unglücklichen William Bainbridge anfuhr, weshalb er nicht das Schiff in die Luft gesprengt habe, erwiderte dieser: »Sir, ich maßte mir nicht an, das Recht zu haben, 306 Menschen dem Tod auszuliefern, nur weil sie meinem Kommando unterstanden.«

Natürlich musste nun schleunigst etwas geschehen und so hielt der verwegene Stephen Decatur wenig später einen schriftlichen Befehl Prebles in Händen: »Sir, Sie werden sich mit der Prisenketsch INTREPID nach Tripolis begeben, bei Nacht in den Hafen eindringen, die PHILADELPHIA entern, sie in Brand setzen und unverzüglich den Rückzug antreten. Die Zerstörung der PHILADELPHIA ist von größter Wichtigkeit, und ich vertraue bei der Ausführung dieser Aufgabe auf Ihren Mut und Ihren Unternehmungsgeist.« In der Nacht des 16. Februar 1804 enterte Stephen Decatur mit 75 Freiwilligen die Fregatte mit dem Ruf »Philadelphia!«. Die wenigen Tripolitaner, die nicht erschreckt über Bord sprangen, wurden niedergehauen und an jeder Ecke des Schiffes Feuer gelegt, ehe sich das Enterkommando mit der INTREPID zurückzog. Gerade als die PHILADELPHIA unter den Palast des Paschas trieb, detonierte ihr Pulvermagazin und riss sie in tausend Stücke. Als Dank für diesen verwegenen Einsatz überreichte der Kongress später Stephen Decatur einen Ehrensäbel und übersprang sieben andere Offiziere, um ihn zum Kapitän zu befördern.

Doch Jussuf Karamanli und seine Barbareskenpiraten waren zäh. Nicht ohne Grund hatten sie über zwei Jahrhunderte das Mittelmeer in Angst und Schrecken gehalten und nicht zum ersten Mal waren bedeutende Flottenverbände mit viel Getöse vor ihren Hochburgen Algier, Tunis und Tripolis erschienen – und hatten erfolglos wieder abziehen müssen. Die Kämpfe zogen sich den ganzen August 1804 hin, bis Kommodore Preble befahl, die INTREPID zur schwimmenden Bombe umzurüsten, um damit endgültig die Barbareskenschiffe im Hafen zu vernichten. Im Laderaum des Schiffes wurden 100 Fässer Schießpulver gestapelt, und im Deck darüber 150 Granaten. Zwölf Freiwillige unter dem Befehl von Richard Somers, die, nachdem sie die Lunten entzündet hatten, sich mit einem Beiboot absetzen sollten, brachten bei leichtem Wind die INTREPID auf Kurs in den Hafen. Was dann geschah wurde nie ganz geklärt. Kaum hatten die Küstenbatterien die INTREPID unter Feuer genommen, als das Schiff in einer gewaltigen Detonation samt seiner Besatzung in die Luft flog.

Die Opfer waren freilich nicht umsonst. Drei Monate später, nachdem die Amerikaner durch die Fregatten PRESIDENT, CONGRESS und CONSTELLATION verstärkt wurden, begannen die Bewohner von Tripolis zu murren und Pascha Jussuf Karamanli musste nun doch einen Friedensvertrag unterzeichnen und die gefangenen Amerikaner freilassen. Die Rückfahrt Kommodore Prebles glich einem Triumphzug, der

Kongress überreichte ihm einen Ehrensäbel, ließ eine goldene Gedenkmünze prägen, und der Papst erklärte höchst zutreffend, das kleine amerikanische Geschwader »hat mehr für die Sache der Christenheit getan, als die mächtigsten Staaten seit Generationen!«.

Der Vertrag mit Pascha Jussuf Karamanli beendete das nordafrikanische Piratenunwesen zwar nicht vollständig, doch das Rückgrat war ihm eindeutig gebrochen. Die Amerikaner hatten den Europäern unmissverständlich gezeigt, dass gegen Seeräuberei nicht Diplomatie, sondern tatsächlich nur Kanonen halfen. Mit der Eroberung und Besetzung Algiers 1830 durch die Franzosen unter Admiral Victor Duperré wurde endgültig ein Schlussstrich unter dieses Kapitel der Seeräuberei gezogen.

DAS KOMMUNISTISCHE MANIFEST – JEAN LAFITTE (1782 bis 1854)

Es war eine rührende Geschichte, die Monsieur Jean Lafitte mit gedämpft tragischer Stimme in den eleganten Damenkreisen von New Orleans zu erzählen pflegte: Mit 18 Jahren war der junge Herr aus edlem französischem Geschlecht schon ein erfolgreicher Kaufmann auf Santo Domingo gewesen. Doch ihm und seiner engelhaft schönen jungen Frau habe das Heimweh so sehr zugesetzt, dass sie ein Schiff mit all ihren Gütern beluden, um nach Frankreich zurückzukehren. Ein spanisches Kriegsschiff hatte den Segler angehalten und brutal ausgeraubt. Die jungen Eheleute waren auf einer einsamen Sandbank ausgesetzt und schließlich von einem amerikanischen Schoner gerettet worden. Doch drei Tage nach ihrer Rettung war die junge Frau an den erlittenen Strapazen gestorben. »Hass und Tod den ruchlosen Spaniern!«, so hätten es er und sein Bruder Pierre der Sterbenden in die Hand geschworen. In spanischer Gesellschaft trug Jean Lafitte seine Geschichte nicht weniger wirkungsvoll vor, nur die Nationen pflegte er dabei entsprechend auszuwechseln.

Piraterie war nur eines der Betätigungsfelder der Brüder Lafitte. Hauptsächlich waren sie Unternehmer mit einem hervorragenden Fingerspitzengefühl für die diskrete Abwicklung dunkler Geschäfte: Schwarzhandel mit Rauschgiften, Informationen und vor allem mit Sklaven. 1776 hatte der (damals noch um seine Unabhängigkeit ringende) amerikanische Kongress den Sklavenhandel – wenn auch nicht die Sklaven*haltung* – verboten, und das Gesetz 1786, 1804 und 1808 erneuert. Viel half das Verbot nicht, denn noch 1856 wurden rund 15.000 Schwarze in die USA importiert. Doch die amtliche Einfuhrsperre trieb lediglich die Preise in die Höhe, keineswegs zum Schaden der Brüder Lafitte. Im Gewirr der Wasserwege und Sumpfdickichte des Mississippi-Deltas nahe New Orleans hatten sie auf der Insel Barataria ihr Hauptquartier aufgeschlagen. Zu den »Markttagen« erschien, was in der Stadt Namen, Rang und Geld hatte. In der Gesellschaft traten die Brüder Lafitte als Grandseigneurs auf, und ihre Anwälte verteilten so reichlich Bestechungsgelder, dass kaum je ein Beamter Schwierigkeiten zu machen gewillt war. Am wenigsten Gouverneur William C.C. Clairborne, der sehr wohl wusste, was für ein ohnehin schwieriges Pflaster das ursprünglich französisch besiedelte und immer noch weitgehend frankophone Louisiana war, auch nachdem es Napoleon um 80 Millionen Francs an die USA verkauft hatte.

Der Wind drehte sich, als Gouverneur Clairborne einen Aufpasser aus Washington an die Seite bekam, den jungen, ehrgeizigen Distriktanwalt John Randolph Grymes, der fast augenblicklich Anklage wegen Schmuggels gegen die Lafittes erhob. In der zweiten Aprilwoche 1813 berief Grymes das Gericht ein, doch die Brüder erschienen nicht, ließen sich nicht einmal durch einen Anwalt vertreten. In der nächsten und übernächsten Woche wiederholte sich das Schauspiel. Das Publikum grölte vor Vergnügen über die Frechheit der Lafittes, die Richter wie Hampelmänner agieren zu lassen. Mr. Grymes erließ einen Haftbefehl, doch es dauerte ein halbes Jahr, ehe sich der Gouverneur zu amtlichen Schritten aufraffte:

Am Ende eines Lebens als Pirat, Sklavenhändler, Schmuggler, Vaterlandsverteidiger und Spion begeisterte sich Jean Lafitte für den Kommunismus.

»Eine Belohnung von 500 Dollar wird demjenigen zuteil, der Jean Lafitte dem Sheriff von New Orleans oder irgendeinem anderen Sheriff übergibt. So erlassen vom Gouverneur von New Orleans am 24. November 1813. William C.C. Clairborne«. Neben diesem Aufruf, der überall in der Stadt angeschlagen wurde, hing zwei Tage später ein weiterer: »Jean Lafitte setzt eine Belohnung von 5000 (fünftausend) Dollar für denjenigen aus, der ihm den Gouverneur William C.C. Clairborne ausliefert. Barataria am 25. November 1813. Jean Lafitte.« – Die Sache verlief im Sand.

Niemand hatte geglaubt, dass der Vertrag von Versailles, der 1783 den amerikanischen Unabhängigkeitskrieg beendet hatte, lange in Kraft bleiben würde. England tat alles Erdenkliche, um seine ehemalige Kolonie wieder in den Griff zu bekommen, provozierte Streitigkeiten und Zwischenfälle und erklärte 1812 den USA offiziell den Krieg.

Am 3. September 1814 lief ein britisches Kriegsschiff in der Bucht von Barataria ein samt einem Paket, das von Colonel Nicolls, dem Befehlshaber der englischen Truppen in Florida, stammte, mit dem Angebot Jean Lafitte solle mit seinen »tapferen Kämpfern« in den Dienst Großbritanniens treten. Er selbst sollte Kapitän eines Schiffes werden, 30.000 Dollar erhalten, und bei einem Sieg mit seinen Leuten am Gewinn beteiligt sein. Beigefügt waren offizielle Aufrufe an die Bürger von Louisiana und Kentucky, sich von der »dummen und unloyalen Regierung« in Washington zu befreien und sich wieder ihren »einzig rechtmäßigen« britischen Herren zu unterwerfen.

Am 6. September lag das ganze Paket bereits auf dem Schreibtisch von Gouverneur Clairborne nebst einem Schreiben Jean Lafittes, in dem er von der Offerte der Engländer berichtete und anbot, mit all seinen Leuten New Orleans und dem Staat Louisiana als Soldaten zu dienen, unter einer einzigen Bedingung: Straffreiheit für sich und seine Männer. Clairborne berief unverzüglich den Verteidigungsrat ein, doch entgegen der Meinung des Gouverneurs, die Hilfe Lafittes anzunehmen, taten die Militärs, Kommodore Daniel T. Patterson von der Marine und Colonel T. Ross vom 44. Infanterieregiment, die Briefe der Engländer als Fälschung ab und forderten dagegen die Zerstörung von Barataria.

Am 10. September wiederholte Jean Lafitte sein Anerbieten, doch die Militärs lehnten erneut ab. Vielleicht wäre es ihnen tatsächlich gelungen, Lafitte in die Arme der Engländer zu treiben, wenn nicht General »Old Hickory« Andrew Jackson eingegriffen hätte. Ihn hatte der Kongress mit der Verteidigung von New Orleans betraut, und ihm war die Hilfe der sturmerprobten Schmuggler und Piraten höchst willkommen: »Jeder, der ein Gewehr hat, kann sich freiwillig melden, und wird angenommen.«

Am 23. Dezember landeten die Engländer unter ihrem Befehlshaber General Sir Edward Palkenham vor New Orleans. Am 28. Dezember begann der Angriff gegen die von den Piraten bediente 3. Batterie. Eine knappe Stunde später zogen sich die britischen Rotröcke fluchtartig zurück. Am 1. Januar 1815 um zehn Uhr begann der zweite Angriff, wieder gegen die Baratarier. Als sich gegen Mittag der Pulverqualm verzog, lagen vor den Wällen der Amerikaner 2230 Tote und Verletzte, über die Hälfte der englischen Kanonen war durch das hervorragend gezielte Feuer der Piraten vernichtet. Sie selbst hatten 13 Tote, 39 Verletzte und den Ausfall eines Geschützes zu beklagen.

Der letzte Angriff kam am 8. Januar – wieder gegen die 3. Batterie. Als sich diesmal die Briten zurückziehen mussten, war von der Truppe Sir Edward Palkenhams so gut wie nichts mehr übrig. General Jackson ließ einen Tag später einen öffentlichen Anschlag aushängen: »Der General kann den Männern, welche die ganze Zeit unter ihm gedient haben, seine Anerkennung nicht versagen. Der General verspricht, dass er die Regierung in gebührender Weise von ihren Verdiensten unterrichten wird.«

Und dann platzte mitten in den Jubel die Bombe: Kommodore Patterson und Colonel Ross waren an eben jenem 8. Januar nach Barataria gezogen – die Verteidigung der Stadt den Schmugglern und Piraten überlassend –, hatten die Stapelplätze gründlich geplündert und schließlich die Häuser und Schuppen niedergebrannt. Jean und Pierre Lafitte tobten und forderten Wiedergutmachung. Fast ein Jahr zog sich der Prozess hin. General Jackson, der sich offen und energisch für die Lafittes einsetzte, wurde vom Gericht zu einer Geldstrafe verurteilt. Distriktanwalt Grymes, einst schärfster Gegner der Lafittes, war so empört, dass er offiziell als Anwalt der beiden Brüder auftrat. Trotzdem entschied das Gericht gegen die Lafittes und sprach ihr Vermögen Kommodore Patterson und Colonel Ross zu mit der Begründung, am 24. Dezember 1814 sei im niederländischen Gent bereits der Friedensvertrag unterzeichnet worden. Der Kampf um New Orleans sei daher nur ein bedauerlicher Irrtum und die Zusagen an die Lafittes daher gegenstandslos. Den Rest der Dankbarkeit des Staates warteten die Brüder nicht mehr ab, sie verschwanden aus New Orleans.

Ihre nächsten Lebensjahre, in denen sie unter anderem als Agenten der aufständischen Mexikaner arbeiteten, liegen ziemlich im Dunkeln bis sie um 1818 in Galveston eine kleine Piratenrepublik aufzogen und unter den Flaggen Großkolumbiens und Venezuelas Seeraub in allen erdenklichen Spielarten betrieben. Für kurze Zeit flackerte nochmals ein Schimmer von Tortuga, Port Royal und New Providence auf, doch als 1821 der US-Schoner Enterprise Galveston mit geladenen Kanonen anlief, erbaten die Lafittes nur eine Schonfrist von 60 Tagen. Man gewährte sie, und als die ENTERPRISE nach Ablauf der Frist zurückkehrte, konnte man die Brüder dabei beobachten, wie sie Häuser, Schuppen und Lagerhallen eigenhändig in Brand steckten, ehe sie auf einem kleinen Schiff der Insel den Rücken kehrten.

Damit schien der Vorhang hinter diesen verwegenen Schmugglern, Piraten, Schwarzhändlern und Vaterlandsverteidigern zu fallen, wie man es auch in einer neueren Ausgabe der *Encyclopedia Britannica* lesen kann. Und er fiel auch für Pierre Lafitte, der 1836 im Alter von 65 Jahren in Crèvecoer/Missouri, 15 Meilen von Saint-Louis entfernt, als braver Bürger und Vater von sieben Kindern starb.

Nicht jedoch fiel er für Jean Lafitte, und was nun folgt ist keine Fabel, sondern ebenso wohlbezeugte historische Wirklichkeit, wie der erste Teil seines Lebens. Der amerikanische Historiker Stanley Clisby Arthur hat in jahrelangen Forschungen dem verschwundenen Jean Lafitte nachgespürt, zahllose Dokumente nachgeprüft und schließlich veröffentlicht: 1847 war Brüssel, die Hauptstadt Belgiens, das Mekka revolutionärer Ideologen aus ganz Europa. In billigen Cafés und schäbigen Hotelzimmern trafen sich die, aus ihren eigenen Ländern als Aufwiegler ausgewiesenen, »Delegierten« der Arbeiterbewegungen Frankreichs, Englands, Deutschlands und Polens. Eine Dreiergruppe fiel in den Sommer- und Herbstmonaten jenes Jahres besonders auf: Es waren dies zwei junge Deutsche, der eine 27, der andere 30 Jahre alt, und ein 65-jähriger mit weißem Bart, der zwar elegantes Französisch, jedoch mit amerikanischem Akzent sprach. Der 27-jährige redete viel über seine Reise nach England, wo sein Vater, ein wohlhabender Anwalt, eine Fabrik besaß. Er hatte die Kehrseite der Industrierevolution kennen gelernt, dort, wo sie in vollem Umfang im Gange war, mit Unruhen, Elend und Kinderarbeit. Über dieses Thema hatte er ein Buch geschrieben.

Sein Name: Karl Heinrich Marx. Der 30-jährige, Sohn eines reichen Industriellen, war Chefredakteur der bedeutenden *Rheinischen Zeitung* gewesen. Bei einem Aufenthalt in Paris war er mit Karl Marx zusammengetroffen und hatte auch hier bald eine Zeitschrift herausgegeben, die so gar nicht in das behäbige Weltbild des »Herrn Biedermeier«, der damals die Welt regierte, passen wollte. Sein Name: Friedrich Engels. Der dritte, bei weitem älteste in der Runde, war ein gewisser John Lafflin, der seit dem 7. Juni 1832 mit der um 23 Jahre jüngeren Emma, Tochter des reichen Reeders Glenn Edward Mortimore, glücklich verheiratet war. Er war Vater zweier Söhne, selbst wohlhabender Reeder und Schießpulverfabrikant, wohnhaft in Saint-Louis/ Missouri, 24 Collins Avenue. Er war kein anderer als der Expirat, Exschmuggler und Exsklavenhändler Jean Lafitte.

Stanley Crisby Arthur hat zahlreiche Briefe gefunden, die mit »J'n Lafitte« unterzeichnet waren, auch wenn auf dem Umschlag »An Mrs. Emma Lafflin« stand. Am Hochzeitstag notierte Emma in die Familienbibel: »Ich weiß jetzt alles über Jeans Vergangenheit. Er hat mir sein Leben erzählt. Ich bin jetzt umso mehr entschlossen, seine Frau zu werden!« – und auch unter dem Hochzeitsdatum stand der richtige Name des Bräutigams: »Jean Lafitte«.

»Mein Vater war eine Art Schwärmer, der an die Brüderlichkeit der Menschen glaubte und Geheimbünden angehörte«, notierte später sein Sohn Jules. Die Reise, die Jean Lafitte von New York zunächst nach London, Holland und in die Schweiz, dann nach Paris und schließlich nach Brüssel brachte, war eine Pilgerfahrt zu den Stätten revolutionärer Ideen, um Redner der extremen Linken, Kämpfer gegen den Kapitalismus, sprechen zu hören. In Brüssel lernte er Marx und Engels kennen und schrieb nach Hause: »Von Anfang an schienen mir die beiden jungen Männer erlesene Eigenschaften zu besitzen. Sie haben sich mit längst vergangenen Zeiten beschäftigt, mit der Geschichte der Ausbeutung des Menschen durch den Menschen, vom Sklaven zum Leibeigenen, vom Leibeigenen zum Lohnsklaven, und haben herausgefunden, dass die Ausbeutung die Wurzel allen Übels ist.« Marx und Engels schätzten John Lafflin, alias Jean Lafitte, hoch und geizten nicht mit anerkennenden Worten. Er war nicht nur ein ausgezeichneter Zuhörer, er war auch ein Praktiker des Kommunismus, der den beiden jungen Theoretikern manchen Ratschlag aus seiner Erfahrung geben konnte – sozialistisch-kommunistische Gesellschaftsordnungen waren von Piraten schließlich seit über zwei Jahrtausenden geübt worden, und er selbst hatte solchen Kommunen in Barataria und Galveston vorgestanden.

Auch in anderer Beziehung erwies sich John Lafflin als Mann der Praxis, denn das beste Manuskript erhält seinen realen Wert erst durch seine Veröffentlichung – und die jungen Revolutionäre hatten alles, nur kein Geld zu diesem Zweck. »Ich verlasse Brüssel«, schrieb Lafflin-Lafitte Ende 1847 an seine Emma, »um nach Paris zu reisen.

Herr Engels wird mich begleiten. Ich werde ihm und Herrn Marx dort eine langfristige Finanzierung für den Druck ihres Manuskripts verschaffen.« Obwohl er nichts mehr über seinen Aufenthalt in Paris berichtete, ist die Finanzierung des Manuskripts durch Jean Lafitte – sei es als Mittelsmann, Bürge oder Auftraggeber – geschichtliche Tatsache. Das Manuskript erschien im Februar 1848 in London. Sein Titel: *Das Kommunistische Manifest*

John Lafflin/ Jean Lafitte selbst kehrte nach Saint-Louis zurück und starb am 5. Mai 1854 im Alter von 72 Jahren an einer Lungenentzündung, die er sich geholt hatte, als er bei Regen und Wind acht Kilometer zu einem alten und mittellosen Ehepaar gewandert war, um ihnen Lebensmittel zu bringen und Holz für den Ofen zu hacken.

SÖLDNER KOLUMBIENS UND VENEZUELAS

1810 begann der Kampf Südamerikas um die Befreiung von der spanischen Herrschaft. Den revolutionären Regierungen galt es als Ehrenpflicht, die Spanier zu schädigen, wo immer sie konnten. Eine eigene Flotte hatten sie nicht, umso großzügiger verteilten sie Kaperbriefe auch an Schiffe, die keinen einzigen Lateinamerikaner an Bord und niemals einen südamerikanischen Hafen gesehen hatten. Wie es auf solchen Schiffen aussah, belegt die Mannschaft der HEROINE, die von einer portugiesischen Fregatte aufgebracht worden war. Sie »setzte sich zusammen aus 42 Engländern, 26 Lateinamerikanern davon 17 schwarzer Hautfarbe und 5 Indios, 19 Nordamerikanern, 10 Franzosen, 7 Italienern, 6 Spaniern (!), 4 Indern, 3 Schweden, 2 Preußen, 2 Holländern und je einem Österreicher, Griechen, Portugiesen, Chinesen und Russen«. Diese neuen Piraten rekrutierten sich aus dem Abschaum Westindiens und waren schlimmer als alle, die vor ihnen gelebt hatten. Philip Gosse nennt sie in seinem Buch *The History of Piracy* zutreffend einen »Haufen blutdürstiger Wilder, die sich nur die Schwachen anzugreifen getrauten und auf das Leben unzähliger Menschen nicht mehr Rücksicht nahmen als ein Schlächter auf seine Opfer«. Ihr Leitspruch war: »Tote erzählen nichts mehr«. So verschwanden viele Schiffe, ohne eine Spur zu hinterlassen, und nur selten konnten Überlebende Zeugnis von dem geben, was geschehen war. Kapitän Charles Gibbs, der 1831 in New York gehängt wurde, gestand bei seinem Prozess, dass allein auf der Hälfte der 40 von ihm gekaperten Schiffe, die Besatzung bis zum letzten Mann ermordet worden war. Und das waren nur zum Teil spanische Schiffe, die von diesen Banditen ausgeplündert wurden, während die Nordamerikaner weit mehr unter ihnen zu leiden hatten. Die Kaperbriefe der südamerikanischen Revolutionsregierungen waren für jene Seeräuber nicht mehr als eine dünne Chance, dem Galgen zu entwischen, wenn sie gefasst wurden. Der Freiheitskampf samt den kolumbianischen und venezolanischen Flaggen, unter denen sie fuhren, waren ihnen restlos gleichgültig.

In den 20er Jahren des 19. Jahrhunderts häuften sich entsprechende Berichte in der englischen, französischen, sogar deutschen, vor allem aber amerikanischen Presse. Einer wurde schon am Anfang des Kapitels zitiert. Hier einige weitere Beispiele:

The Lincoln Intelligencer, 31. Oktober 1822: »Seit den Tagen des Kapitän Kidd und des nicht weniger gefürchteten Blackbeard ist nie von so vielen Untaten der Piraten zu berichten gewesen, wie nun täglich die Spalten unserer Zeitungen füllen. Es ist nicht zu fassen, dass in unserer aufgeklärten Zeit und trotz der verfügbaren Kräfte der US-Marine derartige Raubtaten und Morde begangen werden können. Um Kuba herum machen rund 20 Piratenschiffe die Gewässer unsicher. Hier der Bericht des Kapitäns der Brigg HANNAH aus Philadelphia, die von dem mit drei Kanonen bestückten Piraten-schoner CREOLE überfallen wurde, deren Kapitän ein Spanier namens Panchez ist. Sie plünderten die Ladung, 460 Sack Kaffee, raubten 1000 Dollar in bar und für 5000 Dollar Schildpatt, ebenso die gesamte Takelage und die Segel. Den Kapitän samt seinem Bruder und fünf Passagieren sperrten sie in den Niedergang und rösteten sie mit Feuer so lange, bis sie angaben, wo das Geld war. Sie wurden auch unmenschlich geprügelt. Der Koch wurde aufgehängt, doch wieder heruntergeholt, bis er halbtot ge-stand, was er wusste. Der Hauptplatz dieser Schurken heißt Fleuras, etwa 30 bis 40 Meilen in Luv von Kap Antonio.«

Salem Gazette, 15. Januar 1823: »In der Hafenbucht von Havanna gibt es ein Dorf namens Regla. Die Einwohner sind fast alle Seeräuber. Man nennt sie die Muselmänner. Jeder dort kennt sie und viele auch in Havanna. Ihr Anführer heißt Mateo Gracia. Er prahlt offen mit seiner Beute und damit, dass ihm die Gerichte nichts anhaben können, weil er genug Geld hat, alles und jeden zu bestechen. Von seiner Mole aus beschäftigt er eine Menge Küstenboote und Segler. Ohne von der Polizei oder vom Zoll belästigt zu werden, passieren die Schiffe mit Proviant, Waffen und Munition, und kaum in See, wimmelt das Deck von Bewaffneten. Sogar in Sichtweite der Küste begehen sie ihre Raubüberfälle. Beladen mit Waren aller Art kehren sie nach Havanna zurück und bringen ihre Fracht ohne Mühe durch die Kontrollen. Die Be-amten sind noch froh, privat etwas zu verdienen. Die Waren werden offen an die Bürger in Havanna verkauft.«

The Lincoln Intelligencer, 27. Februar 1823: »Kapitän Granger von Matanzas be-nachrichtigte uns, dass zwei Schiffe, vermutlich Amerikaner, 16 Meilen westlich von dort Piraten in die Hände gefallen sind. Die Besatzungen wurden an die Masten ge-bunden, dann die Schiffe angezündet und alles zusammen verbrannt. Drei dieser Piraten kreuzen zwischen Piont Yercos und Havanna.«

Während sich die seriösen Zeitungen auf eher knappe Meldungen beschränkten, suhlten sich die Vorläufer der heutigen Yellow-Press förmlich in detaillierten Beschrei-bungen. Den Rekord schaffte ein einschlägiges Blatt aus Chicago, das seine Leser(innen) mit über 23 Folgen über die Erlebnisse der 19-jährigen Kathleen R. bei einem Piratenüberfall in Atem hielt, um schließlich doch nicht zu verraten, ob sie denn nun tatsächlich vergewaltigt worden sei. Dass die Veröffentlichung solcher Augenzeugenberichte vor allem die Sensationsgier des Publikums befriedigen sollte, steht außer Zweifel. Sie bewirkte jedoch auch, dass die Öffentlichkeit bereit war, die hohen Kosten für den Kampf gegen die Piraterie zu billigen, als der US-Kongress beschloss, gegen diese Pest energisch vorzugehen.

DIE POLIZISTEN IN DER KARIBIK

Um 1820 machten nach recht zuverlässigen Schätzungen der US-Regierung rund 2000 Piraten die Karibik unsicher, die Mehrzahl unter der Flagge von Großkolumbien, aber auch unter den Farben von Uruguay, Argentinien und Mexiko. Zweifellos spielte es eine Rolle, dass neben Spanien vor allem die USA von diesem Treiben betroffen waren und die höchsten Verluste an Menschenleben und Frachten zu beklagen hatten. Der alleinige Grund war dies jedoch nicht dafür, dass der Kongress Präsident James Monroe weitgehende Vollmachten und beträchtliche Geldmittel zur Bekämpfung der Piraten zur Verfügung stellte. Wer, weit entfernt der Heimat, im westlichen Mittelmeer für Ruhe gesorgt hatte, der war ganz einfach dazu verpflichtet, auch vor der eigenen Haustüre für Ordnung zu sorgen!

So kreuzten bereits im Sommer 1821 sechs Kriegsschiffe und drei Kanonenboote der US-Marine in der Karibik. Und sie hatten das Glück der Tüchtigen, dass der ENTERPRISE unter Lieutenant Commander Lawrence Kearney bereits im Oktober ein sensationeller Schlag gelang: Vor Kap San Antonio auf Kuba erwischte Kearney vier Piratenschoner mit rund 100 Mann in flagranti, als sie gerade drei Kauffahrer ausräumten. In dem hitzigen Gefecht fielen etwa zwei Dutzend Piraten, 40 wurden gefangen genommen und später aufgehängt, ihre Schiffe gingen in Flammen auf. Zwar konnte der Rest der Seeräuber samt ihrem Kommandanten in den Dschungel entkommen, trotzdem waren Kongress und öffentliche Meinung hellauf begeistert. »Es ist wahrscheinlich, dass diese geschickt durchgeführte und vom Glück begünstigte Aktion die Piraterie in dieser Gegend wenn nicht beenden, so doch beträchtlich eindämmen wird«, schrieb die New York Gazette, denn immerhin handelte es sich um eine der verrufensten Piratenbanden. Als ihr Chef, Charles Gibbs 1831 doch noch geschnappt, vor Gericht gestellt und gehängt wurde, gab er unter anderem offen zu, dem Kapitän eines gekaperten Kauffahrers, nur »zum Spaß«, eigenhändig Arme und Beine abgehackt zu haben. In einem anderen Fall habe er die gesamte Besatzung zweier Handelsschiffe, »deren Winseln um Gnade gar lustig anzuhören war«, bei lebendigem Leib verbrannt.

Der Erfolg Kearneys trug wesentlich dazu bei, dass 1821 der Kongress eine halbe Million Dollar für die Aufstellung eines eigenen Westindien-Geschwaders bewilligte. Zum Kommandanten wurde David Porter ernannt, dessen Karriere einst vor Tripolis begann. Er war ein ebenso eigensinniger wie tüchtiger Mann, der im Krieg von 1812 bis 1814 mit seiner leichten Fregatte ESSEX Großbritannien nicht weniger als 16 Prisen abgenommen hatte. Da die Kriegsschiffe, die bereits in der Karibik auf Piratenjagd waren, zu groß und zu schwer waren, um zwischen den Riffen und seichten Sandbänken des Gebietes wirklich wirkungsvoll operieren zu können, stellte David Porter ein spezielles Piratenjäger-Geschwader zusammen. Als Kern dienten fünf Schoner mit extrem geringem Tiefgang, die auch noch in die seichtesten Buchten eindringen konnten. Dazu kamen 5 flache, von je 10 Riemenpaaren angetriebene, Kanonenboote, welche auch als Landungsboote verwendet werden konnten, und sogar ein vom Wind unabhängiger Schaufelraddampfer. Und schließlich ein »Köderschiff«, das wie ein harmloses Handelsschiff aussah, tatsächlich jedoch mit sechs schweren Carronaden bestückt war. Sein berühmtester Fang glückte im April 1823, als es Kommodore Porter gelang, in einer Schlacht, die 70 Seeräubern das Leben kostete, die Bande des höchst übel beleumundeten kubanischen Piraten Diabolito (Kleiner Teufel) auszuschalten. Andere Erfolge waren zwar weniger spektakulär, doch binnen zweier Jahre schaffte es David Porter nicht nur weit über hundert Schiffe weniger namhafter Seeräuber unschädlich zu machen, sondern auch das gesamte Piratenunwesen dieser Zone weitgehend zum Erliegen zu bringen.

Was nach 1825 an Piraten in der Karibik übrigblieb, das waren einerseits ein paar der ganz Hartgesottenen, die in der Regel freilich klug genug waren, hinfort einen weiten Bogen um auch das winzigste Schiff zu machen, das die *Stars and Stripes* an der Gaffel führte. Und das waren andererseits Jammergestalten, die sich ihren nackten Lebensunterhalt auf fremden Schiffen zusammenstahlen. Von ihnen wusste beispielsweise Kapitän Lander zu berichten, dass diese »Piraten«, nachdem sie seine Brigg WASHINGTON geentert hatten, 16 Dollar in bar aus seiner Truhe klauten, dem Koch befahlen, ihnen die Kartoffeln und das Küchengerät auszuhändigen, fast die gesamte Kleidung der Besatzung entwendeten sowie den Schiffskompass, eine Signaltrompete und »eine gewisse Menge Zwirn« mitgehen ließen, ehe sie wieder verschwanden.

TOTE KATZEN MIAUEN NICHT – BENITO DE SOTO (gest. 1832)

Seit ab 1821 die nordamerikanischen Polizeiboote, trotz spanischer Proteste, die Gewässer um Kuba kontrollierten, zerstreuten sich die meisten Piratenbanden und vermehrten das Gesindel der Hafenstädte bis Kap Hoorn hinunter. 1827 heuerten einige Dutzend dieser Typen auf dem portugiesischen Sklavensegler DEFENSO DE PEDRO an.

Ende Januar 1828 lag die DEFENSO DE PEDRO vor Mina an der Küste Guineas, und während der Kapitän und der Erste Steuermann an Land waren, um die nächste Fracht zu beschaffen, übernahmen die Männer unter dem Zweiten Steuermann, Benito de Soto, das Kommando. Man benannte das Schiff in BLACK JOKE um und hisste nicht die Totenkopfflagge, die bereits in die Märchenbücher gewandert war, sondern die der Republik Großkolumbien. Vier Jahre operierte die BLACK JOKE erfolgreich als Sklavenhändler, aber auch als Pirat im karibischen Raum.

Am 21. Februar 1832 sichtete man vor der afrikanischen Küste ein Frachtschiff, das von Ceylon kommend nach England unterwegs war, die MORNING STAR. Ihr Reeder, ein Quäker namens Tindall, hatte zwar für gute Segeleigenschaften und einen tüchtigen Kapitän gesorgt, aber, seinem Glauben an Gewaltlosigkeit entsprechend, nicht eine einzige Kanone an Bord aufstellen lassen. Die Jagd dauerte vom frühen Morgen bis in die späten Nachmittagsstunden, ehe die MORNING STAR beidrehte und die Flagge strich. Benito de Soto tobte vor Wut über die lange Hetzjagd und stach den Kapitän der MORNING STAR eigenhändig mit seinem Entermesser nieder, als dieser an Bord der BLACK JOKE erschien, wobei er gebrüllt haben soll: »So bestraft Benito de Soto alle, die ihm nicht gehorchen!« Ein Prisenkommando wurde unter einem gewissen Barbazon auf das eroberte Schiff hinübergeschickt mit der Anweisung, die Fracht auf die BLACK JOKE zu schaffen und mit dem Merkspruch: »Tote Katzen miauen nicht«. Barbazon versah sein Geschäft freilich recht nachlässig. Zwar hieben und schossen die Banditen alles nieder, was sich an Mannschaft und männlichen Passagieren an Deck befand, doch erschien es ihnen allzu mühsam, auch jene zu verfolgen, die sich in den untersten Schiffsraum geflüchtet hatten. Barbazon ließ lediglich die Lukendeckel zunageln, und auch für die Frauen und Mädchen unter den Passagieren hatte er bessere Verwendung bei der wüsten Orgie, die er nach der Plünderung auf dem eroberten Schiff feierte. Als Barbazon schließlich auf Befehl de Sotos die MORNING STAR räumte, ließ er das Tauwerk kappen, die Masten ansägen und etliche Löcher unter der Wasserlinie in den Rumpf schlagen. Die BLACK JOKE entschwand in der Nacht und die Frauen machten sich daran, die Luken aufzustemmen. Durch pausenlose Arbeit an den Pumpen schafften sie es, die MORNING STAR noch so lange über Wasser zu halten, bis sie am nächsten Morgen durch ein englisches Schiff gerettet werden konnten.

Die BLACK JOKE trieb sich derweilen bei den Azoren herum. Wie viele Schiffe Benito de Soto dort in die Klauen gerieten, weiß man nicht, denn er leitete die Plünderungen nun selbst und sorgte gründlicher als Barbazon für die Tilgung aller Spuren. Dann segelte er nach dem nordspanischen La Coruña und verschaffte sich dort »tadellose« Papiere für seine Fracht, ehe er Richtung Cádiz aufbrach, wo er die reiche Beute loszuschlagen gedachte. Vor Cádiz freilich hatte er Pech, denn ein Sturm warf die BLACK JOKE auf die Klippen. Doch für nur 1700 Dollar erreichte er, das Wrack samt dem verbliebenen Warenrest verkaufen zu dürfen, nachdem er den Behörden erzählt hatte, Kapitän und Reeder seien bei dem Schiffbruch ertrunken. Vielleicht wäre auch alles glatt gegangen, wenn nicht ein paar seiner Leute in den Hafenkneipen offenbar das Maul zu weit aufgerissen hätten. Vielleicht waren auch die gefälschten Papiere nicht optimal. Auf jeden Fall wurden einige Matrosen verhaftet. De Soto und Barbazon türmten schleunigst. Mit falschen Pässen gelangten die beiden Banditen in das Territorium der englischen Festung Gibraltar, wo sie sich in einer Taverne abseits der Hauptstraße einmieteten.

Als die Überlebenden der MORNING STAR in England an Land gingen, und die Zeitungen die ersten Augenzeugenberichte abdruckten, ging ein Aufschrei der Empörung durch Europa und erreichte, wenn auch mit etwas Verspätung, Gibraltar. Barbazon verschwand von der Bildfläche. Dass ihn de Soto im Zorn über die schlampige Arbeit erstochen habe, wäre verständlich, ist aber nicht bezeugt. De Soto hingegen konnte sich von der glutäugigen Bedienung der Taverne nicht trennen, obwohl er hätte merken müssen, dass sie einige Zusammenhänge ahnte. Da sie aber keineswegs zur Polizei rannte, sondern sich nur großzügig beschenken ließ, wiegte er sich in Sicherheit. Erst als er Anstalten machte, sich doch in aller Stille zu verdrücken, zeigte sie ihn an. Man durchsuchte in Abwesenheit des Gastes das Zimmer, fand Waffen, Kleidungsstücke und Schmucksachen, die auf der Verlustliste der MORNING STAR standen. Benito de Soto wurde verhaftet, vor Gericht gestellt, und, obwohl er versuchte jede Schuld Barbazon in die Schuhe zu schieben, verurteilt und aufgehängt.

LETZTMALS IM ATLANTIK – PEDRO GILBERT (gest. 1835)

Der offiziell letzte Akt »gemeiner Piraterie« im Atlantik fand am 20. September 1832 statt. Die amerikanische Brigg MEXICAN war, mit 20.000 Dollar an Bord, unterwegs von Salem/New Jersey nach Rio de Janeiro, als sie von dem Piratenschoner PANDA aufgebracht wurde. Auch vom Kapitän der PANDA, Pedro Gilbert, wird überliefert, dass er »Tote Katzen miauen nicht. Ihr wisst was zu tun ist« geantwortet haben soll, als er gefragt wurde, was mit den Gefangenen zu geschehen habe. Wer der Urheber des Satzes war, er oder Benito de Soto, ist ziemlich gleichgültig, sie glichen sich ohnehin wie ein Ei dem anderen.

Und zum Glück für die Menschen auf der MEXICAN waren die Männer Gilberts ebenso nachlässig wie de Sotos Kumpan Barbazon. Während die Piraten die MEXICAN plünderten, sperrten sie die Mannschaft im Logis ein. Dann zerschnitten sie das Tauwerk und die Segel, füllten die Kombüse mit Sprengstoff und zündeten eine Lunte an, ehe sie sich eiligst von dem schwelenden Scheiterhaufen absetzten. Nach etwa einer

Stunde gelang es der Besatzung der MEXICAN aus ihrem Gefängnis auszubrechen und das Feuer nach und nach zu ersticken, wobei sie jedoch immer noch genug Rauch aufsteigen ließen, um den davonsegelnden Piraten den Eindruck zu vermitteln, dass alles »in bester Ordnung« sei. Nach schrecklichen sechs Wochen auf einem kaum noch seetüchtigen Schiff und an Verpflegung nur das, was die Piraten übersehen hatten, erreichte die MEXICAN wieder ihren Heimathafen Salem. Pedro Gilbert wurde eine Weile später vor Afrika von der englischen Marine-Brigg CURLEW geschnappt, in die USA ausgeliefert und im Juni 1835 gehängt.

»*CHRISTOS NIKAI!*« –
CANARIS, MIAOULIS UND VIELE ANDERE
(alle etwa zwischen 1780 und 1860)

Griechenland war einst die Wiege westeuropäischer Kultur gewesen. Vor allem aber war Hellas auch die Wiege der demokratischen Freiheit! Die Griechen hatten dies nie vergessen, auch – oder gerade – nicht nach der Eroberung durch die Türken im 15. Jahrhundert. In über drei Jahrhunderten brutaler Unterdrückung hatten sie sich nicht assimiliert wie etwa Albaner und Bosnier, waren nicht, allen Repressionen zum Trotz, wie diese zum Islam übergetreten, sondern hatten mit dem Stolz und dem Hochmut eines wahren Kulturvolkes ihre Wut und ihren Hass auf die Unterdrücker in sich hineingefressen, bis der Tag der Abrechnung und der Freiheit kam.

Die Ägäis war allzu ideal mit ihren zahllosen Inseln und versteckten Buchten, die Griechen allzu verwegene, die Türken allzu miserable Seefahrer, als dass die Seeräuberei, gerade in den Jahrhunderten der Unterdrückung, dort je verschwunden wäre. Als am 22. Februar 1821 der offene Aufstand gegen die osmanische Oberherrschaft ausbrach, blies ein neuer, kräftiger Wind in die Segel nicht nur hellenischer Freibeuter, die ihr vertrautes Gewerbe nun unter der weiß-blauen Flagge mit dem Kreuz zum nationalen Freiheitskampf deklarierten. Auch zahllose Fischer und Kauffahrer rüsteten ihre Schiffe begeistert zu Kaperfahrern um. Unter Nikolis Apostolis, dem »Admiral« der Flotte von Psara, Andreas Miaoulis, dem »Admiral« der Flotte von Hydra, dem Kapitän der EPAMINONDAS, Andreas Kriezis, der Kapitänin der AGAMEMNON, Frau Bouboulina, und dem berühmtesten von allen, Constantinos Canaris, schwärmten Hunderte von Kaperschiffen aus, um auf alles Jagd zu machen, was den so verhassten türkischen Halbmond in der Flagge führte. Was diesen Schiffen an Größe und Feuerkraft fehlte, ersetzten sie durch ihre Menge. Wie ein Schwarm Hornissen kreisten sie den Gegner ein, und während die großen, schwerfälligen Schiffe der Osmanen herrliche Zielscheiben abgaben, waren die kleinen, schnellen, wendigen Briggs, Sakolevas, Trekandinis, Polacker, Tartanen, Schoner und Kutter der griechischen Rebellen für die türkischen Kanoniere fast nur durch glückliche Zufälle zu treffen. Die gefährlichste Waffe der Hellenen waren freilich »Brander«, alte Schiffe, die man mit Pulverfässern und leicht entflammbarem Material vollstopfte, möglichst dicht an den Feind heransegelte und anzündete, ehe man sich mit einem Beiboot absetzte und die schwimmende Bombe hochging. Kapitän Dimitrios Papanicolis hatte es am 27. Mai 1821 den Griechen vorgemacht, als er auf diese Weise den gewaltigen türkischen 84-Kanonen-Zweidecker BEHTAS REIS vor der Insel Lesbos in die Luft jagte.

Constantinos Canaris (links) und Andreas Miaoulis (rechts) zählen zu den populärsten Helden des griechischen Freiheitskampfes. Canaris wurde später Ministerpräsident, Miaoulis Admiral des neuen Hellas.

Hauptstützpunkt der hellenischen Freiheitspiraten war die Insel Hydra, und den Sultan in Istanbul mag dieser Name bald peinlich an jene sagenhafte Hydra erinnert haben, der stets zwei Köpfe nachwuchsen, wenn man ihr einen abschlug. Der Ruf: »Christos nikai!« (Christus siegt!) schallte binnen kurzem durch die ganze Ägäis. Nach altgewohnter Methode versuchten die Türken durch Grausamkeit wettzumachen, was ihnen an militärischen Erfolgen versagt blieb. Sieben große Linienschiffe mit bis zu 100 Kanonen an Bord, 27 Fregatten, etliche Korvetten, Briggs und Schoner nebst 22 Truppentransportern bot der Sultan im April 1822 gegen Chios auf, ließ die gleichnamige Hauptstadt der Insel beschießen, entgegen dem Kapitulationsvertrag plündern und die Zivilbevölkerung gnadenlos niedermetzeln. Nach durchaus glaubhaften Angaben sollen über 60.000 Männer, Frauen, Greise, Babys, kurz jeder, den man erwischen konnte und der den Türken irgendwie »griechisch« vorkam, getötet worden sein.

Der Entsetzensschrei, der daraufhin durch das zivilisierte Europa ging, kümmerte die Türken nicht im Geringsten. Im Gegenteil: In der Nacht vom 6. zum 7. Juni 1822 erstrahlte die osmanische Flotte vor Chios in festlichster Beleuchtung, Musik spielte, es wurde getanzt, Matrosen sangen. Man feierte das Bairam-Fest. Auf dem Flaggschiff, dem Dreidecker MANSOURIYE, drängten sich die Gäste. Alles, was in der näheren und weiteren Umgebung an Türken Rang und Namen hatte, beeilte sich, dem siegreichen Admiral seine Glückwünsche zu überbringen. Gegen Mitternacht gellte plötzlich der Schrei »*Yangun var! – Feuer an Bord!*«, beantwortet von dem griechischen Freiheitsruf »*Christos nikai!*«. Erst jetzt bemerkten die von ihrer eigenen Festbeleuchtung geblendeten Türken die kleinen Griechenschiffe. Eine knatternde Gewehrsalve schlug zwischen die Gäste. Panik brach aus, während in der Nähe ein zweites Linienschiff in Flammen aufging. Vergeblich taten die türkischen Matrosen ihr Bestes, um den Brander von dem Flaggschiff zu lösen und in ungefährliche Entfernung zu schaffen, den der Steuermann Theofilopoulos, auch Karavogiannis genannt, mit seinem Bugspriet sicher in einer Stückpforte der MANSOURIYE verankert hatte. Allein auf dem osmanischen Flaggschiff kamen in jener Nacht über 2000 Menschen ums Leben, darunter hohe und höchste Offiziere und wichtigste Beamte. Sie wurden in der Panik zu Tode getrampelt, sie ertranken, als sie über Bord sprangen, sie verbrannten, als die schwimmende Bombe und, in ihrem Gefolge, das Pulvermagazin der MANSOURIYE explodierte. Der Angriff war nur von vier kleinen Schiffen, davon zwei Brandern, vorgetragen worden unter dem Kommando der Kapitäne Pepinis und Canaris, und als die Hellenen im Schutz der Dunkelheit aufs Meer hinaus verschwanden, beleuchteten fünf brennende Türkenschiffe den Hafen von Chios.

Constantinos Canaris machte die »Rache für Chios« zum Nationalhelden. Der französische Admiral, Comte Gauthier de Rigny, bemerkte später dazu trocken: »Hätten die Griechen ein paar mehr Brander gehabt, von dem türkischen Flottenverband wäre nichts mehr übrig geblieben.« Rache für Rache, Gewalt für Gewalt, Hass für Hass schraubten sich gegenseitig immer höher. Im Oktober 1825 hatte eine türkische Flotte Psara angegriffen, die fast ausschließlich von Greisen, Frauen und Kindern verteidigte Insel beschossen, gestürmt und unter den Einwohnern ein bestialisches Blutbad angerichtet. Als wutschnaubend rund 60 hellenische Rebellenschiffe unter »Admiral« Miaoulis und Kapitän Mavrocordatis die noch siegestrunkene Türkenflotte angriffen, gelang nur einem einzigen Türkenschiff die Flucht. Von den Soldaten und Matrosen der übrigen Kriegsschiffe, den Transportern und den gelandeten Truppen kam nicht einer mit dem Leben davon.

Wie einst bei den Zeegeuzen war der Status der griechischen Freiheitspiraten reichlich fließend und wurde historisch nie so recht geklärt: Auf der einen Seite lieferten sie türkischen Kriegsschiffen und ganzen Flottenverbänden erbitterte und zumeist erfolgreiche Kämpfe, was echte Piraten niemals getan hätten. Andererseits zeigten sie nicht die geringste Scheu, Frachtschiffe, gleichgültig welcher Nation, aufzubringen und auszurauben, wenn es darum ging, die leere Kriegskasse aufzufüllen, oder ganz einfach die Verdienstausfälle der mit Freiheitskampf beschäftigten Väter, Ehemänner, Brüder und Söhne eines griechischen Dorfes auszugleichen. Vor allem österreichische Schiffe hatten unter solchen Überfällen zu leiden, und der Wittelsbacher Prinz Otto, Sohn des kunstsinnigen Bayernkönigs Ludwig I., war längst König der Griechen, als Österreich 1836 die weiß-blaue Flagge Griechenlands endlich offiziell aus dem Register der »Piratenflaggen« zu streichen bereit war.

Auch andere Nationen waren, bei aller Sympathie für den griechischen Freiheitskampf, von solchen Methoden der Hellenen zur See begreiflicherweise wenig erbaut.

So sammelte sich im Frühherbst 1827 in der Adria ein Flottenverband: die Engländer um Admiral Sir Edward Codrington, der sich schon bei Trafalgar ausgezeichnet hatte, auf seinem Flaggschiff ASIA, die Franzosen um Vizeadmiral Comte Gauthier de Rigny auf seiner SIRÈNE, und die Russen um Konteradmiral Joseph Graf von Heyden auf der ALEKSANDR NEWSKJI. Der Gesamtverband umfasste schließlich zehn große Linienschiffe, zehn Fregatten, eine Korvette und drei Briggs sowie zwei Schoner mit 1298 Geschützen und 18.000 Mann. Am 17. Oktober lag der Verband der Alliierten vor der Bucht von Navarino – und in der Bucht die osmanische Flotte unter Ibrahim Pascha, Tahir Pascha und Moharrem Bey mit 62 Kriegsschiffen, 2106 Geschützen und 22.000 Mann. Es ist keine Frage, dass Codrington, de Rigny und von Heyden die Schlacht wollten, aber sie bewegten sich auf politisch spiegelglattem Parkett, und so lief, nach einigem diplomatischem Hin und Her, die alliierte Flotte erst am 20. Oktober mittags in die Bucht von Navarino ein. Um 14.30 Uhr fielen die ersten Schüsse. Um 18.00 Uhr war alles vorbei. Außer einer Fregatte und ein paar kleinen Fahrzeugen, die entwischen konnten, war die osmanische Flotte nur noch ein mastloser, brennender, von Kugeln zerfetzter, explodierender und sinkender Trümmerhaufen. In dieser letzten, ausschließlich unter Segeln ausgefochtenen Seeschlacht, hatten mindestens 5.000 Türken ihr Leben verloren, während die Alliierten lediglich 182 Tote und 489 Verwundete zu beklagen hatten; von ihren Schiffen war nicht eines ernsthaft beschädigt worden.

Die politisch-diplomatisch komplizierte Rechnung ging auf: 1829 im *Frieden von Adrianopel* und 1830 im *Londoner Protokoll* wurde die Freiheit für Hellas verbrieft und besiegelt. Zwei Jahre später ritt der Bayernprinz Otto als König in Athen ein. Ihm, und fast mehr noch seinem, aus Bayern mitgebrachten, damaligen Oberst und späteren bayrischen Generalleutnant Karl von Fortenbach, nebenbei bemerkt der Urgroßvater des Autors, war das Verschwinden griechischer Piraten binnen kürzester Zeit zu verdanken. Die Kapitäne und Mannschaften der bisherigen Freiheits-Freibeuter wurden strikt vor die Wahl gestellt: Entweder in die nunmehr königliche Marine eintreten, oder ihr früheres Leben als Handelsschiffer und Fischer, fernab jedweder Piraterie, wieder aufnehmen. Ihre Anführer, an der Spitze Constantinos Canaris, Andreas Miaoulis und Andreas Kriezis, wurden zu offiziellen Admirälen ernannt – Canaris und Kriezis wurden später sogar zu Premierministern des neugeschaffenen Staates – und binnen Jahresfrist war das hellenische Piratentum praktisch verschwunden.

DIE SKLAVENHÄNDLER

Sklavenhandel war von Anfang an vielfach das zweite Standbein der Piraterie gewesen – sei es in der Form des direkten Verkaufs, oder in der Form der Lösegelderpressung von Gefangenen. In der Antike, bei den Wikingern, den Barbaresken oder in Ostasien waren Sklaverei und Sklavenhaltung normal und unentbehrlicher Teil der Wirtschaftsstruktur. In den vorgeblich zivilisierteren Ländern Europas wurde die Sklaverei, zumindest für Menschen weißer Hautfarbe, bereits im Mittelalter de jure abgeschafft, de facto freilich nur in »Hörigkeit« und »Leibeigenschaft« umbenannt und in dieser Form teilweise bis weit ins 19. Jahrhundert hinein beibehalten. In der Neuen Welt war man da noch weniger zimperlich. 1520 hatte der als der »Apostel der Indios« gefeierte Dominikaner Bartolomé de Las Casas vor dem Kaiserlichen Tribunal und der Heiligen Inquisition vehement erklärt: Im Gegensatz zu den von ihm in jeder Form protegierten und beschützten Indios, seien die Schwarzen an Hitze und schwere körperliche Arbeit gewöhnt. Außerdem besäßen sie keine unsterbliche Seele, was sich durch ihre Hautfarbe kundtue, denn alle »echten« Menschen stammten von Adam und Eva ab, welche bekanntlich hellhäutig gewesen seien. »Neger« seien also gar keine Menschen und wohl als Zerrbild des von Gott geschaffenen Menschen, vom Teufel erschaffen – ergo seien sie die geborenen Sklaven! Die Spanier hatten gegen diese Regelung nichts einzuwenden, denn die Schwarzen waren in der Tat kräftiger und zäher als die Indios. So holten sie sich ihre billigen Arbeitskräfte jenseits des Atlantiks, und es dauerte nicht allzu lange, bis auch der Rest der europäischen Staaten, die Franzosen, Portugiesen, Italiener, Holländer und sogar Brandenburger in das lukrative Geschäft eingestiegen waren.

Die Engländer erwiesen sich dabei als besonders tüchtig. Vom Tag, an dem John Hawkins mit der ersten Sklavenfracht in der Karibik erschienen war, bis zum Jahr der amerikanischen Unabhängigkeit 1786 hatten allein englische Reedereien an die zweieinhalb Millionen Schwarze in die Neue Welt transportiert. Als man dann in Übersee das Freiheitsbanner der Sterne und Streifen gehisst hatte, zeigte England freilich keine Neigung mehr, das amerikanische Wirtschaftsleben zu fördern, brandmarkte den Sklavenhandel als abscheuliches Verbrechen und bewilligte jährlich 320.000 Pfund für Polizeischiffe rund um die Küsten Afrikas, um die Ausfuhr zu sperren – nicht zum

Schaden Englands, welches die schwarzen Arbeiter ja auch ganz gut in den eigenen afrikanischen Kolonien brauchen konnte. Natürlich hörte damit der Sklavenhandel nicht auf, denn die schwarzen Könige und Häuptlinge verdienten – nach ihren Begriffen zumindest – ja auch nicht schlecht an der Lieferung überzähliger Untertanen, die sie gegen die Segnungen der weißen Kultur vom Fusel bis zum billigen Kattun eintauschten.

Jenseits des Atlantiks hatten die Spanier dem Sklavenhandel nie irgendwelche Beschränkungen auferlegt. Ihre eigenen Sklaven befreiten sich schließlich teilweise selbst in blutigen Aufständen, oder sie wurden im Zuge der Unabhängigkeitsbewegungen in Lateinamerika befreit. Weit länger hielt sich die Sklaverei in den USA. Zwar hatte der Kongress, wie schon gesagt, bereits 1776 den Sklavenhandel verboten und das Gesetz 1786, 1804 und 1808 erneuert, doch da die Haltung von Sklaven gesetzlich erlaubt blieb, lief der Handel – illegal und daher umso profitabler – meist über Mexiko, Havanna oder Galveston, und hörte erst mit dem Ende des Sezessionskrieges 1864 auf.

DER SAUBERE – NATHANIEL GORDON
(gest. 1862)

Samstag, der 8. März 1862, war ein nasskalter Tag. Schneeregen rieselte auf die Zuschauermenge herunter. Ein Aufgebot schwerbewaffneter Marinesoldaten hatte den Richtplatz vor dem Tombs-Gefängnis in New York abgeriegelt. Ein Trommelwirbel zeigte den Beginn der Exekution an – und brach ab. Mit einem dumpfen Schlag öffnete sich die Falltür unter dem Galgen. Amerika war um einen Gangster ärmer, und um einen Justizmord reicher.

Schade war es um Kapitän Nathaniel Gordon gewiss nicht – nur dass man ihn wegen Piraterie hängte, war ein böser Missgriff. So lange das Sündenregister Nathaniel Gordons, den man in einschlägigen Kreisen »Natty den Sauberen« nannte, auch war, er war kein »Pirat« – auch wenn ihm der zweifelhafte Ruhm verbleibt, der letzte Weiße gewesen zu sein, der für dieses Delikt gehängt wurde. Natty der Saubere war Sklavenhändler, und stand damit in der langen Reihe jener, die mit amtlichem Wohlwollen oder zumindest stillschweigender Duldung, Arbeitskräfte für die amerikanische Wirtschaft geliefert hatten. Wie oft er bis zu 1000 Schwarze auf seinem etwa 500 Tonnen großen Schiff ERIE zusammengepfercht und mit dieser Fracht den Atlantik überquert hatte, ist unbekannt – zugegeben wurden später nur vier Fahrten. Auf jeden Fall hatte er Pech, als ihn 1862 ein US-Kriegsschiff, die MOHICAN, schnappte, die Fracht in dem 1822 von einer humanen amerikanischen Privatgesellschaft gegründeten »Negerfreistaat« Liberia absetzte, und Nathaniel Gordon in Ketten nach New York schaffen ließ. Das zweite Pech für Natty den Sauberen war es, dass ein Jahr zuvor, 1861, der

Sezessionskrieg zwischen den amerikanischen Nord- und Südstaaten ausgebrochen war, bei dem die Sklavenfrage eine wichtige Rolle spielte. Das 1852 erschienene Buch *Uncle Tom's Cabin* von Harriet Beecher-Stowe hatte weltweite Empörung über die Sklaverei ausgelöst, und seinen guten Teil zu dem Krieg beigetragen.

Nun hatte man also einen dieser berüchtigten Sklavenhändler in der Hand! Das Todesurteil für Natty Gordon stand von Anfang an fest, man wollte ein Exempel statuieren. Dagegen wäre im Prinzip auch nichts einzuwenden gewesen, wenn der Gerichtshof in New York nicht so tölpelhaft zu Werke gegangen wäre, dass sich die öffentliche Meinung schließlich zugunsten Natty Gordons wendete.

In den USA gab es zwar ein Gesetz, das den Sklavenhandel verbot – nur eine festgelegte Strafe dafür gab es nicht. Also kramte man zunächst ein englisches Gesetz des

Nathaniel Gordon, alias »Natty der Saubere«, wurde als letzter Weißer wegen Piraterie gehängt obwohl er »nur« Sklavenhändler war.

Jahres 1824 hervor, das lautete: »Des Seeraubs ist auch schuldig, wer auf hoher See irgendwelche Personen als Sklaven wegbringt.« In England war 1837 die angedrohte Todesstrafe für dieses Delikt in lebenslange Deportation verwandelt worden, aber wohin hätten die USA deportieren sollen? So wurde Natty der Saubere verurteilt auf Grund eines veralteten (!), englischen (!) Gesetzes – und dann noch nicht einmal wegen Sklavenhandels, sondern wegen Piraterie! Wen wundert es, dass in New York bald Hunderte von Anschlägen und Flugblättern dieser Art kursierten: »Bürger von New York! Kommt! Rettet die Gerechtigkeit! Soll mitten unter euch ein Justizmord geschehen, ohne dass sich empört eine Stimme dagegen erhebt? Kapitän Nathaniel Gordon ist für ein Verbrechen verurteilt, das er niemals begangen hat.« Und es waren keineswegs die Befürworter der Sklaverei, die diese Flugblätter verteilten und an die Wände der Häuser klebten, im Gegenteil, es war jene in den USA so erfreulich breite Schicht mit einem feinen Empfinden für Recht und Gerechtigkeit, die das Unrecht der Sklaverei ebenso heftig ablehnte wie Ungerechtigkeit selbst gegen einen Verbrecher. Die Proteste retteten Natty den Sauberen nicht vor dem Galgen, aber das, was zu einer scharfen Kampfansage gegen die Sklaverei hätte werden sollen, hinterließ bei den Amerikanern einen hässlichen Beigeschmack, ähnlich dem, wie ihn Engländer auf der Zunge haben, wenn man den Namen von William Kidd ausspricht.

PIRATEN UNTER DAMPF – DIE SCHLANGENGEIER

Ludwig Bühnau bemerkte in seinem Buch *Piraten und Korsaren der Weltgeschichte*: »Für die Seeräuber hatte sich durch das Aufkommen der Dampfschiffe die allgemeine Lage beträchtlich verschlechtert; denn außer den geschulten Kanonieren brauchten sie nun auch Ingenieure, Kohlestationen und technisch gut ausgerüstete Werften zur Überholung der Kessel und Maschinen. Das waren Erfordernisse, die auch eine wohlorganisierte Piratengruppe kaum noch zu bewältigen vermochte. Darum verschwanden die Seeräuber in dem Maß von den Hauptschifffahrtslinien, wie sich auf diesen der Dampf gegen die Segelschiffe durchsetzte. Die Staaten organisierten sich, der Welthandel und der Weltverkehr wurden so wichtig, dass man sich nicht mehr von einer Schar von Verbrechern oder bestenfalls von Abenteurern stören lassen wollte. Die schnellen, dampfbetriebenen Kanonenboote ermöglichten einen von Wind und Witterung weitgehend unabhängigen Küstenschutz, das Netz der Zollkontrollen wurde dichter, Schmuggel und Strandraub immer riskanter.«

Und noch etwas kam hinzu. Bislang waren die Piraten in der Konstruktion ihrer Schiffe immer auf der Höhe der neuesten Technik gewesen, oftmals dieser sogar voraus, nun aber fehlten ihnen entschieden die Mittel, um auch nur Schritt halten zu können. Ein Schaufelraddampfer, in den dreißiger und vierziger Jahren des 19. Jahrhunderts noch hochmodern, war in den siebziger Jahren bereits restlos veraltet, sogar in der Karibik, wo die letzte regelrechte Piratenbande, die »Schlangengeier« aus San-Blas in Mexiko ihr Unwesen trieb.

Im Mai 1871 überfielen sie, wie einst die Flibustiers, die Insel Puerto Rico, plünderten fast drei Tage lang die Hafenstadt Cuayama, und qualmten mit ihrem 40-PS-Schaufelraddampfer reich beladen und unbehelligt davon. Deutsche Wertarbeit galt schon damals etwas im Ausland, und so war es für den deutschen Konsul nicht schwer, mit den Schlangengeiern ein Abkommen zu treffen: Eine neue Bordartillerie von der Firma Krupp gegen die geraubten Waren der deutschen Firmen in Puerto Rico. Binnen Tagen war der Handel perfekt, und die Vertreter der deutschen Firmen durften sich die entsprechenden Ballen, Kisten und Säcke in San-Blas wieder heraussuchen. »Das Piraten-Umsatzgeschäft begann wieder einmal prächtig zu florieren«, schrieb Hans Leip in seinem *Bordbuch des Satans.* »Doch es war eine tropische Blüte. Sie welkte rasch.« Ein Kreuzer der Marine brauste mit voller Fahrt heran. »Vergebens taten die Schaufelräder des Piratenpüsters ihr Möglichstes. Es wurden auch Segel gesetzt, was Masten und Stengen hielten! Und man wäre auch diesmal entwetzt, wenn nicht die Reichweite der Granaten schon wieder zugenommen und den Kessel erwischt hätten, eben bevor er selber platzte. Und somit versank der letzte Piratenzauber unbeweint in das alte Blutmeer.«

BAB EL MANDEB – DAS »TOR DER TRAUER«

Piraten wie Thomas Tew, Long Ben Avary und Konadji Angria hatten es Anfang des 18. Jahrhunderts vorgemacht, und wenn sich unter ihren arabischen Epigonen auch keine bedeutenden Namen finden, ihre Zahl war bald mehr als beachtlich. Um 1800 schätzte man ihre Zahl auf mindestens 7000 und auf etwa 60 schwerbewaffnete Daus. Die Nordküste der heutigen Arabischen Emirate und Omans erhielt damals die offizielle Bezeichnung »Piratenküste«.

Als die bevorzugte Beute, die Schiffe der Mokka-Flotten – ähnlich den Silberflotten Spaniens in der Karibik ein gutes Jahrhundert früher – dank ihrer Aktivitäten Seltenheitswert bekamen, begannen die *Djoasmis*, so nannten sich die dortigen Piraten, auch europäische Handelsschiffe auszurauben. Sie wurden schließlich so dreist, dass sie 1797 das schwerbewaffnete englische Kriegsschiff Viper zu kapern versuchten und 1808 das britische Kanonenboot Fury. Zwar misslangen die beiden Überfälle und die Viper konnte ebenso wie die Fury mit knapper Not entfliehen. Doch die seinerzeit führende See-, Kolonial- und Weltmacht Großbritannien fühlte sich in höchstem Maße insultiert. Die örtlichen Streitkräfte der Marine unter Kapitän David Seton, unterstützt vom Sultan von Maskat, wurden in Marsch gesetzt. Sie fügten den Djoasmis eine Niederlage zu und zwangen ihnen 1806 einen Friedensvertrag auf, der real jedoch keine Veränderung brachte. 1809 griffen britische Marineverbände Ras-el-Khima, die Hauptstadt der Piratenküste an, versenkten dort auch etliche Daus, wieder mit dem letztlich gleichen Nicht-Ergebnis. Erst nach einem rund zwanzig Jahre dauerndem, verlustreichen Krieg vermochte Sir W. Grant Keir mit Hilfe von acht großen Kriegsschiffen und 3000 Marineinfanteristen die Djoasmis tatsächlich niederzuringen. Auch diesmal war der Erfolg nur mäßig, denn das Piratenunwesen verlagerte sich lediglich aus dem Persischen Golf und dem Arabischen Meer in die Seestraße von Bab el Mandeb. An einem der wichtigsten Seewege der Welt zwischen dem Golf von Aden und dem Roten Meer gelegen und durch Jahrhunderte blutig und tränenreich umkämpft trägt die Straße von Bab el Mandeb nicht umsonst ihren Namen: »Tor der Trauer«.

Als am 17. November 1869 der Sueskanal und damit eine der wichtigsten Schifffahrtsrouten der Welt eröffnet wurde, hätte es, so sollte man meinen, im Interesse aller Völker gestanden, Seeräuberei in dieser Zone auszurotten. Zunächst allerdings war eher das Gegenteil der Fall: Begünstigt durch die Rivalitäten des Osmanischen Reiches und Großbritanniens am Westufer des Roten Meeres breitete sie sich fast epidemisch in der ganzen Region aus. Es war schließlich Italien, das 1885 Massaua und Somalia als Kolonien erworben hatte, das dort energisch gegen das Piratenunwesen vorging und es um 1900 tatsächlich tilgte.

ZAPFENSTREICH – BULLY HAYES
(gest. um 1878)

Ein paar Jahre länger als anderswo hielten sich die Piraten rund um den einsamsten Winkel der damaligen Welt: Australien. Joe Bird, Paunchy Bill, Paddy Conny und Gioacchino Ganga gehörten zu ihnen. Im Grunde waren es Fossile einer vergangenen Epoche. Was gab es in diesem gottverlassenen Winkel der Erde schon zu rauben? Wenn man Glück hatte, ein paar Perlen oder ein paar Ballen Schafwolle, ansonsten klaute man irgendein Schiff und versuchte es im nächsten Hafen wieder zu verschieben. Hauptsächlich waren diese letzten weißen Seeräuber damit beschäftigt, sich selbst und ihre wurmstichigen Kähne über Wasser zu halten.

Bully Hayes wäre wohl auch im Dunkel der Geschichte versunken – oder niemals aus ihm aufgetaucht –, wäre er nicht zweimal geschnappt worden, und hätte er sich nicht mit etlicher Intelligenz zu befreien gewusst. In das Südseeparadies war er als Trompeter einer Musikergruppe gekommen, hatte sich beim Maori-Aufstand selbständig gemacht, als Waffenschmuggler betätigt, ein oder zwei kleine Frachter gestohlen und war schließlich den Spaniern in die Hände gefallen, die ihn auf Manila einlochten. Bully Hayes spielte den reuigen Sünder, wurde eifriger Katholik und blies einige Gottesdienste lang im Orchester der Kathedrale die Trompete. Der Bischof von Manila war über den »einen Sünder, der Buße tut, mehr erfreut als über 99 Gerechte«, bat ihn von den Behörden frei, ließ sich den Ring küssen – und war gründlich verärgert, als das bekehrte Schäflein mit dem erstbesten Schiff aus Manila verschwand, um sein altes Gewerbe wieder aufzunehmen.

Als nächstes gelang es den Engländern, den Extrompeter zu fassen. Da es auf Olosinga, der kleinsten der Samoa-Inseln, kein Gefängnis gab, ließ man ihn auf der Insel frei herumlaufen in der Gewissheit, dass er ohnehin nicht fliehen konnte. Just zu dieser Zeit trieb sich ein gewisser Ben Pease auf Olosinga herum, der auch nicht gerade im besten Ruf stand. Der Gouverneur ließ schon einen Lattenverschlag bauen, um Bully Hayes sicher bis zur Ankunft des Kriegsschiffes, das ihn zur Aburteilung nach Australien schaffen sollte, zu verwahren, als er Pease antraf wie er Hayes als Zuhälter und Raufbold beschimpfte. Letzteres stellte dieser sofort unter »schlagenden Beweis« und der Herr Gouverneur hatte einige Mühe, die Prügelei zu beenden. Pease verlangt lautstark, dass Bully in den halbfertigen Lattenverschlag gesperrt würde, und als der Gouverneur dieses Ansinnen rundweg ablehnte, entrauschte Ben Pease am nächsten Morgen mit beleidigtem Gesicht in die blaue See. Drei Stunden später entdeckte man auch das Fehlen von Bully Hayes, und nach ein paar Tagen musste man dann auch noch erfahren, dass Ben Pease seinem »Feind« zu einem neuen Schiff verholfen hatte. Noch viele Jahre suchten die Behörden nach dem letzten namhaften Seeräuber europäischer Abstammung, ehe sie die Nachricht bekamen, dass dieser den Untergang seines Schiffes 1878 nur deshalb nicht miterlebt hatte, weil ihm kurz vorher sein Steuermann einen eisernen Belegnagel über den Schädel gedroschen hatte. Der Trompeter hatte den letzten großen Zapfenstreich euro-amerikanischer Piraterie geblasen.

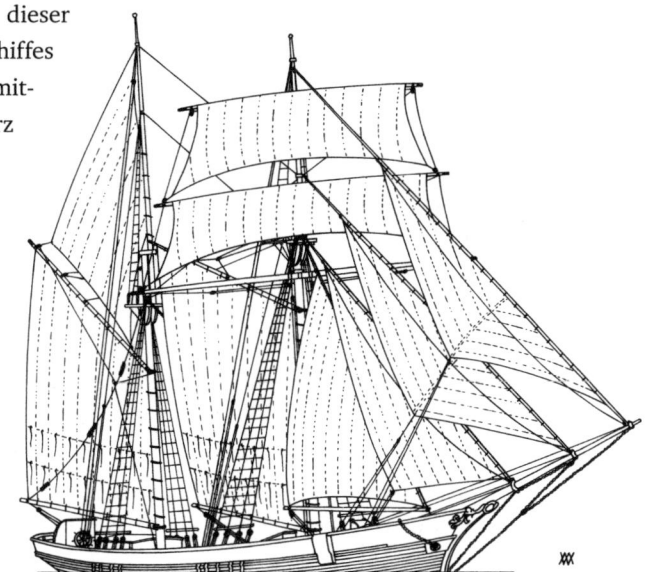

Kleiner Topsegelschoner, wie ihn die letzten weißen Piraten um Australien fuhren bzw. klauten, um ihren Lebensunterhalt zu finanzieren.

Kein Land in Sicht

Die Piraten des 20. und beginnenden 21. Jahrhunderts

In der Ausgabe vom 7.6.1999 (Nr. 32) brachte das Hamburger Nachrichtenmagazin *Der Spiegel* folgenden Beitrag:

»PIRATERIE: ANGST VOR ÖLPEST. Schifffahrtsexperten warnen vor verheerenden Folgen der zunehmenden Piraterie vor den Küsten Ostasiens. So waren die Gewässer von Indonesien und Singapur nur mit viel Glück von einer Umweltkatastrophe verschont geblieben, nachdem Seeräuber vor Singapur einen Tanker gekapert hatten. Weil die Piraten den Kapitän niederschlugen und fesselten, trieb das mit Rohöl beladene Dickschiff stundenlang führerlos durch den engen Philipp Channel. Der Wasserweg wird von Schiffen aller Nationen dicht befahren. Doch ihre Zielhäfen, darunter Hongkong, Schanghai und Tokio, erreichen viele Frachter nicht unbeschadet. Allein in den ersten drei Monaten dieses Jahres wurden in der Straße von Singapur, die zu den wichtigsten Seewegen der Welt zählt, zehn Piratenüberfälle auf Frachter, Tanker und Containerschiffe registriert. In der gesamten Region schlugen die Piraten 38-mal zu. Auf Polizeischutz für ihre Tanker und Frachter können die Reedereien trotz der Gefahren kaum hoffen. Wegen der Wirtschaftskrise in Asien haben fast alle Anrainerstaaten ihre Küstenpatrouillen deutlich zurückgefahren.«

Offenbar muss es hier erst zu einer wirklichen Katastrophe kommen, einer Umweltkatastrophe beispielsweise, ehe ernsthaft etwas unternommen wird.

GESETZE GEGEN PIRATERIE

Seit Gnaeus Pompeius die kilikischen Piraten bändigte, seit Simon von Utrecht die Vitalienbrüder ausrottete, haben die Staaten Europas immer wieder versucht, der Piraterie Herr zu werden. Doch was half es, einen Tatbestand einerseits zu verurteilen, ihn andererseits zum Nutzen des eigenen Landes mit staatlicher Konzession zu schützen und zu pflegen? Was nutzte es, wenn Frankreich, England, Spanien oder Holland einzeln gegen die mediterranen Seeräuberhochburgen in Algier, Tunis und Tripolis vorzugehen versuchten, wenn die jeweils anderen Europäer gerade Stillhalteabkommen mit den Barbaresken geschlossen hatten? Welchen Wert hatte es, wenn Woods Rogers mit den Buccaneers in der Karibik aufräumte, doch Carolina ihnen bereitwillig die Tore öffnete?

»Ein Seeräuber ist allgemein jedermanns Feind; man braucht ihm weder Wort noch Eid zu halten«, hatte schon 66 v. Chr. der Redner und Politiker Cicero vor dem römischen Senat erklärt. Doch es dauerte lange, sehr lange, bis sich zumindest die Völker des westlichen Kulturraumes darüber klar wurden, dass Seeräuberei, in welcher Spielart auch immer, letztlich niemandem auf die Dauer nützte und jedem schadete. 1619 griff König James I. der Vereinigten Königreiche von Großbritannien zu Hampton Court als erster offiziell den Satz Ciceros wieder auf und fügte an: »Wer Piraten auf frischer Tat zur See ergreift, hat das Recht, sie am Mastbaum aufzuknüpfen ohne langes Gericht oder Urteil.« Allerdings, wie *Zedlers Universallexikon* von 1732, klarstellt: »Die Capers sind des Krieges Recht teilhaftig, auch ist zwischen ihnen und den See-Räubern ein großer Unterschied, als welche letzteren durch eigenmächtiges Unternehmen sich auf das See-Kreuzen legen, auch deswegen, wenn sie ertappt werden, aufgehangen werden.« Zwar schrieb Deutschlands größter Dichter, Johann Wolfgang von Goethe, noch 1831 im zweiten Teil seines *Faust*: »Krieg, Handel und Piraterie, dreieinig sind sie, nicht zu trennen«, doch die allgemeinen Proteste, auch gegen Kaperfahrer, wurden immer lauter und massiver, und so wurde 1856 in Paris das erste internationale Abkommen gegen Piraterie und Kaperei unterzeichnet. Kriegerische Handlungen sollten ab sofort allein Kriegsschiffen vorbehalten sein, die verpflichtet waren, dabei die Flaggen ihres Staates zu führen und wehrlose Handelsschiffe streng nach Kriegsrecht zu behandeln. Kaperbriefe wurden verboten. Niemand durfte sich mehr privat an Schiffen des Gegners oder neutraler Länder vergreifen dürfen.

Vielleicht wäre das Abkommen von Paris eine ebenso wohlgemeinte wie wertlose Absichtserklärung geblieben, wie unzählige andere »Abkommen« unzähliger anderer Konferenzen, hätte es nicht den Sezessionskrieg zwischen den amerikanischen Nord- und Südstaaten gegeben. England war in diesem Krieg offiziell zwar neutral, tatsächlich jedoch sympathisierte es offen mit den Konföderierten, und auch, dass die meisten Schiffe der Südstaaten in England gebaut wurden, mochte noch angehen. Doch mit der ALABAMA ging England ein Schrittchen zu weit. Die ALABAMA war auf der Werft der Laird Brothers im englischen Birkenhead gebaut worden, hatte auf ihrer höchst erfolgreichen Kaperfahrt im Atlantik und Pazifik 60 Handelsschiffe der Union aufgebracht, und dabei niemals einen Hafen der Konföderation angelaufen, als sie 1864 vor Cherbourg von der KEARSARGE auf den Grund des Meeres geschickt wurde. Soweit wäre alles in Ordnung gewesen, zumal sie auch ordnungsgemäß die Konföderationsflagge gefahren hatte. Die Unterzeichnerstaaten von Paris sahen das freilich anders und zogen vor das internationale Schiedsgericht in Genf, denn die ALABAMA hatte auch einen Kapitän: Raphael Semmes, und der stammte ebenfalls nicht aus Savannah/ Georgia oder Wilmington/ North Carolina, sondern aus Liverpool in Großbritannien. Und dann geschah etwas, das England, die unbestritten führende Weltmacht des 19. Jahrhunderts, niemals für möglich gehalten hätte. Das internationale Schiedsgericht in Genf befand: Da die in England gebaute ALABAMA unter einem englischen Kapitän gefahren sei, wäre sie offensichtlich niemals ordnungsgemäß an die Konföderation übergeben worden. Folglich hätte sie unter falscher Flagge Kaperei – wenn nicht gar Piraterie (!) – betrieben, denn schließlich war England keine kriegführende Partei gewesen. Zudem hätte die Konföderation in keiner Weise militärischen oder wirtschaftlichen Nutzen aus der Fahrt der ALABAMA gezogen. Der Gerichtshof verurteile Großbritannien dazu, den USA den angerichteten Schaden in Höhe von 15 Millionen Dollar zu ersetzen.

Dieses Urteil war noch weit wichtiger als das Abkommen von Paris acht Jahre zuvor, denn es zeigte, dass die europäischen Staaten tatsächlich gewillt waren, Ernst zu machen mit der Ausrottung von Piraterie und Kaperei. Der Erfolg ließ nicht auf sich warten. Unter solchen Umständen war es sinnlos, noch Kaperschiffe zu bauen und auszurüsten, oder die Seekriegsführung privaten Abenteurern anzuvertrauen so viel Können und Erfahrung diese auch haben mochten. Binnen eines Jahres waren die letzten Kaperschiffe abgerüstet oder an die Kriegsmarine verkauft.

Auch die juristischen Formulierungen wurden immer schärfer und eindeutiger, selbst wenn sie der staatlich sanktionierten Kaperei immer noch ein kleines Hintertürchen offen ließen. 1873 erklärte das englische *Privy Council*: »Piraterie ist nur der Seeausdruck für gemeinen Raub innerhalb der Gerichtsbarkeit der Admiralität.« 1886 war im *Portugiesischen Strafgesetzbuch* zu lesen: »Seeräuber ist, wer als Führer eines bewaffneten Fahrzeuges ohne Auftrag eines Herrschers oder selbständigen Staates auf dem Meer umherfährt, um Raub oder irgendwelche Gewaltakte zu begehen.« Das *Wörterbuch des Völkerrechts* definierte 1925: »Piraterie ist räuberisch gewaltsamer Angriff auf See ohne staatliche Autorisation«, und das *Handwörterbuch der Rechtswissenschaft* meinte 1928 dazu: »Piratenschiffe sind des Schutzes jeder Flagge bar, sie sind denational.«

1958, fast genau ein Jahrhundert nach dem Abkommen von Paris, wurde dann im *Internationalen Abkommen über die hohe See* der gültige »Piratenparagraph« – § 15a – festgelegt: »Seeräuberei ist jeder ungesetzliche Akt von Gewalttätigkeit, Freiheitsberaubung oder Plünderung, der zu privaten Zwecken von der Besatzung oder den Fahrgästen eines privaten Schiffes oder privaten Flugzeuges gegen ein anderes Schiff oder Flugzeug oder dort an Bord befindliche Personen oder Güter begangen wird: a) auf offenem Meer, b) an einem außerhalb der Hoheitsgewalt eines Staates gelegenen Ort.«

DER SEETEUFEL – FELIX GRAF VON LUCKNER
(1881 bis 1966)

Deutschland war 1914 durch die »Nibelungen-Treue« Kaiser Wilhelms II. für Öster-reich, 1941 durch die totale Selbstüberschätzung des »Größten Feldherrn aller Zeiten« (im Volksmund kurz: »Gröfaz«) in zwei Kriege gegen fast den gesamten Rest der Welt geraten. Geblendet von den anfänglichen Erfolgen, unzweifelhafter techni-scher Überlegenheit und höchst zweifelhaften Bündnissen weitete Deutschland im Ersten wie im Zweiten Weltkrieg die Kriegsziele seiner Fronten so weit aus, dass sie, extrem ausgedünnt, schließlich zusammenbrachen und zu den Kapitulationen von 1918 und 1945 führten. In beiden Fällen war es auch die massenmäßige Überlegen-heit der Alliierten zur See gewesen, die den Umschwung und diesen letztlich den Sieg gebracht hatte. Denn während diese auf die schier unerschöpflichen Hilfsquellen an Rohstoffen und militärischem Gerät aus aller Welt zurückgreifen konnten, blieb Deutschland auf die Ressourcen im eigenen Land angewiesen, die zwar für einen Blitzsieg, niemals jedoch für einen längeren Krieg ausreichen konnten.

Den deutschen Admiralsstäben war dieses Problem durchaus bewusst, und so war eines ihrer wichtigsten Kriegsziele, die alliierten Nachschubwege zu unterbrechen, oder doch zumindest empfindlich zu stören. Die kaiserliche Flotte hatte in der Schlacht am Skagerrak, am 30. Mai 1916, zwar demonstriert, dass sie die Briten kei-neswegs zu fürchten brauchte, doch danach hielt sie Kaiser Wilhelm II. untätig in den Häfen zurück, was ihm mit der von der Flotte ausgehenden Revolution 1918 schließ-lich den Thron kostete. Hitler-Deutschland verfügte zwar über die damals besten Kriegsschiffe der Welt, doch es waren zu wenige. Kaperkrieg war immer die Waffe der schwächeren Seemächte gegen die stärkeren gewesen. So war die Idee, mit kleinen, scheinbar harmlosen Schiffen den Nachschub des Feindes lahmzulegen, so verlockend und logisch wie zu allen Zeiten. Auch wenn diese Aufgabe, doch das gestand man sich lange nicht ein, für diese Schiffe bei aller Tapferkeit und Tüchtigkeit ganz einfach undurchführbar war, so schrieben sie doch ein, zumindest vorläufig letztes Kapitel in den Annalen des Kaperkrieges.

Es soll hier nicht von jenen regulären Kriegsschiffen die Rede sein, wie dem Kleinen Geschützen Kreuzer EMDEN und dem Kleinen Kreuzer KARLSRUHE im Ersten, der ADMIRAL SCHEER und der ADMIRAL GRAF SPEE im Zweiten Weltkrieg, sondern von jenen Schiffen, die, ehe sie zu ihrem Zweck beschlagnahmt und umgebaut wurden, durchaus aus ziviler Hand stammten, wie dies früher ja auch der Fall gewesen war. Diese Kaperschiffe wurden »Hilfskreuzer« genannt und waren ehemalige Handels-oder kleinere Passagierschiffe. Man versah sie mit Maschinenwaffen, manchmal auch mit einem leichten Geschütz und stärkeren Maschinen und vor allem mit geheimen Unterkünften für die zusätzliche Besatzung und die Mannschaften aufgebrachter

Schiffe. All diese Ein- und Umbauten wurden so geschickt versteckt, dass äußerlich die Silhouette eines biederen Handelsschiffes nicht verändert wurde, ja, wie schon berichtet, feindliche Kontrollen an Bord gelassen werden konnten, ohne dass ihnen etwas Verdächtiges aufgefallen wäre.

Zu den erfolgreichsten dieser Hilfskreuzer des Ersten Weltkriegs zählten die WOLF, die auf ihrer 15 Monate dauernden Kreuzfahrt 110.000 Bruttoregistertonnen gegnerischen Schiffsraum versenkte, und die MÖWE, die es auf zwei Fahrten sogar auf 182.000 Bruttoregistertonnen brachte.

Im Zweiten Weltkrieg war keiner der rund 30 Hilfskreuzer größer als 9000 Tonnen, aber jeder versenkte im Durchschnitt 130.000 Bruttoregistertonnen. Zudem wurden etwa 30 der wertvollsten Prisen, vor allem Tanker, in die Heimat geschickt, wovon die meisten ihr Ziel sogar erreichten. Viele von ihnen wurden berüchtigt, die THOR, die MICHEL oder die KORMORAN, der es gelang den australischen Kreuzer SYDNEY zu versenken. Die PINGUIN (früher Frachtmotorschiff KANDEFELS) unter Kapitän Ernst Felix Krüder schickte nicht nur rund 20 alliierte Frachter mit 150.000 Bruttoregistertonnen auf den Grund des Meeres, sondern er schickte auch eine ganze Walfangflotte, die er ohne einen einzigen Schuss gekapert hatte, in die deutsche Heimat, wo sie tatsächlich

Bernhard Rogge war mit seinem Hilfskreuzer ATLANTIS im 2. Weltkrieg 627 Tage ununterbrochen in See (die längste Kaperfahrt der Geschichte) und wurde 1953 zum NATO-Konteradmiral ernannt.

wohlbehalten eintraf. Kapitän Krüder und der größte Teil seiner Besatzung fielen schließlich im Indischen Ozean im Kampf gegen den britischen Schweren Kreuzer CORNWALL.

Wahrhaft berühmt wurde die ATLANTIS (vormals Frachtmotorschiff GOLDENFELS) unter ihrem Kapitän Bernhard Rogge. Sie hatte 22 Frachter mit 145.000 Bruttoregistertonnen Schiffsraum gekapert, versenkt oder als Prisen in die Heimat geschickt, ehe sie schließlich im November 1944 von dem britischen Schweren Kreuzer DEVONSHIRE versenkt wurde. Kapitän Bernhard Rogge, der sich mit seinen Leuten auf ein deutsches Schiff in der Nähe retten konnte, hatte zu diesem Zeitpunkt mit 627 Tagen ununterbrochener See- und Feindfahrt die mit Abstand längste Seereise der Geschichte durchgestanden.

Zur Legende wurde Kapitänleutnant Felix Graf von Luckner, ein hervorragender Offizier, der sich vor dem Krieg viele Jahre unter dem Namen Philax Lüdike in aller Welt als Matrose auf Segelschiffen herumgetrieben hatte. »Nun, Majestät, wenn unser Admiralstab sagt, das sei unmöglich und lächerlich, dann bin ich sicher, dass es sich machen lässt. Denn dann wird es auch die britische Admiralität für unmöglich halten. Man wird gar nicht erst nach so etwas Absurdem wie einem als harmlosen alten Segler getarnten Hilfskreuzer suchen«, soll er 1916 zu Kaiser Wilhelm II. gesagt haben. Deutsch-

Felix Graf von Luckner war besonders stolz darauf, dass bei seinen legendären Kaperfahrten im 1. Weltkrieg bei Freund und Feind nur ein einziger Mann ums Leben kam.

land stand damals im dritten Kriegsjahr, und während Frankreich und Großbritannien über den Atlantik Rohstoffe und Nachschub bezogen, wurden diese in Deutschland zunehmend knapp, so dass auch der Einsatz von Hilfskreuzern und U-Booten durch die Treibstoffknappheit immer mehr eingeengt wurde. Einen vom Treibstoff unabhängigen Segler als Hilfskreuzer einzusetzen war also gar nicht so absurd, wie es im ersten Augenblick erscheinen mochte.

Die Wahl fiel auf die 1888 in Schottland erbaute PASS OF BALMAHA, die sich einen Ruf als hervorragend schneller Segler erworben hatte, ehe sie von einem deutschen U-Boot aufgebracht und nach Cuxhaven geschickt worden war. Das auf den Namen SEEADLER umgetaufte Dreimast-Vollschiff wurde nun in ein »merkwürdiges Schiff voller Geheimtüren und falscher Verkleidungen« verwandelt, um nicht nur versteckte Wohnräume für einen Teil der Besatzung zu schaffen, sondern auch Raum für 400 Gefangene aufgebrachter Schiffe. Graf Luckner bestand sogar darauf, dass diese Räume nicht nur mit Kojen und Toiletten ausgestattet waren, sondern auch mit Lesestoff in englischer und französischer Sprache. Unter einer »Ladung Holzbretter« wurde am Bug eine 10,5-cm-Kanone versteckt. Da man als neutraler »Norweger« durch die britische Blockade zu schlüpfen gedachte, wurden nicht nur norwegische Originalschiffspapiere von Luckner persönlich gestohlen und gefälscht. Sechzehn Mann samt Kapitän sprachen fließend norwegisch, »die Besatzungsmitglieder trugen norwegische Holzpantinen, dicke Norwegerpullover und blaue Schiffermützen, und jeder hatte norwegischen Priem und vor allem einen norwegischen Ausweis bei sich. Viele hatten über Nacht eine ›Braut‹ in Norwegen bekommen, von der sie sogar Liebesbriefe besaßen. Wir ließen uns einen Bart wachsen und nahmen norwegische Namen an«, und sogar die »Gattin« des Kapitäns war an Bord – ein junger Matrose mit Perücke und in Frauenkleidern. Damit er/sie sich nicht durch die Stimme verriet, hatte die »Dame« während der Durchsuchung durch die britischen Offiziere der AVENGER einen dicken Schal um den Kopf und »fürchterliche Zahnschmerzen«. Das Ganze war eine Glanzleistung der Tarnung, und den britischen Offizieren, welche das Schiff durchsuchten, kam keinen Augenblick auch nur der leiseste Verdacht, ja, sie wünschten ihm zum Schluss noch »glückliche Reise«. Das für Graf Luckner wichtigste Versteck der SEEADLER befand sich im stählernen Hauptmast: Dort waren nicht nur Waffen untergebracht, sondern vor allem die offiziellen Uniformen der deutschen kaiserlichen Kriegsmarine. Kapitän Graf von Luckner begnügte sich nämlich keineswegs damit, die Reichskriegsflagge aufzuziehen, er und seine Mannschaft legten stets auch die vollen Uniformen ihres Landes an, ehe sie ein feindliches Schiff stoppten, eroberten und versenkten.

224 Tage, über sieben Monate also, hielt die SEEADLER die alliierte Schifffahrt in Angst und Schrecken, versenkte zunächst im Atlantik, dann im Pazifik 14 Schiffe mit insgesamt über 130.000 Bruttoregistertonnen, darunter sogar zwei Dampfer, die laut

kaiserlicher Order gar nicht hätten angegriffen werden dürfen. Die Fahrt endete schließlich auf den Riffen der winzigen Insel Mopelia im Pazifik, auf welche die SEE-ADLER von einer plötzlichen Flutwelle geworfen wurde. Graf Luckner suchte in einem offenen Motorboot noch wochenlang von Insel zu Insel nach einem neuen Schiff, während sich seine Besatzung in das neutrale Chile retten konnte, dort freilich bis zum Ende des Krieges in Internierung gehen musste. Man hat Felix Graf von Luckner den Übernamen »Seeteufel« gegeben, doch ein Teufel war er ganz bestimmt nicht, denn er war nicht nur bis zum Äußersten ritterlich seinen Gefangenen gegenüber, er bedauerte auch seine Opfer: »Es war für uns immer ein Stich durchs Herz, ein Segelschiff zu versenken. Die Poesie des Meeres! Jeder Segler der untergeht, kommt ja nicht wieder, da keine mehr gebaut werden«. Sein größter Stolz war es, das bei dem ganzen Unternehmen bei Freund und Feind nicht mehr als nur ein einziger Mann ums Leben gekommen war – und dieser war durch den verirrten Granatsplitter eines Warnschusses verunglückt. Felix Graf von Luckner und seine SEEADLER – das letzte Segelschiff im Kriegseinsatz überhaupt – waren, trotz aller Erfolge, in einer Zeit der dampf- und dieselgetriebenen Kriegsschiffe ein fast lächerlicher Anachronismus.

Ein Anachronismus – freilich absolut kein lächerlicher, wenn leider auch ebenso großer – war die ritterliche, ja vornehme Art der Kriegsführung dieser Korsaren des 20. Jahrhunderts! Wie ihren großen Vorgängern haben Freund und Feind den kühnen Taten Achtung und Anerkennung nicht verweigert, so dass beispielsweise Bernhard Rogge 1953 unter allgemeinem Beifall auch der einstigen Gegner zum Konteradmiral des Nordatlantikpakts für den Wehrbereich Com-Land/ Schleswig (zu deutsch Kommando-Land/Schleswig) befördert wurde.

DIE GELBEN WITWEN – HON CHO-LO UND LAI CHOI-SAN
(verschollen um 1922 und um 1900 bis um 1960)

Ende des 19. Jahrhunderts glaubte man es sei tatsächlich gelungen, das Piratenunwesen in Ostasien in den Griff zu bekommen. Doch schon mit dem Boxeraufstand 1900 zerstob dieser Glauben. Der Sturz der Mandschu-Kaiser 1911 und die bald folgenden Machtkämpfe zwischen Chiang Kai-shek und Mao Tse-tung brachten das alte Gewerbe in jenen Gewässern wieder voll in Schwung. Und wie kaum anders zu erwarten, dauerte es nicht lange, bis sich entsprechend tüchtige Anführer(innen) fanden.

Die erste um 1921 war Frau Hon Cho-Lo, meist kurz Frau Lo oder Witwe Lo genannt. Sie hatte ein einschlägiges Unternehmen von ihrem Mann geerbt und binnen weniger Jahre in großem Stil ausgebaut. Sie entwickelte eine völlig neue Methode für ihre Überfälle: Vor allem auf regelmäßig verkehrende Schiffe unter europäischer bzw. amerikanischer Flagge, die in den chinesischen Gewässern fuhren, samt den Fähren zwischen Hongkong und Macau, hatte es Frau Lo abgesehen. Ihre Späher informierten sich gründlich über die Raumverteilung des ins Auge gefassten Schiffes, die Eigenheiten des Dienstes und der Besatzung, der Offiziere, Wachleute und Stewards, während andere Bandenmitglieder in den Häfen nach interessanten Passagieren Ausschau hielten. Waren diese Vorbereitungen zur Zufriedenheit abgeschlossen, gingen die Piraten als Passagiere der verschiedenen Klassen an Bord – im Gepäck oder auch am Körper ein mittleres Waffenarsenal verborgen. In Schanghai, Hongkong und Singapur wurden chinesische Passagiere zwar auf Waffen untersucht, ehe sie an Bord gelassen wurden. Aber das war schwierig genug, wenn sich ein paar hundert Zwischendeck-Kulis an Bord drängten, oder ein sichtlich wohlhabender chinesischer Großkaufmann, der Erste Klasse gebucht hatte, gegen solche Behandlung lautstark protestierte. Zudem konnten Chinesen in anderen Häfen wie Amoy, Futschau und Swatau das Fallreep ohnehin ungehindert passieren. Der Überfall passierte dann gewöhnlich in der Abenddämmerung, wenn Passagiere und die Mehrzahl der Besatzung friedlich beim Abendessen saßen. Eine von der richtigen Person angezündete Zigarette genügte als Zeichen und plötzlich verwandelten sich etliche der harmlosen gelben Mitreisenden schlagartig in Banditen, die mit einem kurzen »Hands up!« ihre Pistolen und Revolver auf Besatzung und Passagiere richteten. Dann wurde dem Kapitän befohlen mit gelöschten Lichtern eine versteckte Bucht anzulaufen, und der fügte sich stets, denn kein Kapitän der Welt kann und darf ein Blutbad unter seinen Passagieren riskieren. In der Bucht angekommen wurden dann die Passagiere gründlich ausgeraubt, die Fracht auf schon bereitliegende Boote umgeladen, das Schiff bis zum Türgriff aus Messing geplündert und jene Passagiere, von denen man sich ein Lösegeld erhoffte, an Land gebracht. Das Schiff durfte anschließend seine unterbrochene Reise fortsetzen. Was half es, wenn Reeder und Schifffahrtslinien die Zugänge zur Brücke mit Stahltüren schützten und bewaffnete Wachleute anheuerten, zumeist indische Shiks, die tapfer, billig und Chinesenhasser waren. Die Pistolenmündung an der Schläfe von Mrs. Rosemary Smith oder Direktor Benjamin D. Robinson öffnete jede kugelsichere Stahltür und ließ die Waffen der Wachleute auf einen Wink des Kapitäns schleunigst zu Boden klappern. Tote und Verwundete gab es bei diesen Überfällen selten.

Dass der Kapitän der norwegischen SOLVIKEN erschossen wurde, weil er seine Kabinentüre nicht öffnete, oder dass gar ein Feuerstoß, wie auf der ANKING geschehen, die Brücke leerfegte, waren eindeutig die Ausnahmen. Allenfalls wurde der eine oder andere Shik umgebracht, denn die Chinesen konnten die Inder ebenso wenig leiden wie umgekehrt. Allerdings hatte Frau Hon Cho-Lo auch eine sehr probate Methode früherer chinesischer Piraten übernommen, um die Zahlung für Lösegelder zu beschleunigen. Kamen Verwandte, Geschäftsfreunde oder Kolonialbehörden der ersten Forderung nicht nach, so erhielten sie als »Mahnung« einen abgeschnittenen Finger oder ein

Ohr des Betreffenden, die »zweite Mahnung« bestand aus einem Fuß oder einer Hand. Traf dann das Lösegeld binnen der gesetzten Frist immer noch nicht ein, wurde die offenbar wertlose Geiseln »entsorgt«. Dergleichen kam allerdings äußerst selten vor.

Erfolgreiche Überfälle dieser Art waren zwischen den Weltkriegen so häufig, dass man nicht einmal die Namen der Opfer aufzählen könnte, ohne den Rahmen dieses Buches zu sprengen. Und was taten die amtlichen Stellen? Normalerweise setzte sich nach solch einem Vorfall der britische Generalkonsul mit der chinesischen Regierung in Verbindung – sofern es gerade eine Regierung gab, mit der man sich in Verbindung setzen konnte: Schadenersatz für die angerichteten Schäden an Schiff und Ladung, Entschädigung für Hinterbliebene, sowie Bestrafung der Täter. Zumindest im letzten Fall zeigten sich chinesische Regierungen stets kooperativ: Schnell waren ein Dutzend Habenichtse in den Straßen der Hafenstädte zusammengefangen und vor Gericht gestellt. Ahnungslosigkeit und Leugnen wurden als »Verstocktheit« gewertet, Alibi-Zeugen wegen »Komplizenschaft« gleich mitangeklagt. Anschließend wurden die »Piraten« dann, mit auf den Rücken gebundenen Händen, zum Richtplatz geschafft. Dort mussten sie niederknien, ein Henkersknecht zog die Köpfe an ihrem Zopf in die richtige Position, ehe sie der Schafrichter mit seinem Zweihandschwert abschlug, und der hinzugebetene Konsulatsbeamte notierte: »Ultimatum erfüllt«.

Um 1920 wurde Frau Hon Cho-Lo von Frau Lai Choi-San abgelöst, deren Name übersetzt »Berg des Glücks« oder auch »Berg des Schicksals« bedeutet. Ob sie die Erbin der Witwe Lo war oder ihre erfolgreichere Konkurrentin weiß niemand. Mitte der 30er-Jahre gewährte sie dem Journalisten Aleko E. Lilius eine ausführliche Audienz.

An Bord der SUI-ANNE nach Hongkong reisend, war Lilius mit einem Portugiesen über das Thema Seeräuberei ins Gespräch gekommen – kaum zufällig, denn die SUI-ANNE war 1922 von den Leuten der Witwe Lo nach allen Regeln der Kunst ausgeraubt worden. Lilius, der im Sold etlicher hochangesehener US-Zeitungen stand, war ehrgeizig. Nach entsprechendem Handgeld, lotste ihn jener Portugiese in Macau in eines der dortigen Spielhäuser, dessen chinesischer Besitzer, wiederum gegen entsprechenden Scheck, ihm eine Audienz bei der »Piratenkönigin« in der berüchtigten Bias-Bucht organisierte. Auf einer mit 14 Kanonen – »allerdings entsprachen nur zwei davon neuzeitlichen Anforderungen« – bewaffneten Dschunke erreichte Lilius sein ersehntes Ziel. Ein paar Tage später erschien Lai Choi-San auf der

Lai Choi-San, Piratenführerin in der klassischen chinesischen Tradition (rechts im Bild).

Dschunke – und Lilius musste seine erste herbe Enttäuschung wegstecken: Statt prächtiger Seidengewänder trug die Piratin an Bord einen alten Kulikittel, schlichte Männerhosen, lief barfuss über die Decks und ein Karabiner (allerdings neuester Bauart) ersetzte das ruhmreiche Schwert der Vorväter. Sie gestattete Lilius immerhin, sie so abzulichten. Der ehrgeizige Journalist erhoffte nun die Piraten in voller Aktion zu erleben! Und er erlebte sie auch: Zunächst trieben sie bei etlichen Fischern Schutzgelder ein samt einem Kanonenschuss bei solchen, die offenbar weniger zahlungswillig waren. Während der »Kampfhandlungen« wurde Lilius freilich unter Deck gesteckt, und, wieder an der frischen Luft, sah er lediglich zwei gefangene Dschunkenführer und ein in den Fluten versinkendes Fischerboot. Zurück in der Bias-Bucht, wo ihn die Leute »finster ansahen« und sogar »Steine hinterdrein warfen«, wurde er schließlich ein beträchtliches Stück vor Hongkong an Land gesetzt, weil »die Luft im Hafen für sie ungesund« sei, wie sich Lai Choi-San ausdrückte. In die Geheimnisse chinesischer Seeräuberei war Aleko E. Lilius nicht eingedrungen. Immerhin mochte er sich rühmen, einer der bemerkenswertesten Persönlichkeiten des 20. Jahrhunderts gegenübergestanden zu haben.

Kurz vor dem Zweiten Weltkrieg zog sich Lai Choi-San nach Java zurück, um dort in Ruhe ihre Reichtümer zu genießen. Klassisch bleibt ihr Ausspruch: »In einem einzigen Kaufmann steckt mehr Verstand als in einem Schiff voller Offiziere«.

DIE »GOLDENE ANMUT« – KI-MING UND TANG CHEN-CHIAO (gest. 1936 und gest. um 1960)

Epigonen der »gelben Witwen« Hon Cho-Lo und Lai Choi-San gab es genug.

Die hübsche Ki-Ming stammte aus guter Familie, die durch die Revolution ihr Vermögen verloren hatte. So ging sie in Manila als Passagierin erster Klasse an Bord der EMPRESS OF CANADA, und mit ihr 100 ihr verschworene Kulis als Zwischendeck-Passagiere. Während der Fahrt versuchte Ki-Ming dann nach bewährtem Muster das 36.000 BRT-Schiff unter ihre »Obhut« zu bringen. Doch die Sache ging schief und die Piraten wurden überwältigt. Ki-Ming sprang daraufhin über Bord und ertrank.

Die inneren Machtkämpfe der chinesischen Revolutionäre – Chiang Kai-shek und Mao Tse-tung sind nur die uns namentlich bekanntesten – auf der einen, die japanische Invasion Chinas auf der anderen Seite nützte Frau Tang Chen-Chiao in den 30er-Jahren des 20. Jahrhunderts, um sich zwischen Schanghai und Kanton ein Piratenimperium aufzubauen, das sich ebenfalls vor allem auf Überfälle von Passagierschiffen spezialisiert hatte, die allerdings in der Regel erheblich blutiger abliefen als die ihrer großen Vorbilder. Fast acht Jahre lang versetzte die »goldene Anmut«, wie sie überschwänglich von ihren Verehrern genannt wurde, die Zivilschifffahrt jener Gegend in

Angst und Schrecken, ehe sie geschnappt, vor Gericht gestellt und zu lebenslänglichem Zuchthaus verurteilt wurde. Später soll sie freigekommen sein, und Leute, die sie von früher kannten, wollen sie in den später 50er-Jahren in den Straßen von Kanton gesehen haben, wie sie, von Kerker, Zwangsarbeit und Krankheit gezeichnet, dort kleine Reiskuchen verkaufte.

Noch 1952 gab es einen Überfall im Stil der »gelben Witwen«. Am 12. Februar dieses Jahres notierte der *Manchester Guardian*: »Heute griffen in der Straße von Formosa Piraten den britischen Dampfer Wing Sang (3560 Tonnen) an und nahmen den amerikanischen Diplomaten Mr. Edward Stansbury sowie den Kapitän dieses Schiffes, Mr. Stanton, gefangen, wobei sie eine Lösegeldsumme von 10.000 Dollar verlangten. Nach bei der Marine eingegangenen Nachrichten konnten die beiden Herren, nachdem das Lösegeld bezahlt worden war, auf die Wing Sang zurückkehren, und diese setzte ihre Reise nach Keelung auf Formosa fort. Es ist nicht bekannt, wieso die Piraten wissen konnten, dass ein amerikanischer Diplomat sich als Passagier an Bord befand.«

Anfang der 70er-Jahre des 20. Jahrhunderts jubelten höchst angesehene Experten der Seefahrtsgeschichte wie Hans Leip, Hans Sokol und Fernand Salentiny erneut einmütig, im fernen Osten sei die Piraterie endgültig vernichtet – und wiederum war dies, wie früher, ein gewaltiger Irrtum!

PIRATEN IN DER LITERATUR, FILM UND FERNSEHEN

Vor allem rund ums Mittelmeer wurden und werden seit jeher in vielen Balladen, Liedern und volkstümlichen Gedichten Freibeuter besungen – die Kämpfer gegen die verhassten Anjou im Sizilien des späten 13. Jahrhunderts, die großen Anführer der Barbaresken des 16. Jahrhunderts wie Azor Chair-Ad-Din und Ali el-Uluji, oder auch die griechischen Freiheitskämpfer des frühen 19. Jahrhunderts bieten reichlich Stoff.

Francis Drake, John Hawkins und Genossen waren in England schon seit Ende des 16. Jahrhunderts Figuren populärer Schriften und Theateraufführungen. Mit den »Bestsellern« von Alexandre Olivier Exquemelin, Captain Charles Johnson und Père Jean-Baptiste Labat rückten im frühen 18. Jahrhundert die Piraten allgemein ins Bewusstsein der gebildeten, d.h. lesenden, Bevölkerungsschichten. Mehr oder minder obskure Theaterdichter und Romanschreiber stürzten sich daraufhin auf das Thema.

Doch erst das epische Gedicht von George Gordon Noel Lord Byron *Der Korsar* (1814) und der Roman von Sir Walter Scott *Der Pirat* (1821) erhoben den Piraten zur echten literarischen Figur. Zur in der Tat »literarischen«, denn Byron und Scott waren die Väter des seither durch Bücher und Filme geisternden romantischen und abenteuerlichen Piraten-Helden (ein bisschen Drake, ein bisschen Surcouf, ein bisschen Lafitte, ein bisschen maritimer Robin Hood) – und alles sehr fern jeglicher historischer

Realität. Genauso erschienen Piraten auch in der Oper *Il Corsaro* (1821) von Giuseppe Verdi und bei namhaften Autoren wie Jack London, Emilio Salgari, dem geistigen Vater des »Schwarzen Korsaren«, oder Rafael Sabatini, der vor allem für Jugendliche schrieb.

1928 dichtete Bertolt Brecht in seiner *Dreigroschenoper* mit dem Song *Die Seeräuber-Jenny* (»Und ein Schiff mit acht Segeln, und mit fünfzig Kanonen …«) die wohl verblüffendste Mischung aus dem Traum einer kleinen Angestellten und einer Realität, wie sie durchaus in der Karibik des 17. Jahrhunderts denkbar gewesen wäre.

Zum absoluten Klassiker bis zum heutigen Tag wurde *Die Schatzinsel* (1883) von Robert Louis Stevenson. Mit geheimnisvollen Schatzkarten, vergrabener Beute, Holzbein, Augenbinde, Papagei und dem Lied »Fünfzehn Mann auf des toten Mannes Kiste« lieferte das Buch all jene Versatzstücke, ohne die seither eine Piratengeschichte nicht mehr auszukommen scheint.

Natürlich waren Piratengeschichten auch für Comic-Autoren und Comic-Zeichner unwiderstehlich. Der berühmteste Comic dieser Art ist zweifellos *Der rote Korsar*, der es seit 1959 auf über 32 Bände gebracht hat. Der selbst in aussichtslosesten Lagen letztlich stets erfolgreiche rote Korsar (eine eigenwillige Mixtur aus Drake und Blackbeard) nebst seinen Helfern Dreifuß und dem Neger Baba wurden als hoffnungslos erfolglose Piraten von den Vätern des legendären *Asterix* genial persifliert.

Piraten bei der Verteilung der Beute, wie man sie heute in Comic-Heften darzustellen pflegt.

Mögen jene literarischen Gestalten wenigstens noch gelegentlich Anklänge an einzelne historisch reale Freibeuter aufweisen, so sind sie im Kinderbuch *Der Pirat* endgültig zu teils lustigen, teils jämmerlichen Märchenfiguren verkommen. Kapitän Hook in *Peter Pan* von Matthew James Barrie ist zwar der ewige Verlierer, doch immerhin noch eine Persönlichkeit. Viele Bücher hingegen sind Lichtjahre entfernt von der Realität der Piraterie. Die Krone setzten dem Kirsten Boie und Silke Brix-Henker mit ihrem *Der kleine Pirat* auf, dessen Titelfigur allmorgendlich artig seine Cornflakes futtert und seine Milch schlürft – und selbstverständlich schnellstens genug hat von seinem Piratenleben und zum angepassten Bürgerkind konvertiert.

Schiffe mit geblähten Segeln, donnernde Kanonen, ausgedehnte Fechtszenen, viel Romantik und oft ein Schuss Exotik, Totenkopfflagge, spanische Silbergaleonen, Augenklappe und Holzbein, schurkische, meist spanische Inselgouverneure, Schatzverstecke und Piratenbräute, aufwändige Tricks und tollkühne Stunts, das sind die fast unvermeidlichen Ingredienzien eines Piratenfilmes. Große Regisseure wie D. W. Griffith, Michael Curtiz, Cecil B. DeMille, Alfred Hitchcock, Roman Polanski und Steven Spielberg haben sich des Themas angenommen. Bedeutende Schauspieler wie Douglas Fairbanks, Errol Flynn, Olivia de Havilland, Charles Laughton, Charlton Heston, Walter Matthau, Dustin Hoffman, Johnny Depp oder Geena Davis haben die Helden und

Filmpirat Errol Flynn mit elegantem, im echten Enterkampf völlig unbrauchbarem Rapier.

Antihelden verkörpert. Der Piratenfilm ist ein Subgenre des Mantel-und-Degen-Films und folgt generell dessen Gesetzen: Der Kampf des einzelnen »Guten« gegen die Übermacht der »Bösen«, unweigerlich kombiniert mit dem Ringen um eine schöne Frau – und letztlich, selbstverständlich der Sieg des »Guten« auf der ganzen Linie. Denn wie in nahezu allen Filmen dieses Genres sind auch im Piratenfilm die Charaktere gewöhnlich publikumswirksam in Schwarz-Weiß gezeichnet.

Es gibt mittlerweile weit über 100 Piratenfilme. Zunächst war es fast ausschließlich Hollywood, das sich dieses Genres annahm. In den 50er Jahren ersetzte England mit einer Reihe von B-Produktionen das, was es an Schauwerten nicht finanzieren konnte, geschickt durch verwickelte Konstruktionen von Intrigen und Plot. In den 60ern versuchte sich auch Italien neben seinen, mitunter überraschend guten, »Spaghetti-Western« an Piratenfilmen, doch diese allzu billig gemachten »Prügelfilme« landeten allenfalls in der C-Kategorie. Seit den 80er-Jahren entstanden aufwändige Co-Produktionen, die häufig in Australien gedreht wurden. In jüngster Zeit versucht Hollywood mit den Effekten modernster Digitaltechnik das Genre erneut an sich zu ziehen.

Douglas Fairbanks, Errol Flynn und andere haben das allgemeine Piratenbild mehr als jeder Historiker geprägt. Versuche in neuerer Zeit das Thema zu historisieren, (ich nehme da ausdrücklich seriöse wissenschaftliche TV-Dokumentationen aus!), gar zu ironisieren scheiterten kläglich. Ein »echter« Pirat, das ist heute im allgemeinen Bewusstsein ein verwegener Draufgänger und Rächer des Unrechts, der, letztlich allzeit siegreich, gegen fiese Konkurrenten wie andere Piraten oder schurkische Insel-Gouverneure für Freiheit, Gerechtigkeit und vor allem um die Liebe seiner Angebeteten kämpft. Mit realen Freibeutern haben diese Stereotypen so wenig zu tun wie eine Makrele mit einem Hai, abgesehen von der Tatsache, dass beide Fische sind ...

ZWISCHEN KITSCH, REKLAME UND KINDERZIMMER

Die Verharmlosung der Piraten, die im 19. Jahrhundert literarisch begann, treibt mittlerweile geradezu groteske Blüten. Waren Piraten dort eher noch romantische, manchmal auch tragische Helden, so sind sie heutzutage im Bewusstsein der Allgemeinheit nur noch pittoreske, lustige, allenfalls ein wenig raubeinige Burschen – Symbolfiguren für Abenteuerlust und ungebremste Männlichkeit.

Piraten tummeln sich in Freizeitparks und in tausend verschiedenen anderen Formen auf Briefköpfen und Bierdeckeln, Andenken-Tassen und Schulheft-Umschlägen. Ihre Flaggenmotive prangen auf Autoaufklebern, T-Shirts und, eintätowiert, auf dem schwellenden Bizeps besonders männlicher Männer. Piratenschiffe (vorzugsweise aus Plastik und gar in der Dunkelheit leuchtend) sind »Renner« einschlägiger Herstellerfirmen. Man begegnet Piraten als Puppen für kleine und große Kinder, ganz zu schweigen von den Souvenirs, die man überall in küstennahen Ferienorten kaufen kann. Sie machen Werbung für Herrenmode, Alkoholika und Zigaretten bis zu Sparmarken und sogar eine Möbelhaus-Kette. Zahllose Kneipen und Restaurants in aller Welt schmücken ihre Wirtshausschilder mit Piratenmotiven, einige sind sogar wie Piratenschiffe eingerichtet – keine Küstenstadt, die etwas auf sich hält, scheint ohne mindestens ein solches Lokal auszukommen. Vor dem luxuriösen Hotel »Treasure Island« in Las Vegas findet täglich fünfmal eine aufwendige Piratenshow statt. Von Rio de

»Lustige« Spielpiraten haben längst Freizeitparks und, etwa von Playmobil, die Kinderzimmer erobert.

Janeiro über New York bis Venedig und Köln wimmelt es an Karneval auf den Straßen von Piraten. In der Regel die Typen mit Kopftuch, schwarzer Augenbinde und geschwungenem (Plastik-)Säbel, dazwischen aber auch immer wieder der »Edelpirat« mit Spitzenkragen, Degen und Stulpenstiefeln. Modelle von bewaffneten Segelschiffen in Technikmuseen rund um die Welt werden von gewiss zwei Dritteln der Besucher als »Piratenschiff« klassifiziert.

Auch die Kinderzimmer haben die Piraten längst fest im Griff, wo sich nun niedliche Plastik-Männchen, stilecht unrasiert mit Augenklappe, Stelzbein und Totenkopfflagge, auf verschiedenen Schiffstypen wilde Gefechte liefern, oder ihre goldgefüllten Schatztruhen vergraben. Aus dem TV-Kinderprogramm sind Piraten nicht mehr wegzudenken. Ebenso undenkbar sind inzwischen Science-Fiction- und Fantasy-Welten ohne sie. Vielleicht erobern aus Plüsch gefertigte »Kuschelpiraten« demnächst auch noch unsere Betten und Sofas – zuzutrauen wäre es ihnen, schließlich war »Erobern fremden Eigentums« ihr Geschäft ...

PRODUKT-PIRATERIE

Der Begriff ist heute allgemein gängig. Doch hat er tatsächlich mit »Piraterie« zu tun? – Ja, durchaus, er hat! »Piraterie« ist per juristischer Definition das Wegnehmen bzw. Rauben von Werten welcher Art auch immer.

Wer kennt nicht aus dem Urlaub in mediterranen Ländern die fliegenden Händler am Straßenrand oder auf kleinen Wochenmärkten, welche hochwertige Marken-produkte zu billigsten Preisen anbieten? Und wer wäre nicht schon in Versuchung ge-raten bei ihnen eine, in Deutschland ach so teure Markenjeans oder auch eine »echte« Schweizer Uhr zu kaufen? Geradezu schon klassisch waren lange Zeit japanische Fotoapparate, Plagiate europäischer Hersteller, in der Bildqualität nahezu identisch, im Preis jedoch weitaus günstiger! Heute ist vor allem China ganz groß in diesem Fälschergeschäft.

Vor allem junge Leute kaufen oft ganz bewusst derartige Fälschungen, freuen sich über das »tolle Schnäppchen« und begründen ihr Verhalten damit, dass der originale Markenhersteller sowieso einen viel zu hohen Preis verlange, und nun solle er nur se-hen, »dass er mit diesen Preisen nicht gewinnen kann ...« Vordergründig mag solch eine Argumentation sogar etwas Bestechendes haben. Was hierbei jedoch nicht be-dacht wird, ist, dass der Markenhersteller oft viele Millionen in die Entwicklung eines Produkts gesteckt hat, die ihm durch das Plagiat gestohlen werden – bei Textilien und ähnlichem mag dies noch keine so enormen Summen ausmachen, bei Medikamenten oder auch Computersoftware geht dies schnell in Hunderte von Millionen. Nicht nur, dass diese verlorenen Einnahmen zwangsläufig zusätzlich auf das Produkt aufgerech-net werden und dieses weiter verteuern, es geraten auch ganz konkret Arbeitsplätze so-wohl beim Markenhersteller wie im Handel in Gefahr, was wiederum zu Minder-einnahmen bei Steuer und Sozialabgaben führt – die dann letztlich von allen mitbezahlt werden müssen. Der Deutsche Industrie- und Handelstag (DIHT) und der Aktionskreis Deutsche Wirtschaft gegen Produkt- und Markenpiraterie (APM) e.V. schätzen, dass allein in Deutschland der Schaden durch so entgangene Umsätze und Lizenzeinnahmen gut 25 Milliarden Euro beträgt. Dr. Franz Schoser, Hauptgeschäftsführer des DIHT und Vorsitzender des APM, schätzt, dass gut 70.000 Arbeitsplätze in Deutschland mehr be-stehen könnten, gäbe es nicht diese Form piratischer Wirtschaftskriminalität.

Noch liegen keine gesicherten neuesten Zahlen vor, doch auch der Blick auf ver-gangene Jahre mag den solcherart angerichteten Schaden demonstrieren: Im Bereich von Textilien und Markenkleidung europäischer Hersteller betrug weltweit der Anteil von Plagiaten 4% – das klingt nach wenig, bedeutet aber eine Umsatzeinbuße von € 8,5 Milliarden. Bei Kosmetika besetzen die Produkt-Piraten weltweit 7% des Umsatzes, bei Uhren 5%, bei Spielwaren volle 12%, bei KFZ-Ersatzteilen nicht weniger als 10% (= € 12 Mrd.) und bei Medikamenten 7% (= € 17 Mrd.) [Stand 2001].

Am weitaus schlimmsten freilich hat die Produkt-Piraterie alles betroffen, was im weitesten Sinne mit Computern zusammenhängt. Raubkopien von Software und CDs gelten heute bestenfalls als Kavaliersdelikt. Doch der durch Produkt-Piraterie in den verschiedensten Formen entstehende wirtschaftliche Schaden wird weltweit mittlerweile auf jährlich über 100 Milliarden Euro geschätzt, Tendenz steigend. Produkt-Piraterie ist eine kriminelle Handlung! Auch wenn sich dessen kaum einer bewusst ist, wer sich am heimischen PC ein nicht auf ihn lizenziertes Programm »auflädt« oder eine Original-CD »herunterbrennt« – der macht sich strafbar!

POLITISCHE PIRATERIE ZU WASSER UND IN DER LUFT

Robert H. Sperling überlieferte in seinem Buch *Piratin Fu* den Ausspruch eines ehrbaren, ja fast biederen Inhabers einer amerikanischen, in Ostasien tätigen Ex- und Importfirma aus dem Jahr 1943: »Meine Freunde liefern durch die feindlichen Linien hindurch japanisches Benzin an die chinesische Nationalregierung. Und chinesisches Wolfram für die japanische Rüstungsindustrie. Japanische Waffen für die chinesischen Guerillas und chinesisches Opium für die Japaner, die damit unsere Großstädte im Norden vergiften. Von der Insel Formosa holen wir Kampfer für Amerika und liefern englische Ersatzteile für die Elektrizitätswerke in den Inselbergen. Wir sind reich. Sehr reich sogar. Aber das meiste Geld müssen wir wieder ausgeben, nämlich für die Bestechung der verschiedenen Dienststellen. Nach beiden Seiten.« Auf den vorsichtigen Einwand hin, derlei Machenschaften sähen einem Piratenbund nicht unähnlich, soll der brave Geschäftsmann erklärt haben: »Wenn man Dinge im Großen tut, spricht man nicht von Pirätereien, sondern von nationalen Aufgaben.«

Derlei Piraterie, falls man sie denn so bezeichnen will, gehört mittlerweile längst zum real-wirtschaftlichen Alltag. So manches Land, (keineswegs ausschließlich der Dritten Welt), drückt eifrig Augen und Ohren zu, wenn Piraten im durchaus klassischen Sinne ihrem Land zu nützen scheinen. Selbst terroristische Piraterie gilt manchen Regierungen immer noch als durchaus ehrenwerte Methode, um ihre Ziele zu erreichen, oder auch nur, um sich an der Macht zu halten.

Geiselnahmen, um Lösegelder zu erpressen, gehörten seit der Antike zum Standardrepertoire vieler Piraten. Ursprünglich ging es ausschließlich um Geld, doch in der zweiten Hälfte des 20. Jahrhunderts entdeckten politische Gruppen und Grüppchen die Methode für sich, um ihre radikal-fundamentalistischen Ziele durchzusetzen, inhaftierte Gesinnungsgenossen freizupressen, Gelder für ihren »Kampf« zu beschaffen – oder auch nur, um die Weltöffentlichkeit auf sich aufmerksam zu machen.

So kaperte im Januar 1961 der ehemalige portugiesische Hauptmann Henrique Galváo mit 70 Gesinnungsgenossen das Passagierschiff SANTA MARIA kurz nach dessen Auslaufen aus Curaçao, der Zweite Offizier des Schiffes wurde dabei erschossen. Der Exhauptmann erklärte die Aktion als Protestaktion gegen den damaligen portugiesischen Ministerpräsidenten Dr. António de Oliveira Salazar. 11 Tage behielt er das Schiff in seiner Gewalt, ehe er im brasilianischen Hafen Recife an Land ging, wo ihm und seinen Genossen Asyl gewährt wurde.

Weltweit größtes Aufsehen erregte 1985 die Kaperung des italienischen Kreuzfahrtschiffes ACHILLE LAURO durch vier Mitglieder der *Palestinian Liberation Front* (PLF), einer radikalen Splittergruppe der *Palestine Liberation Organisation* (PLO). In Genua gingen die vier Palästinenser mit gestohlenen Pässen, darunter einer sogar als »Norweger«, ungehindert an Bord. Am 7. Oktober hatte die ACHILLE LAURO in Alexandria einen Teil ihrer Passagiere zu einem Landausflug abgesetzt, die in Port Said wieder zusteigen sollten. Kurz nach dem Auslaufen brachten die vier Polit-Piraten mit vorgehaltenen Waffen aus ihrem in Genua nicht kontrollierten Gepäck das Schiff nebst der Besatzung und über 400 Passagieren in ihre Gewalt. Sie forderten die Freilassung ihrer Gesinnungsgenossen aus israelischen Gefängnissen, erschossen, um dem Nachdruck zu verleihen, den 69 Jahre alten, jüdisch-amerikanischen, an den Rollstuhl gefesselten Unternehmer Leon Klinghoffer und warfen seine Leiche über Bord. Ob das Quartett eigentlich den Auftrag hatte im israelischen Hafen Ashdod ein Blutbad anzurichten, oder ob die Kaperung der ACHILLE LAURO von Anfang an so geplant war, auf jeden Fall schaltete sich im Auftrag des ägyptischen Staatspräsidenten Husni Mubarak der Chef der PLF, Mohammed Abbas, als Unterhändler ein und bewegte nach 41 Stunden die vier Polit-Piraten zur Aufgabe. Was folgte war ein Piraten-

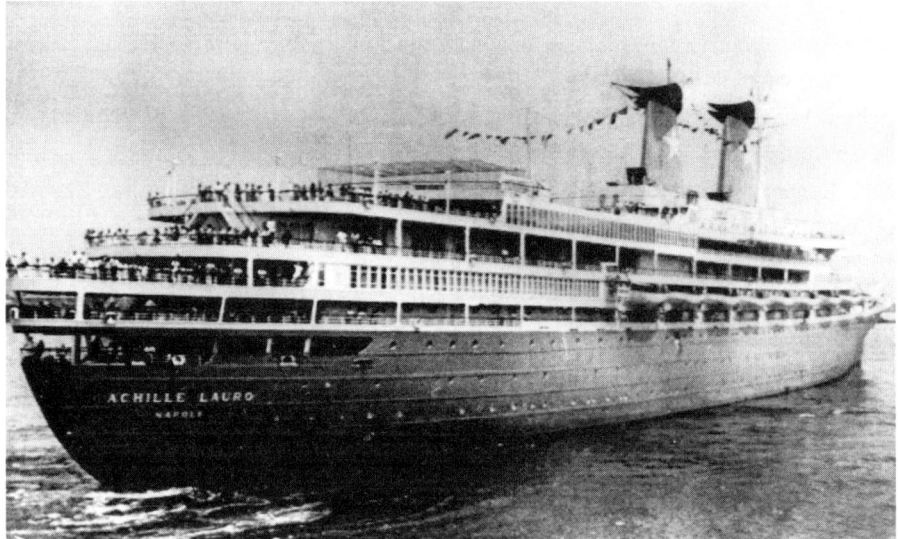

Weltweites Aufsehen erregte die Kaperung des Kreuzfahrtschiffes ACHILLE LAURO 1985 durch die PFL, einer Untergruppe der PLO. Die »Festnahme« der Entführer war ein Piratenstück der »besonderen Art«.

stück besonderer Art: Die am 10. Oktober in Al Maza gestartete Passagiermaschine vom Typ Boeing 737 der *Egypt Air*, welche die Piraten nebst Unterhändler Abbas ins Asyl nach Tunis fliegen sollte, wurde von *Tomcat*-Kampfflugzeugen des US-Flugzeugträgers SARATOGA im Luftraum über Kreta auf Befehl des US-Präsidenten Ronald Reagan gekapert und zur Landung auf dem NATO-Stützpunkt Sigonella in Sizilien gezwungen. Amerika und Israel jubelten. Der Friedensprozess im Nahen Osten wurde um Jahre zurückgeworfen. Abbas wurde von den italienischen Behörden eiligst nach Jugoslawien abgeschoben. Die vier Piraten wurden von einem Gericht zu bis zu 30 Jahren Freiheitsentzug verurteilt.

Nicht politisch motiviert, doch durch politische Umstände ausgelöst, gibt es seit der zweiten Hälfte des 20. Jahrhunderts eine Form der Piraterie »abstoßender und brutaler denn je«, wie Hans Ludwig Zachert, 1990 bis 1996 Chef des deutschen Bundeskriminalamtes (BKA), in einem langen Gespräch mit dem Autor auf der Buchmesse 1999 erklärte. Krisenherde und Kriege waren seit jeher ein ideales Operationsgebiet auch für Piraten. Richteten sich ihre Angriffe früher vor allem gegen reiche Kauffahrer, so sind es nun vielfach die Ärmsten und Unglücklichsten, die ihnen zum Opfer fallen: Flüchtlinge! 1959 stürzte der ehemalige Rechtsanwalt Fidel Castro den Diktator Fulgenio Bastista y Zaldívar und errichtete eine »sozialistische Republik« auf Kuba. Zahllose Kubaner flohen. Nach der vom amerikanischen CIA geplanten und missglückten Reinvasion 1961 in der Schweinebucht wurden bis 1962 rund 200.000 Flüchtlinge amtlich registriert. In der Folgejahren nahmen die Zahlen zwar ab, doch noch immer riskieren und verlieren Menschen ihr Leben, wenn sie aus dem angeblichen Idealstaat Castros zu fliehen versuchen, wie die Mutter des kleinen Raul, deren Schicksal Anfang des Jahres 2000 die Öffentlichkeit bewegte. Die etwa 250 km lange Seestraße von Kuba nach Florida kann man durchaus auch in einem uralten Fischtrawler, sogar in einem großen Ruderboot binnen maximal zwei Tagen überqueren, wenn es das Wetter und auch die Piraten erlauben. Nicht selten von den »Fluchthelfern« informiert, lauern diese mit ihren schnellen Booten den Flüchtlingen auf, oft noch in Sichtweite der Küste. Was dann geschieht, spielt sich stets nach dem gleichen Muster ab: Ein paar Feuerstöße aus Maschinenpistolen erledigen die unglücklichen Flüchtlinge. Dann gehen die Piraten an Bord und durchstöbern das Gepäck – wer fliehen muss, der führt logischerweise seinen wertvollsten, oft im Lauf von Generationen zusammengesparten, Besitz mit sich. Vor allem Bargeld, Devisen und Familienschmuck stellen eine real wertvolle Beute dar, und für Pässe und andere amtliche Dokumente gibt es einen blühenden Schwarzmarkt. Eine MP-Salve und ein paar Handgranaten bringen anschließend das Flüchtlingsboot schnell zum Sinken. Überlebende Zeugen gibt es so gut wie nie.

Ende des Vietnam-Krieges 1979 retteten amerikanische Hubschrauber in letzter Minute zwar die Saigoner Führungsspitze, doch die Masse der sogenannten »Kollaborateure« blieb zurück. Gewiss waren unter ihnen auch Zuhälter, Prostituierte aus US-Bordellen und Drogendealer, doch die Mehrzahl waren ganz einfach Menschen, die sich nur irgendwann einmal allzu laut gegen den Kommunismus Ho-Chi-Minhs ausgesprochen hatten. Nach amtlichen Schätzungen waren damals mindestens 3,5 Millionen Menschen auf der Flucht, versuchten, vielfach in winzigen Booten, die rettenden Küsten von Thailand oder Malaysia zu erreichen. Unzählige – man schätzt drei von vier Booten – fielen Piraten in die Hände. Gedemütigt, ausgeraubt und vergewaltigt, konnten die Flüchtlinge immer noch von Glück reden, wenn sie mit dem Leben davonkamen. Ins Bewusstsein der breiten Öffentlichkeit gerieten diese Zustände erst, als sich deutsche Politiker aller Parteien Ende 1981 weigerten mehr als die rund 9000 Vietnamflüchtlinge aufzunehmen, die das vom *Deutschen Komitee Notärzte e.V.* gecharterte Hospitalschiff CAP ANAMUR im Lauf von rund zwei Jahren aufgefischt hatte.

Und dergleichen geschah nicht nur in fernen Gegenden, sondern auch mitten in Europa. Seit dem Ausbruch der Bürgerkriege im ehemaligen Jugoslawien 1991 und dem wirtschaftlichen Zusammenbruch Albaniens versuchten Hunderttausende über die Adria nach Italien zu flüchten. »Wenn wir annehmen, dass die Hälfte davon Piraten in die Hände fiel, so ist dies eine noch sehr optimistische Schätzung«, meinte der ehemalige Leiter des BKA Hans Ludwig Zachert dazu. »Konkrete Zahlen hat niemand, denn bei diesen Überfällen werden die ausgeplünderten Boote grundsätzlich versenkt und überlebende Flüchtlinge gibt es so gut wie nie.«

Da Schiffe in der Regel groß und für Laien höchst unübersichtlich sind, verlegten sich viele Piraten seit den 60er-Jahren des 20. Jahrhunderts vor allem auf Luftpiraterie, d.h. die Kaperung von Flugzeugen. Diese sind erheblich kleiner, überschaubarer und vor allem auch empfindlicher gegen eventuelle Handgranaten und Plastiksprengstoff – oder auch nur Teppichmesser in der Hand eines Fanatikers.

Zu den berühmtesten Fällen von Luft-Piraterie zählen 1973 der Anschlag palästinensischer Luftpiraten auf eine *Pan-Am*-Maschine auf dem Flughafen von Rom, Fiumicino, bei dem 31 Passagiere ums Leben kamen, und die Kaperung der *Lufthansa*-Maschine LANDSHUT: Am 13. Oktober 1977 brachte ein palästinensisches Piratenkommando namens »Martyr Halimeh«, bestehend aus zwei Männern und zwei Frauen, die LANDSHUT mit 87 Personen an Bord auf dem Flug von Palma de Mallorca nach Frankfurt/Main in ihre Gewalt und erschossen den *Lufthansa*-Kapitän Jürgen Schumann. Die Palästinenser forderten elf inhaftierte Personen der deutschen Terrorgruppe *Rote Armee Fraktion* (RAF) freizulassen, darunter die Gründungsmitglieder Andreas Baader, Gudrun Ensslin und Jan-Carl Raspe. Die Bundesregierung unter Kanzler Helmut Schmidt blieb unnachgiebig, obwohl gleichzeitig der Arbeitgeberpräsident Hanns-Martin Schleyer vom RAF-Kommando »Siegfried Hausner« entführt wurde. Am 18. Oktober gelang es dann der eingeflogenen deutschen Anti-Terror-Einheit GSG 9 in Mogadischu,

Die Entführung der Lufthansa-Maschine LANDSHUT 1977 und die Befreiung der Geiseln durch Beamte der GSG 9 gilt noch immer als einer der spektakulärsten Fälle von Luftpiraterie.

wo die Maschine inzwischen gelandet war, mit der Blitzaktion »Feuerzauber« die LANDSHUT zu stürmen, drei der Piraten, darunter »Kapitän« Mahmut, zu erschießen, den vierten, eine Frau, verwundet gefangenzunehmen und die Geiseln unverletzt zu bergen. Baader, Ensslin und Raspe begingen daraufhin im Gefängnis in Stuttgart/Stammheim Selbstmord. Hanns-Martin Schleyer wurde einen Tag später ermordet aufgefunden.

Luft-Piraterie, ausgeführt von politischen Extremisten, religiösen Fanatikern oder einfach nur Wirrköpfen, gehört mittlerweile schon fast so sehr zum Alltag, dass man sie kaum je noch auf den Titelseiten der großen Zeitungen finden, geschweige sie im Rahmen dieses Buches auch nur aufzählen kann.

Und dann kam der 11. September 2001: Fundamental-islamistische »Glaubens-krieger« kaperten vier Passagiermaschinen. Zwei davon jagten sie in die Türme des World Trade Center in New York, das spektakulärste Machtzentrum der westlichen Wirtschaft; eines in das Pentagon in Washington, das Verteidigungsministerium der USA. Die vierte Maschine zerschellte, ohne Schaden anzurichten, dank der sich ener-gisch wehrenden Passagiere oder auch abgeschossener Flugabwehrraketen in Pennsyl-vania. Mehr als 2900 Menschen kamen in den Flugzeugen und unter den Trümmern der brennenden, einstürzenden Gebäude ums Leben. Nicht nur die USA vermuten hin-ter den Anschlägen die Terrororganisation *El-Kaida* und Osama bin Laden, ihren vor nichts zurückschreckenden Anführer. Ein Börsen-Broker meinte dazu: »Die Anschläge in New York und Washington haben ihn, alles in allem, maximal 5 Millionen Dollar ge-kostet – durch sein Wissen um die dann dramatisch fallenden Börsenkurse, hat er mindestens das zehnfache verdient!« Doch auch jene gnadenlosen Fanatiker, die dieses Unheil angerichtet haben, das wohl jedem, der die Fernsehbilder gesehen hat, zeitlebens kalte Schauer über den Rücken jagen wird, waren durch die Entführungen der Flugzeuge nach Wort und Sinn der entsprechenden Paragraphen »Piraten«. So schlimm Freibeuter in der Vergangenheit auch immer gewesen sein mögen, seit dem 11. September 2001 hat die Bezeichnung »Pirat« eine neue, grauenvolle, bis dahin undenkbare Dimension!

»GELD, SCHLÜSSEL, SAFE« – PIRATERIE HEUTE

Seit jeher zogen Unruhe- und Kriegsgebiete Piraten an. Mit gestohlenen Frachten und »Selbstversenkern« werden Millionenbeträge von Versicherungen kassiert – eine neue Form der Piraterie. Heute gibt es mehr als ein »Bermuda-Dreieck«, wo sie zu verschwinden pflegen: Das größte liegt zwischen Manila, Jakarta und Madras; ein anderes am Horn von Afrika und im Golf von Guinea; ein weiteres in der Karibik im Golf von Honduras und dem Moskio-Golf; Bangladesch entwickelt sich eifrig dazu; und nach wie vor das Mittelmeer an der Küste von Libanon.

Der altehrwürdige Strandraub wird immer noch praktiziert, und das sogar weitgehend legal, denn für die Gesetzgeber ist es ungeheuer schwer, eine Trennlinie zu ziehen zwischen der »Bergung zum eigenen Nutzen herrenloser, vom Meer angespülter Güter« auf der einen, und echtem Strandraub auf der anderen Seite.

Weitgehend hilflos stehen die Küstenwachen den modernen Varianten des Menschenhandels gegenüber. Wie einst von Paris, dem Sprössling des Trojanerkönigs Priamos, im phönizischen Sidon, werden immer noch in Marseille, Neapel und anderen europäischen Mittelmeerhäfen junge Frauen an Bord von Schiffen gelockt, die sich nicht allzu viel später in Nordafrika oder dem Vorderen Orient in Harems, schäbigen Nachtklubs oder Bordellen wiederfinden.

Doch wenn es sich hierbei »nur« um Betrügereien in manchmal großem Stil handelt, so sind auch die »echten« Piraten – mit Strumpfmaske, Enterhaken, Messer, Machete, Kalaschnikow und Handgranaten – seit Jahren wieder in ungeahntem Maß auf dem Vormarsch. Zählte man 1991 noch 107 Piratenüberfälle, so waren es 1998 schon 202, 1999 nicht weniger als 283. Im Jahr 2000 verdoppelte sich die Zahl nahezu auf 445 Fälle, 77 Seeleute verloren dabei ihr Leben. Auch diese Zahlen steigen ständig weiter, und dies ist nur die Anzahl der offiziell registrierten Fälle. Die Dunkelziffer liegt nach Meinung aller Experten ganz erheblich höher!

Mitunter treiben, in der Tat, die verheerenden sozialen Umstände die Küstenbewohner zur Piraterie. Am 28. September 1998 wurde das von *Mobil Oil* gecharterte deutsche Versorgungsschiff WILHADITURM unter Kapitän Max Dammalack vor dem Niger-Delta von Einheimischen gekapert. Während man auf die umgerechnet DM 40.000 Lösegeld wartete, erzählte einer der Piraten dem Kapitän, er habe in der Ölindustrie gearbeitet, nun aber seinen Job verloren. Von den 10 Milliarden Dollar, die der Staat jährlich für sein Öl kassiere, gebe er keinen Cent für Straßen, Wasserleitungen oder Schulen aus. »Seit 30 Jahren werden wir hier betrogen. Unter uns saugen sie das Öl ab, über uns fackeln sie das Gas ab. Die Luft ist vergiftet: Es regnet Teer. Die Fische sterben.« In dem Bericht, den Kapitän Dammalack später dem *Spiegel* gab, ist ein Verständnis, ja eine gewisse Sympathie für die Piraten nicht zu übersehen.

So haben auch bei den Anwohnern des Seegebiets zwischen den kleinen Sunda-Inseln, Célebes, Borneo und den Philippinen – derzeit dem schlimmsten Piratengebiet der Welt – amtliche Untersuchungen ergeben, dass die Fischer fast durchweg unterernährt sind und an drastischem Eiweißmangel leiden. Trawler aus Taiwan und Japan, oft mit philippinischen Marineinfanteristen an Bord, um diese vor dem Zorn der Fischer zu schützen, dezimieren mit ihren riesigen Schleppnetzen und den seit 1993 zwar verbotenen, jedoch immer noch benutzten kilometerlangen Treibnetzen gnadenlos den Fischbestand so sehr, dass für die Einheimischen kaum das Nötigste zum Leben bleibt. Ronie Bacalod, Sprecher der Küstenwache in Manila meint: »Es geht ums Überleben. Es ist die Armut, die aus Menschen Piraten macht.«

An den Küsten der Malakka-Straße sieht es kaum besser aus. Die einstigen Ordnungsmächte sind verschwunden: Russland zog sich nach Ende des Kalten Kriegs zurück, ebenso wie England nach der Rückgabe von Hongkong an China. Indonesien und Malaysia haben andere Sorgen nach den wirtschaftlichen Schwierigkeiten, politischen Wirren und verheerenden Naturkatastrophen der letzten Jahre. In den Ortschaften entlang der meistbefahrenen Wasserstraße der Welt sind die Läden leer, die Arbeitsplätze und Ersparnisse weg – und draußen auf dem Meer werden die Schätze der Weltwirtschaft vorbeigeschippert: Elektronik, Lebensmittel, Öl.

Freilich ist dies nur ein Teil der Wahrheit. Der andere, zweifellos größere, Teil der Wahrheit ist der, dass längst wohlorganisierte Verbrechersyndikate diesen »Markt« für sich entdeckt haben. Ihre Piraten fahren nicht altertümliche Kanus und schwingen rostige Messer und Macheten, sondern sie fahren Glasfiber-Rennboote mit hochgezüchteten Außenbordmotoren, bis zu 30 Knoten schnell – ein normaler Frachter bringt es allenfalls auf 20 Knoten. Sie sind mit den modernsten Maschinenpistolen, Sturmgewehren, Pistolen und Handgranaten ausgerüstet. Auf Radarschirmen sind sie kaum auszumachen, und ihre unter der Wasserlinie angebrachten Auspuffrohre erzeugen nur ein leises Blubbern. An Seilen, die an Enterhaken hängen und über die Reling geworfen werden, klettern die, vielfach in Trainingscamps in Indonesien, den Philippinen oder auch Südamerika von »Militärberatern« ausgebildeten, Piraten meist ungehindert an Bord, denn die Decks von Containerschiffen von der Länge eines Fußballstadions oder die noch größerer Supertanker sind kaum überschaubar. Dann stürmen die Piraten zunächst die Kommandobrücke. Die Worte »Geld, Schlüssel, Safe« beherrschen sie in allen Sprachen. Zusätzlich werden die wertvollsten Waren und oft die persönlichen Habseligkeiten der Besatzung wie Uhren, Bargeld oder Stereoanlagen geraubt. Widerstand gibt es selten – eine Brandbombe, ja nur ein einzelner unglücklicher Schuss kann Öl- oder gar Gasfrachter in die Luft jagen. Besonders berüchtigt sind die Seestraßen von Malakka und Singapur zwischen dem Indischen Ozean und dem Südchinesischen Meer, denn Untiefen, Wracks, wandernde Sandbänke und Munitionsmüllhalden auf dem Meeresgrund zwingen die Frachter ihre Geschwindigkeit herunterzusetzen – Supertanker kriechen oft nur im Schritttempo voran.

Und natürlich gibt sich auch hier mancher Pirat »politisch«, etwa der berüchtigte »Commander Alex«, mit bürgerlichem Namen Aliasa Bungalos, der in der Sulu- und Celébes-See südlich der Philippinen jahrelang sein Unwesen trieb. Zwar behauptete er als muslimischer Rebell der *Abu Sayyaf* gegen die katholische Regierung der Philippinen zu kämpfen, doch tatsächlich war er nichts anderes als ein gewöhnlicher Seeräuber, wenn auch ein durchaus erfolgreicher. Die Spezialität seiner straff geführten Bande war nicht nur das Überfallen und Ausrauben von Fischerbooten, Yachten, Frachtern und sogar Tankern, in vielen Fällen gelang es sogar die Schiffe – umgestrichen und mit gefälschten Papieren ausgerüstet – zu verkaufen oder auf eigene

Moderne, schwerbewaffnete Piraten, wie sie vor allem in Südostasien und vor den Küsten Afrikas immer zahlreicher werden.

Rechnung zu verchartern. Kapitäne und Offiziere der ursprünglichen Besatzung wurden unterdessen als Lösegeldgeiseln festgehalten, die Mannschaft in der Regel ermordet und über Bord geworfen.

Doch auch andere Küsten wie die von Nigeria oder Bangladesch sind kaum sicherer, und erfahrene Kapitäne raten, sich der Küste von Somalia keinesfalls mehr als 50 Meilen zu nähern, wenn man nicht riskieren will, überfallen und ausgeraubt zu werden. Mitunter werden die Schiffe auch entführt und in »befreundeten« Häfen, deren Beamte entsprechend geschmiert sind, komplett entladen – Südchina, das Horn von Afrika und etliche süd- und mittelamerikanische Häfen gelten als bevorzugte Adressen. Und mehr und mehr kommt die Hafen-Piraterie, d.h. Überfälle auf Schiffe, die im Hafen oder auf Reede vor Anker liegen, in Mode. Die Piraten schicken mitunter Prostituierte als Vorhut an Bord, um die Besatzung abzulenken, ehe sie entern. Gewiss, dies ist nicht ohne Mithilfe oder zumindest Duldung der Hafenbehörden möglich, aber viele der schlecht bezahlten Beamten in Häfen der Dritten Welt sind nur zu bereit als Gegenleistung für ein paar kleine »Geschenke« wegzusehen. Der *Verband Deutscher Reeder* stuft derzeit die brasilianischen Häfen von Rio de Janeiro und Santos als die gefährlichsten der Welt ein.

1981 wurde von der Internationalen Handelskammer in Paris das *International Maritime Bureau* (kurz IMB) in Barking bei London gegründet, um Meereskriminalität und Piraterie zu untersuchen und weltweit das Bewusstsein für die Rechtsunsicherheit auf See zu schärfen – bislang mit geringem Erfolg, wie der IMB-Direktor Eric Ellen zugibt. Vorläufig kann das IMB nur bekannt gewordene Piratenüberfälle einigermaßen exakt dokumentieren und jährlich einen Bericht *Piracy and Armed Robbery against Ships* veröffentlichen. Auf See werde »geraubt und gemordet, verschoben und betrogen«, klagt Direktor Ellen, und »keiner greift ernsthaft ein« – nicht einmal die UNO mache sich stark, das Verbrechen auf dem Meer zu bekämpfen.

KAMPF DER PIRATERIE

Seit dem 17. Jahrhundert hatte vor allem Großbritannien versucht die Piraterie per Gesetz einzudämmen, sie langfristig sogar auszurotten. Das internationale Abkommen von 1856 in Paris gegen Piraterie und Kaperei war ein weiterer wichtiger Schritt. Der »Piratenparagraph« – § 15 – des *Internationalen Abkommen über die hohe See* von 1958 setzt heute die offiziellen rechtlichen Linien, auch wenn der IMB-Direktor Eric Ellen glaubhaft versichert, die internationale Seefahrt operiere »praktisch im rechtsfreien Raum«.

Gesetze sind eben nur so wirksam, wie sie konkret umgesetzt werden! Und hier liegt das Problem: Zahlreiche Staaten, an deren Küsten mehr oder minder heftig

Piraterie betrieben wird, sind entweder nicht in der Lage oder auch gar nicht willens gegen dieses Unwesen vorzugehen. Wenn etwa Ronie Bacalod, Sprecher der Küstenwache in Manila, erklärt, dass er mit seiner kleinen Streitmacht von 4000 Mann und 100 Schiffen, zumeist US-Veteranen aus dem Zweiten Weltkrieg, unmöglich 7100 Inseln, von denen die Hälfte nicht einmal einen Namen besitzt mit Küsten doppelt so lang wie die der USA, unmöglich unter Kontrolle halten könne, so muss man ihm zweifellos glauben. Wenn Piraten von ihren Hauptstützpunkten, der Inseln Abu Mussa, im Persischen Golf und im Golf von Oman Schiffe kaperten und nach Basra abschleppten, so galt das als Heldentat gegen das UNO-Embargo gegen den Irak Saddam Husseins. Wenn, stets vor wichtigen internationalen Handelsabkommen, in Peking ein paar Piraten in Schauprozessen zum Tode verurteilt und hingerichtet werden, soll dies offensichtlich nur verschleiern, dass zahlreiche südchinesische Häfen mit Duldung, ja Beteiligung der örtlichen Behörden als Umschlagplätze für geraubte Waren dienen. Offensichtlich gibt man Piraten dort sogar gezielte Hinweise, denn regelmäßig werden genau jene Container mit den wertvollsten Ladungen (deren Staupläne den Hafenbehörden eine Woche vor Einlaufen des Schiffes gemeldet werden müssen) aufgebrochen und ausgeräumt.

Vor Indonesien, so berichtete der Nachrichtendienst *Asian Forecast*, seien sogar »uniformierte Einheiten der Marine und des Zolls« gesichtet worden, die von vorbeikommenden Schiffen Schutzgelder erpressten. Eric Ellen, der Direktor des IMB, meinte dem Hamburger *Spiegel* gegenüber: »Wir sehen nur die Spitze eines Eisbergs«. Er klagt, dass die Ermittlungen seiner Leute fast immer im »Morast von Bürokratie, nationalen Eitelkeiten und der Unfähigkeit örtlicher Polizeibehörden« stecken blieben und »in den vergangenen zehn Jahren ist kein Fall von Piraterie wirklich aufgeklärt worden«. Sogar viele der betroffenen Reedereien zeigen sich alles andere als kooperativ. Ellens Überzeugung nach werden 50 bis 90 (!) Prozent aller Piratenangriffe gar nicht gemeldet. Weshalb? Die Schiffseigner fürchten höhere Versicherungsprämien und Ärger wegen mangelnder Sicherheitsvorkehrungen. Ausschlaggebend wären aber vor allem die verlorenen Betriebskosten und Hafengebühren während der polizeilichen Ermittlungen – rund 50.000 Euro pro Tag für ein Schiff mittlerer Größe.

Inzwischen werden viele Schiffe mit einem Peilsender ausgerüstet. *Tracking* heißt die Technik, die mittlerweile von diversen Firmen unter verschiedenen Namen angeboten wird: Über Satellit kann dabei jederzeit die genaue Position eines Schiffes oder anderen Fahrzeugs ausgemacht werden. Seit dem 1. Juli 2001 muss jedes Schiff, das in internationalen Gewässern unterwegs ist, mit solch einem Peilsender ausgerüstet sein, der auf Knopfdruck die Positionsangabe nebst SOS-Ruf absetzt. Bei einer Havarie mag dies zweifellos helfen. Doch gegen real enternde Piraten? Was nützt es, die exakte Position eines Schiffes zu kennen, wenn die zuständigen Behörden nichts tun?

So wurde beispielsweise im November 1996 im Hafen von Rio de Janeiro der Frachter SAN MARINO überfallen. Der Kapitän rief mit einem Handfunksprechgerät um Hilfe »bis die Batterie leer war«, doch weder die Hafenbehörde noch die brasilianische Marine reagierten. Deutsche Reeder erwogen ihre Schiffe von Kämpfern der Antiterrortruppe GSG-9 sichern zu lassen. »Das scheiterte an Bedenken des Auswärtigen Amtes« erklärte Detlef Meenke, Referent für internationale Schifffahrtsfragen im Reederei-Hauptquartier in Hamburg. »Man befürchtete dort Verwicklungen mit jenen Ländern, die von der Piraterie direkt betroffen sind.« Schlimmer noch: 1997 kreuzten Schiffe der Bundesmarine in den Gewässern Indochinas und wollten wissen, was sie tun könnten, falls ein Handelsschiff bei einem Piratenüberfall SOS funke. »Rein gar nichts«, lautete die ernüchternde Antwort sowohl aus dem Außen- wie dem Verteidigungsministerium, denn in fremden Hoheitsgewässern dürften Militärs keine Polizeiaufgaben wahrnehmen; nur wenn ein Schiff in Seenot geriet, dürften sie eingreifen.

So bleibt die konkrete Piratenbekämpfung auf verrammelte, manchmal sogar verschweißte Luken, Stacheldrahtbarrieren, Stolperdrähte, Blendgranaten und den Versuch beschränkt, mit Hilfe von Wasser aus Hochdruck-Feuerlöschschläuchen die Piraten von Deck zu spülen. Von einer Aufrüstung der Crew mit Schusswaffen oder auch schwer bewaffneten eigenen Wachleuten halten die meisten betroffenen Kapitäne wenig oder nichts: »Das würde nur eskalieren. Die Piraten kämen dann mit Bazookas und womöglich Raketen.«

MÖGLICHKEITEN UND UNMÖGLICHKEITEN – YOPPY PHILIPPS MAUKAR
(geb. 1956)

Der Fall MT SELAYANG vom Juni 2001 wurde bekannt durch einen ausführlichen Artikel von Klaus Brinkbäumer im Hambuger Magazin *Spiegel* vom 20.08.01 (Nr. 34) als Paradebeispiel für die Möglichkeiten – und Unmöglichkeiten – von Piraterie und Piratenbekämpfung im beginnenden 21. Jahrhundert: Der Motor-Tanker (MT) SELAYANG der *Petrojaya Marine*, Registriernummer 32.7286, ist mit 86 m Länge, 13 m Breite und einem Fassungsvermögen von 3500 Tonnen Öl eher ein Zwerg unter den Tankern, trotzdem war seine Ladung gut eine halbe Million Dollar wert, das Schiff selbst ein Vielfaches davon. Am 19. Juni hatte die SELAYANG vollbeladen von der *Shell*-Raffinerie von Port Dickson, 60 km südlich von Kuala Lumpur, abgelegt und steuerte vorsichtig und mit gedrosselten Maschinen durch die Seestraße von Malakka in Richtung Labuan im malaysischen, nordöstlichen Teil von Borneo. Kapitän, Yoeli Janto, berichtete später: »Es geschah am 20. Juni etwa um 1 Uhr nachts. Die meisten der 14 Matrosen schliefen und ich sah mir im »Salon« eben die Spätnachrichten an. Da kamen die Piraten. Sie glitten von hinten heran, in einem dieser schmalen Holzboote, die man nicht sieht und die man nicht hört. Sie legten seitlich an und schwangen sich an Bord. Sie mussten nicht einmal klettern, weil die MT SELAYANG tief im Wasser lag, randvoll beladen. Sie trugen Wollmützen mit Sehschlitzen und teilten sich in drei Trupps auf. Der erste stürmte die Brücke und überwältigte Suparsim, den Zweiten Offizier, und Sujarwo, den Matrosen, die dort oben Nachtschicht hatten und gehorsam nach vorne guckten.« Der zweite Trupp nahm den »Salon« und fesselte den Kapitän. Der dritte rannte die Türen der Kajüten ein, riss die Schlafenden aus den Betten und den Maschinisten Darlius vom Klo. Dann fesselten sie die Gefangenen mit Plastikbändern und verteilten sie auf zwei Kajüten, die sieben Älteren links, die sieben Jungspunde recht, und ganz am Schluss kleisterten sie die Bullaugen mit schwarzer Farbe zu. Vor der Insel Karimun ging ein Teil der Piraten wieder von Bord samt der »leichten Beute« wie Bargeld, Uhren, Ringe und anderen Besitztümern der Mannschaft. Die auf der SELAYANG verbliebenen zehn Seeräuber »schminkten« unterdessen eiligst das Schiff um: *Safety first* stand zwar immer noch unter der Brücke, doch jetzt hieß dieses WAM YUNG; das Dach der Brücke war nunmehr blau statt rot, ebenso blau wie die einst weißen Lademasten. Kapitän Yoeli Janto sagte weiter aus: »Überall auf dem grünen Deck, zwischen den Rohren, Pumpen und Ventilen, waren Farbkleckse, aber die sah niemand aus der Ferne. Auf der Brücke stand Anführer Yoppy Philipps, klein und breit, und sprach in sein Satellitentelefon. Die Beute musste verschachert werden, und Yoppy konnte zufrieden sein: Die Mafia der Meere hatte alles vorbereitet. Im Südchinesischen Meer solle er den Kurs ändern, scharf Richtung Norden; man werde auf ihn warten.«

Soweit fast wie üblich. Als am frühen Nachmittag des 21. Juni der Operating Manager von *Petrojaya Marine*, K. S. Chin, vom Golden Mile Tower in Singapur aus unter ihrem Code »Nine Mike Charly Hotel Eight« vergeblich Funkkontakt zur SELAYANG aufzunehmen versuchte, war auch ihm sehr schnell klar, das da etwas passiert sein musste. Also alarmierte er die malaysischen Behörden, welche sogar eine Ausnahmegenehmigung der Indonesier, in deren Gewässern sich die SELAYANG inzwischen befand, erhielt, zwei Polizeiboote loszuschicken. Die malaysische Marinepolizei ist mit 230 Booten und 2600 Mann vergleichsweise gut ausgerüstet und hätte eigentlich noch an diesem Abend dem Zwischenfall auf der SELAYANG ein Ende bereiten müssen, denn das Schiff hatte einen Tracking-Sender vom Typ *Shiploc* an Bord, der über Satellit um 16.05 Uhr gemeldet hatte: »0 Grad 33 Minuten nördliche Breite, 105 Grad 45 Minuten östliche Länge; Geschwindigkeit 8,35 Knoten; Kurs Nord«. Doch die Malayen mussten abdrehen, weil die Ausnahmegenehmigung zurückgezogen wurde und Indonesien eigene Schnellboote der Marinebasis in Balikpapan in Marsch setzte. Der eifrige Funkkontakt amtlicher Stellen hatte inzwischen allerdings den Piratenkapitän Yoppy

Philipps Maukar aufgestört. Er ließ das Schiff schleunigst auf Gegenkurs gehen und den Namen an Bug und Heck mit weißer Farbe in SAN HO umpinseln. Am Nachmittag des 26. Juni ankerte die SELAYANG in der Bucht von Balikpapan in Ost-Borneo. Ihre Position wurde vom Tracking-Sender getreulich weitergegeben. Am Morgen des 27. begannen die Piraten das Öl auf drei Boote abzupumpen. Sie schafften eben 195 Tonnen, ehe Kapitän Yoppi »Stopp!« brüllte. Klaus Brinkbäumer, der für den *Spiegel* von dem Geschehen berichtete, fuhr fort: »Es ist 15.30 Uhr. Drei Schnellboote steuern auf die SELAYANG zu, auf einem steht ihr Kommandant in weißer Uniform. ›Und dann haben meine Soldaten ihre Mission erfüllt‹, sagt Lieutenant Commander Agus. Sie klettern an Bord, kratzen an der Farbe, sehen, dass der Schriftzug SAN HO den Namen SELAYANG verdeckt. Sie richten ihre Maschinengewehre auf die Leute an Deck, und die heben die Hände.« Yoppy Philipps Maukar und seine zehn Kumpane wanderten ins Militärgefängnis. Und dann geschah – gar nichts. Nach sieben Wochen hatte es noch nicht einmal ein Verhör der Piraten gegeben. »Ermittlungen dauern etwas in Indonesien«, erklärte Lieutenant Commander Agus. Inzwischen kostete die stillliegende SELAYANG ihre Reederei täglich 25.000 Dollar, so dass diese endlich beschloss, die

Mit Schnellbooten versuchen die malaysischen Behörden die Schifffahrt vor modernen Piraten zu schützen.

SELAYANG um eine Schmiergeldsumme von 100.000 Dollar freizukaufen, da sie sonst noch »sehr lange als Beweismittel gebraucht werde«. Am 13. August verließ die SELAYANG den Hafen von Balikpapan in Richtung Singapur.

Das Tracking-System hatte eindrucksvoll die Möglichkeiten bewiesen, dass es für moderne Freibeuter auch im entlegensten Eck der Welt keine sicheren Schlupfwinkel mehr gibt. Doch was nützt dies bei der offenkundigen Unmöglichkeit Piraten zur Verantwortung zu ziehen, denn in Balikpapan war man sich absolut sicher, dass Yoppy Philipps Maukar und Kumpane sehr bald wieder in Freiheit und an der Arbeit sein würden.

DREI JAHRTAUSENDE PIRATERIE

Jedes Buch hat das Problem irgendwann zum Ende kommen zu müssen, auch wenn es noch Tausende von spannenden Geschichten zu erzählen, Hunderte von Persönlichkeiten zu beschreiben gäbe.

Seit Iason vor drei Jahrtausenden ausfuhr, das Goldene Vlies zu rauben, gibt es sie nun, und es wird noch sehr, sehr lange dauern bis der Beruf des Piraten ausstirbt – falls überhaupt jemals. In dieser Beziehung: »Kein Land in Sicht!«

Auch wenn somit ein abschließendes Werk über die Freibeuterei noch nicht geschrieben werden kann, dreitausend Jahre geben doch einen recht umfassenden Überblick. Und da wir im Zeitalter der Statistik leben, habe ich mir erlaubt, auch bei den 250 Freibeuterkapitänen, die in diesem Buch mehr oder minder ausführlich erwähnt wurden, eine kleine »repräsentative Umfrage« durchzuführen:

Zunächst war da die Frage, wie viele als Piraten von jeder politischen oder nationalen Bindung frei raubten, was ihnen vor den Bug segelte, und wie viele dies im Auftrag eines Staates oder Fürsten taten, wobei sie dann, wie wir sahen, Bezeichnungen wie Seeräuber oder Pirat energisch zurückwiesen und Begriffe wie Korsaren oder Kaperfahrer bevorzugten: Mit 103 (41%) sind die Kaperfahrer gegenüber den freien Piraten mit 74 (30%) deutlich in der Überzahl; 31 (12,5%) wechselten je nach Opportunität von der einen in die andere Sparte. Vom Rest räuberten 26 Stück, zumal in der Antike und bei den Wikingern, »in eigenem Recht«. Und bei 16 ist die juristische Form schlicht ungeklärt.

Natürlich war die weit überwiegende Mehrzahl der Freibeuter Männer, doch immerhin bringen es die 20 Frauen auf 8% (den Meisterpiraten Bartholomew Roberts, der vermutlich auch eine Frau war, nicht eingerechnet).

Die nächste Frage war, was aus all diesen Leuten geworden ist, und wie viele tatsächlich Zeit ihres Lebens Piraten geblieben sind (inklusive jener, die gehenkt wurden). Es waren 38%, während etwa die gleiche Zahl irgendwann ins bürgerliche Leben zurückkehrte; 16% wurden von einer offiziellen Kriegsmarine übernommen; der Rest ist ungeklärt.

Überraschend ist das Ergebnis über das Lebensende der Freibeuter: Entsprechend der allgemein verbreiteten Ansicht ging der letzte Weg eines Seeräubers normalerweise zum Galgen. Die Zahlen sprechen freilich eine ganz andere Sprache: 94 (37,6%, das ist gut über ein Drittel) verstarben friedlich in ihren Betten. 46 (gut 18%) sind gefallen, das entspricht etwa dem Risiko des Berufes. Und nur 30 (12%) wurden tatsächlich hingerichtet. 6 gelten offiziell als verschollen, 11 wurden ermordet, 3 sind bei Schiffbrüchen ertrunken, 5 endeten durch Selbstmord, je einer kam in einer Wirtshausschlägerei, bei einem Duell, im Wahndelirium und im Kindbett ums Leben. Und einer (der Fliegende Holländer) wurde »erlöst«. Das Schicksal des verbleibenden Restes ist unbekannt.

Auch die Rentabilität der Seeräuberei mag noch eine kurze Betrachtung wert sein: Dass nahezu alle Piraten irgendwann große Fischzüge machten – und das gewonnene Geld oft ebenso schnell wieder los waren – ist hier weniger interessant. Dass aber 196 (gut 78%, also über drei Viertel) aller hier befragten Freibeuter ihr Leben in Reichtum oder zumindest Wohlhabenheit beendeten, mag begreiflich machen, weshalb dieses Gewerbe eine solche Anziehungskraft auf viele Menschen hatte. Wenn man dazu noch feststellt, dass über ein gutes Viertel dieser Piratenkapitäne hohe Ehrungen, Adelstitel, Admiralsränge und höchste Orden errungen haben, so wäre auch für den Autor, hätte er vor 300 Jahren gelebt als die »klassische« Freibeuterei noch in voller Blüte stand, zugegebenermaßen die Versuchung keineswegs unbeträchtlich gewesen.

Auch heute, wo die Piraterie längst jenen irgendwie gearteten Glanz verloren hat, ist sie immer noch ein hervorragendes Geschäft: Ein Hafenarbeiter, der die Fracht eines Schiffes verrät, kann mit 1.000 Dollar rechnen; ein Kapitän, der sich kaufen lässt, mit 10.000 Dollar; ein Pirat erhält pro Einsatz bis zu 20.000 Dollar. Der Gesamtumsatz der Hintermänner wird weltweit auf einen dreistelligen Milliardenbetrag geschätzt.

Der Schock von New York und Washington hat zumindest einen beträchtlichen Teil der Weltöffentlichkeit aufgeschreckt, sie für terroristische Luft-Piraterie sensibilisiert: Cockpittüren werden verstärkt, die Kontrollen auf Flughäfen verschärft, die USA und ihre Verbündeten versuchen dem Terrorismus mit Bomben beizukommen. Der größte Teil der Welt scheint sich im Kampf gegen Luftpiraterie in ihrer schlimmsten Form einig zu sein – nur für wie lange?

Neben diesem Kampf verschwindet die See-Piraterie noch weiter im Hintergrund. »Es ist nur eine Frage der Zeit«, prophezeite Joachim Schulz, Chef der Bremer Reederei *Ganymed*, bis eines der gekaperten und dann seinem Schicksal überlassenen »führerlosen Phantomschiffe in einen Tanker rauscht« und eine Umweltkatastrophe ungeahnten Ausmaßes auslöst. Doch das wird vermutlich irgendwo fern in Ostasien geschehen, und ob dies dann die Weltöffentlichkeit in ähnlichem Maß aufrütteln wird wie die Anschläge vom 11. 09. 2001, das darf mit Recht bezweifelt werden.

Die technischen, polizeilichen und notfalls militärischen Möglichkeiten zu einer wahrhaft wirkungsvollen Piraten-Bekämpfung weltweit wären durchaus vorhanden. Doch solange See-Piraten keinen ähnlich weltweit aufsehenerregenden Anschlag wie die Luft-Piraten inszenieren, wird vermutlich niemand echtes Interesse daran haben, auch gegen sie ernsthaft vorzugehen.

Noch gibt es keine Weltraumpiraterie, aber wie weitsichtige Science-Fiction-Autoren vom Schlag eines Jules Verne bereits ahnten, wird auch diese eines, möglicherweise gar nicht so fernen, Tages bittere Realität sein.

Und so wird dann wohl, irgendwann in ferner Zukunft, ein Autor ein Buch über *4000 Jahre Piraterie* schreiben müssen.

TABELLE **323**

WO MODERNE PIRATEN LAUERN
Orte und Anzahl von Piratenüberfällen (Januar 1994 bis Juni 2006)

Ort	1994	1995	1996	1997	1998	1999	2000	2001	2002	2003	2004	2005	2006
ASIEN													
Indonesien	9	20	22	24	21	36	56	44	44	64	50	42	33
Malakka-Straße	3		3		1		14	14	9	15	20	8	3
Malaysia	2	2	4	1	4	7	7	13	7	5	5	2	9
Philippinen	3	16	23	12	13	2	1	4	3	8	3		2
Singapur	1	1	1			13		2	3		7	6	3
Thailand		1	10	3	2	4	4	4	2		3	1	1
China	2	10	6	2	1	2	2			1	2	1	1
Südchinesisches Meer	4	2	1		1	2	2	2			7	4	1
Vietnam	1	3		2		2	2	3	5	6	3	3	1
Bangladesch	1	1	2	2	6	2	18	15	11	23	9	8	22
Indien		1	3	8	9		14	13	12	18	8	8	3
AMERIKA													
Brasilien	3	7	9	10	6	5	5	1	2	3	3	2	1
Kolumbien			2		4				2	5	3	1	2
Dominikanische Republik				2	1		2	3		5	1	1	
Ecuador			2	2	6	2	5	4	6	1	1		1
Jamaica			1	2		1			1	4	2	2	3
Peru			2	1		2	1		1	5	2	2	4
Venezuela			1	1	3	1				1	5	1	1
AFRIKA													
Kamerun			2		1	1	2	4	1	2	1		
Kongo							1	1					2
Ghana			1		1			3	2	2	5	3	
Guinea		1	2	1	3			1	2	2	1		2
Elfenbeinküste		2	2			3	2	2	3	2	3	1	1
Mauretanien											2		1
Nigeria			1	5	1	7	5	6	8	18	13	7	7
Rotes Meer/Golf v. Aden								7	9	14	4	4	9
Senegal	1		5	1	1			1	1	5	3		
Sierra Leone									1		2		1
Somalia	1	13	1	4	6	7	4	4	4	3	1	8	8
Tanzania												2	1
ANDERE REGIONEN													
Arabisches Meer											2	2	1
Bulgarien							1	1					
Belgien													1
Irak								1				4	2
TOTAL (WELTWEIT)	**90**	**188**	**228**	**248**	**202**	**300**	**469**	**335**	**370**	**445**	**329**	**276**	

Quelle: ICC International Maritime Bureau, Piracy report 2006 (Auszug)

Literatur

Allen, Gardner W.: *Our Navy and the West Indian Pyrates*. Salem/Mass. 1929.

Andrada, J. I.: *Memoria dos Piratas da China*. Lissabon 1824.

Arthur, Stanley Clisby: *Jean Laffite, Gentleman Rover*. New Orleans 1952.

Bariot, u. Savant, Jean: *Geschichte der Seefahrt*. Stuttgart 1966.

Bersihand, Roger: *Geschichte Japans*. Stuttgart 1963.

Besson, M.: *Les Frères de la Coste*. Paris 1928.

Biddulph, J.: *The Pyrates of Malabar*. London 1907.

Blond. G.: *Musketiere der Meere – Logbuch der Freibeuterei*. München, Esslingen 1971.

Botting, Douglas: *Die Piraten*. Amsterdam 1979.

Branôme, Abbé Pierre de: *Hommes illustres*, Oeuvres. Paris 1822.

Bridges, G. W.: *The Annals of Jamaica*. London 1820.

Byron, George Gordon Noel Lord: *The Corsair*. London 1814.

Cabal, Juan: *Piracy and Pirates*. London 1957.

Casse, Jean du, *Relation fidèle de l'expédition de Carthagène*, Paris 1699.

Cervantes Saavedra, Miguel de: *El ingenioso hidalgo Don Quichote de la Mancha*. o. O., I. 1605, II. 1615. Hrsg.: Braunfels, Ludwig: *Der sinnreiche Junker Don Quichote von der Mancha*. München 1956.

Cicero, Marcus Tullius: *Orationes*. Hrsg.: Fuhrmann, Manfred: *Sämtliche Reden*. Zürich, Stuttgart 1970.

Corbett, Julian S.: *Drake and the Tudor*. London 1899.

Cotton, R. W.: *Expedition Against Pyrates 1612*. Devon 1886.

Cruikshank, E. A.: *The Life of Sir Henry Morgan*. Toronto 1935.

Cumming, Alex A.: *Sir Francis Drake & the Golden Hind*. Norwich 1975.

Dampier, William: *A New Voyage Round the World. London 1729*. Hrsg. Walz, Hans: *William Dampier – Freibeuter 1683–1691*. Tübingen 1970.

Dan, père F. SJ.: *Histoire de la Barbarie et de ses corsaires*. Paris 1627.

Dejan, Jean Bernard, Sieur de Pointir: *Relation de l'expédition de Carthagène*. Amsterdam 1698.

Deschamps, H.: *Les Pirates de Madagascar*. Paris 1872.

Dio Cassius, Hrsg.: Lorentz, Friedrich: *Geschichte der Römer*. Jena o.J.

Diodorus Siculus, Hrsg. Dindorf, Ludwig August: *Bibliotheca historica*. Lipsia 1828.

Dudo Sancti Quintini, Hrsg. Christiansen, Eric: *History of the Normans*. Woodbridge 1998.

Eaden, John (Hrsg.): *The Memories of Père Labat, 1693–1705*. London 1931.

Elers, Hellmuth: *Chronologie und Calendarium der Geschichte Hamburgs.* Hamburg 1868.

Exquemelin, Alexandre Olivier: *De Americaensche Zee-Rovers.* Amsterdam 1678. Deutsche Ausgabe: *Das Piratenbuch von 1678.* Tübingen 1968.

Forbin-Gardane, Comte Claude de: *Mémoires.* Amsterdam 1730.

Fox, G.: *British Admirals and Chinese Pyrates.* London 1940.

Franchi, A.: *Storia della pirateria del mondo.* Milano 1952.

Gibbons, Tony: *Warships and Naval Battles of the US Civil War.* Limpsfield 1989.

Gosse, Philip: *The Pirates' Who's Who.* Glorieta/New Mexico 1924.

Gosse, Philip: *The History of Piracy.* New York 1934.

Gruppe, Henry E.: *Die Fregatten.* Amsterdam 1979.

Haring, C. H.: *The Buccaneers in the West Indians in the 17th Century.* London 1910.

Hampden, J. (Hrsg.): *Sir Francis Drake – Pirat im Dienst der Queen.* Tübingen, Basel 1977.

Hart, F. R.: *Admirals in the Carribean.* London 1889.

Hay, J. D.: *Suppression of Piracy in the China Sea.* London 1889.

Heliodorus Emesenus, Hrsg. Gasse, Horst: *Aithiopica.* Karlsruhe 1985.

Herodotus; Hrsg. Marg, Walter, u. Strasburger, Gisela: *Geschichten und Geschichte.* Zürich, München o. J.

Hill, Charles S.: *Pirates of the China Sea.* o. O. 1924.

Homer, Hrsg.: Voss nach Scheffer, Th. v.: *Ilias* und *Odyssee.* o. O. 1918.

Hubac, P.: *Les Barbaresques.* Paris 1949.

Howard, David: *Die Kriegsschiffe,* Amsterdam 1979.

Hubatsch, Walter: *Die erste Deutsche Flotte 1848–1853.* Herford 1981.

Hurd, A.: *Reign of Pyrates.* London 1925.

Johnson, Charles: *A General History of the Robberies and Murders of the Most Notorious Pyrates.* London 1724. Deutsche Ausgabe: *Schauplatz der englischen See-Räuber, worinnen ihre Begebenheiten, Leben, Raubereyen und grausamen Thaten.* Goßlar 1728.

Kendall, C. W.: *Private Men-of-War.* London 1931.

Kérazan, Maurice de: *Tagebücher etwa 1790 bis 1816.* Unveröffentlicht in Privatbesitz.

Kirchenheim, Artur von: *Wörterbuch des Völkerrechts.* Leipzig 1925.

Koerner, Angelika: *Piraterie vor der Nordseeküste – Reportagen aus 1000 Jahren.* Heide 1991.

Labat, Père Jean-Baptiste: *Nouveau voyage aux isles de l'Amerique.* Paris 1734. Hrsg.: Schad, Georg F.: *Des Pater Labat aus dem Orden der Predigermönche Reisen nach Westindien oder den im amerikanischen Meer liegenden Inseln.* Nürnberg o. J.

Leip, Hans: *Bordbuch des Satans.* Berlin, Darmstadt, Wien 1961.

Leslie, C.: *Lives of the Most Notorious Pyrates, by an Old Seaman*. London o. J.

Livius, Titus, Hrsg. Feger, Robert: *Ab Urbe condita*. Stuttgart 1981.

Lubbock, B.: *Bully Hayes, South Sea Pyrate*. London 1931.

Luckner, Felix Graf von: *Seeteufel – Abenteuer aus meinem Leben*. München 1991.

Lucianus Samosatensis, Hrsg. Wieland, Christoph M.: *Totengespräche*. Zürich 1989.

Marley, David F.: *Pirates and Privateers of the Americans*. Santa Barbara/CA 1994.

Mathew, D.: *Cornish and Welsh Pyrates in the Reign of Elizabeth*. London 1924.

Maus, Hans-Jörg, u. Mondfeld, Wolfram zu: *Alles Gold gehört Venedig – Die Geschichte Venedigs*. München 1978.

Melegari, Vezio: *Die Geschichte der Piraten*. Hamburg 1978.

Merrien, Jean: *Histoire des Corsaires*. Paris 1954.

Merrien, Jean: *Histoire mondiale des pirates, flibustiers et négriers*. Paris 1959.

Mondfeld, Wolfram zu: *Piraten und Schmuggler von Saint Malo*. Würzburg 1975.

Mondfeld, Wolfram zu: *Das große Piratenbuch*. München 1976.

Mondfeld, Wolfram zu: *Schicksale berühmter Segelschiffe*. Herford 1984.

Mondfeld, Wolfram zu: *Das Piratenkochbuch*. Herford 1985.

Mondfeld, Wolfram zu: *Wikingfahrt* (2 Bände). Herford 1986.

Morgan, J.: *Complete History of Algier*. London 1731.

Muntaner, Ramon, Hrsg.: Lanz, K. v.: *Chronik des Edlen En Ramon Muntaner*. Stuttgart 1844.

Murdoch, James: *A History of Japan*. London 1926.

Musnik, Henry: *Les Femmes Pirates*. Paris 1934.

Norman, C. B.: *The Corsairs of France*. New York 1929.

Orlandi, Enzo (Hrsg.): *Alexander der Große und seine Zeit*. Wiesbaden 1968.

Ormerod, H. A.: *Piracy in the Ancient World*. Liverpool 1924.

Otto, Franz: *Der Jugend Lieblings-Märchenschatz*. Leipzig o. J.

Paterculus, Caius Velleius: *Historiae Romanae libri duo*. Ausg. Lipsia 1828.

Perels, Ferdinand: *Das internationale öffentliche Seerecht der Gegenwart*. Berlin 1902.

Philips, J. L.: *Sir Henry Morgan, Buccaneer*. London 1912.

Pignet, H. Dr.: A. O. *Exquemelin, chirurgien des avanturiers*. Montpellier 1939.

Pielkalkiewicz, Januz: *Freibeuter in der Karibischen See*. München 1973.

Pörtner, Rudolf: *Die Wikinger-Saga*. Düsseldorf . Wien 1971.

Pringle, Patrick: *The Age of Piracy*. New York 1957.

Prudentius de Troyes: *Florilegium ex S. Scriptura*. Ausgabe Bononia 1755.

Richer, A.: *Vies des Plus Célèbres Marins, Tome VIII: Jean-Bart*. Paris 1789.

Ringrose, Basil: *The Voyages and Adventures of Captain Bartholomew Sharp*. London 1684.

Roberts, W. A.: *Morgan, admiral et boucanniers*. Paris 1934.

Rogge, Bernhard, und Frank, Wolfgang: *Schiff 16 – Die Kaperfahrten des Schweren Hilfskreuzers »Atlantis« auf den sieben Weltmeeren.* Oldenburg, Hamburg 1955.

Salentini, Fernand: *Piraten – Schurken und Helden der Seefahrt.* Wels 1978.

Salentini, Fernand: *Lexikon der Seefahrer und Entdecker.* Tübingen 1974.

Saxo Grammaticus: *Danorum regum heroumque historia.* Hrsg.: Holder, Alfred. Straßburg 1886.

Schäfer, Dietrich: *Die deutsche Hanse.* Bielefeld, Leipzig 1903.

Schiller, Friedrich von: *Der Ring des Polykrates.* Ausg. Schiller Dramen und Gedichte, Stuttgart 1959.

Schiltberger, Johannes: *Als Sklave im Osmanischen Reich und bei den Tartaren, 1394–1427;* Hrsg. Schlemmer, U., Stuttgart 1983.

Schlikker, Gerhard: *Völkerrechtliche Lehre von der Piraterie und den ihr gleichgestellten Verbrechen.* Erlangen 1907.

Smith, A.: *The Atrocities of the Pyrates.* London 1824.

Snelgrave, William: *A New Account of Some Parts of Guinea and the Slave-Trade.* London 1734.

Sokol, Hans: *Unter der Flagge mit dem Totenkopf.* Herford o. J.

Soyener, Johannes K., u. Mondfeld, Wolfram zu: *Der Meister des siebten Siegels.* Bergisch Gladbach 1994.

Sperling, Robert H.: *Piratin Fu.* München 1955.

Stein, Paul: *Zur Geschichte der Piraterie im Altertum.* Bernburg 1894.

Stier-Somlo: *Handwörterbuch der Rechtswissenschaft.* o. O. 1928.

Stoll, H. W.: *Die Götter und Heroen des classischen Alterthums – Populäre Mythologie der Griechen und Römer.* Leipzig 1879.

Storck, Francis L.: *Abolition de le Piraterie.* New York 1894.

Sturluson, Snorri; Hrsg. Mohnike, Gottlieb: *Heimskringla oder die Sagen der Könige Norwegens.* Stralsund o. J.

Strabon, Hrsg. Groskurd, Christoph G.: *Geographia – Strabons Erdbeschreibung in 17 Büchern.* Berlin o. J.

Sugden, John: *Sir Francis Drake.* New York 1991.

Tassy, L. de: *History of the Piratical States of Barbary.* London 1750.

Tertre, J. B. du: *Histoire générale des Antilles habitées les Français.* Paris 1667 – 1671.

Trousset, Jules: *Histoire illustrée des pirates, corsaires, boucaniers, borbans, négriers et ecumeurs de mer dans tous temps et dans tous les pays.* Rennes 1994.

Veale, R. Capt.: *Barbarian Cruelty.* Exeter 1797.

Vercel, Roger: *Visages de corsaires René Duguay-Trouin, Robert Surcouf, Claude Forbin, Jean Bart ...* Paris 1996.

Villiers, Alan J.: *Sea-Dogs of To-day.* London 1932.

Villiers, Alan J.: *Pirates and Adventurers in the South Sea*. London 1938.

Voigt, J. F.: *Deutsche Seeleute als Gefangene in der Barbarei*. Hamburg 1882.

Voltaire (Arouet, François-Marie): *Candide, ou l'optimisme*. o. O. 1759. Hrsg.: Widmer, Walter: *Candide oder der Glaube an die beste der Welten*. München 1986.

Warren, G. H.: *Establishment of Privateers at Galveston*. New Orleans 1938.

Wencker-Wildberg, Friedrich: *Raubritter des Meeres*. Hamburg 1936.

Wernick, Robert: *Die Wikinger*. Amsterdam 1980.

Wiens, E.: *Leben der Korsaren Horuk und Chaireddin*. Leipzig 1840.

Wilkins, H. T.: *Captain Kidd and his Skeleton Island*. London 1935.

Williamson, James A.: *Hawkins of Plymouth*. London 1946.

Wittkop, J. F.: *Verfemte Schiffe*. Berlin o. J.

Bildnachweis

Amsterdam, Nederlandsch Historisch Scheepvaart Museum: 117 – Antwerpen, Nationaal Scheepvaartmuseum: 39 – Athen-Piräus, Hellenic Maritime Museum: 280 (2) – Athos, Karyes Protaton-Kirche: 51 – Bergen, Bergens Sjøfartsmuseum: 38 – Berlin, Deutsches Technikmuseum: 52, 82, 221 – Bremerhaven, Deutsches Schifffahrtsmuseum: 295 – Goldwater, Mike/Alamy: 314 – Hamburg, Museum für Hamburgische Geschichte: 60, 64 – Leipzig, Franz Otto *Der Jugend Lieblings-Märchenschatz* (o. Jg): 213 – Liverpool, City Libraries: 285 – London, British Library Board: 252 – London, National Gallery: 157 – London-Greenwich, National Maritime Museum: 10, 102, 105, 166, 187, 262 – Madrid, Biblioteca Nacional: 70 – Manila, Foto A. E. Lilius 1929: 299 – München, Institut für Turkologie: 78 – Neapel, Museo Nazionale: 27 – Paris, Musée de la Marine: 228 (r.) – Paris und St. Malo, Privatbesitz der Familie de Kérazan: 238 – Paris, Père Jean-Baptiste Labat: *Nouveau voyage aux isles de l'Amerique*,1734: 151 – Picture-alliance/dpa: 294, 303, 305, 319 – Reichling, Wolfram zu Mondfeld: 52, 82, 97, 221, 302 – St. Joseph/Missouri, Saint Joseph Museum: 269 – St. Malo, Musée de St. Malo: 220, 237 (Foto des Autors), 239 – Stockholm, Statens Historiska Museet: 42, 45 – Ullstein/ Röhrbein: 60 Ullstein/AP: 308, 311 – Venedig, Museo Storico Navale: 89 – Versailles, Musée de Versailles: 228 (l.) – Visby, Gotlands Fornsal: 40 – Washington D.C., Library of Congress: 192, 233

Alle Strichzeichnungen und Kopien nach Originalen: Reichling, Wolfram zu Mondfeld

Karibik
2. Hälfte 17. Jh.
Boucanier Musketiere/ Grenadier (Mitte)

Europa/Amerika/Afrika
1. Hälfte 18. Jh.
Musketier/ Kapitän

China
7. bis 19. Jh.
Piraten

Indonesien
1. Hälfte 19. Jh.
Dayak

Griechenland
frühes 19. Jh.
Freiheitskämpfer

Konföderierter
1861 bis 1865
Matrose